이계집

이 책은 2017~2019년도 정부(교육부)의 재원으로 한국고전번역원의 지원을 받아 수행된 '권역별거점연구소협동번역사업'의 결과물임.

This work was supported by Institute for the Translation of Korean Classics - Grant funded by the Korean Government.

한국고전번역원 한국문집번역총서/성균관대학교 대동문화연구원

이계집 2

耳溪集

홍양호 지음
洪良浩

서한석
이승현 옮김

일러두기

1. 이 책의 번역 대본은 한국고전번역원에서 간행한 한국문집총간 241집 소재《이계집(耳溪集)》으로 하였다. 번역 대본의 원문 텍스트와 원문 이미지는 한국고전종합DB(http://db.itkc.or.kr)에서 확인할 수 있다.
2. 내용이 간단한 역주는 간주(間註)로, 긴 역주는 각주(脚註)로 처리하였다.
3. 한자는 필요한 경우 이해를 돕기 위하여 넣었으며, 운문(韻文)은 원문을 병기하였다.
4. 맞춤법과 띄어쓰기는 한글 맞춤법과 표준어 규정을 따랐다.
5. 이 책에서 사용한 부호는 다음과 같다.
   ( ) : 번역문과 음이 같은 한자를 묶는다.
   〔 〕: 번역문과 뜻은 같으나 음이 다른 한자를 묶는다.
   " " : 대화 등의 인용문을 묶는다.
   ' ' : " " 안의 재인용 또는 강조 문구를 묶는다.
   「 」: ' ' 안의 재인용을 묶는다.
   《 》: 책명 및 각주의 전거(典據)를 묶는다.
   〈 〉: 책의 편명 및 운문·산문의 제목을 묶는다.

차례

이계집 제4권

시詩

해서록海西錄

남천록南遷錄

이계집 제5권

시詩

삭방풍요朔方風謠

이계집

제4권

詩 시

서쪽 순행을 떠나 강령으로 향하며[2]

發西巡 向康翎

관찰사[3]가 된 이래 직무가 많으니	方面由來職事雄
봄 순행길에 임금님 은혜를 갑절로 깨닫네	行春倍覺主恩隆
강산 천 리에 피어난 꽃들은 비단 같고	湖山千里花如錦
고각[4] 소리 세 차례에 말 울고 바람 이네	鼓角三聲馬嘯風

1 해서록 : "경인년(1770, 영조46) 봄 황해도 관찰사에 제수되었다.〔庚寅春, 除黃海道觀察使.〕" 《이계선생삼편전서(耳溪先生三編全書)》의 원주에 "경인년(1770, 영조46) 봄 은대에 있다가 황해도 관찰사에 제수되고 신묘년 겨울(1771)에 체직되어 돌아왔다. 이 편은 부절을 쥐고 나아가 정사를 베풀던 때 유람을 기록한 것이다."라고 하였다.

2 서쪽……향하며 : 1770년(영조46) 이계가 황해도 관찰사에 제수된 뒤 순행을 떠나면서 지은 시로 임금의 은혜와 수령의 직무를 되새겼다. 강령은 현재 황해남도 강령군에 해당한다.

3 관찰사 : 원문의 '방면(方面)'은 지방관 혹은 지방에서 요직을 맡는 것인데 여기서는 이계가 관찰사에 제수된 것을 의미한다. 《후한서(後漢書)》 권17 〈풍이전(馮異傳)〉의 "한 지방을 다스려 작은 공을 세웠다.〔受任方面, 以立微功.〕"라는 구절에서 유래하였다.

4 고각(鼓角) : 군중(軍中)에서 시간을 알리거나 명령을 전할 때 사용하던 전고(戰鼓)와 호각(號角)이다.

고삐를 잡았으니 의당 폐정을 바로잡고[5]	攬轡且宜淸弊政
휘장 걷고[6] 때때로 다시 농사일 살펴야지	褰帷時復課農功
바닷가 모퉁이도 청아의 교화[7]를 입으니	海隅亦被菁莪化
서당에서 어린 학동들 많이 만나네	家塾多逢小學童

5 고삐를……바로잡고 : '남비징청(攬轡澄淸)'의 고사를 인용하여 포부를 밝힌 구절이다. 남비징청은 혼란한 시대에 정치를 혁신하고 천하를 안정시키려는 원대한 포부를 말한다. 후한(後漢)의 범방(范滂)이 기주 안찰사(冀州按察使)로 부임할 때 말고삐를 잡고서 천하를 맑게 할 뜻을 품었는데, 그가 임지에 도착하자 그의 풍도를 들은 탐관오리들이 인끈을 풀어놓고 떠났다는 고사가 전한다.《後漢書 卷76 范滂傳》

6 휘장 걷고 : 수레의 휘장을 걷는다는 것은 지방 수령이 은혜로운 정사를 펼치는 것을 뜻한다. 후한의 가종(賈琮)이 기주 자사(冀州刺史)로 부임할 때 백성들과 친밀하게 지내기 위하여 수레의 휘장을 걷었다는 고사가 있다.《後漢書 卷31 賈琮傳》

7 청아(菁莪)의 교화 : 임금의 교화를 받아 인재를 양성한다는 의미로《시경》〈소아(小雅) 청청자아(菁菁者莪)〉에서 유래한 말이다. "무성하고 무성한 쑥이여, 저 언덕 가운데 있도다.〔菁菁者莪, 在彼中阿.〕"라는 구절이 있는데, 모서(毛序)에서 "청청자아는 인재를 양성하는 것을 즐거워한 시이다."라고 하였다.

수영에서부터 장산곶을 지나다[8]

自水營過長山串

깃발들 펄럭이며 바다로 향하고	旌旆悠悠向海中
장산 일대[9] 형세는 하늘로 솟아 있네	長山一帶勢穹窿
물가의 꽃은 수레 따라 내린 비[10]에 다투어 피고	汀花競發隨車雨
거센 파도는 고삐 쥔[11] 바람에 낮아지네	鯨浪初低攬轡風
눈빛은 곧바로 약목[12]까지 쏘아보고	眼力直須窮若木
뿔피리 소리는 도리어 용궁[13]까지 울리네	角聲翻欲撼幽宮

8 수영에서부터 장산곶을 지나다 : 1770년(영조46) 이계가 황해도 관찰사에 제수된 뒤 순행 중에 장산곶을 지나며 지은 시로, 장산곶의 험한 형세와 변경 방비를 게을리하지 말아야 한다는 것을 강조하였다. 수영(水營)은 옹진(甕津)에 설치되었는데 1719년(숙종45)에 소강진(所江鎭)을 행영(行營)으로 삼아 옹진도호부사가 수군절도사를 겸하게 하였다. 장산곶은 황해남도 용연군에 있는 곶이다.

9 장산 일대 : 여기서는 황해도를 남북으로 나누면서 장산곶까지 뻗어 있는 해서정맥(海西正脈)의 산줄기를 가리키는 것으로 보인다.

10 수레……비 : 원문의 '수거우(隨車雨)'는 '수거치우(隨車致雨)'로 후한의 정홍(鄭弘)이 회음 태수(淮陰太守)가 되었을 때 그의 수레가 가는 곳마다 단비가 내려서 가뭄이 해소되었다는 일화에서 나온 말이다.《後漢書 卷33 鄭弘列傳》관리가 선정을 베풀어 백성들을 보살펴준다는 의미이다.

11 고삐 쥔 : 남비는 남비징청(攬轡澄淸)의 준말이다. 22쪽 주5 참조.

12 약목(若木) : 해가 지는 서쪽에 있다고 하는 전설상의 신목(神木)이다.《산해경(山海經)》권12〈대황북경(大荒北經)〉에 "대황 가운데 형석산·구음산·형야지산이 있다. 그 산 위에 붉은 나무가 있는데 잎은 푸르고 꽃은 붉으니 약목이라고 한다.〔大荒之中, 有衡石山, 九陰山, 泂野之山, 上有赤樹, 靑葉赤華, 名曰若木.〕"라고 하였다.

객선[14]들이 근래에 고기 잡으러 많이 오니 客船近日多漁採
태평함에 기대어 군사일 게을리하지 마오 莫倚昇平惰詰戎

13 용궁 : 원문은 '유궁(幽宮)'이나 여기서는 소식(蘇軾)이 지은 〈후적벽부(後赤壁賦)〉의 내용을 참조하여 용궁이라고 번역하였다. 〈후적벽부〉에 "매가 사는 높은 둥지에 올라가고, 풍이의 궁궐을 굽어보네.〔攀棲鶻之危巢, 俯馮夷之幽宮.〕"라는 구절이 있다. 풍이(馮夷)는 수신(水神)의 이름이다. 《古文眞寶 後集 卷8 後赤壁賦》

14 객선 : 여기서 말한 객선(客船)은 중국 배 혹은 국적 불명의 황당선(荒唐船)을 가리키는 것으로 보인다. 황당선은 중종(中宗) 때부터 보이기 시작하는데 특히 황해도 연안에 자주 출몰하였고, 18세기에 이르면 심각한 사회문제가 되기도 하였다. 숙종 때에는 황당선이 출몰하지 않는 날이 거의 없었으며, 영조 때에도 상황은 마찬가지였고 심지어 황당선 10여 척이 동료를 내놓으라며 백령진(白翎鎭)을 에워싼 일도 있다. 《肅宗實錄 42年 12月 14日》《英祖實錄 30年 5月 30日, 31年 6月 18日》

금사사에서 바다를 바라보며[15]

金沙寺望洋

파란 것은 하늘이요 푸른 것은 바다라	青是長空碧是溟
중천의 백일 아래 우뚝이 서 있네	中懸白日下亭亭
여와의 도끼가 터진 서남쪽을 채 깁지 못하여[16]	媧斤未補西南缺
큰 바다 저 멀리 대청도와 소청도 비껴 있네	鰲背遙橫大小青
하늘이 우산 모양인 것[17] 이제야 알겠고	始信天形如倚蓋
인생이 부평초 같음을 다시금 탄식하네	還嗟人世若浮萍
명사십리[18]에 해당화가 만발한데	明沙十里棠花發

15 금사사에서 바다를 바라보며 : 1770년(영조46) 이계가 황해도 관찰사에 제수된 뒤 순행 중에 지은 시로 금사사에서 서해를 바라본 감회를 읊었다. 금사사는 장산곶의 북쪽 해안방(海安坊)에 있던 사찰이다. 숙종 연간 해주 연안에 황당선이 빈번하게 출몰하자 금사사보(金沙寺堡)를 설치하고 승장(僧將)을 두었다. 《택리지(擇里志)》에는 금사사 인근 바닷가 20리가 금빛으로 빛나는 모래 언덕이고 바람에 따라 모래가 옮겨 다닌다고 하였다.

16 여와의……못하여 : 물의 신 공공(工共)이 불의 신 축융(祝融)과 싸우다가 이기지 못하자 하늘을 받치고 있는 부주산(不周山)을 들이받아 하늘이 갈라지고 대지가 기울었다. 여와가 오색빛의 돌로 갈라진 하늘을 메우고 거대한 거북이를 죽여 네 개의 다리를 잘라서 기울어진 대지를 지탱하게 했으나, 완전히 평평하게 하지는 못했다고 한다. 원래 이야기에서는 동남쪽이 낮아졌는데, 우리나라는 서남쪽이 낮으므로 서남쪽이 터졌다고 표현한 것이다.

17 하늘이……것 : 원문의 '의개(倚蓋)'는 우산이 기울어진 것으로, 하늘의 모습을 비유하는 말로 사용되었다. 옛날 중국에서는 하늘의 전체적인 모양이 기울어진 일산과 같다고 여겼다. 《晉書 卷11 天文志上》

바람결에 뱃노래 들리고 물가에 백로 많다네　　風送漁歌鷺滿汀

18 명사십리(明沙十里) : 여기서는 장산곶 금사사가 있는 해안가의 해안사구 지대를 가리킨다.

탁열정에서 현판에 적힌 시에 차운하다[19]

濯熱亭 次板上韻

자사가 처음으로 들판을 순행할 제	剌史初行野
구불구불 가는 작은 대열이 한가로워라	逶迤小隊閑
성문을 나오니 지척도 못 되는 곳에	出城無咫尺
바다에 임하여 시내와 산이 있네	臨海有溪山

19 탁열정에서……차운하다 : 1770년(영조46) 이계가 황해도 관찰사에 제수된 뒤 순행 중에 지은 시로 탁열정(濯熱亭)의 아름다운 풍경을 읊었다. 탁열정은 1579년(선조12) 가을, 목사 황정욱(黃廷彧)이 해주성 북쪽 수양산(首陽山)의 청풍동(淸風洞) 어귀에 세웠다.《栗谷全書 卷13 濯熱亭記》

그림 1 탁열정 (출처:한국민족문화대백과사전)

화극[20]은 그윽한 꽃 너머에 있고 畫戟幽花外
맑은 시는 푸른 절벽 사이에 있네 淸詩翠壁間
석양 아래 그림자는 흩어지고 夕陽人影散
숲에 깃든 새들도 둥지로 돌아가네 棲鳥與俱還

20 화극(畫戟) : 색을 칠하거나 그림을 그린 창으로, 주로 의장용으로 쓴다.

칠석날 병석에서 일어나다[21]

七夕病起

견우직녀 서로 만나는 날	牛女相逢日
강호에 홀로 누워 있다가	湖山獨臥身
앓던 나머지 지팡이 짚고 일어나니	病餘扶杖起
가을빛이 주렴 사이로 스며드네	秋色入簾新
우물가 오동잎은 바람에 한을 날리고	井葉應飄恨
못가의 꽃들은 이미 시들어버렸네	池花已損神
누대에 올라 달구경 하기 좋아라	登樓看月好
비파 타는 미인이 있으니	挾瑟有佳人

21 칠석날 병석에서 일어나다 : 이계가 황해도 관찰사로 있던 1770년(영조46) 가을에 지은 시이다. 병을 앓고 난 뒤 계절이 변한 분위기를 읊었다.

빗속에 해주를 출발하여 연안으로 향하다

雨中發海州 向延安

화성은 서북으로 흐르는데[22]	火星西北流
말 몰아 염주[23]로 향하네	驅馬向鹽州
바다 기운에 남은 더위 없고	海氣無殘暑
산빛은 이른 가을이 되려 하네	山光欲早秋
풍속을 살피며[24] 정사 졸렬함을 알고	觀風知政拙
교야(郊野)를 살피며 백성 근심 덜어야지	省野減民憂
도리어 수레 따라 내리는 비[25]는	却有隨車雨
사절[26]을 머무르게 하는 듯하네	如教使節留

22 화성은 서북으로 흐르는데 : 이 구절은 음력 7월이 되어 계절이 가을로 접어들었음을 의미한다. 원문의 '화성(火星)'은 대화성(大火星)으로 28수 중의 심성(心星)을 말한다. 《시경》 〈빈풍(豳風) 칠월(七月)〉에, "칠월에 화성(火星)이 서쪽으로 흘러가면, 구월에는 추우니 새 옷을 입혀주어야 하네.〔七月流火, 九月授衣.〕"라는 구절이 있다.

23 염주(鹽州) : 황해도 연안(延安)으로, 고려 초에 염주라고 부르다가 충선왕(忠宣王) 때 연안으로 개명하였다.

24 풍속을 살피며 : 원문의 '관풍(觀風)'은 백성들의 실정을 살펴보고 정치의 득실을 파악하는 것을 말한다. 《예기(禮記)》 권28 〈왕제(王制)〉에 "태사에게 명하여 시를 아뢰게 하여 백성들의 풍속을 살펴보았다.〔命大師陳詩, 以觀民風.〕"라는 내용이 있다.

25 수레……비 : 원문의 '수거우(隨車雨)'는 '수거치우(隨車致雨)'로 관리가 선정을 베풀어 백성들을 보살펴준다는 의미이다. 23쪽 주10 참조.

26 사절 : 여기서는 임금의 명을 받아서 한 지방을 맡아 다스리는 관원의 의미이다.

배천으로 가는 중에
白川途中

넓디넓은 은천평야[27]는	漠漠銀川野
맑은 가을에 끝이 보이지 않네	淸秋不見垠
뭇 산들은 나직이 바다로 들어가고	衆山低入海
저무는 석양은 멀리서 사람을 따라오네	斜日遠隨人
홀 너머 구름은 나무에서 피어나고	笏外雲生樹
수레 앞에 내리는 비는 먼지를 씻어주네	車前雨洗塵
함께 수행하는 여섯 태수들은	從行六太守
관복과 수레 어찌 그리 성대한고[28]	冠蓋何翩繽

27 은천평야 : 현재의 연백평야를 말한다. 해주만과 예성강 하류 사이에 있으며, 청단과 연안, 배천 세 개 군에 걸쳐 있다.

28 성대한고 : 원문은 '편빈(翩繽)'이나 편(翩) 자의 의미가 통하지 않으므로 분빈(紛繽)으로 보고 번역하였다.

명을 받들어 지덕사에 제사를 올리면서 삼가 시 한 수를 지어 광세지감을 부치고 겸하여 성대한 일을 기록하다[29]

지덕사는 양녕대군의 사우이다. 양녕대군의 사손(祀孫) 지광(趾光)이 막 배천 군수가 되었다.

承命致祭于至德祠 謹搆一律以寓曠感兼識盛事 至德祠 讓寧大君祠宇 祀孫趾光 方爲白川守

국운이 열려 동방에 성인이 나시니 運啓東方聖
이때 오직 태백같이 어진 분 계셨네[30] 時維泰伯賢
타고난 우애[31]로 성덕을 미루시고 因心推盛德

29 명을……기록하다 : 이계가 황해도 관찰사로 있던 1770년(영조46) 즈음에 영조의 명을 받아 양녕대군(讓寧大君)의 사당에 치제(致祭)하면서 지은 시이다. 영조의 하명(下命)은 이해 7월 2일에 있었다. 이지광(李趾光)은 양녕대군의 13대 후손으로 1768년(영조44) 12월 21일 배천 군수에 제수되었다. 지덕사(至德祠)는 1675년(숙종1) 허목(許穆)이 건의하여 이듬해에 완성되었다. 본래 남대문 밖 도저동에 있었으나 1912년 현 위치인 상도동으로 옮겨졌다.

30 국운이……계셨네 : '성인'은 세종(世宗)을, '태백같이 어진 분'은 양녕대군을 가리킨다. 태백은 주 태왕(周太王)의 맏아들로 태왕이 셋째 계력을 후사로 세우려는 의도를 알고 둘째인 중옹과 함께 형만(荊蠻) 땅으로 도망쳐서 계력이 왕위를 물려받도록 하였다. 계력의 아들 창(昌)이 훗날 주 문왕(周文王)이다. 《論語 泰伯》

31 타고난 우애 : 원문의 '인심(因心)'은 본래부터 타고난 우애로운 마음을 가리키는 말로 《시경》 〈대아(大雅) 황의(皇矣)〉에 "오직 왕계야말로 타고난 마음 우애로웠네.〔維此王季, 因心則友.〕"라고 하였다. 왕계(王季, 계력)가 왕위를 양보한 태백과 우애롭게 지냈음을 말한 것인데, 여기서는 양녕대군이 동생인 세종대왕과 우애롭게 지낸 것을 비유한 것이다.

은미한 의리는 청권과 합하셨네[32]	微義合淸權
향화가 세 고을에 이어지고[33]	香火連三郡
임금님 은택이 궁궐에서 내렸도다	恩光降九天
번신이 와서 술잔 받들어 올리니	藩臣來奉爵
오랫동안 끊겼던 일 다시 전해질 만하네	稀曠事堪傳

32 은미한……합하셨네 : '은미한 의리〔微義〕'란 《논어》 〈태백(泰伯)〉에서 공자가 태백의 덕을 칭송하며 "세 번 천하(天下)를 양보하였으나 백성들이 그 덕(德)을 칭송할 수 없게 하였도다."라고 말한 것을 가리킨다. 청권(淸權)은 양녕대군의 동생이자 세종의 형인 효령대군(孝寧大君)을 가리키는 말로, 효령대군의 사당이 청권사(淸權祠)이다. '청권'은 《논어》 〈미자(微子)〉에 있는 공자의 말에서 따온 것이다.

33 세 고을에 이어지고 : 양녕대군의 봉사손 이지광이 음직으로 관직에 진출한 이후 세 곳의 지방관을 맡았던 사실을 가리키는 것으로 보인다. 이지광은 1763년 5월 26일 단성 현감(丹城縣監), 1767년 2월 8일 공주 판관(公州判官)이 되었고, 1768년 12월 21일에 배천 군수(白川郡守)가 되었다. 이후 이천 부사(利川府使), 고양 군수(高陽郡守), 충주 목사(忠州牧使), 평창 군수(平昌郡守), 고성 군수(高城郡守), 청주 목사(淸州牧使), 임피 현령(臨陂縣令), 흥덕 현감(興德縣監) 등을 지냈다. 《承政院日記》

군자정에서 여러 사또들과 함께 연꽃을 감상하다[34]

君子亭同諸倅賞蓮

붉은 정자는 아련히 물 가운데 있고	紅亭縹緲水中央
십 리 너른 호수에 광채가 넘실거리네	十里平湖瀲灩光
바라보자니 심혼이 완전히 취하는 듯	望裏心魂渾似醉
앉았노라니 머리카락에서 향기가 피어날 듯	坐來毛髮欲生香
넘실대는 파도가 비단 버선 적심이 애석하고[35]	凌波更惜霑羅襪
엷은 단장으로 햇살과 서로 비추니 어여뻐라	照日偏憐倚淡粧
소식 백거이와 함께 못 옴이 애석하니	恨不同携蘇與白
여항이 어찌 항주에만 있으랴[36]	餘杭何獨有錢塘

34 군자정에서……감상하다 : 이계가 황해도 관찰사로 있을 때 지은 시이다. 군자정은 남대지에 있던 정자로, 본집 권12 〈군자정 중수기(君子亭重修記)〉에 이계가 남대지를 준설한 일과 군자정에서 연회를 베푼 일이 보인다. 남대지는 상주의 공검지(孔儉池), 당진(唐津)의 합덕지(合德池)와 함께 3대 저수지로 일컬어진 큰 저수지이다.

35 넘실대는……애석하고 : '비단 버선'은 연꽃을 비유한다. 이 구절은 조식(曹植)의 〈낙신부(洛神賦)〉에 나오는 구절을 변용하여 연꽃을 묘사한 것이다. 〈낙신부〉에서는 "물결을 타고 사뿐사뿐 걸으니, 비단 버선에 물방울 튀어 오르네.〔凌波微步, 羅襪生塵.〕"라고 하였고, 당(唐)나라 온정균(溫庭筠)의 시 〈연화(蓮花)〉에서는 "응당 낙수의 신녀 물결 위의 버선이라, 지금까지도 연꽃에 향진이 묻어 있네.〔應爲洛神波上襪, 至今蓮蘂有香塵.〕"라는 구절이 있다.

36 소식……있으랴 : 이 구절은 연안의 부유함과 연꽃이 핀 남대지의 아름다운 풍경을 들어, 연꽃으로 유명한 항주(杭州)와 서호(西湖)에 빗대어서 표현한 것이다. 여항(餘杭)은 항주 서북부 일대로 아름답고 부유한 곳으로 일컬어지던 지역이다. 전당(錢塘)은 절강성(浙江省)에 있던 옛 현(縣)의 명칭인데 시문(詩文)에서는 주로 항주를 가리킨

다. 소식(蘇軾)과 백거이(白居易)는 송나라와 당나라 때의 유명한 문인들로 항주를 맡아 다스린 일이 있고, 각각 서호에 제방을 쌓아 소제(蘇堤)와 백제(白堤)라고 일컬어지고 있다. 이계가 남대지를 준설하고 제방을 쌓았기 때문에 이들에게 비겨 표현한 것이다.

부용당에서 한가위 달을 감상하다[37]

芙蓉堂中秋賞月

하늘 맑고 서늘한 백로의 가을에　　玉宇凄淸白露秋

37 부용당에서……감상하다 : 이계가 1770년(영조46) 황해도 관찰사에 제수된 뒤 중추절을 맞아 부용당(芙蓉堂)에서 보름달을 보며 가을밤의 정취를 노래한 시이다. 부용당은 해주성에 있는 누각이다. 1500년(연산군6) 목사 윤철(尹哲)이 연못가에 누대를 지었고, 1526년(중종21) 김공망(金公望)이 연못 위에 돌기둥을 세우고 누대를 지은 뒤 두 건물을 다리로 연결하였다. 본래 각각 응향각(凝香閣)과 부용당이라고 일컬었지만 훗날 통틀어 부용당이라 부르게 되었다. 비오 는 날 못에 핀 연꽃과 부용당이 매우 아름다워서 '연당청우(蓮堂聽雨)'라고 하는데 관서팔경(關西八景)의 하나로 꼽힌다.

그림 2 부용당 (출처:국립중앙박물관 소장 유리건판)

성근 주렴 새어든 달빛이 사람에게 흘러드네　　疎簾月色近人流
누각은 푸른 신기루가 물결 위로 솟구친 듯[38]　　樓如碧蜃波中湧
몸은 신령한 거북이 잎새 위를 노니는 듯[39]　　身似靈龜葉上遊
탁 트인 경관은 신선과 함께하는 듯　　超忽便應同羽化
허명한 달빛은 신묘한 계획에 참여한 듯　　虛明聊復與神謀
가련하게 몇 떨기만 남은 연꽃이　　可憐數朶殘荷在
바람에 보낸 향기가 수면 위를 떠다니네　　猶送香風水面浮

38 누각은……듯 : 부용당이 신기루처럼 화려하고 아름답다는 의미이다. 옛사람들은 신기루가 바닷가의 큰 대합이 기운을 뿜어내는 것이라고 여겼다. 《사기》 권27 〈천관서(天官書)〉에 "바닷가에서는 대합의 기운이 누대 형상을 이루고, 광야에서는 기운이 궁궐의 형상을 이룬다.〔海旁蜃氣象樓臺, 廣野氣成宮闕然.〕"라는 구절이 있다.

39 몸은……듯 : 부용당에서 연꽃을 감상하는 이계 자신을 비유한 말이다. 《사기(史記)》 권128 〈귀책열전(龜策列傳)〉에 "거북이가 천 년을 살면 연꽃 위에 올라가서 노닌다.〔龜千歲乃遊蓮葉之上.〕"라고 하였다.

기망에 통판 및 아들과 함께 허씨의 읍청정에서 노닐다[40] 2수

既望 同通判及家兒 遊許氏挹淸亭 二首

고요한 벽성[41]에 가을 소리 들려오고	碧城悄悄聞秋聲
성 밖의 누정에는 허씨 이름 전해오네	城外亭傳許氏名
날 가릴 것 없이 가마 준비 명하니	卽命筍輿非卜日
우연히 동행한 검은 수레[42] 서로 따르네	相隨皁蓋偶同行
냇가의 바위는 높은 난간을 이고서 솟았고	臨溪石戴危欄出
먼 포구의 바람은 고목을 머금어 시원하구나	遙浦風含古木淸
긴 밤 생황 노래에 마음이 유쾌해지니	永夕笙歌稍愜意

40 기망에……노닐다 : 이계가 황해도 관찰사로 재임 중에 해주 통판과 읍청정을 유람하고 가을날의 감회를 노래한 시이다. 《성재집(性齋集)》 〈읍청정중수기(挹淸亭重修記)〉에 의하면, 읍청정은 해주부(海州府)의 서쪽 10리 거리에 있고 대대로 허씨 집안 소유여서 사람들이 '허정(許亭)'으로 불렀다고 한다. 일설에는 본디 조선 중기 참봉 안처중(安處中)의 별장이었다가 그의 외손자 허희(許曦)가 이곳에 은거해 살면서 허씨의 소유가 되었다고 한다.

41 벽성(碧城) : 해주의 별칭이다. 1616년(광해군8) 10월 27일 해주의 읍호를 강등하여 벽성이라고 하였다. 현재 해주 서쪽에 벽성군이 있는데 이는 1938년 해주읍이 해주부로 승격되면서 해주부 외의 지역을 아울러 일컬은 명칭이다.

42 검은 수레 : 원문의 '조개(皁蓋)'는 옛날 관원들이 사용하던 검은색의 수레 덮개로 지방관이 행차할 때 쓰는 의장(儀仗)이다. 《후한서》 〈지(志) 여복 상(輿服上)〉에 "중이천석과 이천석은 모두 검은 수레 덮개를 쓴다.〔中二千石・二千石, 皆皁蓋.〕"라고 하였다. 중이천석과 이천석은 모두 관리의 품계로, 한나라 때에는 녹봉의 다소로 등급을 나누었다.

앞산 봉우리에 둥근 달 뜬 것도 몰랐네　　前峯未覺月輪生

계곡의 수풀 사이 오랜 정자 하나가　　一壑林亭古
서도에서 홀로 명성을 떨쳤지　　西州獨擅名
시내와 산은 정해진 주인 없고　　溪山無定主
관찰사의 깃발은 한가로이 행차하네　　旂纛有閑行
달빛은 조수 따라 흘러넘치고　　月色隨潮滿
용음은 젓대에 응하여 맑게 나오네[43]　　龍吟應笛淸
소리 높이 노래하며 취한 몸 가누어 돌아오니　　高歌扶醉返
관도의 나무[44]에 저녁연기 피어나네　　官樹暝煙生

43 용음은……나오네 : '용음(龍吟)'은 여러 의미가 있는데 여기서는 바람 소리를 의미하는 것으로 보인다. 이백(李白)의 〈금릉에서 한 시어사가 부는 피리 연주를 듣다〔金陵聽韓侍御吹笛〕〉에 "한공이 옥피리를 불어 초연한 기개로 아름다운 소리 내네. 바람이 불어와 종산을 감싸니 수만 골짜기가 용의 울음소리 내는구나.〔韓公吹玉笛, 倜儻流英音. 風吹繞鍾山, 萬壑皆龍吟.〕"라고 하였다.

44 관도의 나무 : 원문의 '관수(官樹)'는 관도(官道) 가에 심어져 있는 나무이다. 청(淸) 고염무(顧炎武)의 《일지록(日知錄)》〈관수(官樹)〉에 "옛사람들은 모든 관도 가에 반드시 나무를 심고 거리를 표시함으로써 여행자들에게 도움이 되도록 하였다.〔古人於官道之旁必皆種樹以記裏, 至以蔭行旅.〕"라는 내용이 있다.

하순에 동생과 아들을 데리고 결성포를 유람하다[45]

下旬日 與舍弟家兒 遊結城浦 海判延安白川瑞興四倅及中軍察訪 俱從建旗纛 乘樓船 夾船近百艘 鼓吹以從 直抵牛島 觀劍舞 乘夕潮而下 擧火而歸 誠湖海之壯遊也

해주 판관·연안·배천·서흥 네 고을의 사또들과 중군 찰방이 모두 함께 깃발을 세우고 누선에 올라타니, 거의 백여 척이나 되는 협선들이 고취를 울리며 뒤를 따랐다. 곧장 우도로 가서 칼춤 추는 것을 보고 저녁 조수를 타고 출발하여 횃불을 켜고 돌아오니 참으로 호해의 장쾌한 유람이었다.

화려한 누선이 저물녘의 포구를 떠나니	畫角樓船下晩洲
아득해진 벽성[46]은 이미 맑은 가을일세	碧城迢遞已淸秋
파도 머리 일렁임은 어룡이 춤을 추는 것이요	潮頭蕩漾魚龍舞
돛 너머에 높고 낮은 것은 떠 있는 섬들이로다	帆外高低島嶼浮
북쪽의 구름 낀 산 보니 마음도 함께 원대해지고	北望雲山心共遠
서쪽의 멋진 곳 와서 풍경을 모두 눈에 담네	西來形勝眼全收
물결 따라 종일 노닐고도 도리어 아쉬움 남았으니	沿洄盡日還餘恨
긴 바람 타고서 망망대해 가보지 못했어라	未借長風大海流

45 하순에……유람하다 : 이계가 황해도 관찰사로 있던 1770년(영조46) 가을에 지은 작품으로, 여러 고을 수령들과 결성포에서 배를 타고 우도를 유람한 감상을 읊었다. 결성포는 해주의 남쪽에 있는 포구이고, 우도는 해주 남쪽 용당포(龍塘浦) 앞바다에 있는 섬이다.

46 벽성(碧城) : 해주를 가리킨다. 38쪽 주41 참조.

동쪽으로 순행길에 올라 황주로 향하다[47]

發東巡 向黃州

자사가 동쪽으로 순행을 떠나니 　刺史東行縣
가을바람 부는 속에 말들도 호쾌하네 　秋風馹騎豪
바다의 구름은 옥 부절[48]을 수행하고 　海雲隨玉節
따가운 햇살은 금빛 칼[49] 비추네 　霜日照金刀
들판이 넓으니 산봉우리 올망졸망 　野闊群山小
하늘이 맑으니 기러기 높기도 하네 　天淸一鴈高
내선[50]함에 민생의 일이 급하니 　來宣民事急
언덕과 습지를 지나며 어렵다 말하랴[51] 　原隰敢言勞

47 동쪽으로……향하다 : 이계가 황해도 관찰사로 있던 1770년(영조46) 가을, 황해도 동쪽으로 순행을 떠나면서 포부를 읊은 시이다. 황주는 해주의 북동쪽에 위치하며 본래 고구려의 동홀(冬忽)로 고려 초기에 황주라고 이름하였다.

48 옥 부절 : 원문의 '옥절(玉節)'은 옥으로 만든 부절(符節)이다. 본래 천자의 명을 받은 사신을 가리키지만, 여기서는 임금의 명을 받아 관찰사가 된 것을 의미한다.

49 금빛 칼 : 원문의 '금도(金刀)'는 금착도(金錯刀)이다. 황금으로 장식한 패도(佩刀)로, 후한(後漢)의 환제(桓帝)가 반란 진압을 위해 출병하는 거기장군(車騎將軍) 풍곤(馮緄)에게 금착도를 내린 일이 있다. 옥 부절과 마찬가지로 임금의 명을 받아 관찰사가 되었을 때 하사받은 부절을 의미한다.

50 내선(來宣) : 《시경》 〈대아(大雅) 강한(江漢)〉에 보이는 '내순내선(來旬來宣)'에서 따온 말로 순선(旬宣)이라고도 하는데 지방관이 되는 것을 가리킨다. "왕께서 소호에게 명하사, 와서 두루 정사를 펼치라고 하셨네.〔王命召虎, 來旬來宣.〕"라는 내용이 있다. 여기서는 이계가 황해도 관찰사가 된 것을 의미한다.

51 언덕과……말하랴 : 이는 《시경(詩經)》 〈소아(小雅) 황황자화(皇皇者華)〉에 나

오는 구절을 인용한 것이다. "아름다운 꽃들이 언덕과 습지에 피어 있네. 무리 지어 달리는 사신들 해내지 못할까 걱정하네.〔皇皇者華, 于彼原隰. 駪駪征夫, 每懷靡乃.〕"라는 내용이 있다. 사신의 임무를 수행하는 어려움을 말한 것인데, 여기서는 이계가 임금의 명을 받은 관찰사로서 임무를 수행하는 것을 비유한 것이다.

월파루에서 검무를 보고 현판의 시에 차운하다[52]

月波樓觀劒舞 用板上韻

황강[53]은 얼마나 시원스레 트였는지	黃岡何爽塏
옥 부절이 또 느긋하게 머무네	玉節且遲留
검의 기운은 가을빛처럼 서늘하고	劒氣秋光冷
노랫소리는 강물처럼 유려하네	歌聲江水流
술동이 앞에는 장수가 둘[54]이요	樽前兩元帥
관문 밖에는 높은 누각이 하나 있네	關外一高樓
눈을 들어 멀리 구름 낀 산을 보노라니	擧目雲山遠
갑작스레 북망의 시름[55]이 생겨나네	翻生北望愁

52 월파루에서……차운하다 : 1770년(영조46) 이계가 황해도 관찰사로 있을 때 가을 순행길에 황주를 들러 월파루를 유람하고 감상을 읊은 시이다. 월파루(月波樓)는 황주 읍성의 동쪽 강가 절벽 위에 있고 승선루(昇仙樓)라고도 불렸다. 절벽에는 명(明)나라 사신(使臣) 주지번(朱之蕃)이 쓴 '황강적벽(黃岡赤壁)' 네 자가 있다. 이계가 차운한 현판의 시는 영조대의 문신인 오광운(吳光運, 1689～1745)의 시를 가리키는 것으로 추측된다. 《黃州邑誌》《黃州牧邑誌》

53 황강(黃岡) : 황해도 황주(黃州)이다. 중국 호북성(湖北省) 황주부(黃州府)의 별칭도 황강으로, 송(宋)나라의 왕우칭(王禹偁, 954～1001)이 황주 태수가 되었을 때 죽루(竹樓)를 지어 월파루와 통하게 하고 〈황주죽루기(黃州竹樓記)〉를 썼다. 이 글이 유명해지자 우리나라의 황주에도 월파루와 죽루가 있게 되었다고 하였다. 《古文眞寶後集 卷6 黃州竹樓記》《心田稿 卷1 燕薊紀程》

54 장수가 둘 : 황주에 병영(兵營)이 있어 관찰사와 병사(兵使)가 함께 있었으므로 장수가 둘이라고 표현한 것이다.

55 북망의 시름 : 북망(北望)은 신하가 임금을 그리워하는 마음을 비유하는 말이다.

동선령을 지나 봉산에 들어가다[56]

過洞仙嶺 入鳳山

높은 성이 대로를 가로질러 있고	層城橫大路
험준한 요새 서쪽 변방에 웅장하네	關阨壯西邊
벼랑 우뚝한 산에는 갑병을 감추었고	壁立山藏甲
구름 깊은 골짜기에는 신선이 있지	雲深洞有仙
숲 외에 다른 땅은 전혀 없고	都無林外地
때때로 나뭇잎 사이로만 하늘이 보일 뿐	時見葉間天
언덕 저편 멀리서 뿔피리 소리 들리니	隔岸遙聞角
깃발들이 눈앞에 가득하구나	旂旄滿眼前

56 동선령을……들어가다 : 이계가 황해도 관찰사로 있던 1770년(영조46) 가을에 순행을 하면서 지은 시로 봉산에 있는 동선령의 험준함을 묘사하였다. 동선령은 봉산군과 사리원시, 황주의 분기점에 있는 고개이다. 서쪽으로 정방산성(正方山城)과 연결되고 황해도와 함경도를 잇는 관문인 동시에 평안도로 통하는 직로에 위치하여 예로부터 요충지로 여겨졌다.

밤에 수안에 도착하다

夜抵遂安

어둑어둑 날 저물려 함에	荒荒日欲暝
산비탈에 말 세웠네	立馬山之阿
산골의 날씨는 맑은 날에도 습하고	峽氣晴猶濕
시냇물 소리는 밤에 더욱 요란해라	溪聲夜更多
날아다니는 반딧불은 화촉을 뒤따르고	流螢隨畫燭
요란한 취타 소리는 나무꾼의 노래와 뒤섞이네	行吹雜樵歌
관아가 응당 멀지 않으리라	官舍應非遠
깃발 한 쌍[57]이 벽라를 벗어났네	雙旌出薜蘿

57 깃발 한 쌍 : 원문의 '쌍정(雙旌)'은 관찰사의 의장(儀仗)으로 지방관의 행차를 뜻하는데 여기서는 관찰사의 행렬을 가리킨다.

상산관[58]

象山館

빙 두른 산들이 모두 그윽하고 고우니　　環山皆窈窕
선계의 관리란 말 허명이 아니로다　　仙吏不虛名
온갖 나무들 안개 속에 잠겨 있고　　萬木雲煙裏
모든 집집마다 다듬이 소리 울리네　　千家砧杵聲
거문고와 서책은 청정한 날에 어울리고　　琴書應靜暇
시간을 알리는 북소리 절로 분명하리라[59]　　更皷自分明

58 상산관 : 1770년(영조46) 이계가 황해도 관찰사로 가을 순행을 하던 중에 지은 시이다. 상산관(象山館)은 곡산의 객사(客舍)로 현판은 1773년(영조49) 곡산 부사가 된 윤사국(尹師國)이 쓴 것이고, 정조 때 곡산 부사 이익진(李益晉)이 중수하였으며, 1798년(정조22)에 정약용(丁若鏞)이 개축하였다. 《海西邑誌 5冊 谷山》

59 시간을……분명하리라 : 원문의 '경고(更鼓)'는 밤에 시간을 알리기 위해 치는 북인데, 관리가 정사를 잘 살피고 선정을 베푼다는 의미이다. 이는 《고금사문유취(古今事文類聚)》 외집(外集) 권14 〈문고미정(聞鼓美政)〉에 실린 장영(張詠)의 일화에서 유래하였다. 송(宋)나라 때 범연귀(范延貴)가 금릉(金陵)을 지나다가 장영을 만났다. 장영이 "그대가 길을 다니는 동안 훌륭한 관원을 본 적이 있는가?" 하고 묻자, 범연귀는 "평향(萍鄕)의 수령 장희안(張希顔)을 보았는데 참으로 훌륭한 관원입니다. 고을의 경내로 들어가니 역참과 다리와 길이 모두 완전히 수리되어 있었고, 길거리에는 도박하는 사람이 없었으며, 밤에 여관에서 들으니 경(更)을 치는 소리가 분명하였습니다."라고 하였다. 이에 장영은 두 사람 모두 조정에 천거하였다.

1770년 6월 20일 곡산 부사가 구서오(具敍五)에서 김종수(金鍾秀)로 교체된 것을 보면 이계가 새로 부임한 군수의 선정을 기대한 것으로 보인다. 《承政院日記 英祖46年 6月 20日》

빈 객관에 이르러 맑은 밤을 보내니 空館徂淸夜
시 남겨두어 옛정을 부치노라 留詩寄故情

곡산을 출발하여 검물원에서 묵으니 시내와 산에 그윽한 정취가 있었다[60]

發谷山 宿檢勿院 頗有溪山之趣

가을 기운이 이렇게나 맑으니 秋氣淸如此
호기로운 마음을 어찌할 수 없네 豪情不可刪
흰 구름 속 어느 곳이 절이고 白雲何處寺
붉은 낙엽은 몇 겹이나 산을 덮었나 紅葉幾重山
풍광이 훌륭함을 새삼스레 깨달으니 轉覺風光好
가는 길 험한 것도 모두 다 잊었네 渾忘道路艱
우연히 마주한 아름다운 풍경에 偶逢佳水石
말 멈추고 졸졸 물소리 듣네 立馬聽潺湲

60 곡산을……있었다 : 1770년(영조46) 이계가 황해도 관찰사가 되어 가을 순행을 하면서 지은 시로 검물원 주변의 아름다움을 노래하였다. 검물원은 곡산부 관아의 남쪽에 있던 원(院)이다.

신계에 들어가며

入新溪

신계 또한 깊은 산골 마을이라 新溪亦巖邑
시내와 골짜기도 구불구불 굽이졌네 川谷轉逶迤
땅은 외져서 소나무 삼나무 오래 묵었고 地僻松杉壽
밭은 황량하니 기러기와 오리도 매가리 없네 田荒鴈鶩癡
산골 사람 본래 송사가 적고 峽人元少訟
산길에서 가장 시가 많구나 山路最多詩
눈앞의 풍경이 비록 눈길 끌지만 物色雖供眼
백성들 근심에 매번 눈썹 찌푸리네 民憂每上眉

여현을 넘으며 2수

踰礪峴 二首

이미 일천 봉우리의 험난함을 지나	已度千峯險
또 한 줄기 물굽이 건넜지	猶穿一水灣
골짜기 깊어서 그저 해만 보이더니	洞深惟見日
하늘이 툭 트이며 홀연 산이 없어졌네	天豁忽無山
색상[61]은 분분하게 많이 변해도	色相紛多變
심령은 본디 스스로 한가한 것을	心靈本自閑
근진[62]을 다 없애지 못하여	根塵除未得
끝내 인간 세상에 머무르네	終是落人寰

막막하게 구름 낀 산 아득하고	漠漠雲山逈
유유한 개울 길 길기도 해라	悠悠川路脩
날쌘 매는 살기를 띠었고	豪鷹隨殺氣
날아가는 기러기 떼는 맑은 가을 좋아하네	連鴈喜淸秋
물성은 본래 서로 잊을 수 있고[63]	物性元相忘

61 색상(色相) : 겉으로 드러난 만물의 모습을 가리키는 불교 용어이다.

62 근진(根塵) : 불교에서 육근(六根)과 육진(六塵)을 통칭하는 말이다. 육근은 내 몸의 여섯 가지 기관인 안(眼)·이(耳)·비(鼻)·설(舌)·신(身)·의(意)이고, 육진은 여섯 기관을 통해서 의식을 일으키는 육경(六境)으로 색(色)·성(聲)·향(香)·미(味)·촉(觸)·법(法)이다.

63 물성은……있고 : 《장자》 〈대종사(大宗師)〉에, 공자(孔子)가 "물고기는 서로 물

천기는 자유로이 할 수 있네　天機可自由
풍속을 살피며 나만 홀로 피곤하니　觀風吾獨倦
눈길 닿는 곳곳마다 백성들 근심일세　觸目是民愁

로 나아가고 사람은 서로 도로 나아가는데, 물로 나아가는 물고기는 못을 파서 양육을 받아야 하고, 도로 나아가는 사람은 일을 없애서 삶을 안정되게 해야 한다. 그러므로 가장 좋은 것은 물고기가 강호에서 서로 잊는 것이요, 사람이 도술에서 서로 잊는 것이다.〔魚相造乎水, 人相造乎道, 相造乎水者, 穿池而養給, 相造乎道者, 無事而生定, 故曰魚相忘乎江湖, 人相忘乎道術.〕"라고 하였다.

한낮에 기탄에서 쉬며[64]

午憩岐灘

협곡이 구불구불해도 오히려 여울과 통하니	峽轉猶通瀨
모래밭 평평한 데서 홀연히 여울 소리 들리네	沙平忽聞聲
강물 흐름에 붉은 낙엽 떠내려가고	江流紅葉下
다리 끊어지니 조각배로 가로지르네	橋斷小舟橫
고기잡이와 벼농사로 살림살이 넉넉하고	魚稻生涯足
바위산 봉우리는 기색이 맑아라	巖巒氣色淸
수레를 멈추고 처음으로 술잔 드니	停車初把酒
깊은 숲속에서 닭 울음 들려오네	深樹一鷄鳴

64 한낮에 기탄에서 쉬며 : 이계가 1770년(영조46) 황해도 관찰사가 되어 가을 순행을 하던 중에 지은 시이다. 기탄은 연안도호부(延安都護府) 강음현(江陰縣) 북쪽을 흐르는 여울로, 금교(金郊)와 평산(平山)을 지나 저탄(猪灘)으로 이어지고 벽란도(碧瀾渡)에 이르러 바다로 들어간다.

잠시 금교 청뢰정에서 쉬며 역승에게 주다[65]

少憩金郊淸籟亭 贈主人

단풍 물든 숲속으로 수레 돌리니　迴車紅樹裏
석양 질 무렵에 나그네 만류하네　留客夕陽時
난간에 기대니 바람이 불어오고[66]　倚檻生虛籟
술동이 옮겨서 작은 못 가까이 가네　移樽近小池
말 살쪄라 가을의 들판에 놓아 먹이고　馬肥秋放野
역승은 오만하게 날마다 시 읊조리네　丞傲日哦詩
우연히 이르러서 흥취를 이루니　偶到仍成趣
깃발들도 골짜기를 느릿느릿 나서네　行旌出洞遲

65 잠시……주다 : 1770년(영조46) 이계가 황해도 관찰사로 있을 때 가을 순행을 하면서 지은 시이다. 청뢰정은 평산군(平山郡) 금교역(金郊驛)에 있는 누정이고, 금교역은 개성에서 황주까지 이어지는 역도(驛道)인 금교도(金郊道)의 중심역이다.

66 바람이 불어오고 : 두보(杜甫)의 시 〈유용문봉선사(遊龍門奉先寺)〉에 "그늘진 골짜기에선 바람이 일어나고, 달빛 비친 숲속에선 맑은 그림자 흩어지네.〔陰壑生虛籟, 月林散淸影.〕"라는 구절이 있다.

대이현과 소이현을 넘으며[67]

踰大小梨峙

오늘도 여전히 길을 계속 가니	今日猶行邁
허둥지둥 서두르며 한가할 틈 없네	棲棲意未閑
봉우리 높으니 말에서 자주 내리고	峯危頻舍馬
하늘이 높으니 절로 기분 좋아지네	天逈好開顔
평탄하고 험난함은 경계대로 따르거니와	夷險元隨境
지루하여라 산을 벗어나지 못하네	支離不出山
시 잘하는 이가 길동무해주어[68]	能詩還有伴
일백 리 멀리까지 따라왔구나	百里遠追攀

67 대이현과 소이현을 넘으며 : 1770년(영조46) 이계가 황해도 관찰사로 있을 때 가을 순행을 하면서 지은 시이다. 대이현과 소이현은 평산에서 남쪽의 해주로 가는 길목에 위치한 고개이다.

68 시……길동무해주어 : '시 잘하는 이'란 금교역의 역승을 가리킨다. 뒤에 실린 〈온천에서 금교역 승과 작별하다〔溫泉 贈別金郊丞〕〉에 "그대는 멀리까지 함께 와주었네〔之子遠相隨〕"라는 구절이 있는 것으로 보아, 이계가 해주부 경계에 들어설 때까지 역승이 따라왔던 것을 알 수 있다.

정오에 고지촌의 조씨 장원에서 밥을 짓다[69]

午炊古池村趙氏庄

순선[70]하는 곳 모두가 산골 마을이니	巡宣皆峽郡
가다가 쉬는 곳 또한 장원일세	流憩亦園庄
산의 차조〔秫〕는 추운 날씨에 패지 못했고	山秫寒無粒
서리 맞은 배는 향기가 짙어가네	霜梨膩有香
병든 폐는 산뜻하게 해준다지만	縱堪澆病肺
어찌 주린 창자를 적셔줄 수 있으랴	那足潤飢腸
말 세우고 백성들 첩보에 제사[71]를 쓰노라니	立馬題民牒
걷은 휘장[72] 안으로 저녁 빛이 창연하네	褰帷暮色蒼

69 정오에……짓다 : 1770년(영조46) 이계가 황해도 관찰사로 있을 때 가을 순행을 하면서 지은 시이다. 고지촌은 위치를 특정하기 어려운데 시에서 드러나는 이계의 순행 경로를 고려하면 평산에서 해주 방향으로 대이현과 소이현 너머에 있는 고지면(古之面)을 가리키는 것으로 보인다.

70 순선(巡宣) : 감사(監司) 등 지방관이 고을을 순시하면서 왕명(王命)을 펴는 일이다.

71 첩보에 제사 : 첩보(牒報)는 원래 상부기관에 보내는 보고서인데 여기서는 백성들이 올린 소장 등을 가리키는 것으로 보인다. 제사(題辭)는 관리가 공문서나 소장(訴狀), 청원서(請願書) 등에 쓰는 지시사항 등을 뜻한다.

72 걷은 휘장 : 후한(後漢)의 가종(賈琮)이 기주 자사(冀州刺史)로 부임할 때 백성들과 가까이하기 위하여 수레의 휘장을 걷어버린 일이 있는데, 이후 지방관이 은혜로운 정치를 행하는 것을 가리키게 되었다. 《後漢書 卷31 賈琮傳》

온천에서 금교역 승과 작별하다[73]

溫泉 贈別金郊丞

가을바람이 수국에 가득한데　　秋風滿水國
그대는 멀리까지 함께 와주었네　　之子遠相隨
태양 빛 서늘하니 더욱 깨끗하고　　日色寒逾淨
산의 모습 여위어 더욱 기이하네　　山容瘦更奇
국화 아래에서 함께 술잔 잡으니　　黃花同把酒
단풍잎에 시 쓰기 좋구나　　紅葉好題詩
여관에서 근심 속에 작별하니　　旅館愁分袂
돌아가는 구름도 더디게 고개를 넘어가네　　歸雲度嶺遲

73 온천에서……작별하다 : 이계가 1770년(영조46) 황해도 관찰사가 되어 가을 순행을 하는 도중에 지은 시이다. 여기서 말한 온천은 평산(平山)의 온정(溫井)을 가리키는 것으로 보인다. 조선 초기 태조(太祖)와 정종(定宗)이 이 온정에 수차례 거둥한 일이 있다.

온천관 객관에 묵으며 빗소리를 듣다[74]

溫泉館夜枕聞雨

해 저문 외진 고을에서	日落荒村裏
등불 밝히고 홀로 누워 있자니	燈明獨臥時
풀벌레 소리는 원망스런 하소연 같고	林蟲如訴恨
낙숫물 소리는 또다시 시 재촉하네	簷雨更催詩
서리와 이슬은 가을의 감회 일으키고[75]	霜露秋生感
구름 낀 높은 하늘은 밤마다 그리워지네[76]	雲天夜有思
온갖 근심에 초조하여 잠 못 이루니	百憂悄無寐
산누[77]는 얼마나 되었나 묻노라	山漏問何其

74 온천관……듣다 : 이계가 1770년(영조46) 황해도 관찰사가 되어 가을 순행을 하는 도중에 지은 시이다. 온천관은 황해도 평산의 온정에 딸린 객관을 가리키는 것으로 보인다.

75 서리와……일으키고 : 이는 '상로지감(霜露之感)'으로 돌아가신 부모나 선조를 슬피 그리워한다는 의미이다. 《예기(禮記)》〈제의(祭義)〉에 "가을 제사 때 서리나 이슬이 내리면 군자가 이것을 밟고 반드시 서글퍼지는 마음이 있으니, 이는 추워서 그러한 것이 아니다."라고 하였다.

76 구름……그리워지네 : '운천(雲天)'은 임금이 있는 궁궐을 가리키므로 이 구절은 임금을 그리워한다는 의미이다.

77 산누(山漏) : 산중(山中)에서 사용했던 일종의 물시계이다. 진(晉)나라 혜요(慧要)가 여산(廬山)에 있을 때 물 위에 12엽(葉)의 부용(芙蓉)을 만들어 세워놓고 흐르는 물결을 따라 돌아가게 하여 12시를 알았다고 한다. 《高僧傳 釋道祖附錄 慧要傳》

벽성으로 향하며[78]

向碧城

순행길[79]이 이제 천 리나 되고 　　于役今千里
날씨가 차가워짐에 초목이 시들어가네 　　天寒草木凋
가는 구름은 홀을 따라 멀리 나오고 　　行雲隨笏遠
고향 생각은 깃발 좇아 흔들리네 　　歸意逐旌搖
서리 내렸으니 가을걷이 어쩌랴 　　穡事霜無奈
백성 근심은 술로도 없애지 못하네 　　民憂酒不消
맑은 시편 부질없이 소매 속에 가득해라 　　淸詩空滿袖
흥취를 저 멀리 벽성에 부치었네 　　興寄碧城遙

78 벽성으로 향하며 : 벽성은 해주의 이칭이다. 이계가 1770년(영조46) 황해도 관찰사가 되어 가을 순행을 하는 도중에 지은 시로, 오랜 순행으로 인한 어려움과 작황이 좋지 못한 것으로 인한 근심을 드러내었다.

79 순행길 : 원문의 '우역(于役)'은 《시경》 〈국풍(國風) 군자우역(君子于役)〉에 나온 말로, 왕명을 받은 관리가 직무를 수행하러 외방으로 나가는 것을 뜻한다. 여기서는 이계가 관찰사가 되어 황해도 각지를 순행하는 것을 뜻한다.

온천을 출발하며

發溫泉

삼고(三鼓)[80]가 울리면 내 장차 출발하려는데	三鼓吾將發
일천 깃발 고요하여 소란하지 않네	千麾靜不騷
가을바람에 새벽 뿔피리 울리고	金飆生曉角
가을빛은 흰머리를 물들이네	秋色入霜毛
질병은 이미 영험한 온천에 씻었으니	病已靈泉濯
시 또한 푸른 뫼처럼 높아지리라	詩幷碧岀高
임금님 교화가 한 지방을 맑게 하시니	王風淸一路
나는 새는 구름과 함께 솟아오르네	飛鳥與雲翶

80 삼고(三鼓) : 세 번 북을 울리는 것 혹은 삼경(三更)의 의미가 있는데 여기서는 세 번 북을 울린다는 의미로 보았다. 《주례(周禮)》〈하관사마(夏官司馬) 대사마(大司馬)〉에 "중군(中軍)이 비(鼙)로써 북을 울리도록 명령하면 고인(鼓人)이 세 번 북을 울리고 사마(司馬)가 방울을 흔든다. 이에 군리(群吏)가 기(旗)를 일으켜 세우고 전차와 보병이 다 일어나 고(鼓)를 울리면서 행진하고, 방울을 울리면 전차와 보병이 다 움직여 표(表)에 이르러 중지한다."라는 구절이 있다.

새벽에 출발하다

曉行

서리 내린 새벽 기운은 싸늘하고　　霜氣曉凄凄
푸른 산은 지척에서도 분간 못 하겠네　　青山咫尺迷
마을이 멀리 있는지 가까운지 모르는데　　不知村遠近
닭 울음소리로 행차를 전송해주네　　相送一聲鷄

결포에서 조수를 보다[81]

結浦觀潮

벽성에 처음으로 안개 걷히니 碧城初罷霧
결포에는 또 물결 일어나네 結浦又生濤
바다 기운은 층층 구름으로 쌓여가고 海氣層雲積
파도 소리는 뭇 구멍[82]의 외침일세 潮聲衆竅號
교룡은 응당 절로 크거니와 蛟龍應自大
섬들은 높아질 수 없다오 島嶼不能高
고삐 잡음에 원대한 생각에 잠기어라[83] 攬轡凝遐想
표연히 여섯 자라[84]를 모는 듯하네 飄如御六鰲

81 결포에서 조수를 보다 : 이계가 1770년(영조46) 황해도 관찰사가 되어 가을 순행을 마치고 해주로 들어왔을 때 지은 시이다. 결포(結浦)는 해주읍성 남문 인근 해안가의 포구이다.

82 뭇 구멍 : 여기서는 땅 위에 있는 만물이라는 의미로 보았다. 《장자(莊子)》〈제물론(齊物論)〉에 나온 말로, 안성자유(顔成子游)가 스승인 남곽자기(南郭子綦)에게 질문하면서 "땅의 피리 소리는 뭇 구멍 속에서 나오는 것들이고, 사람의 피리 소리는 대나무로 만든 악기의 음과 같은 것이라면, 하늘의 피리 소리는 과연 어떤 것인지 감히 여쭙겠습니다.〔地籟則衆竅是已, 人籟則比竹是已, 敢問天籟.〕"라고 하였다.

83 고삐……잠기어라 : 이 구절은 후한(後漢) 범방(范滂)의 고사에서 나온 '남비징청(攬轡澄淸)'의 의미를 담고 있다. 혼란한 시대에 정치를 혁신하고 천하를 안정시키려는 원대한 포부를 비유한 말이다. 22쪽 주5 참조.

84 여섯 자라 : 고삐를 쥐고 섬들을 바라보는 자신을 자라를 낚아서 돌아가는 거인에 비유한 것으로, 삼신산(三神山) 이야기를 인용한 것이다. 발해(渤海)의 동쪽에 다섯 개의 신산(神山)이 있었다. 섬이 떠내려갈까 염려한 상제(上帝)가 자라 열다섯 마리를

시켜 번갈아가며 산을 등에 지고 있게 하였는데, 어느날 용백국(龍伯國)의 거인이 한꺼번에 여섯 마리의 자라를 낚아서 돌아가자 두 개의 신산이 북극으로 흘러가 가라앉고 세 개의 산만 남아 삼신산으로 일컬어졌다. 《列子 湯問》

9월 초하루 능원에 행행하심으로 인하여 부용당에 나아가 머무르다[85]

九月初吉 以陵園行幸 出次芙蓉堂

벽성의 가을밤 길기도 한데	碧城秋夜長
맑은 바람은 못에서 일어나네	淸籟在池塘
촛불 들고 빈 난간에 임하여	把燭當虛檻
노래하는 기녀를 부르니 규방에서 나오네[86]	徵歌出洞房
별 저물며 누대를 어스름히 비추고	星沉樓暗照
연꽃 졌어도 물에는 향기 남았네	荷盡水猶香
달 없다고 아쉬워할 것 없네	不必嫌無月
맑은 하늘이 절로 빛이 나니	空明自有光

85 9월……머무르다 : 이계가 1770년(영조46) 황해도 관찰사로 있을 때 지은 시이다. 능원에 행행(幸行)했다는 것은 1770년 9월 1일 영조가 명릉(明陵)·익릉(翼陵)·경릉(敬陵)에 행행하여 친제(親祭)를 올리고 왕세손(정조)도 수가(隨駕)하여 능을 봉심(奉審)한 것을 말한다. 부용당은 36쪽 주37 참조.

86 노래하는 기녀를……나오네 : 이 구절은 이백(李白) 〈궁중행락사(宮中行樂詞)〉 8수 중 2수에서 인용한 것이다. "기녀(妓女)를 선발하여 화려한 수레를 따르게 하고, 노래하는 기녀를 부르니 규방에서 나오네.〔選妓隨雕輦, 徵歌出洞房.〕"라는 구절이 있다. 이 시는 이백이 당 명황(唐明皇, 玄宗)에 대한 풍간(諷諫)의 의미를 담은 것이라고 한다.《唐詩三百首 卷6 七言樂府 淸平調》

서쪽 순행을 나서다

發西巡

동쪽을 순행한 지 며칠이나 되었나	東巡今幾日
관찰사 행차가 또다시 서쪽으로 향하네	旌節又徂西
왼쪽으로 드넓은 바다를 끼고서	左夾滄溟闊
고개를 돌려보니 푸른 뫼 낮도다	回看碧岦低
맑은 서리가 처음으로 들판을 적시고	淸霜初滌野
서늘한 빗방울에 홀연 무지개 피어나네	凉雨忽生霓
관로의 평탄함이 숫돌과 같아서	官路平如砥
수레의 말들도 진창을 겁내지 않네	征驂不怯泥

길 가던 중 늦게 날이 개다

途中晩晴

가을 산은 비 개니 더욱 좋고	秋山晴更好
남은 안개는 맑은 하늘에 엷어라	餘靄澹淸霄
괴이한 새는 울면서 전송하고	怪鳥啼相送
국화꽃 그림자는 절로 흔들리네	寒花影自搖
말은 단풍나무 거리에서 울고	馬嘶紅樹巷
중은 석양 속에 다리를 건너가네	僧渡夕陽橋
보이는 것 모두가 그릴 만하지만	滿目皆堪畫
그려내지 못함을 어이하리오	其如畫未描

석담서원[87]

石潭書院

강과 산악이 일찍이 호걸을 내었으니 河嶽曾生傑
정자와 누대에 엄연히 신명이 계신 듯 亭臺儼若神
성인의 도를 온전하게 배웠고 聖門全體學
왕실에는 비궁의 신하[88]가 되었네 王室匪躬臣
구곡[89]은 하늘이 내려준 아름다운 곳으로 九曲天鍾美
제현들은 덕이 있어 이웃 있었네[90] 諸賢德有隣

87 석담서원 : 1770년(영조46) 가을 이계가 황해도 서쪽 일대를 순행할 때 지은 시로, 해주 서쪽의 석담서원을 방문하고 율곡(栗谷) 이이(李珥)를 추모하는 마음을 담았다. 석담서원은 황해남도 벽성군(碧城郡) 석담리(石潭里)에 있는 서원으로 은병정사(隱屛精舍), 은병서원(隱屛書院), 소현서원(紹賢書院)이라고도 불렸다. 1576년(선조9) 이이가 이곳으로 내려와 청계당(聽溪堂)을 세우고 2년 뒤에는 청계당 동쪽에 은병정사(隱屛精舍)를 지었는데, 임진왜란(壬辰倭亂) 때 소실되었다가 광해군 때 복원하고 소현(紹賢)이라는 사액(賜額)을 받았다. 주희(朱熹)와 조광조(趙光祖)・이황(李滉)・이이(李珥)・성혼(成渾)・김장생(金長生)・송시열(宋時烈)을 배향하였다.

88 비궁의 신하 : 신하가 나라를 위해 힘을 다하는 것을 말한다. 《주역》 〈건괘(蹇卦) 육이(六二)〉에 "왕의 신하가 충성을 다함은 자신의 몸을 위해서가 아니다.〔王臣蹇蹇, 匪躬之故.〕"라고 한 데에서 유래하였다.

89 구곡 : 석담구곡(石潭九曲)이다. 현재 황해남도 벽성군 석담리의 석담천(石潭川) 중류에 있다. 1578년(선조11) 이이는 석담천의 아홉 구비에 이름을 붙이고 〈고산구곡가(高山九曲歌)〉를 지었다. 1곡은 관암(冠巖), 2곡은 화암(花巖), 3곡은 취병(翠屛), 4곡은 송애(松崖), 5곡은 은병(隱屛), 6곡은 조협(釣峽), 7곡은 풍암(楓巖), 8곡은 금탄(琴灘), 9곡은 문산(文山)이다.

석담(石潭) 속에 조각달 남아서	潭心留片月
읊조리며 돌아가는 사람[91]을 길이 비추네	長照詠歸人

90 덕이……있었네 : 이 구절은 《논어》 〈이인(里仁)〉의 "덕이 있는 사람은 외롭지 않으니 반드시 이웃이 있다."라는 구절에서 따온 말이다. 여기서는 이이와 이이를 따르던 문인들 혹은 서원에 배향된 주희와 조광조·이황·이이·성혼·김장생·송시열을 비유한 것이다.

91 읊조리며 돌아가는 사람 : 《논어》 〈선진(先進)〉에, 공자가 제자들에게 포부를 묻자 증점(曾點)이 "기수에서 목욕을 하고 무우에서 바람을 쐰 뒤 노래하며 돌아오고자 합니다.〔浴乎沂, 風乎舞雩, 詠而歸.〕"라고 답한 고사에서 따온 말이다.

새벽에 석담을 출발하여 비를 무릅쓰고 송화로 향하다
曉發石潭 冒雨向松禾

가을비는 괴롭게도 그치지 않고	秋雨苦無已
내가 가야 할 길은 자못 멀기만 하네	我行殊未央
바다 위의 구름은 기이한 변화 많고	海雲多譎詭
바람에 지는 잎은 창황빛 짙어라	風葉太蒼黃
정역[92]으로 가는 세월 슬퍼하고	征役悲年邁
관주[93]는 흉년을 부끄러하네	官廚愧歲荒
다만 왕사가 위급하므로	直緣王事急
쉬는 것 또한 겨를이 없어라[94]	啓處亦靡遑

92 정역(征役) : 정역은 행역(行役)의 의미로, 명을 받아 사업을 벌이거나 국경 수비 등을 위해 먼 길을 떠나는 것을 말한다. 당시 이계가 계속 순행을 하고 있었으므로 이렇게 표현한 것이다.

93 관주(官廚) : 지방 관청에 속한 주방 혹은 거기에서 조리한 음식을 가리킨다.

94 왕사가……없어라 : 《시경(詩經)》 〈소아(小雅) 사모(四牡)〉에 "네 필의 말이 쉴 새 없이 달려가니 낙마가 많기도 하도다. 어찌 돌아가길 생각지 않으랴만, 왕사를 소홀히 할 수 없기에 편히 쉴 겨를이 없도다.〔四牡騑騑, 嘽嘽駱馬. 豈不懷歸, 王事靡盬, 不遑啓處.〕"라는 구절이 있다. 본래 이 시는 임금이 사신(使臣)의 수고로움을 위로하는 뜻을 노래한 것인데, 이계는 순행으로 바쁘고 힘든 자신의 처지를 빗대어 표현하였다.

날이 조금 개어

少晴

평평한 들에선 이따금 둘러보고	平原時騁目
가파른 비탈에선 다시 얼굴빛 변하네	危磴更凋顔
지는 잎새에 온전한 나무 없고	落葉無全樹
석양은 겨우 산허리에 걸려 있네	斜陽只半山
흐렸다 맑았다 잠깐 사이 변하니	陰晴俄變幻
가다가 서다가 참으로 험난하여라	行止劇間關
마부 꾸짖던 옛 자취[95] 그리워하나	叱馭懷前躅
따라잡을 수 없음을 바야흐로 알겠네	方知不可攀

95 마부……자취 : 한(漢) 나라 왕양(王陽)이 익주 자사(益州刺史)로 부임할 때 사천성(四川省) 공래산(邛郲山)의 구절판(九折阪)을 넘으면서 산길이 험한 것을 보고 "어버이에게 받은 이 몸을 가지고 어찌 이 험한 길을 자주 왕래하겠는가" 하고 얼마 뒤 병을 핑계로 사직하여 장안으로 돌아갔다. 훗날 왕존(王尊)이 익주 자사로 부임할 때 구절판에 이르자 마부를 꾸짖으면서 "빨리 몰아라. 왕양은 효자지만 왕존은 충신이다.〔驅之, 王陽爲孝子, 王尊爲忠臣.〕"라고 말한 일이 전한다.《漢書 卷76 王尊傳》

문화로 향하며

向文化

아름다운 산봉우리에 처음 비 개고	錦嶂初收雨
마름 우거진 모래톱에 다시 바람 이네	蘋洲更起風
기러기 울음소리 멀리서 바다를 건너고	鴈聲遙度海
붕새의 날개는 곧바로 허공을 치네	鵬翮直摩空
기후는 아침저녁 서로 달라도	氣候朝晡異
천기는 사물과 내가 함께하네	天機物我同
외로이 읊조리다 다시금 그만두니	孤吟還自罷
적막한 가운데 그 뜻이 하염없어라	寥闊意無窮

구월산을 바라보며[96]

望九月山

성대하게 흐르던 원기가　　磅礴流元氣
서쪽 구월산에 서렸도다　　西蟠九月山
하늘 복판에 기둥 하나 높이 솟아 있고　　中天高一柱
땅에는 쪽 진 듯한 봉우리들 벌여 있네　　平地列千鬟
불려주고 적셔주니 그 공 응당 넓거니와　　蒸潤功應博
단정하고 엄숙하니 의취는 절로 한가해라　　端嚴意自閑
가을바람 속 다시금 행차를 멈추니　　秋風還駐節
바라만 볼 뿐 올라보지 못함일세　　瞻望未躋攀

96 구월산을 바라보며 : 1770년(영조46) 가을 이계가 황해도 서쪽 일대를 순행할 때 지은 시이다. 구월산은 우리나라 4대 명산으로 꼽히는 산으로, 황해남도 은율군과 안악군의 경계에 위치한다. 아사달산(阿斯達山)이라고 일컬어지기도 하며, 단군(檀君)이 평양에서 이곳으로 수도를 옮겼다는 설도 있다.

악주의 옛일을 생각하며[97]

岳州感古

선조께서 부절을 나누어 받았던 이 땅에[98] 吾祖分符地
지금 후손이 관찰사로 왔도다 今孫仗節來
따듯한 덕화에 일천 집이 교화되고[99] 陽春千室化
산 아래 포구는 일백 년을 슬퍼하네[100] 山浦百年哀
한 조각 빗돌이 새로 지은 화옥에 있고[101] 片石新華屋

97 악주의 옛일을 생각하며 : 1770년(영조46) 가을 이계가 황해도 서쪽 일대를 순행할 때 지은 시이다. 악주는 안악(安岳)으로 이계의 선조 홍만회(洪萬恢, 1643~1710)가 안악 군수를 지낸 일이 있다. 홍만회는 1688년(숙종14) 1월 14일 안악군수에 임명되었다가 이듬해인 1689년 인현왕후(仁顯王后)가 폐위되자 관직에서 물러났다. 본집 권14에 수록된 〈안악군 거사비각기(安岳郡去思碑閣記)〉에 홍만회의 일화와 이계가 비각을 지은 일이 보인다.

98 선조께서……땅에 : 이계의 증조부 홍만회가 안악군수를 지낸 것을 말한다.

99 따듯한……교화되고 : 원문의 '양춘(陽春)'은 '유각양춘(有脚陽春)'의 고사에서 따온 것이다. 지방관의 따듯한 덕정(德政)을 비유한 말로, 당(唐)나라 송경(宋璟, 663~737)이 선정을 베풀자 "그의 발길이 닿는 곳마다 따뜻한 봄빛이 만물을 비추어주는 것 같다.〔所至之處, 如陽春煦物也.〕"라는 고사가 전해지게 되었다. 홍만회를 송경에 빗대어 표현한 것인데, 홍만회가 돌아갈 때 백성들이 거사비(去思碑)를 세웠다고 한다. 《耳溪集 卷14 安岳郡去思碑閣記》

100 산……슬퍼하네 : 산 아래 포구는 안악의 남쪽, 신천(信川)과 경계에 있는 굴산(窟山)과 굴산포(窟山浦)를 가리키는 듯하다. 《1872年 地方地圖 安岳郡地圖》 홍만회가 돌아갈 때 굴산포를 통해서 신천을 거쳐 한양으로 돌아간 것으로 추측된다. 이계는 포구의 물소리를 슬픈 울음소리에 빗대어 선정을 베푼 홍만회가 안악을 떠난 이후 백성들이 계속 슬퍼하고 있다고 표현한 것이다.

국화꽃은 옛 낚시터에 피어 있네　　寒花舊釣臺
모시고자 하여도 유로들 안 계시니　　欲招遺老盡
외로운 달과 더불어 배회하누나　　孤月與徘徊

101 한……있고 : 이계가 순행을 하던 중 홍만회의 거사비를 보고 비각을 세우게 한 일이 있다. 옛 비석에 새로 비각을 지었으므로 이렇게 표현한 것이다.《耳溪集 卷14 安岳郡去思碑閣記》

신천을 출발하여 백운동에 들러 이 정언을 방문하다[102]

이 정언은 이인묵이다

發信川 歷訪白雲洞李正言 仁默

어느 곳이 백운리인가	何處白雲里
외로운 연기 한두 집에서 피어오르네	孤烟一兩家
국화꽃은 가는 수레를 맞이해주고	黃花迎去轍
그윽한 새는 맑은 피리 소리에 답하네	幽鳥應淸笳
산골의 집에서 잠깐 만나[103]	磵戶初傾盖
산중의 부엌에서 잠시 차를 마셨지	山廚乍點茶
수레 돌려 다시 물을 건널 때	廻車還渡水
숲 너머로 석양이 비끼네	林外夕陽斜

102 신천을……방문하다 : 1770년(영조46) 가을 이계가 황해도 서쪽 일대를 순행할 때 지은 시로, 백운동(白雲洞)에 거주하는 이인묵(李仁默, 1709~1782)을 방문하고 감회를 읊었다. 백운동은 송화(松禾)와 접한 백운면(白雲面)이다. 이인묵의 본관은 전의(全義), 자(字)는 유성(幼成)이다. 1741년(영조17) 문과에 급제한 뒤 사헌부 지평(司憲府持平)・사간원 정언(司諫院正言)・중추부 경력(中樞府經歷) 등을 지냈다.

103 잠깐 만나 : 원문의 '경개(傾盖)'는 수레를 멈추고 일산을 기울인다는 말로 길에서 잠깐 만나는 것을 말한다. 《사기(史記)》 권83 〈추양열전(鄒陽列傳)〉에 "속어에 '백발이 되도록 오래 사귀어도 처음 만난 듯하고, 수레를 멈추고 잠깐 만났어도 오래 사귄 듯하다.'라고 하였으니 어째서인가. 서로를 아는지 모르는지에 있다.〔諺曰, 白頭如新, 傾蓋如故, 何則? 知與不知也.〕"라고 하였다.

밤에 구곡담에 가다[104]

夜入九曲潭

일만 개의 횃불로 산길을 밝히고　萬炬明山徑
아홉 구비 골짜기를 찾아 나서네　行尋九曲屛
숲으로 들어설 때는 석양인가 싶더니　入林疑返照
땅바닥에 깔리니 수많은 별빛인 듯　鋪地忽繁星
풍암[105]의 붉은빛 서로 어리비치고　楓壁紅相暎
금탄[106]의 가는 물소리 들을 만하네　琴灘細可聽

104 밤에 구곡담에 가다 : 이계가 황해도 관찰사로 있던 1770년(영조46) 가을에 황해도 서쪽 일대를 순행하면서 지은 시로 석담에서의 감회를 읊었다. 구곡담은 석담구곡(石潭九曲)을 말한다. 66쪽 주89 참조. 《간이집》 권9 〈희년록(稀年錄) 고산구곡담기(高山九曲潭記)〉에 유래와 형승이 상세하다.

105 풍암(楓巖) : 석담구곡 중 7곡으로, 바위산 전체가 단풍나무 숲으로 뒤덮여서 서리가 내리면 마치 노을처럼 현란하게 비치기 때문에 풍암이라 이름하였다고 한다. 《簡易集 卷9 高山九曲潭記》 참고로 이이의 〈고산구곡가〉 중 풍암을 읊은 부분은 다음과 같다. "칠곡(七曲)은 어드믜고 풍암(楓巖)에 추색(秋色)이 죳타. 청상(淸霜)이 엷게 친이 절벽(絶壁)이 금수(錦繡)ㅣ 로다. 한암(寒岩)에 혼자 안자셔 집을 닛고 잇노라."

106 금탄(琴灘) : 석담구곡 중 8곡으로, 여울물 소리가 매우 청랑(淸朗)하여 거문고 소리를 연상시키기 때문에 붙여진 이름이라고 한다. 《簡易集 卷9 高山九曲潭記》 이이의 〈고산구곡가〉는 다음과 같다. "팔곡(八曲)은 어드믜고 금탄(琴灘)에 돌이 볽다. 옥진금휘(玉軫金徽)로 수삼곡(數三曲)을 노론말이, 고조(古調)를 알리 업쓴이 혼자 즑여 ㅎ노라."

헤매던 길 이제는 어둡지 않으니[107]　　迷途今不昧
문득 도심이 깨어남을 깨닫는다네　　翻覺道心醒

107 어둡지 않으니 : 원문의 '불매(不昧)'는 허령불매(虛靈不昧)로, 사람이 하늘로부터 부여받은 밝은 덕〔明德〕을 의미한다.

낙엽[108]

落葉

괴이하구나 온 숲의 푸른 잎새　　怪底千林綠
가을이 오면 매번 절로 시드네　　秋來每自催
내려앉은 서리에 술 취한 듯 붉더니　　着霜渾似醉
내리는 큰비에 서러이 져버리네　　鳴雨却成哀
하나하나 바람 따라 구르다가　　箇箇隨風轉
표표히 물에 떨어져 흘러가네　　輕輕擲水廻
비록 승화의 이치[109]를 안다지만　　縱知乘化理
늦게 시드는 재목[110]에게 부끄러우리　　應愧後凋材

108 낙엽 : 이계가 황해도 관찰사로 있던 1770년(영조46) 가을에 황해도 서쪽 일대를 순행할 때 석담구곡 중 7곡인 풍암에서 지은 것으로 보인다.

109 승화의 이치 : '승화(乘化)'는 자연의 조화를 따른다는 의미이다. 도연명(陶淵明)의 〈귀거래사(歸去來辭)〉에 "애오라지 자연의 조화를 따라 돌아갈 것이니, 천명을 즐길 뿐이지 다시 무엇을 의심하랴.〔聊乘化以歸盡, 樂夫天命復奚疑.〕"라는 구절이 있다.

110 늦게 시드는 재목 : 역경을 겪고 어지러운 세상에 처하면서도 꿋꿋하게 지조를 지키는 군자를 비유하는 말이다. 《논어》 〈자한(子罕)〉에 공자가 "날씨가 추워진 다음에야 소나무와 잣나무가 늦게 시드는 것을 알 수 있다."라고 하였다.

청계당[111]

聽溪堂

냇물 소리 낭랑하게 섬돌을 맴돌고　　潤聲淸繞砌
솔빛은 푸르게 처마에 넘치네　　松色碧盈簷
계곡 한 구비는 터진 고리와 같고　　一曲如環缺
두 봉우리는 붓처럼 뾰족이 솟았도다　　雙峰聳筆尖
생황과 큰 종은 당시의 뜻이요[112]　　笙鏞當日志
태산과 북두[113]는 백 년을 우러르지　　山斗百年瞻
앉은 자리에 빗줄기 지나가니　　坐處霏霺過

111 청계당 : 이계가 황해도 관찰사로 있던 1770년(영조46) 가을, 황해도 서쪽 일대를 순행하던 중 석담구곡에 들러 지은 시이다. 청계당은 이이가 41세 되던 해인 1576년(선조9) 10월에 지은 것으로 5곡인 은병(隱屛)에 있다. 이이가 벼슬에서 물러났을 때 이곳에서 제자들과 학문을 닦았다. 66쪽 주87 참조.

112 생황과……뜻이요 : 이 구절은 이이가 관직에 있을 때 예악과 문물제도를 이루어 임금을 보필하고자 노력했음을 표현한 것이다. '생황과 큰 종'은 예악(禮樂)과 문물제도가 갖추어지는 것을 의미한다. 《서경》 〈우서(虞書) 익직(益稷)〉에 순(舜) 임금 때의 악관(樂官)인 기(夔)가 "생황과 큰 종을 번갈아 울리니 새와 짐승이 춤을 추며, 소소를 아홉 번 연주하니 봉황이 와서 춤을 춘다.〔笙鏞以間, 鳥獸蹌蹌, 簫韶九成, 鳳凰來儀.〕"라고 한 데서 나온 말이다.

113 태산과 북두 : 이이의 명성이 높아져 사람들이 태산북두처럼 우러러본다는 의미이다. '산두(山斗)'는 태산북두(泰山北斗)의 준말로, 세상 사람들이 흠모하는 훌륭한 사람을 뜻한다. 《신당서(新唐書)》 권176 〈한유열전(韓愈列傳)〉에 "한유가 작고한 뒤 그의 말이 크게 행해져, 학자들이 그를 태산북두처럼 우러러 받들었다.〔自愈沒, 其言大行, 學者仰之如泰山北斗云.〕"라고 말한 데에서 나왔다.

도리어 화우[114]에 젖는가 하노라 還疑化雨霑

114 화우(化雨) : 제때에 내려 만물을 길러주는 비라는 뜻으로, 군자가 순순하게 선(善)으로 이끌고 가르쳐서 점차 변화시킨다는 의미이다. 《孟子 盡心上》

태극정[115]

太極亭

넓고 넓어 엿보아도 밖이 없고 　　浩浩窺無外

깊고 현묘하여 뚫을수록 은미하네 　　玄玄鑽更微

둥근 안[116]은 본래 움직이지 않고 　　環中元不動

맷돌 위에 서로 의지하네[117] 　　磨上互相依

한 기가 골짜기에 찼다 비었다 하고 　　一氣盈虛谷

115 태극정 : 이계가 황해도 관찰사로 있던 1770년(영조46) 가을에 황해도 서쪽 일대를 순행하는 도중에 지은 시로 태극정에서 감회를 읊고 이이를 기렸다. 태극정은 해주 석담 인근에 있던 정자이다. 《海西邑誌 海州》

116 둥근 안 : 원문의 '환중(環中)'은 《장자(莊子)》에 나오는 말로 시비를 초월한 절대적인 경지를 의미하는데, 여기서는 태극의 둥근 모양을 가리키는 것으로 보인다. 장자가 "피차를 갈라놓을 수 없는 것을 도추(道樞)라고 한다. 문의 지도리가 비로소 환중을 얻으면 무궁한 것에 응할 수 있으니, 시(是)란 하나의 무궁한 것이고 비(非) 또한 하나의 무궁한 것이다.〔彼是莫得其偶, 謂之道樞. 樞始得其環中, 而應無窮, 是一無窮, 非亦一窮.〕"라고 한 말에서 나온 것이다. 《莊子 庚桑楚 齊物論》

117 맷돌……의지하네 : 태극과 음양의 관계를 설명한 것이다. 《근사록》의 "태극(太極)은 본연(本然)의 묘함이요 동정(動靜)은 탄 바의 기틀이다.〔蓋太極者, 本然之妙也, 動靜者, 所乘之機.〕"라는 구절의 주에 "태극이 음양을 따라 동(動)하고 정(靜)하니 음양은 동하고 정함에서 볼 수 있다. 생겨난다는 것은 태극이 그 속에 있는 것이 아니요, 음양이 그 쪽에 있어서 생겨나는 것이다. 비유하면 개미가 맷돌 위에 있는 것과 같다. 맷돌이 움직이면 개미도 따라 움직이고 맷돌이 멈추면 개미도 따라 멈추니, 개미가 맷돌을 따라 돌지만 개미의 동하고 정함으로 인하여 맷돌의 동하고 정함을 볼 수 있다."라는 내용이 있다.

만물은 기틀에 나고 들고 하네 群生出入機
도서에서 말을 채 마치지 못했으니[118] 圖書言未了
천년 뒤에는 뉘에게로 돌아갈꼬 千載與誰歸

118 도서에서……못했으니 : 이이가 태극과 음양에 관한 설을 모두 다 밝혀 끝맺지는 못했다는 의미로, 일찍 세상을 떠난 것에 대한 아쉬움을 표현한 구절이다.

동생의 급제 소식을 듣고 기쁨을 기록하다[119]

聞家弟榜聲志喜

새벽부터 까치가 우는 곳 어디더냐 曉鵲噪何處
아침잠에 문도 아니 열었거늘 朝眠戶未開
홀연히 들려오는 왁자지껄 사람들 소리 忽聞人語鬧
다투어 말하기를 급제 소식[120]이 왔다 하네 爭道榜聲來
어머니 쇠한 얼굴 활짝 웃으시고 慈母衰顔解
형은 나막신 굽을 부러뜨렸네[121] 阿兄屐齒摧
네가 자라던 날을 추억하자니 念渠生長日
슬픔과 기쁨 추스르기 어려워라 悲喜更難裁

119 동생의……기록하다 : 이계가 황해도 관찰사로 있던 1771년(영조47)에 동생 홍명호(洪明浩, 1736~1819)의 과거 급제 소식을 전해 듣고 지은 시이다. 홍명호는 1763년(영조39) 진사가 되었고, 1771년 정시문과에 병과(丙科)로 급제하였다.

120 급제 소식 : 방성(榜聲)은 과거 급제 소식을 말하는 것으로, 과거를 치른 후 합격자가 발표되면 방꾼이 합격자의 집에 급제 소식을 전해주었다.

121 형은……부러뜨렸네 : 동진(東晉)의 사안(謝安)이 바둑을 두고 있었는데 그의 조카 사현(謝玄)이 부견(苻堅)의 군대를 무찔렀다는 소식이 전해졌다. 사안은 아무런 내색도 하지 않고 계속 바둑을 두었는데 내실로 들어가면서 문지방을 넘다가 너무 기쁜 나머지 나막신 굽이 부러지는 것도 몰랐다는 고사가 전한다. 《晉書 卷79 謝安列傳》 이계가 동생의 급제소식을 듣고 매우 기뻐했음을 표현하기 위해 인용한 것이다.

동쪽으로 순행을 떠나 전개촌에 묵다가 인산 승 한(韓)을 만났다[122] 한은 한덕후이다

發東巡 宿電開村 逢麟山丞韓 德厚

마을 있어 이름을 전개라고 하니	有村名電開
한밤중에 비와 우레 몰아치네	中夜雨兼雷
흙덩이 부서지니 비로소 절기를 알고[123]	破塊方知節
빗줄기가 수레 따르나[124] 재주 없어 부끄러워라	隨車愧匪才
봄은 나뭇가지 끝에서 퍼지고	春從枝上遍

122 동쪽으로……만났다 : 이계가 황해도 관찰사로 있던 1771년(영조47) 봄에 황해도 동쪽 일대를 순행할 때 지은 시이다. 인산 승(麟山丞)은 기린 찰방(麒麟察訪)으로 기린역(麒麟驛)은 평산의 서쪽에 있다. 한덕후(韓德厚)는 본관은 청주(淸州), 자는 근지(謹之)이다. 1767년(영조43) 문과에 급제하였고, 1769년(영조45) 12월 18일 기린 찰방(麒麟察訪)에 임명되었으며, 1772년 9월에는 좌랑(佐郞)이 되었다. 《承政院日記》

123 흙덩이……알고 : 봄이 되면 겨우내 얼어 있던 땅이 녹으면서 풀어지는데 이를 보고 봄이 온 것을 알게 되었다는 의미이다. 원문의 '파괴(破塊)'는 왕충(王充)의 《논형(論衡)》에 "바람은 나뭇가지를 울리지 않고 비는 흙덩이를 무너뜨리지 않으며, 오일에 한 번 바람이 불고 십 일에 한 번 비가 왔다.〔風不鳴條, 雨不破塊, 五日一風, 十日一雨.〕"라고 하였다. 본래 정치가 안정되고 비바람도 순조로운 태평성대를 의미하는 말이다.

124 빗줄기가 수레 따르나 : 원문의 '수거(隨車)'는 수거치우(隨車致雨)의 준말로 관리가 선정을 베풀어 백성들을 보살펴준다는 의미이다. 후한의 정홍(鄭弘)이 회음 태수(淮陰太守)가 되었을 때 그의 수레가 가는 곳마다 단비가 내려서 가뭄이 해소되었다는 일화에서 나온 말이다. 《後漢書 卷33 鄭弘列傳》

시는 베갯머리에서 생겨나네 詩自枕邊催
오랜만에 우연히 시인을 만나니 邂逅逢騷客
등불 앞에서 함께 술잔 기울이네 燈前共把杯

굶주린 백성들을 보고 급히 구휼하며 농사를 권장하다
見饑民周急 勸農

지방관은 본래 교화를 받들어야 하고[125] 方岳元承化
와서 살펴보는 것[126]도 때에 맞아야 하네 旬宣亦順時
곤충들은 모두 스스로 움직이고 昆虫皆自動
홀아비와 과부들은 굶주림 면하네 鰥寡得無飢
권농의 조서를 자주 받들거니와 頻奉勸農詔
단비 읊은 시에 몹시도 부끄러워라 多慚膏雨詩
널리 베풂은 예로부터 부족하게 여겼으니[127] 博施從古病
정자산 또한 나의 스승이로다[128] 鄭産亦吾師

125 지방관은……하고 : 원문의 '방악(方岳)'은 방악(方嶽)과 같은 것으로, 각 도의 도신(道臣)이라는 뜻이다. 여기서는 이계가 관찰사였던 것을 의미한다.

126 와서 살펴보는 것 : 원문의 '순선(旬宣)'은 관찰사로써 순행에 나서는 것을 의미한다. 41쪽 주50 참조.

127 널리……여겼으니 : 백성들에게 널리 베푸는 것은 옛 성인들도 부족하게 여겼다는 의미이다. 원문의 '박시(博施)'는 '박시제중(博施濟衆)'의 준말로 《논어》 〈옹야(雍也)〉에 보인다. "자공이 말하기를 '만일 백성에게 은혜를 널리 베풀어 많은 사람을 구제한다면 어떻습니까. 인(仁)하다고 할 수 있습니까.' 하였다. 공자께서 말씀하시길 '어찌 인을 일삼는 데 그치겠는가. 반드시 성인일 것이다. 요순도 이에 있어서는 오히려 부족하게 여기셨을 것이다.'라고 하였다.〔子貢曰, 如有博施於民而能濟衆, 何如? 可謂仁乎? 子曰, 何事於仁? 必也聖乎! 堯舜其猶病諸.〕"

128 정자산……스승이로다 : 정자산(鄭子産)을 본받아 정치를 잘하고 싶다는 것으로, 백성들에게 작은 은혜라도 베풀고 싶다는 의미이다. 정자산은 춘추시대 정(鄭)나라의 정치가 공손교(公孫僑)로 자산은 그의 자(字)이다. 공자는 "옛날 사랑을 남긴 분이

다.〔古之遺愛.〕"라고 일컬은 일이 있고, 맹자는 정자산이 자신의 수레로 강에서 백성들을 건네준 일에 대해 "은혜롭긴 하지만 정치를 하는 법을 모른다. 11월에 도강이 이루어지고 12월에 여량이 이루어지면 백성들이 물 건너는 것을 힘들어하지 않는다.〔惠而不知爲政, 歲十一月徒杠成, 十二月輿梁成, 民未病涉也.〕"라고 말한 일이 있다.《春秋左氏傳 昭公20年》《孟子 離婁下》

용천에서 산골짜기를 향해 가다

自龍泉向峽

골짜기에 들어서니 봄은 아직 이르고	入峽春猶早
시내와 산도 기이함 보이지 않네	溪山未見奇
절기는 한식을 지난 지 오래이나	節過寒食久
꽃은 지난해보다 더디 피네	花較去年遲
땅기운은 나는 새가 먼저 알고[129]	地氣禽先得
봄의 경치는 버들에서 시작되네	春容柳始爲
산골의 노랫소리가 때로 흥을 도우니	村謠時助興
써 내려간 글씨가 간혹 시를 이루네	題墨或成詩

129 땅기운은……알고 : 송(宋)나라 소옹(邵雍)의 고사에서 인용한 것이다. 소옹이 객과 산보(散步)하다가 낙양(洛陽)의 천진교 위에서 두견새 우는 소리를 듣고 나눈 대화 중에 "천하가 다스려지려면 지기(地氣)가 북쪽에서 남쪽으로 내려가고, 천하가 어지러워지려면 지기가 남쪽에서 북쪽으로 올라가는 법인데, 새가 그 기(氣)를 가장 먼저 받기 때문이다."라고 하였다.

협곡에서 읊다

峽中卽事

작은 수레가 구름 밖으로 나오니　　小輿雲外出
천지 사이에 이 몸이 높구나　　天地此身高
오랜 벼랑에서는 벌꿀이 흐르고　　古壁流蜂液
그늘진 동굴에서는 석고가 자라네　　陰龕養石膏
마을의 삽살개는 호랑이도 무서워 않고　　村狵逢虎狎
산다람쥐는 사람 보고 달아나네　　山鼠見人逃
눈앞에 펼쳐진 것 기이한 일 많으니　　供眼多奇事
험한 산길에서도 피곤한 줄 모르네　　崎嶇未覺勞

소를 빌려주어 밭갈이를 권장하다

借牛勸耕

한 치의 땅도 모두 임금님 땅이니　寸地皆王土
은혜로운 바람이 온 세상[130]을 울리네　仁風動八紘
소를 매어 부림은 하나라의 제도를 따르고[131]　犏牛從夏制
쌀을 나눠줌은 봄갈이 때 해야지　散米及春耕
상서로운 기운은 하늘에서 봄비로 내리고　喜氣天新雨
봄빛은 나무에서 새잎으로 돋아나네　韶光木向榮
두루 물어보며[132] 들판을 살펴보고　周諮仍省野
송축의 노래를 백성들과 함께하네　歌頌共蒼生

130 온 세상 : 원문의 '팔굉(八紘)'은 팔방(八方)의 끝인 팔극(八極) 안쪽을 통틀어 말하는 것이다. 《회남자(淮南子)》〈지형훈(地形訓)〉에 "구주(九州)의 바깥이 팔인(八殥)으로 사방 천 리이고 팔인의 바깥이 팔굉이니 역시 사방 천 리이다."라고 하였다.

131 소를……따르고 : 소를 이용한 농사짓는 법이 하(夏) 나라 때부터 시작되었기 때문에 이렇게 말한 것이다. 《산해경》에 "후직은 백곡을 파종하였다. 후직의 손자인 숙균은 처음으로 소를 이용하여 경작하였다.〔后稷是播百穀. 稷之孫曰叔均, 是始作牛耕.〕"라는 내용이 보인다. 《山海經 卷18 海內經》 우리나라에서는 신라 지증왕 때 시작되었다고 한다. "3월에 각 주(州)의 군주(郡主)에게 명하여 농사를 권장하게 하고, 처음으로 소를 밭 가는 데 사용하였다.〔三月, 分命州郡主勸農. 始用牛耕.〕"라는 기록이 있다. 《三國史記 卷4 新羅本紀4 智證麻立干》

132 두루 물어보며 : 원문의 '주자(周諮)'는 '주원자순(周爰咨詢)'으로 《시경》〈소아(小雅) 황황자화(皇皇者華)〉에서 유래하였다. 임금의 명을 받은 사신(使臣)이 사방을 다니면서 두루 자문을 한 뒤 임금에게 복명(復命)한다는 의미인데 여기서는 명을 받은 관찰사가 맡은 지역의 풍속과 산천 등을 두루 살피고 물어본다는 의미로 쓴 것이다.

아침에 수안을 출발하여 곡주로 향하다

朝發遂安 向谷州

어둑한 산에 해도 어슴푸레한데　山暗日冥冥
소나무 삼나무는 푸르게 말을 에워싸네　松杉繞馬青
계곡의 바람은 때로 북소리인 듯 울리고　谷風時動鼓
숲에 내리는 비는 방울 소리도 못 이루네　林雨不成鈴
물리도록 들은 곡식 없다는[133] 급한 소리에　厭聽庚呼急
번뜩 아침에 마신 술[134] 깨게 하네　翻教卯酒醒
지난가을에 일찍이 이 길을 지날 때에는　前秋曾此路
남녀노소 모두들 장정[135]에 둘러 있었지　髫白擁長亭

133 곡식 없다는 : 원문의 '경호(庚呼)'는 식량이 떨어진 것을 뜻한다. 《춘추좌씨전(春秋左氏傳)》 애공(哀公) 13년 조에 "오(吳)의 신숙의(申叔儀)가 공손유산씨(公孫有山氏)에게 군량미를 요청하자, 대답하기를 '수산(首山)에 올라가서 경계호(庚癸乎)라고 외치면 보내주겠다.'라고 하였다."라는 내용이 있다. 이 구절에 대한 두예(杜預)의 주석에 "경(庚)은 서방으로 곡식을 주관하고, 계(癸)는 북방으로 물을 주관한다."라고 하였다.

134 아침에 마신 술 : 원문의 '묘주(卯酒)'는 새벽에 마시는 술을 말한다. 백거이(白居易)의 〈묘시주시(卯時酒詩)〉에 "묘시에 마시는 술만 함이 없으니 신속함과 공력이 갑절이로다.〔未如卯時酒, 神速功力倍.〕"라는 구절이 있다.

135 장정(長亭) : 일종의 휴게소로, 옛날에는 5리마다 단정(短亭)을 두고 10리마다 장정을 두어 행인들이 쉴 수 있도록 하였다고 한다.

상산을 바라보며[136]

望象山

가장 사랑스러운 산속 고을이라　最愛山中郡
풍속[137] 또한 자랑할 만하네　風謠亦可詑
사냥꾼은 꿩 깃을 바치고　獵夫供雉羽
산골 백성은 벌집을 사들이네[138]　峒戶買蜂窠
입고 먹는 것 부족하지 않고　衣食非難足
새와 물고기도 제각기 어울리네　飛潛各自和
이로부터 백성들 소장도 드무니[139]　從玆民牒簡

136 상산을 바라보며 : 이계가 황해도 관찰사로 있던 1771년(영조47) 봄에 황해도 동쪽 일대를 순행할 때 지은 시이다. 상산은 곡산(谷山)의 이칭으로 곡산의 넉넉한 고을 형편과 한가로운 분위기를 읊었다.

137 풍속 : 풍요(風謠)는 본래 민간의 시와 노래인데 옛날에는 이를 통해서 정치의 득실(得失)과 백성들의 풍속을 살폈다. 여기서는 풍속의 의미로 사용한 것이다.

138 벌집을 사들이네 : 사람들이 벌을 길러 꿀을 얻기 위해 벌집을 사는 것이다. 조선시대 곡산은 꿀의 산지로 유명했다. 《곡산읍지(谷山邑誌)》 물산(物產) 조에 봉밀(蜂蜜)이 보이고, 최립(崔岦)은 〈송이수재왕곡산군(送李秀才往谷山郡)〉시에서 "곡산은 단꿀의 생산지로 유명한 곳[維谷産甛蜜]"이라고 쓰기도 하였다.

139 이로부터……드무니 : 원문의 '첩(牒)'은 첩보(牒報)로 본래 상부기관에 보내는 보고서인데 여기서는 백성들이 올린 소장(訴狀) 등을 가리키는 것으로 보인다. 이 구절은 곡산의 풍속이 순후한 것을 강조한 말인데, 이색(李穡)이 지은 〈곡주공관신루기(谷州公館新樓記)〉에 "백성들은 봉화(烽火)를 모르고, 아침저녁으로 밥 먹고 봄가을 농사짓는 이외에는 아무 일도 없으니, 수령(守令) 된 자도 정사가 번거롭지 않고 공을 쉽게 이룸을 알 수 있다."라고 하였다.

홀에 턱을 괸 채[140] 소리 높이 시만 읊네　　　　拄笏但高哦

140 홀에……채 : '주홀(拄笏)'은 '주홀간산(拄笏看山)'으로 세속의 일에 얽매이지 않고 유유자적하는 풍모를 뜻한다. 진(晉)나라 왕휘지(王徽之)가 환충(桓沖)의 거기 참군(車騎參軍)으로 있을 때, 어느 날 환충이 "경(卿)이 부(府)에 있은 지 오래되었으니 요즘은 사무를 잘 처리하시겠지요?"라고 물었다. 왕휘지는 아무 대꾸 없이 고개를 들어 멀리 바라보다가, 홀(笏)로 턱을 괸 채 "서산에 아침이 오니 상쾌한 기운이 이르네."라고 말했다는 고사가 있다. 《世說新語 簡傲》

봄추위

春寒

2월에도 추위가 여전히 극성이니	二月寒猶壯
동군[141]의 조화가 이상도 하지	東君造化奇
졸던 버드나무는 차가운 눈에 놀라고	柳眠驚雪冷
지저귀던 새들도 더디 피는 꽃을 근심하네	鳥語惱花遲
소주[142]가 도리어 술기운이 많으니	小酒還多力
가벼운 적삼 차림은 속은 것일세	輕衫却見欺
봄철의 순행길 채 절반도 안 됐거늘	行春猶未半
먼 길에 매양 휘장 걷어 올리네[143]	長路每褰帷

141 동군(東君) : 봄을 맡아 다스리는 신령을 가리킨다.

142 소주(小酒) : 봄부터 가을까지 빨리 숙성시켜서 먹는 박주(薄酒)이다.

143 휘장 걷어 올리네 : 후한(後漢)의 가종(賈琮)이 기주 자사(冀州刺史)로 부임할 때 백성들과 친밀하게 지내기 위하여 수레의 휘장을 걷었다는 고사를 인용한 것이다. 《後漢書 卷31 賈琮傳》

산골의 풍속
峽俗

두메산골은 풍토가 다르니	峽中風土異
살림살이 또한 고생스럽네	生理亦辛勤
백성들 먹을거리는 푸른 산과 다퉈야 하고	民食爭靑嶂
소의 밭갈이는 흰 구름을 헤쳐야 하네	牛耕破白雲
길쌈할 때는 솔로 초를 삼고	績麻松作燭
호랑이 막으려 바윗돌로 문을 만드네	防虎石爲門
편히 눕고 자는 많은 노인들	偃息多黃髮
성군이 계심을 어찌 알리오[144]	安知有聖君

144 편히……알리오 : 임금의 은혜 덕분에 노인들이 편안하게 지낸다는 의미로 〈격양가(擊壤歌)〉에서 따온 것이다. 요(堯) 임금 때 어느 노인이 노래하기를 "해가 뜨면 일어나 일하고 해가 지면 쉬며, 내 우물 파서 물 마시고 내 밭을 갈아서 밥을 먹으니, 임금님의 힘이 나에게 무슨 상관이랴.〔日出而作, 日入而息, 鑿井而飮, 耕田而食, 帝力於我何有哉.〕"라고 하였다.

신계에서 묵고 토산으로 향하다

宿新溪 向兎山

단계[145]의 술에 거나히 취하여 　　半醉丹溪酒
푸른 돌 비탈 등라넝쿨을 헤치고 가네 　　行穿碧磴蘿
날이 추우니 꽃 더디 핌을 알겠고 　　寒知花意懶
봄은 새소리 많은 곳에 있구나 　　春在鳥聲多
말 위에서 소의 송사를 듣고 　　馬上聽牛訟
산머리에서 새참 노래 들려오네 　　山頭奏饁歌
풍속 살핌에 애오라지 기쁘니 　　觀風聊可喜
호쾌한 흥취가 나에게 어떠하겠는가 　　豪興奈吾何

145 단계(丹溪) : 신계의 옛 호칭으로 단계(檀溪)·신성(新城) 등으로도 불렸다.

동생에게 부친 편지[146]

書寄舍弟

어린 아우는 용문에 올라[147] 귀해지고	稚弟龍門貴
홀어머니는 호호백발 되었네[148]	偏親鶴髮高
부족한 재주로 중한 임무 맡으니	疎才叨重寄
남은 경사가 우리에게 미쳤도다	餘慶及吾曹
빠른 발은 천 리를 기약하고[149]	逸足期千里

146 동생에게 부친 편지 : 이계가 황해도 관찰사로 있던 1771년(영조47) 봄에 황해도 동쪽 일대를 순행할 때 지은 시이다. 이해 정시문과에 병과로 급제한 동생 홍명호(洪明浩)에게 부친 시로, 급제의 기쁨과 함께 임금의 은혜에 보답하기를 바라는 내용이다.

147 용문에 올라 : 용문(龍門)은 황하 상류의 협곡으로 이곳의 급류를 거슬러 올라가는 물고기는 용이 된다는 이야기가 전한다. 동생의 과거 급제를 비유한 말이다.

148 홀어머니는 호호백발 되었네 : 이계가 말한 홀어머니는 계모(繼母)인 파평 윤씨(坡平尹氏)로 동생 홍명호의 생모이다. 호호백발이 되었다는 것은 송(宋)나라 채제(蔡齊)의 고사에서 따온 것이다. 채제가 제주 통판(濟州通判)으로 있을 때 날마다 술을 마시고 취하였다. 어느 날 가존도(賈存道)가 채제의 집에 묵다가, 채제가 학문을 폐하고 술을 마시다 병이 난 것을 보고 시를 지어 주었다. "성군은 장원급제 은총을 내려주었고, 어머니는 연세 많아 호호백발 되었구나. 임금 은총 모친 은혜 모두 채 갚지 못했는데, 술 마시다가 병이 나면 후회한들 소용없네.〔聖君恩寵龍頭選, 慈母年高鶴髮垂. 君寵母恩俱未報, 酒如成病悔何追.〕" 시를 본 채제는 일어나서 사과하였고, 이후로는 손님이 청하지 않으면 술을 마시지 않았고 마셔도 취한 적이 없었다.《言行龜鑑 卷2 德行門》

149 빠른……기약하고 : 원문의 '일족(逸足)'은 준마(駿馬) 혹은 준마의 빠른 발을 가리키며 뛰어난 재능을 비유한다. 이 구절은 홍명호가 뛰어난 재능을 바탕으로 훗날 크게 출세할 것이라는 의미이다.

맑은 명성은 구고를 울리네[150] 清音振九皐

함께 탄식하노니 바다 같은 은혜를 共嗟霑海渥

어찌해야 추호라도 보답할 수 있을런가 何計報秋毫

150 맑은……울리네 : 구고(九皐)는 수택(水澤)의 깊은 곳으로, 《시경》 〈소아(小雅) 학명(鶴鳴)〉의 "학이 구고에서 우니, 그 소리가 하늘까지 들리네.〔鶴鳴九皐, 聲聞于天.〕"라는 구절에서 나온 말이다. 어진 이의 명성이 임금에게 알려지는 것을 비유한 표현으로, 동생 홍명호가 명성을 떨쳐서 임금님까지 듣게 될 것이라는 의미로 쓴 것이다.

토산과 금천의 경계에 작은 강이 있어 이름을 고잔이라 하는데 자못 그윽한 흥취가 있다[151]

兎山金川兩境有小江 名古棧 頗有幽趣

협곡은 좁아서 겨우 길이 통하더니	峽束纔通路
여울은 트여서 마침내 물줄기 쏟아내네	灘開遂放流
한 줄기 강물이 두 고을을 나누고	一江分兩縣
일천 집들은 한 척 배를 함께 쓰네	千室共孤舟
땅은 궁벽하니 사슴을 길들일 수 있고	地僻能馴鹿
봄 깊으니 비로소 갈매기 보이네	春深始見鷗
해서의 여러 고을 중에서	海西凡幾郡
산수가 유독 맑고 그윽하구나	山水獨淸幽

151 토산과……있다 : 이계가 황해도 관찰사로 있던 1771년(영조47) 봄에 황해도 동쪽 일대를 순행할 때 지은 시이다. 토산의 맑고 한적한 풍경과 분위기를 노래한 시이다. 고잔(古棧)이라는 이름의 강은 상고하지 못하였는데 예성강의 지류인 구연강 상류에 있었을 것으로 추측된다.

월성관에 묵으며[152]

宿月城館

토산을 영굴이라 부르니　兎山號靈窟
관사를 일만 봉우리가 둘렀네　官舍萬峰圍
갈증 풀어주는 능금과 배 부드럽고　破渴櫨梨軟
기운 돋아주는 마는 실하네　扶衰薯蕷肥
이미 진수성찬[153]도 실컷 먹었으니　已厭方丈饌
백성들 굶주림을 어떻게 구제할까　那救匹夫饑
밤에 균천[154]의 꿈을 꾸었으니　夜作匀天夢
비로소 임금님 계신 곳 가까움을 알았네　方知近上畿

152 월성관에 묵으며 : 이계가 황해도 관찰사로 있던 1771년(영조47) 봄에 황해도 동쪽 일대를 순행할 때 지은 시이다. 월성(月城)은 토산의 옛 이름이므로 월성관은 토산의 객관일 것으로 추측된다.

153 진수성찬 : 원문의 '방장(方丈)'은 '식전방장(食前方丈)', 즉 사방 열 자나 되는 상에 차린 진수성찬이다. 진(晉)나라 태위(太尉) 하증(何曾)이 날마다 만 전(錢)이나 드는 진수성찬을 먹었다는 이야기가 전한다. 《晉書 卷33 何曾傳》

154 균천(匀天) : 균천(鈞天)이라고도 한다. 하늘의 중앙으로 천제(天帝)가 머무는 곳을 의미하는데, 여기서는 임금이 있는 궁궐을 가리킨다.

삼성대[155]

三聖臺

한 조각 높은 누대 묵은 등걸에 기댔고	一片高臺倚古楂
나무 저편 외로운 연기 두세 집 있구나	孤烟隔樹兩三家
돛단배는 한강으로 쌀 싣고 떠나고	風帆載去漢江米
봄 물결은 이협에서 꽃을 띄워 오네[156]	春水浮來伊峽花
누대 그림자 고요하여 용도 누워 있고	樓影靜時龍臥穩
석양빛 밝은 곳에 해오라기 비껴 나네	夕陽明處鷺飛斜
신선의 자취는 아득하여 찾을 곳 없으니	仙蹤緬邈尋無處
한가로이 어부가 들으며 저물녘 관아에 이르네	閒聽漁歌抵晚衙

155 삼성대 : 이계가 황해도 관찰사로 있던 1771년(영조47) 봄에 황해도 동쪽 일대를 순행할 때 지은 시이다. 삼성대는 토산의 동쪽 임진강(臨津江)의 지류인 만동강(萬東江) 가에 있던 대(臺)이다. 강가의 절벽에 저절로 3개의 대가 이루어졌는데 그 위에 작은 정자가 있다.

156 돛단배는……오네 : 삼성대가 임진강의 지류인 만동강에 있기 때문에 이렇게 표현한 것이다. 임진강은 함경도 덕원에서 발원하여 강원도 북부와 황해도를 거치고 경기도에서 한탄강과 합친 뒤 한강으로 유입된다. 원문의 '이협(伊峽)'은 이천(伊川)과 안협(安峽)으로, 이천현(伊川縣)은 토산군의 영현(領縣)이며 그 남쪽 10리에 경기도 안협(安峽)이 있었다.

홍 태사의 묘소[157]

洪太師墓

고려 때의 의관장[158]	麗代衣冠葬
넉 자 봉분이 우뚝하도다	巍然四尺封
묘소가 있는 산을 취적이라 부르니[159]	佳城號吹笛
후손들 종을 울리며 음식을 먹네[160]	華裔食鳴鐘
당나라 선비가 오신 것 어느 해이던가	唐士來何歲

157 홍태사의 묘소 : 이계가 황해도 관찰사로 있던 1771년(영조47) 봄에 황해도 동쪽 일대를 순행할 때 지은 시이다. 홍 태사는 남양(南陽) 홍씨의 시조인 홍천하(洪天河)로, 당 태종(唐太宗)이 고구려의 요청으로 파견한 8명의 학사(學士) 중 한 사람이다. 신라 선덕여왕(善德女王) 때 당성백(唐城伯)에 봉해지고, 신문왕(神文王) 때 태자태사(太子太師)가 되었다.

158 의관장(衣冠葬) : 시신 없이 옷만 무덤에 넣고 장례를 치른 것이다.

159 묘소가……부르니 : 원문의 '가성(佳城)'은 묘소를 뜻한다. 한(漢)나라 때 등공(滕公)의 말이 동도문(東都門) 밖에서 울면서 발로 땅을 구르므로 병사를 시켜 땅을 파자 문자가 쓰인 석곽(石槨)이 나왔다. 숙손통에게 물으니 "가성(佳城)이 울울(鬱鬱)하니, 3천 년 만에 해를 보도다. 아아! 등공이여 이 실(室)에 거처하리라."라는 내용이었다. 훗날 등공이 죽은 뒤 이곳에 매장하였다.《西京雜記 卷4》또《이계선생삼편전서》에는 '취적(吹笛)'에 원주가 있는데 '吹笛墓山名'이라고 하였다. 취적산은 현재 황해남도 봉천군에 있는 산이다.

160 후손들……먹네 : 원문의 '화예(華裔)'는 화하족(華夏族) 즉 한족(漢族)의 후예라는 의미인데, 홍천하가 당나라에서 온 학사였으므로 이렇게 표현한 것이다. 종을 울리며 먹는다〔列鼎鳴鍾〕는 것은 식사를 할 때 많은 솥을 늘어놓고 시간을 알리기 위해 종을 울릴 만큼 규모가 크고 부유한 대가족을 말한다. 남양 홍씨 가문이 번성한 것을 비유적으로 표현한 구절이다.

기자의 나라에서 큰 종족 있게 되었네　　箕邦有巨宗
외손[161]이 오늘날 참배하면서　　外孫今拜掃
묘 앞의 소나무에 부절을 걸어두네　　掛節墓前松

161 외손 : 이계의 증조부는 홍만회(洪萬恢)이고 증조모는 남양 홍씨로 관찰사(觀察使) 홍명일(洪命一)의 딸이다. 이 때문에 외손이라고 표현한 것이다.

보리농사를 살피며

省麥

여성[162]은 한밤이라야 보이고	犁星當夜見
묘수는 초저녁 혼중에 자리하네[163]	昴宿次昏中
보리는 구망[164]의 비를 좋아하고	麥喜句芒雨
꽃은 소녀풍[165]을 미워하네	花猜少女風
민정은 매월 주는 환곡[166]에 의지하니	民情依月糶
날씨로 풍년을 점쳐보네	天氣占年豐
임금님 교화가 봄철에 멀리까지 미치니	聖化方春遠
온 나라가 같음을 이로써 알겠네	從知八域同

162 여성(犁星) : 삼성(參星)의 별칭으로 쟁기의 형상과 비슷하다고 하여 붙은 이름이다. 28수(宿) 중 서방 백호 칠수(白虎七宿)의 마지막 별자리로 이 별자리가 보이면 농사를 시작한다.

163 묘수는……자리하네 : 묘수(昴宿)는 28수(宿) 중 서방 백호 칠수의 네 번째 별자리로 7개의 별로 이루어졌고 모두(髦頭)라고도 한다. '중(中)'은 중성(中星)으로 28수 중에서 해가 뜰 때와 질 때 정남(正南)쪽에 보이는 별을 말한다. 혼중성(昏中星)은 해가 질 때 정남쪽에 보이는 별이다.

164 구망(句芒) : 나무〔木〕를 주관하는 귀신으로 계절로는 봄에 해당한다. 《예기》 〈월령(月令)〉에 "봄을 주관하는 천제는 태호이고, 그 귀신은 구망이다.〔其帝太皞, 其神句芒.〕"라고 하였다.

165 소녀풍(少女風) : 서풍(西風) 혹은 비가 오기 전에 부는 바람이다.

166 매월 주는 환곡 : 환곡을 조적(糶糴)이라고도 하는데, 춘궁기에 백성들에게 곡식을 빌려주는 것이 조(糶), 가을에 이자를 붙여 돌려받는 것이 적(糴)이다. 이계가 순행한 시기가 보리를 거둬들이기 전의 춘궁기 무렵이므로 월조(月糶)라고 한 것이다.

정오에 금천 곡동에서 쉬고 평산으로 향하다
午憩金川曲洞 向平山

수레를 몰아서 다시 산골짝을 나오니 驅車還出峽
봄빛이 참으로 아름다워라 春色正嬋娟
빗방울 머금은 꽃은 취한 듯하고 帶雨花如醉
바람 앞의 버드나무 잠들지 못하네 當風柳不眠
외로운 연기는 먼 봉수대에서 피어나고 孤烟生遠戍
흐르는 강물은 평평한 들판으로 들어가네 流水入平田
비로소 봄 풍경이 좋음을 깨달으니 始覺韶光好
휘장을 걷음에 가슴속도 후련해지네 褰帷意豁然

평주에 도착하다

到平州

동양[167]은 예로부터 요충지이니 東陽古重鎭
서로의 큰 방어영이로다 西路一防營
검은 장군의 절벽에 기대고[168] 劒倚將軍壁
　산성의 동쪽에 선바위가 있는데 장군암(將軍巖)이라고 한다.
깃발은 태백산성[169]에서 펄럭이네 旗翻太白城
봄바람은 전쟁하던 땅[170]에 불어오고 春風來戰地
전쟁의 기운은 강물 소리에 흩어지누나 兵氣散江聲
성군의 시대 만나 바야흐로 말을 돌려보내니[171] 聖代方歸馬

167 동양(東陽) : 평산의 별호이다. 연덕(延德)이라고도 불렸다.

168 검은……기대고 : 장군암을 비유한 것이다. 평산의 동쪽 예성강 가 절벽에 장군암이 있으므로 이렇게 표현한 것이다.

169 태백산성 : 황해도 평산에 있는 성으로 고구려 때 축성되었다. 태백산의 봉우리와 능선을 이용하여 성벽을 쌓았고, 동쪽은 예성강의 절벽에 접해 있어 이곳에 장군암이 있다. 대로변에 위치하고 있으므로 서로(西路)의 관방 중 긴요한 곳으로 여겨졌다.

170 전쟁하던 땅 : 후삼국(後三國) 시기 왕건(王建)과 견훤(甄萱) 사이의 싸움이 있었던 것을 의미한다. 평산은 왕건 휘하 장수인 신숭겸(申崇謙)의 본관이고, 태백산성 안에는 신숭겸과 배현경(裵玄慶)·홍유(洪儒)·복지겸(卜智謙)의 사당인 태사사(太師祠)가 있었다.

171 말을 돌려보내니 : 원문의 '귀마(歸馬)'는 '귀마방우(歸馬放牛)'의 줄임말로, 전쟁이 끝나고 싸움이 없는 것을 뜻한다. 《서경》〈주서(周書) 무성(武成)〉에, 주(周)나라 무왕(武王)이 주(紂)를 물리친 뒤 "무(武)를 그만두고 문(文)을 닦았다. 말은 화산(華山)의 남쪽 기슭으로 돌려보내고 소는 도림(桃林)의 들에 풀어놓아 천하에 무력을

장수도 이제는 농사일을 살펴보네[172]　　元戎且省耕

쓰지 않을 것임을 보여주었다.〔乃偃武修文, 歸馬於華山之陽, 放牛於桃林之野, 示天下弗服.〕"라는 내용이 있다.

172 장수도……살펴보네 : 황해도 관찰사는 병마절도사(兵馬節度使)와 수군절도사(水軍節度使)를 겸하므로 이렇게 말한 것인데, 태평성대를 뜻한다.

상충사[173] 태백산성에 있고 고려 삼태사의 철상이 봉안되어 있다
尙忠祠 在太白山城 妥安高麗三太師鐵像

산 위에 있는 외로운 사당 하나	山上一孤祠
고려 때의 삼태사라네	麗家三太師
오나라를 멸한 공[174]으로 철상을 만들고	沼吳曾鑄像
초나라를 속인 일은 기물에 새겨두었네[175]	誑楚乃銘彝

173 상충사 : 이계가 황해도 관찰사로 있던 1771년(영조47) 봄에 황해도 동쪽 일대를 순행할 때 지은 시로, 상충사를 방문하고 공신들의 충절과 업적을 추모하였다. 삼태사는 장절공(壯節公) 신숭겸(申崇謙)과 충절공(忠節公) 유금필(庾黔弼, 유검필이라고도 한다), 무공공(武恭公) 복지겸(卜智謙)이다. 이외에 무열공(武烈公) 배현경(裵玄慶)의 철상도 있었는데 다른 세 사람의 철상보다 작아서 아장(亞將)이라 여겨졌다. 994년(성종13)에 모두 태사(太師)로 추증되었다. 상충사의 건립 시기는 알려지지 않았고, 임진왜란 때 무너진 것을 1636년(인조14) 신익성(申翊聖) 등 신씨 일족이 다시 건립하였다. 1796년(정조20) 8월 4일 '삼태사사(三太師祠)'라는 사액을 내리고 치제(致祭)하였다. 그 이듬해 배씨 일족이 고적(古蹟)에 근거하여 작은 철상이 배현경이며 함께 제사 지내야 한다는 것을 정문(程文)하자, 정조는 8월 1일에 사액을 '태사사(太師祠)'로 바꾸어 걸게 하고 다시 관원을 보내어 치제하였다. 《正祖實錄》《日省錄》《平山郡誌》

174 오나라를 멸한 공 : 원문의 '소오(沼吳)'는 월(越)나라가 오(吳)나라를 멸망시켰다는 뜻으로, 오왕(吳王) 부차(夫差)가 월나라가 요청한 화의를 받아들이자 오나라의 장군 오자서(伍子胥)는 "월나라가 10년 동안 국력을 기르고 10년 동안 백성을 교육시켜, 20년 안에 오나라를 못〔沼〕으로 만들어버릴 것이다."라고 말했다는 고사가 있다. 《春秋左氏傳 哀公 元年》 이 구절은 상충사에 배향된 인물들이 고려가 후백제(後百濟)를 물리치고 통일을 달성하는데 공을 세웠다는 의미이다.

175 초나라를……새겨두었네 : 한고조(漢高祖)의 부하인 기신(紀信)의 고사를 인용

사업이 풍운 속에 다했으니[176] 事業風雲盡
정신은 초목에 묻혀 슬퍼하네 精神草木悲
천 년이 지났어도 여전히 늠름하니[177] 千年猶颯爽
응당 다시금 서쪽 변방 진압하리라 應復鎭西陲

하여 고려 태조 왕건(王建)의 부하인 신숭겸을 기린 구절이다. 유방(劉邦)이 형양(滎陽)에서 항우(項羽)에게 포위당하여 강화를 요청했으나 받아들여지지 않자 기신이 유방의 옷을 입고 수레를 타고 나가서 항우에게 항복하는척 하였고, 유방은 성 밖으로 탈출하였다. 속은 것을 안 항우는 기신을 불에 태워 죽였다.《史記 卷1 高祖本紀上》 927년 왕건이 공산(公山)에서 견훤(甄萱)에게 패하고 포위당하였을 때 신숭겸이 왕건의 투구와 갑옷을 입고서 후백제군을 유인하였고, 이 틈에 왕건이 탈출한 일이 있다.

176 사업이……다했으니 : 사업은 왕건을 추대하여 고려를 건국한 것을 말하며, 사업이 다했다는 것은 고려가 망한 것을 의미한다.

177 늠름하니 : 이 구절은 두보(杜甫)의 시 〈단청인증조장군패(丹靑引贈曹將軍霸)〉에서 따온 것이다. "포국공 악국공 머리카락 생동하니 영웅스런 자태로 늠름하게 격전을 벌이고 오는 듯하네.〔褒公鄂公毛髮動, 英姿颯爽來酣戰.〕"라는 구절이 있다. 포국공(褒國公)은 단지현(段志玄), 악국공(鄂國公)은 울지경덕(尉遲敬德)으로 당나라 개국에 공을 세운 명장들이다.

도중에 비를 만나

道雨

봄 깊어도 추위 아직 남아 있고	春深寒未退
바람 자니 비가 다시 흩뿌리네	風定雨還斜
일천 집의 보습을 불러일으키고	喚起千家耜
일만 나무에 꽃을 재촉해 피우네	催開萬樹花
신명의 공력이 어찌나 빠른지	神功何造次
황무지가 홀연히 아름답게 우거졌네	荒野忽繁華
사물의 이치와 백성의 즐거움을 겸하여	物理兼民樂
가는 길 멈추고 수레를 세우네	行行且駐車

즉사
卽事

풍속을 살펴봄[178]은 한두 가지 일이 아니니　觀風非一事
백성들 생업이 모두 가련하구나　生業摠堪憐
마을의 아낙은 누에알을 나누고　村女分蠶種
산속의 승려는 닥나무 밭으로 송사를 하네　山僧訟楮田
대부분 모두가 자기 힘으로 먹고사니　大都皆食力
그런대로 각기 인연을 따라서 사네　聊爾各隨緣
어떻게 하면 곡식이 흙처럼 많아서　安得粟如土
이 백성들이 돈타령 그만둘런가　斯民不愛錢

178 풍속을 살펴봄 : 원문의 '관풍(觀風)'은 백성들의 실정을 살펴보고 정치의 득실을 파악하는 것을 말한다. 《예기(禮記)》 권28 〈왕제(王制)〉의 "태사에게 명하여 시를 아뢰게 하여 백성들의 풍속을 살펴보았다.〔命大師陳詩, 以觀民風.〕"라는 내용에서 유래하였다.

정오에 강음에서 밥을 지어 먹고 배천으로 향하다

午炊江陰 向白川

강음은 옛날의 작은 고을로	江陰古小縣
문 나서면 곧바로 뱃길이라네	門外卽通船
땔나무는 장안의 계수나무를 보내고	薪送長安桂
물고기는 상협에 가서 돈으로 사오네[179]	魚求上峽錢
행인은 저녁 빗속에 돌아가고	行人歸暮雨
잔로[180]에서 강과 하늘을 굽어보네	棧路俯江天
반나절 물결 따라 흘러가노라면	半日沿流去
금천에서 배천으로 가겠지	金川至白川

179 땔나무는……사오네 : 이 구절은 강음에서 생산되는 물자가 별로 없고 물가가 비싼 것을 빗대어 표현한 구절로 보이나 자세한 것은 상고하지 못하였다. 춘추전국시대 소진(蘇秦)이 "초나라의 곡식은 옥보다도 귀하고, 장작은 계수나무보다 비싸다.〔楚國之食貴于玉, 薪貴于桂.〕"라고 말한 일이 있다. 《戰國策 楚策》

180 잔로(棧路) : 잔도(棧道)를 말한다. 산골짜기나 절벽 등지에 말뚝을 이용하거나 널빤지를 건너질러서 만든 길이다.

도중에 동생의 편지를 받았는데 다음 날 약속대로 연안에서 모이자고 하였다

路中得舍弟書 聞以明日如期會延安

누군가 전해주는 편지글을	有誰傳片紙
말 세우고 빗속에 읽어보았네	立馬雨中看
내 동생 머리에 단계[181]를 꽂고	吾弟戴丹桂
오늘 아침 벽란도[182]를 지났다 하네	今朝過碧瀾
타향에서 만나게 되는 것이 놀랍고	他鄕驚會合
먼 길에도 평안한 것에 기뻐하노라	長路喜平安
멀리 있는 염주[183]가 아니라	不是鹽州遠
이 밤 보내기 어려운 것이 근심일세	還愁度夜難

181 단계(丹桂) : 이계의 동생 홍명호(洪明浩)가 이해 봄 문과에 급제하였으므로 이렇게 표현한 것이다. 단계는 과거 급제자의 머리에 꽂는 월계(月桂)로 문과(文科)에 급제한 것을 말한다. 진 무제(晉武帝) 때 현량 대책(賢良對策)에서 장원(壯元)을 한 극선(郤詵)이, 소감을 묻는 무제의 질문에 "계수나무 숲의 가지 하나를 꺾고, 곤륜산의 옥돌 한 조각을 쥐었다.〔桂林之一枝, 崑山之片玉.〕"라고 답한 일에서 나온 말이다.《晉書 卷52 郤詵列傳》

182 벽란도 : 황해도 예성강 하류에 있는 항구이다. 고려시대에는 중국 송(宋)나라 외에 아라비아나 일본 등 외국 상선들이 모여드는 국제적인 항구였다.

183 염주(鹽州) : 연안(延安)이다. 고려 초기에는 염주라고 불리다가 충선왕 때 연안으로 바꾸었다.

맑게 갬

新晴

흐린 봄날이 얼마나 오래되었나	春陰何太久
날 개어도 햇빛이 희뿌옇네	晴罷日濛濛
뭇 물들은 푸른 바다로 돌아가고	衆水歸滄海
뜬구름은 푸른 하늘로 흩어지네	浮雲散碧空
새들은 지난밤의 빗방울을 말리고	鳥晞前夜雨
꽃들은 저물녘의 바람결에 시달리네	花困夕陽風
삼라만상이 비록 변화 많지만	萬象雖多變
함께 원기 속을 노니는 것이라오	同遊元氣中

남대지를 준설한 뒤 군자정에서 연회를 베풀었는데 동생이 서울에서 와서 함께하였다[184] 2수

南池疏濬後 設宴君子亭 舍弟自京來會 二首

성주께서 서주를 걱정하시어	聖主念西州
새로운 공업을 지난가을에 생각하셨네[185]	新功想去秋
자식처럼 몰려와[186] 일만 개 삽을 꽂으니	子來萬鍤入
귀신처럼 퍼 옮겨 삼십 일 만에 공 이루었네[187]	鬼運三旬收

184 남대지를……함께하였다 : 이계가 황해도 관찰사로 있던 1771년(영조47)에 지은 시이다. 시에서 언급된 남대지(南大池) 준설은 1770년(영조46)에 행해진 것으로, 남대지 인근 다섯 고을의 수령들이 각각 백성들을 거느리고 일을 하였다. 준설을 마치고 영조에게 상도 받았지만 흉년이 든 탓에 잔치를 베풀지 못하였고, 이해 이계의 순행 때 수령들이 군자정에 모여서 잔치를 베풀었다. 남대지를 준설한 일에 대해서는 본집 권14 〈연안 남대지 소준기(延安南大池疏濬記)〉에 자세하다.

185 성주께서……생각하셨네 : 1770년 영조가 남대지 준설에 관해 전교한 것을 말한다. 《승정원일기》에 의하면 1770년 이계가 남대지 준설에 관한 장계를 올렸고, 4월 27일과 5월 14일 조정에서 논의가 있었으며, 7월 15일 영조가 주변 고을 수령들과 함께 백성들을 무휼(撫恤)하고 권면하여 일을 마치라는 전교를 내렸다. 9월 9일에 영조가 이계에게 숙마(熟馬) 한 필을 하사하자 이계는 9월 20일에 사은(謝恩)하는 소(疏)를 올렸다.

186 자식처럼 몰려와 : 백성들이 부모의 일을 하는 것처럼 기꺼이 달려와 일을 했다는 의미로 《시경》 〈대아(大雅) 영대(靈臺)〉에서 유래한 말이다. "서민이 일을 하여 하루가 못 되어 완성하였네. 일을 시작할 때 빨리 하지 말라 하셨으나 서민들이 자식처럼 와서 일하였네.〔庶民攻之, 不日成之. 經始勿亟, 庶民子來.〕"

187 귀신처럼……이루었네 : 원문의 '귀운(鬼運)'은 신운귀수(神運鬼輸)의 줄임말로, 옮기는 것이 매우 빠르다는 뜻이다.

물 넓어지니 어룡이 돌아오고　　水濶魚龍返
방죽 길어지니 백성들이 노니네　　堤長士女遊
술잔 들어 다섯 군[188]과 함께하니　　擧觴同五郡
노래와 춤이 높은 누각에 있도다　　歌舞在高樓

머지않아 올 줄은 알았거니와　　亦知來不遠
이곳에서 상봉할 줄 상상이나 했으랴　　那意此逢迎
아름다운 곳에서 형제가 모이니　　勝地連枝會
푸른 봄날에 월계화를 썼구나[189]　　青春戴桂榮
물가의 꽃은 인끈 곁에 화사하고　　汀花明印綬
숲속의 새는 퉁소 소리 속으로 날아가네　　林鳥度簫聲
붉은 굴레[190]가 누대 주변에 매어 있으니　　紅勒樓邊繫
임금님 은혜가 형제에게 나란하도다　　恩光並弟兄

188 다섯 군 : 남대지 주변에 있는 연안(延安)·배천(白川)·해주(海州)·평산(平山)·금천(金川)이다.

189 푸른……썼구나 : 이계의 동생 홍명호가 문과에 급제하였으므로 이렇게 표현한 것이다.

190 붉은 굴레 : 화려하게 장식된 고관(高官)들의 말을 가리키는 것으로, 이계가 관찰사로 있었으므로 이렇게 표현한 것이다.

동생이 급제하고 온 날, 마침 열 명의 수령과 사마시(司馬試)에 새로 급제한 일곱 명의 생원과 진사가 이르렀으므로 술자리를 베풀고 기쁨을 쓰다

舍弟榮到日 會十守令新榜七生進 設酌志喜

지난날 홍주에서 지방을 다스릴 때[191] 經年湖海按藩時
천 리 먼 지당에서 좋은 꿈 더뎠네[192] 千里池塘好夢遲
내 마음은 길이 북쪽을 향함[193]이 가련하고 憐我寸心長北向
그대 호쾌한 날개로 남쪽 도모함[194]이 기쁘네 喜君豪翮已南爲

191 지난날……때 : 이계가 홍주 목사로 있었던 것은 1764년 가을부터 1767년 10월까지이다.

192 천 리……더뎠네 : 형제를 만나지 못해 꿈에서도 그리워한다는 의미로, 사영운(謝靈運)과 사혜련(謝惠連)의 일화를 따온 것이다. 종영(鍾嶸)의 《시품(詩品)》에 다음과 같은 내용이 있다. "사영운은 사혜련을 만날 때마다 좋은 시구를 얻었다. 훗날 영가의 서당(西堂)에서 시를 짓다가 종일토록 완성하지 못하였는데, 꿈에서 혜련을 보고 '못가에 봄풀이 자라나네'라는 구절을 지었다. 그래서 항상 말하기를 '이 말은 신명이 도와준 것이지 내가 한 말이 아니다.'라고 했다.〔康樂每對惠連, 輒得佳語. 後在永嘉西堂, 霞詩竟日不就, 寤寐間忽見惠連, 卽成池塘生春草. 故嘗云此語有神助, 非吾語也.〕"

193 북쪽을 향함 : 북쪽을 향한다는 것은 이계가 홍주에 있을때 임금을 그리워 했다는 의미이다. 《논어》〈위정편(爲政篇)〉에서 나온 말로, "정사를 덕으로 하는 것은, 비유하자면 북신(北辰)은 가만히 있어도 뭇별들이 향하는 것 같다.〔爲政以德, 譬如北辰居其所, 而衆星拱之.〕"라는 구절에서 따온 것이다.

194 호쾌한……도모함 : 동생이 과거에 급제하여 높이 출세할 것을 비유한 말이다. 《장자(莊子)》〈소요유(逍遙遊)〉에 "붕새가 남쪽 바다로 옮겨갈 때에는 물결을 치는 것이 3천 리요, 회오리바람을 타고 올라가는 것은 9만 리이며 6개월을 날아가서야 쉰다.

잔치 자리 수놓은 비단에 노래자의 옷 나란하고[195] 華筵錦繡聯萊服
푸른 물 위 부용꽃은 계수나무 가지를 비추네[196] 綠水芙蓉照桂枝
봄술은 민수와 같고[197] 은혜는 바다와 같아 春酒如澠恩似海
임금 계신 곳 향해 만년 축수 잔 올리네 日邊遙獻萬年巵

〔鵬之徙於南冥也, 水擊三千里, 摶扶搖而上者九萬里, 去以六月息者也.〕"라고 하였다.

195 노래자의 옷 나란하고 : 노래자(老萊子)는 춘추시대 초나라의 은사(隱士)로, 효성이 지극하여 일흔의 나이에도 색동옷을 입고 재롱을 피워서 부모를 기쁘게 하였다. 《小學 稽古》 옷이 나란하다는 것은 이계와 동생 두 사람이 함께 있음을 표현한 것이다.

196 푸른……비추네 : '푸른 물 위 부용꽃'은 남조(南朝) 때 장군 왕검(王儉)이 유고지(庾杲之)를 위장군 장사(衛將軍長史)로 임명했을 때의 고사에서 인용한 것이다. 안륙후(安陸侯) 소면(蕭緬)이 왕검에게 보낸 편지에 그 안에 "성부(盛府)의 원료(元僚)는 실로 잘 뽑기 어려운데, 유경행(庾景行)은 푸른 물 위에 떠서 연꽃에 기댄 것과 같으니, 어찌 이리도 아름답습니까."라는 내용이 있다. 《南史 卷四十九 列傳 庾杲之》 '계수나무 가지〔桂枝〕'는 '계림일지(桂林一枝)'의 줄임말로 과거 급제를 뜻하는데 여기서는 이계의 동생 홍명호를 가리킨다.

197 봄술은 민수와 같고 : 잔치 자리에 술과 안주가 넉넉하게 많은 것을 비유한 것이다. 민수(澠水)는 제(齊)나라를 흐르는 강의 이름이다. 춘추시대 진 소공(晉昭公)이 제후(齊侯)와 만났을 때 진(晉)나라 대부(大夫) 중행목자(中行穆子)가 "술은 회수(淮水) 같고 고기는 모래섬 같도다.〔有酒如淮, 有肉如坻.〕"라고 말하자, 제후(齊侯)가 "술은 민수(澠水) 같고 고기는 언덕 같다.〔有酒如澠, 有肉如陵.〕"라고 말한 일이 있다. 《春秋左氏傳 昭公12年》

주서 및 판관, 김 우승과 함께 남산에 올라 검무를 보다
與注書及判官金郵 登南山 觀劒舞

만무[198]가 펼쳐진 산의 등성이 萬舞山之岡
뭇 뫼의 형세 날아갈 듯하여라 群峰勢欲翔
검은 푸른 바다의 빛을 흔들고 劒搖滄海色
꽃잎은 온 성안에 향기 흩뿌리네 花散滿城香
주위에 둘러선 성곽은 웅장하고 包絡樓譙壯
풍류 넘치는 강물은 유장하네 風流江漢長
생황 노래 속에 취해서 돌아오니 笙歌扶醉返
풀과 나무들도 임금님 은혜 입었어라 草木被恩光

198 만무(萬舞) : 옛날 춤 이름으로 먼저 병기를 들고 무무(武舞)를 추고 그다음에 깃과 악기를 들고 문무(文舞)를 춘다. 《시경》 〈간혜(簡兮)〉에 "간략하고 간략하여 바야흐로 만무를 추네.〔簡兮簡兮, 方將萬舞.〕"라는 구절이 있고, 그 주에 "방패와 깃털로 만무를 추는데, 종묘와 산천의 제사에 사용한다."라고 하였다.

서쪽 순행에 나서 재봉대야로 향하다[199]

發西巡 向載鳳大野

수레 몰아 봄빛 속으로 가자니	驅車春色裏
아름다운 기운이 먼 하늘까지 이어지네	佳氣遠連天
푸른 바다 맑게 개어 파도도 일지 않고	滄海晴無浪
너른 들판 따듯하여 아지랑이 피어오르네	平原暖有烟
동풍이 불어옴에 차가운 화전 푸르러지고	吹來寒燒綠
꽃단장하니 거친 바위도 도리어 고와지네	粧却醜巖姸
좋을시고 순행 가는 길	好是巡宣路
봄 풍광이 참으로 훌륭하여라	風光正藹然

199 서쪽……향하다 : 이계가 황해도 관찰사로 있던 1771년(영조47) 봄에 황해도 서쪽 일대로 순행을 시작하며 지은 시이다. 재봉대야(載鳳大野)는 현재의 재령평야(載寧平野)이다. 재령강 유역에 발달한 평야로 재령(載寧)・봉산(鳳山)・황주(黃州)・신천(信川)・안악(安岳) 등 5개 군에 걸쳐 있다. 본래 저습지였으나 조선 인조(仁祖) 때부터 개간이 시작되었다.

정방산성의 가람에 묵다[200]

宿正方山城伽藍

평평한 땅 위로 솟아오른 산이 있어　平地山如湧
활짝 열린 바위 문으로 통하네　呀然石扇通
닭은 일천 봉우리 안에서 울고　鷄鳴千嶂裏
승려는 꽃밭에 서 있네　僧立百花中
천험의 요새는 병사와 식량을 감추었고　天險藏兵食
신명의 광채는 사찰을 에워쌌네　神光繞佛宮
웅장한 성채가 도리어 청정한 땅 되었고　雄城還淨界
맑고 깨끗한 그곳에 장수가 앉아 있네　瀟灑坐元戎

200 정방산성의 가람에 묵다 : 이계가 황해도 관찰사로 있던 1771년(영조47) 봄 황해도 서쪽 일대를 순행하던 중 정방산성에 올라가서 지은 시이다. 정방산성은 현재 황해북도 사리원시에 있는 고려시대의 석성(石城)으로 둘레가 12킬로미터에 이르고 성안에 사찰이 48개에 이르렀다고 한다.

옛 봉양군을 지나며[201]

過鳳陽古郡

옛 고을이 서호[202] 안에 있으니	古郡西湖內
산천이 수려하고도 어여뻐라	山川秀且姸
닭은 흰 배꽃 핀 골목에서 울고	鷄鳴梨白巷
소는 지황밭에 누웠네[203]	牛臥地黃田
신령한 자취는 춤추는 봉황을 생각나게 하는데[204]	靈跡思儀鳳
마을 풍속은 누린내 사모함[205]이 부끄럽네	鄕風愧慕羶
고개 돌려 문정서원[206]을 바라보니	回瞻文井廟

201 옛 봉양군을 지나며 : 이계가 황해도 관찰사로 있던 1771년(영조47) 봄에 황해도 서쪽 일대를 순행하면서 지은 시이다. 봉양은 황해도 봉산(鳳山)이다.

202 서호(西湖) : 봉산군에 있던 못이다.《鳳山郡輿地誌 形勝》

203 닭은……누웠네 : 봉산의 토산물이 배와 지황이므로 이렇게 표현한 것이다. 특히 약재로 쓰이는 지황은 봉산과 황주에서 많이 나는데 18세기 이후 상업적인 농업의 발전에 따라 이윤을 많이 남기는 작물로 알려졌다. 다산은 황주의 지황밭이 가장 좋은 논과 비교해도 이익이 10배는 된다고 말하기도 하였다.《中宗實錄 39年 11月 1日》《經世遺表 卷8 地官修制 田制 井田議3》

204 춤추는……하는데 : 봉산군의 산에서 봉황이 울었다는 이야기가 전해지므로 이렇게 표현한 것이다. 봉황에 관한 상세한 사항은 상고하지 못하였으나《신증동국여지승람》〈황해도 봉산군〉에 "김수온(金守溫)이 기순(祁順)의 부(賦)를 차운한 서문에 '봉황이 이 고장 산에서 울었다는 것이 빈말이 아닐 것이다.'라고 하였다."는 내용이 보인다.

205 누린내 사모함 : 본래 누린내는 중화(中華)가 아닌 오랑캐의 풍속을 비하하는 표현으로, 이 구절은 봉산의 풍속이 비루함을 빗대어 표현한 것이다.

문정은 율곡을 배양한 서원이다.

무성의 현가 소리 다시 없구나[207] 無復武城絃

206 문정서원(文井書院) : 1681년(숙종7) 지방 유림들이 이이(李珥)·김장생(金長生)·김집(金集)·강석기(姜碩期)의 학문과 덕행을 추모하기 위해 세운 서원이다. 1703년에 '문정(文井)'이라는 사액을 받았고 대원군 때 서원철폐령으로 훼철되었다.

207 무성의……없구나 : 이이가 예악으로 교화를 펼친 것을 공자의 제자인 자유(子游)에 비유한 구절이다. 원문의 '현(絃)'은 현가(絃歌)로 금슬을 연주하며 노래하는 것인데 예악(禮樂)으로써 백성들을 교화하는 것을 의미한다. 공자의 제자인 자유가 무성(武城)의 읍재(邑宰)가 되어 예악으로 다스렸는데, 공자가 무성에 갔다가 현가 소리를 듣고 웃으면서 "닭을 잡는 데 어찌 소 잡는 칼을 쓰는가?"라고 말한 고사가 있다.《論語 陽貨》

삼지하를 건너다[208]

渡三枝河

푸르디푸른 이랑 위의 보리	青青隴上麥
희디흰 모래사장의 갈매기	白白沙中鷗
가는 길은 봄바람이 멀리 불어오고	行邁春風遠
훈훈한 남풍에 땅기운이 떠오르네	薰蒸土氣浮
몇몇 집들은 옛 나루터[209]에 있고	數家臨古渡
저녁 햇살은 조각배를 비추고 있네	斜日有孤舟
어렴풋이 뱃사공의 이야기가 들리니	暗聽篙師語
내일 아침 패수[210]를 향해서 간다고 하네	明朝向浿流

208 삼지하를 건너다 : 이계가 황해도 관찰사로 있던 1771년(영조47) 봄에 황해도 서쪽 일대를 순행하면서 지은 시이다. 삼지하(三枝河)는 삼지강(三支江)으로 황해남도 재령과 봉산의 경계에 위치한 강이다.

209 옛 나루터 : 율곶진(栗串津)으로 추측되는데 재령과 봉산으로 통하는 빠른 길이라고 한다.

210 패수 : 원문의 '패류(浿流)'는 패수(浿水)로 대동강(大同江)을 가리킨다.

재령에 묵다

宿載寧

안릉[211] 땅 비옥하다 일컬어지니 安陵稱沃野
물고기와 곡식 모두가 풍성하네 魚稻利雙全
그 토지는 모두 누렇고 부드러워[212] 厥土皆黃壤
궁가들이 상전[213]을 차지했네 諸宮占上田
장요미는 어부에 올라가고[214] 長腰登御府
숭어[215]는 상선에 실려가네 巨口逐商船

211 안릉(安陵) : 재령의 별칭이다. 재령은 고려 초에 안주(安州)라고 불리다가 고려 고종(高宗) 때 거란의 군사를 막는 데 공이 있다 하여 재령으로 고쳤다.

212 그……부드러워 : 이는 《서경》 〈하서(夏書) 우공(禹貢)〉의 "옹주는……그 토지는 누렇고 부드러우며 그 밭은 상상이다.〔雍州……厥土惟黃壤, 厥田惟上上.〕"라는 구절에서 따온 것이다.

213 상전(上田) : 토질이 비옥한 좋은 밭을 말한다. 조선시대에 토지를 비옥한 정도에 따라 상상전(上上田)부터 하하전(下下田)까지 아홉 등급으로 나누고 세금을 차등 있게 걷어들였다.

214 장요미는 어부에 올라가고 : 이 구절은 재령에서 나는 장요미(長腰米)가 진상품으로 궁궐에 올라갔다는 의미이다. 장요미는 몸통이 좁고 길쭉한 쌀로 품질이 좋은 쌀을 말한다. 봉산 일대에서 나는 장요미가 널리 알려졌으며 상업작물로 널리 유통되었다고 한다. 어부(御府)는 궁궐의 창고로 임금이 쓰던 물건을 넣어두는 곳을 가리킨다.

215 숭어 : 원문의 '거구(巨口)'는 일반적으로 농어〔鱸魚〕의 별칭으로 알려졌지만, 《신증동국여지승람》에는 재령의 토산물로 붕어와 숭어를 언급했고, 《해서읍지(海西邑誌)》 3책의 〈재령(載寧) 물산(物産)〉에는 숭어〔秀魚〕와 어란(魚卵)을 매년 겨울과 4월에 각각 진상한다고 되어 있다. 이를 참조하여 숭어로 번역하였다.

이미 부유하여 비로소 선해질 수 있으니[216] 既富方能穀

어찌하면 덕화에 교화[217]할 수 있을까 那由使斐然

216 이미……있으니 : 이는《서경》〈주서(周書) 홍범(洪範)〉에서 인용한 것이다. "사람을 바르게 하려면 부유하게 해주어야 선해지니, 네가 집에서 잘 지내게 해주지 못한다면 이들은 죄를 지을 것이다.〔凡厥正人, 既富方穀, 汝弗能使有好于而家, 時人斯其辜.〕"

217 덕화에 교화 : 원문의 '비연(斐然)'은 '비연향풍(斐然嚮風)'으로 바람에 휩쓸리듯이 빠르게 귀의하는 것을 말하는데, 백성들이 임금의 덕(德)에 교화되는 것을 비유한 것이다. 한(漢)나라 가의(賈誼)의〈과진론(過秦論)〉에 "진나라가 주나라를 멸망시키고 해내를 병탄하며 제후들을 아울러 남면하면서 황제라고 일컫고 온 세상으로 봉양케 하였는데, 천하의 선비들이 바람에 휩쓸리듯 빠르게 응하였으니 이는 어째서인가?〔秦滅周祀, 幷海內, 兼諸侯, 南面稱帝, 以四海養. 天下之士, 斐然嚮風, 若是何也?〕"라는 내용이 있다.

봄 풍경
春望

누가 봄 풍경 그릴 만하다고 했던가	誰言春可畫
그려서는 전하기 어려울까 하노라	吾恐畫難傳
가는 풀은 소의 두 뿔과 같고	細草牛雙角
비 갠 언덕은 말아 쥔 학의 발 같네	晴皐鶴一拳
꽃이 무성하니 산은 취하려 하고	花深山欲醉
햇살 따스하니 들판은 잠드는 듯	日暖野如眠
앞길은 어디로 나 있는고	前路知何處
석양 속에 두어 줄기 짙은 연기 오르네	斜陽數抹煙

정오에 신천에서 밥을 지어 먹고 종일 들판을 가다
午炊信川 終日野行

종일토록 너른 들판을 순행하면서	盡日巡原野
농사일 살피느라 피곤한 줄 모르네	觀農未覺勞
봄에 다리가 있다[218]는 말 부끄러우니	自慚春有脚
어찌하면 단비[219]를 내려줄 수 있을까	那得雨如膏
남쪽의 밭이랑은 처음 밭 갈아 차조 심고	南畝初耕秫
앞쪽의 냇물에는 벌써 복사꽃 피어나네	前溪已放桃
이번 순행길은 전준[220]과 흡사하니	此行田畯似
장수 깃발 옹위함이 우습기도 하여라	堪笑擁旗旄

218 봄에 다리가 있다 : 원문의 '춘유각(春有脚)'은 어진 정치를 하는 지방 수령을 가리킨다. 당(唐)나라 때의 명재상인 송경(宋璟)이 태수가 되었을 때 어진 정치를 베풀자 사람들이 "그의 발길이 닿는 곳마다 따뜻한 봄빛이 만물을 비춰주는 것 같다.〔所至之處, 如陽春煦物也.〕"라고 하면서 '유각양춘(有脚陽春)'이라 불렀다고 한다. 《開元天寶遺事 卷下 有脚陽春》

219 단비 : 원문은 '우여고(雨如膏)'인데 '고우(膏雨)'로 보아 번역하였다. 제때에 내려 만물을 자라게 하는 단비로 임금의 은혜를 비유한다. 여기서는 관찰사가 임금의 명을 받아 백성들에게 선정을 베푸는 것을 의미한다.

220 전준(田畯) : 중국 고대에 농사를 권면하는 농관(農官)이다. 《시경》 〈빈풍(豳風) 칠월(七月)〉에 "삼양(三陽)의 날에 가서 쟁기를 수선하고, 사양(四陽)의 날에 발꿈치를 들고 밭 갈러 가거든, 우리 처자식과 함께 남쪽 이랑으로 밥을 내가니, 전준이 와서 기뻐하도다.〔三之日于耜, 四之日擧趾, 同我婦子, 饁彼南畝, 田畯至喜.〕"라는 내용이 있다.

가화에서 장연으로 향하다
自嘉禾向長淵

가화[221]가 비록 작은 고을이어도　嘉禾雖小縣
기름진 토양에 긴 제방 둘렀네　膏壤帶長堤
봄빛은 삼 푼가량 저물어가고　春色三分暮
가을보리는 두어 치쯤 나란히 자랐네　秋麰數寸齊
고운 모래밭엔 어여쁜 새가 금빛 날개 퍼덕이고　軟沙翻錦翼
향기로운 풀밭에 화제[222]가 흩어지네　芳草散花蹄
흉년에도 오히려 풍성하고 즐거우니　儉歲猶豐樂
봄볕이 해서에만 따사롭네　陽和獨海西

221 가화 : 송화(松禾)의 옛 명칭이다.

222 화제(花蹄) : 마소의 발굽 자국이 마치 꽃처럼 남는 것을 의미한다.

장담의 객관에서
長潭館

서쪽으로 예닐곱 군을 순행하고　　西行六七郡
이곳에 이르니 활짝 얼굴 펴지네　　此地最開顔
신선은 아랑포로 떠나가고[223]　　仙去阿郎浦
봄은 두우산[224]으로 돌아가네　　春歸杜宇山
꽃 사이에는 일만 개의 우물이 있고　　花間開萬井
바다에는 일천 개의 쪽 진 듯한 섬 솟았네　　海上立千鬟
바람 앞의 풀은 본래 교화를 따르니[225]　　風草元從化
산천은 본래 완둔하지 않네　　山川本不頑

223 신선은 아랑포로 떠나가고 : 아랑포(阿郎浦)는 장산곶 동북쪽 해안가 남대천이 서해로 흘러드는 어귀이다. 신라 때 술랑(述郎)·남랑(南郎)·영랑(永郎)·안상(安祥)이 이곳을 유람했다는 이야기가 전한다. 현재의 황해남도 용연군 몽금포리에 해당하며 아랑포는 이칭이라고 한다. 《국가지식포털 북한지역정보넷》 그런데 각종 고지도에는 아랑포라는 명칭이 많이 보이고, 〈1872년 지방지도〉에 금사사의 좌측을 몽금포, 우측을 아랑포라고 하여 따로 구분하기도 하였다. 《조선왕조실록》에도 아랑포라는 명칭만 있는 것으로 보면 후대에 명칭이 변화된 것으로 추측된다.

224 두우산 : 황해남도 장연군에 있는 두견산을 가리킨다. 두견산의 상춘(賞春)과 아랑포의 돛배 구경은 '장연팔경(長淵八景)'으로 꼽힌다.

225 바람……따르니 : 원문의 '풍초(風草)'는 풀이 부는 바람에 따라 눕는 것처럼 윗사람이 덕이 있으면 아랫사람이 따른다는 의미이다. 《논어》 〈안연(顔淵)〉에 "군자의 덕은 바람과 같고 소인의 덕은 풀과 같아 풀 위에 바람이 불면 반드시 눕는다.〔君子之德風, 小人之德草, 草上之風, 必偃.〕"라는 공자의 말이 있다.

단비

喜雨

삼농[226]은 모름지기 때에 맞춰야 하거니와	三農須及時
한바탕 빗줄기가 또 약속이나 한 듯 내리네	一雨更如期
산밭의 차조는 이제 뿌리를 내리고	山秫根方着
논에서는 논갈이할 수 있겠네	水田耕可爲
지저귀는 작은 새들 많기도 하고	鳥言多瑣細
터지려는 꽃망울이 참으로 흐드러지네	花意太淋漓
관찰사가 지금은 신경 쓸 일 없으니	刺史今無事
누대에 올라서 시 짓기 좋을시고	登樓好賦詩

226 삼농(三農) : 산과 습지(濕地)와 평지(平地)의 농사를 말한다. 《주례(周禮)》 〈천관총재(天官冢宰) 태재(太宰)〉에 "삼농에서 아홉 가지 곡식을 생산한다.〔三農生九穀〕"라고 하였는데, 정현(鄭玄)은 "삼농은 평지와 산과 못이다.〔三農, 平地山澤也〕"라고 하였다.

장연에 들렀다가 신순민이 생각나 북청의 임소에 편지를 띄우다[227] 3수 신순민은 신경준이다

過長淵 憶申舜民 景濬 簡寄北青任所 三首

물어나보세 신 승지는	問訊申承旨
어느 때 북청에 도착하시나	何時到北青
신령한 새가 가시덤불에 깃들고[228]	靈禽棲棘樹
황량한 변새에 문창성이 비치네[229]	荒塞照文星
천록각에서 일찍이 붓을 잡았고[230]	天祿曾抽筆

227 장연에……띄우다 : 이계가 황해도 관찰사로 있던 1771년(영조47) 봄에 황해도 서쪽 일대를 순행할 때, 신경준(申景濬, 1712～1781)이 북청 부사에 제수되었다는 소식을 듣고 지은 시이다. 신경준의 본관은 고령(高靈), 자는 순민(舜民), 호는 여암(旅菴)이다. 43세 때인 1754년(영조30) 이계가 주관한 향시에 합격하고 같은 해 증광시에 급제하였다. 1764년(영조40)부터 1766년까지 장연 현감을 지냈고, 북청부사(北青府使)에 임명된 것은 1771년 2월 17일이다.

228 신령한……깃들고 : 이 구절은 훌륭한 인재가 작은 고을에 부임하게 된 것을 의미한다. 후한(後漢) 때 구람(仇覽)이 주부(主簿)로 있었는데, 이를 본 고성 영(考城令) 왕환(王渙)이 "탱자와 가시나무는 난새나 봉황이 깃들 곳이 아니니, 100리쯤 되는 작은 고을이 어찌 큰 현인이 있을 곳이겠는가.〔枳棘非鸞鳳所棲, 百里豈大賢之路.〕"라고 말한 일이 있다.《後漢書 卷76 循吏列傳 仇覽》

229 황량한……비치네 : 원문의 '문성(文星)'은 문창성(文昌星)으로 문운(文運)을 주관하는 별이며 문재(文才)가 있는 사람을 가리킨다. 신경준같이 재능 있는 사람이 먼 변방인 북청에 가게 되었다는 의미로 말한 것이다.

230 천록각에서……잡았고 : 천록각(天祿閣)은 한(漢)나라 때 황실의 책과 문서를 관장하던 곳이다. 여기서는 신경준이 홍문관 부정자(弘文館副正字)로 있었던 것을 가리

연산에 비석을 새길 만하네[231] 燕山可勒銘
벽성[232]의 넘치는 음악 소리를 碧城多皷吹
어찌하면 벗에게 들려줄 수 있을까 那得故人聽

이 근래 장연 현감[233] 중에서 近歲長潭宰
어질고 재능 있기로는 유독 그대를 꼽았네 良能獨數君
지친 백성들 모두 배부르고 따듯해지니 疲氓皆飽煖
남은 교화 아직도 향기로워라 餘化尙氤氳
서쪽에서 변방 지키는 데에 시론이 많았고[234] 西戍多時論

킨다. 신경준은 1754년(영조30)에 문과에 급제하고 1755년에 홍문관 부정자를 지냈다.

231 연산에……만하네 : 이 구절은 '늑석연연(勒石燕然)'에서 따온 말로, 신경준이 문장뿐만 아니라 이민족을 물리치고 나라를 지키는 데에 공을 이룰 만한 능력이 있음을 비유한 말이다. 후한(後漢) 때 두헌(竇憲)이 흉노를 크게 물리쳐 국경에서 3천 리나 떨어진 연연산(燕然山)까지 가서 산 위에 비석을 세우고 공적을 새겼다. 《後漢書 卷23 竇融列傳》 참고로 반고(班固)가 짓고 바위에 새긴 《봉연연산명(封燕然山銘)》이 2017년 여름 몽골의 항가이산〔杭愛山〕 위에서 발견되었다.

232 벽성(碧城) : 해주의 이칭으로, 1616년(광해군8) 10월 27일 해주의 읍호를 강등하여 벽성이라고 한 일이 있다.

233 장연 현감 : 원문의 '장담(長潭)'은 장연(長淵)이다. 조선 태종(太宗) 때 진(鎭)을 설치하였고 1623년(인조1) 도호부로 승격되었는데, 1764년(영조40) 3월 왕제둔(汪濟屯)의 백성이 둔감(屯監) 김상념(金相念)을 죽이자 현으로 강등되었다. 신경준이 장연 현감이 된 것은 바로 이 시기의 일이다.

234 서쪽에서……많았고 : 서쪽에서 변방 지키는 것은 신경준이 장연 현감을 역임한 것을 가리키며, 시론이 많다는 국방과 관련된 논의가 자주 있었던 것을 의미한다. 당시 장연 앞바다는 황당선(荒唐船)이 출몰하는 길목이라 하여 장산곶 인근에 새로 병영을 설치하자는 논의가 있었고, 1771년(영조47) 3월에 병영 설치를 윤허하였다.

동쪽에서 고기잡이는 예전 들은 것을 징험하리라[235]	東漁驗昔聞
변방 방어에 기이한 책략 있거니와	籌邊有奇策
종군을 데려오지 못함이 안타까워라[236]	恨未借終軍

헤어진 뒤로 봄이 거듭 이르렀고	別後春重到
맑은 술은 그대 모습 대하는 듯하네	淸樽對典刑
꽃술은 나처럼 희게 세었고	花鬚如我白
버들 눈은 사람 향해 푸르구나[237]	柳眼向人靑
조각달은 응당 함께 비춰주고	片月應同照

235 동쪽에서……징험하리라 : 이 구절은 신경준이 책으로만 보던 물고기들을 실제로 보면서 징험할 수 있을 것이라는 의미이다. 북청의 토산물로 연어(鰱魚)와 삼치〔麻魚〕부터 게〔蟹〕나 해삼(海蔘)에 이르기까지 각종 어패류가 유명하였다.《新增東國輿地勝覽 卷49 北靑都護府 土產》

236 종군을……안타까워라 : 신경준 같은 인물을 데리고 오지 못하는 것에 대한 아쉬움을 드러낸 것이다. 종군(終軍)은 한(漢)나라 때의 문신으로 자는 자운(子雲)이다. 18세에 박사제자(博士弟子)로 선발되었고, 무제(武帝) 때 간의대부(諫議大夫)에 이르렀다. 기원전 113년(元鼎4) 20여 세의 나이로 남월(南越)에 사신으로 다녀오면서 '종군청영(終軍請纓)'의 고사를 남겼는데, 떠나기 전에 한 무제(漢武帝)에게 "긴 밧줄을 주면 남월왕(南越王)을 묶어서 바치겠습니다."라고 말했다고 한다.

237 버들……푸르구나 : 이 구절은 '유안화수(柳眼花鬚)'라는 말에서 따온 것으로, 유안화수는 봄을 맞아 버드나무에 잎이 돋아나고 꽃망울이 피어나는 것을 말한다. '유안(柳眼)'은 막 돋아나기 시작하는 가느다란 버들잎을 형용하는 말로, 잠에서 막 깨어난 사람의 눈과 같다고 하여 붙은 이름이라고 한다. 버들 눈이 푸르다는 것은 죽림칠현(竹林七賢)의 한 사람인 완적(阮籍)이 마음에 들지 않는 사람은 백안(白眼)을 보이고 마음에 맞는 친구가 찾아왔을 때에는 청안(靑眼)을 보였다는 고사를 인용한 것이다.《世說新語 簡傲》

흐르는 구름은 짐짓 스스로 멈추리라[238] 歸雲故自停
편지 부칠 기러기도 없는데[239] 尺書無鴈寄
양쪽 땅이 모두 푸른 바다 끝에 있네 兩地各滄溟

238 흐르는……멈추리라 : 구름이 멈춘다〔停雲〕는 것은 진(晉)나라 도잠(陶潛)의 시 〈정운(停雲)〉에서 나온 말로, 친구를 그리워한다는 의미이다. "뭉게뭉게 멈춰 선 구름이요, 부슬부슬 때맞춰 내리는 비로다.〔靄靄停雲, 濛濛時雨〕"라는 구절이 있다.

239 편지……없는데 : 이계는 서해 가의 황해도에 있고 신경준은 동해 가의 북청에 있기 때문에 이렇게 표현한 것이다. 편지를 부칠 기러기는 한(漢)나라 때 소무(蘇武)의 고사에서 나온 말이다. 소무가 흉노(匈奴)에 사신으로 갔다가 억류당하여 돌아오지 못하자 사람들도 그가 죽었다고 생각하였다. 그러던 어느 날 천자가 상림원(上林苑)에서 활을 쏘아 잡은 기러기의 다리에 '소무가 어느 못가에 있다.'라는 내용이 적혀 있었고 이로 인해 소무는 19년 만에 귀국할 수 있었다.《漢書 卷54 蘇建傳 蘇武》

바닷가를 순행하며 형세를 살펴보다[240]

巡海觀形便

고을의 서쪽에 무엇이 있더냐 郡西何所有
드넓은 바다가 층층이 푸르도다 滄海碧層層
뜨거운 여름에는 빙복이 치달리고[241] 盛夏馳氷鰒
청량한 가을에는 흰 매 바치네[242] 高秋獻白鷹
파도 위 자맥질은 포구의 아낙이 배우고 弄潮浦女學

240 바닷가를……살펴보다 : 이계가 황해도 관찰사로 있던 1771년(영조47)에 지은 시로, 조칙에 따라 해안가의 형세를 살피던 중 감회를 읊었다. 이계의 이 행차는 장연에 새로 병영을 설치하려는 논의와 관련된 것으로 보인다. 1771년 봄에 영의정 김치인(金致仁)이 장연에 새로 병영을 설치하여 장산곶 북쪽의 방어를 담당하고 황당선의 출몰에도 대비해야 한다는 건의를 하였고 영조의 윤허를 받았다. 《英祖實錄 47年 3月 7日》

241 빙복이 치달리고 : 전복을 빙고(氷庫)의 얼음에 재어 급히 진상(進上)하는 것을 의미하는 듯하다. 《신증동국여지승람》을 보면 황해도의 장연(長淵), 장련(長連), 풍천(豊川), 옹진(甕津), 강령(康翎) 등의 토산물로 전복[鰒]이 거론되고 있고, 《실록》에는 "날씨가 더우면 전복이 썩어서 먹을 수 없다."거나, "한여름과 한겨울에는 전복을 정봉(停捧)하도록 한다"는 내용 등이 있다. 한편 《해서읍지》를 보면 옹진이 생복(生鰒)을 바치는 횟수와 양이 가장 많고 날이 더운 8월, 9월에도 진공을 하도록 정해져 있었다. 운반할 때는 얼음상자를 사용했는데, 생선과 같은 날것들은 조빙궤(照氷櫃)라는 상자에 얼음을 채우고 그 속에 넣어서 운반했다고 한다. 《迂書 卷十 論進獻物種》

242 청량한……바치네 : 흰 매는 송골매를 말한다. 고려 이래 황해도 해안가와 백령진(白翎鎭), 대청도(大青島) 등에서 나는 매가 유명하여 송골매, 해동청 등으로 일컬어졌고, 중국과 일본에 보내기도 하였다. 매 중에 가장 날래면서 흰 것은 송골(松鶻)이라 하고, 푸른 것은 해동청(海東青)이라고 하였다. 《五洲衍文長箋散稿 鷙鳥鷹鶻種類辨證說》

성벽에서 적 막음은 건아들이 잘하네 乘障健兒能
조칙이 내려와 형편을 살펴보라 하시니 有詔觀形便
하늘이 나를 거듭 순행길에 오르게 하시네 天教我再登

아랑포[243] 세상에 전하기로 신라 때 네 화랑이 노닐던 곳이라고 한다
阿郎浦 世傳新羅四郎遊賞處

동해에는 삼일포[244]요	東瀛三日浦
서해에는 사랑대[245]로다	西海四郎臺
신선이 떠나가도 구름은 남아 있고	仙去雲猶在
봄이 돌아오니 물결 절로 이르네	春還潮自來
물가의 꽃은 예전처럼 피어나고	岸花依舊發
어부의 피리 소리 지금까지 슬프도다	漁笛至今哀
아득히 공자들을 떠올리며	渺渺思公子
제수 음식 갖추어 한잔 술 올리네[246]	蘭蘋薦一杯

243 아랑포 : 이계가 황해도 관찰사로 있던 1771년(영조47) 조칙에 따라 해안의 형세를 살펴보던 중에 지은 시이다. 아랑포는 현재 황해남도 용연군 몽금포리에 있는 몽금포의 별칭이다. 신라 때 술랑(述郎)·남랑(南郎)·영랑(永郎)·안상(安祥) 네 명의 화랑이 노닐었다는 이야기가 전한다. 129쪽 주223 참조.

244 삼일포(三日浦) : 강원도 고성군에 있는 호수로 관동팔경(關東八景)의 하나이다. 신라 때 네 명의 화랑이 3일 동안 유람하였다 하여 삼일포라는 이름이 붙었다.

245 사랑대(四郎臺) : 사랑대라는 명칭은 보이지 않는다. 신라 때 네 명의 화랑이 아랑포를 노닐었기 때문에 이렇게 말한 것으로 보인다.

246 제수……올리네 : 난(蘭)은 난효(蘭肴)로 좋은 안주이고, 빈(蘋)은 빈조(蘋藻)로 제수 음식을 말한다. 《시경》〈소남(召南) 채빈(采蘋)〉은 제사 음식을 정결하게 마련하는 주부의 행실을 읊은 것인데, "마름 풀 뜯으러 남쪽 시냇가로 가네. 마름 풀 뜯으러 저 개울가로 가네.〔于以采蘋, 南澗之濱. 于以采藻, 于彼行潦.〕"라는 구절이 있다.

금사사의 해월루에서 검무를 보다[247]

金沙寺海月樓觀劍舞

봄날 한밤중에 화촉을 펼치니	春宵張畫燭
노래와 춤이 선방에서 나오네	歌舞出禪房
바다 고요하니 용 그림자 사라지고	海靜龍沉影
별빛 드리우니 부처가 광채를 뿜네	星垂佛放光
솔숲 사이에는 검기가 머물고	松間留劍氣
꽃잎 아래에는 술 향기 흩어지네	花下散杯香
오늘의 모임 참으로 기이하니	此會眞奇絶
훗날에도 정히 잊지 못하리라	他時定不忘

247 금사사의……보다 : 이계가 황해도 관찰사로 있던 1771년(영조47) 조칙에 따라 해안가의 형세를 살펴보던 중에 지은 시이다. 금사사는 장산곶의 북쪽 해안방(海安坊) 해안사구 지대에 있던 사찰이다. 인근 바닷가 20리가 금빛의 모래 언덕이고 바람에 따라 모래가 옮겨 다닌다고 하였다. 《擇里志》 숙종 연간에는 해주 연안에 황당선(荒唐船)이 빈번하게 출몰하자 금사사보(金沙寺堡)를 설치하고 승장(僧將)을 두어 수비를 위임하기도 하였다.

명경암에서 묵다[248]

宿明鏡菴

한밤중에 부처를 만나 中夜逢瞿曇
등불 걸어두고 함께 담소 나누네 懸燈與共談
산승은 두채를 씹어 먹고 山僧噉豆菜
황당선은 사삼을 훔쳐가네[249] 唐船偸沙蔘

두채(豆菜)는 금사(金沙)에서 자라난다. 형태는 대두황(大豆黄) 같고 맛이 담박하여 먹을 만하다.[250] 사삼(沙蔘)은 갯방풍〔海防風〕[251]으로 이 또한 금사에서 생산된다.

토산이 예로부터 서로 다르니 土産由來異

248 명경암에서 묵다 : 이계가 황해도 관찰사로 있던 1771년(영조47)에 조칙에 따라 해안가의 형세를 살펴보던 중에 지은 시이다.

249 황당선은 사삼을 훔쳐가네 : 황당선(荒唐船)은 조선 후기 서해에 출몰하던 국적 불명의 배를 말한다. 황해도 연안에 자주 출몰하여 18세기 이후 사회적 문제가 되었는데, 숙종과 영조 연간에 특히 심하였다. 《肅宗實錄 42年 12月 14日》·《英祖實錄 30年 5月 30日》 황당선이 해방풍과 해삼(海蔘)을 채취하고 도망간 사건은 《승정원일기》 영조34년 9월 6일 기사에 보인다.

250 두채(豆菜)는……만하다 : 두채와 대두황 모두 콩나물이다. 콩나물은 숙주나물과 함께 두아(豆芽) 또는 두아채(豆芽菜)라고도 불렸다. 《향약구급방(鄕藥救急方)》에는 대두황(大豆黄)이라 하여 콩을 싹트게 하여 햇볕에 말린 것을 약으로 이용한다는 내용이 보인다.

251 사삼(沙蔘)은 갯방풍〔海防風〕 : 일반적으로 사삼은 더덕을 가리키는데 여기서는 달리 쓰였다. 갯방풍은 빈방풍(濱防風)이라고도 하며 바닷가 모래사장에 자라는 식물이다. 황백색의 뿌리 모양이고 한약재로 사용되며 맛은 달다.

변방의 실정을 이곳에 와서 살펴보네 邊情到此探

등주와 내주는 작은 배로도 오갈 수 있거늘 登萊纔一葦

방어를 가람에만 맡겼구나[252] 防禦付伽藍

252 등주와……맡겼구나 : 등주(登州)와 내주(萊州)는 현재의 산둥〔山東〕에 해당한다. 이 구절은 중국과 인접한 해안의 방어를 승려들에게만 맡겨두었다는 의미로, 금사사에 진보(鎭堡)를 설치하여 서해에 출몰하는 황당선을 막도록 한 사실을 가리킨다. 《영조실록》 5년 9월 25일 기사에 참찬관 김시혁(金始㷜)이 "해서의 황당선은 우려할 만한 것입니다. 경인년(1710, 숙종36) 무렵 조가(朝家)에서 장연부 금사사의 승려들을 시켜 요망(瞭望)하여 살펴보다가 쫓아가 잡도록 하고, 또 승대장(僧大將)을 정하여 전방선(戰防船)을 만들어주었으며, 감영(監營)에서 돈을 빌려주어 절 앞의 포구(浦口)에 진보(鎭堡)의 모양으로 둑을 쌓게 하니, 길이가 40리나 되고 1천 섬지기가량이나 됩니다."라고 말한 내용이 보인다. 1771년(영조47)에는 영의정 김치인(金致仁)의 건의로 장연에 새로 병영을 설치하고 이후 황해도의 남부와 북부가 나뉘어 조련을 하였다. 《英祖實錄 47年 3月 7日》《조선후기 황해도 水營의 운영, 李仙喜, 한국문화38, 규장각한국학연구원, 2006》

금사봉에 올라 바다를 바라보다[253]

登金沙峰觀海

취해서 금사봉 정상에 앉아 있자니	醉倚金沙巓
서쪽 바다가 술잔 앞에 있네	西溟把盞前
해와 구름은 함께 움직이고	日兼雲共盪
하늘과 바다는 모두 둥글지	天與海俱圓
약목[254]이 어느 나무일까	若木知何樹
청제[255]는 혹 연기가 보일런가	青齊或見烟
마음은 본래 자유롭거니와	心胸元自在
육신이 도리어 가뿐해지네	毛骨却翛然

253 금사봉에 올라 바다를 바라보다 : 이계가 황해도 관찰사로 있던 1771년(영조47) 조칙에 따라 해안가의 형세를 살펴보던 중에 지은 시이다. 금사봉은 황해도 장연 장산곶 금사사와 금사진 뒤에 있던 봉우리로 고지도에서는 '사봉(沙峯)'이라는 명칭으로 보인다.

254 약목(若木) : 전설상의 신목(神木)으로 해가 지는 서쪽에 있다. 《산해경(山海經)》 권12 〈대황북경(大荒北經)〉에 "대황 가운데 형석산, 구음산, 형야지산이 있다. 그 산 위에 붉은 나무가 있는데 잎은 푸르고 꽃은 붉으니 약목이라고 한다.〔大荒之中, 有衡石山、九陰山、泂野之山, 上有赤樹, 青葉赤華, 名曰若木.〕"라고 하였다.

255 청제(青齊) : 중국 산동〔山東〕을 가리킨다. 청(青)은 중국을 구주(九州)로 나누었을 때 산동과 요동(遼東) 일대를 말하고, 제(齊)는 춘추전국(春秋戰國)시대의 제나라 지역을 말한다.

몽금도
夢金島

몽금도는 어쩌면 이리도 맑고 빼어난지 金島何淸絶
회오리바람을 더위잡을 수 없네 飄飖不可攀
흰 모래는 한 가닥 띠처럼 가로질렀고 素沙橫一帶
푸른 물은 두 봉우리를 둘렀네 碧水繞雙鬟
하계는 도리어 은빛 바다요 下界還銀海
동쪽에는 또 눈빛 산이라[256] 東方亦雪山
신선이 없다면 말할 것 없거니와 神仙無則已
온다면 필시 이곳에 오리라 來必此中間

256 동쪽에는……산이라 : 몽금도가 있는 장산곶 북쪽 해안은 해안사구가 발달한 곳으로 사봉(沙峯)과 금사사(金沙寺)가 있다. 여기서 말한 동쪽의 눈빛 산이란 몽금도 앞 해변의 모래사구와 사봉을 말한 것이다.

장산곶[257]

長山串

장산은 천하의 험지라 長山天下險
바다를 가로질러 푸르게 우뚝 솟았네 橫海碧嶙峋
귀신에게 굿하며 바람을 점치고 賽鬼占風色
초혼하며 물가에서 통곡을 하네[258] 招魂哭水濱
포구의 물고기가 때로 사슴이 되고[259] 浦魚時化鹿
목객[260]은 은연중에 사람처럼 보이지 木客暗欺人

257 장산곶 : 이계가 황해도 관찰사로 있던 1771년(영조47) 조칙에 따라 해안가의 형세를 살펴보던 중에 지은 시이다. 장산곶은 몽금포 등 모래사장과 송백이 어우러진 아름다운 경치로 유명하지만, 한편으로는 아랑포영(阿郎浦營)과 조니포진(助泥浦鎭) 등이 위치한 서해의 국방상 요지이기도 하다.

258 귀신에게……하네 : 장산곶 앞바다는 지형 때문에 해류의 소용돌이가 심하여 사고가 빈번하게 일어났고, 이로 인해 국사봉(國祀峰)에 있는 장산곶사(長山串祠)에서 봄가을로 제사를 지냈다고 한다. 초혼하며 통곡을 한다는 것은 험한 바다에서 사람들이 희생당한 것을 말한다. 일설에는 심청이 몸을 던진 인당수가 장산곶과 백령도 사이 물살이 거센 바다라고 한다.

259 물고기가……되고 : 《성호사설(星湖僿說)》 권4 〈만물문(萬物門) 어화인봉(魚化麟鳳)〉에 "시속에 전하기를 잉어는 용이 되고 농어는 사슴이 된다고 하니 과연 그럴까.〔俗傳鯉化龍鱸化鹿, 其果然耶.〕"라는 내용이 있고, 《미암집(眉巖集)》 권16 〈경연일기(經筵日記)〉에는 "신이 가만히 보니, 제주도에서는 강돈(江豚, 복어)이 사슴으로 변합니다.〔臣竊觀濟州江豚化鹿.〕"라는 구절이 보인다.

260 목객(木客) : 산중(山中)에 사는 요괴의 일종으로 사람과 같은 모습인데 새의 발톱이 있고 높은 나무에 깃들어 산다고 한다.

어찌하면 용문의 도끼를 얻어　　安得龍門斧
물길 터서 나루 건너기 편하게 할까[261]　　中開利涉津

261 어찌하면……할까 : 우(禹) 임금이 치수(治水)할 때 용문산(龍門山)이 하수(河水)의 물길을 가로막고 있어서 도끼로 쪼개어 물길을 열었고, 이에 연(燕)・대(代)・호(胡)・맥(貉)과 서하(西河)의 백성들이 이롭게 되었다. 장산곶을 뚫어서 물살이 험한 바다를 거치지 않고도 왕래할 수 있게 해주고 싶다는 의미이다.

대청도와 소청도
大小青島

푸르디푸른 바다 위 섬이　　青青水中島
수면에 두 눈썹처럼 비껴 있네　　鏡面橫雙眉
항상 뿌리가 약해서 근심했으나　　常恐脚根弱
끝내 자잘한 돌도 옮겨가지 않았네[262]　　終無拳石移
안개 낀 날에는 찡그린 듯하고　　霧時皺容乍
맑은 날에는 엷게 단장한 듯하네　　晴處淡粧爲
바다 건너 공연히 바라보자니　　隔海空相望
아득한 생각이 일어나네　　迢迢有所思

262 항상……않았네 : 이 구절은 《열자(列子)》 〈탕문(湯問)〉에 보이는 삼신산(三神山) 이야기를 따온 것이다. 발해(渤海)의 동쪽 바다에 다섯 개의 신산(神山)이 있었는데 이 산들은 땅에 붙어 있지 않아서 물결을 따라 오갔다. 상제(上帝)가 큰 자라들로 하여금 떠받치고 있게 했으나 거인이 자라를 잡아가는 바람에 두 개의 산이 흘러가 가라앉아버렸고, 결국 삼신산만 남게 되었다.

등주와 내주를 바라보며

望登萊

우리나라 서쪽에 둘러 있는 물을	我國西環水
중국인들은 큰 바다라고 부르네	華人謂大瀛
노중련이 죽으리라 크게 말한 곳이요[263]	魯連夸一死
진시황이 불로장생 부러워한 곳일세[264]	秦帝羨長生
삼신산은 별천지가 아니거늘	三山非別界
천고에 헛된 명성만 띠고 있구나[265]	千古冒虛名
쓸쓸하게 동봉한 곳을 바라보자니[266]	悵望東封處

263 노중련이……곳이요 : 노중련(魯仲連)이 조(趙)나라에 있을 때 진(秦)나라가 조나라를 공격하여 수도인 한단(邯鄲)을 포위하였다. 위왕(魏王)이 신원연(新垣衍)을 조나라로 보내 진왕(秦王)을 높여 제(帝)로 섬기면 포위를 풀 것이라고 권하자, 노중련이 신원연을 만나 불가함을 역설하면서 "진왕이 방자하게 제(帝)가 되어서 그릇되이 천하를 다스린다면, 나는 동해에 빠져 죽을 뿐 그 백성이 되지는 않을 것입니다."라고 말하였다. 이 소식을 들은 진나라 장군은 군사를 물렸고 구원병이 이르자 병사를 이끌고 물러갔다. 《史記 卷83 魯仲連鄒陽列傳》

264 진시황이……곳일세 : 진시황이 방사(方士) 서복(徐福)을 보내어 삼신산에서 불사약을 구해 오게 한 일을 가리킨다. 《사기(史記)》 권6 〈진시황본기(秦始皇本紀)〉에 "제(齊)나라의 서복이 바다 가운데 삼신산이 있고 거기에 신선과 불사약이 있으니 동남동녀(童男童女)를 데리고 가서 불사약을 구해 오겠노라고 상소하였다. 이에 진시황은 수천 명의 동남동녀를 데리고 가서 불사약을 구해 오게 하였다."라고 하였다.

265 삼신산은……있구나 : 삼신산은 발해(渤海)의 동쪽 바다 가운데에 있다는 신선들이 사는 섬으로 방호(方壺)·영주(瀛洲)·봉래(蓬萊)이다. 헛된 명성을 띠고 있다는 것은 삼신산에 불사약이 있다고 알려진 것을 말한다. 위의 주 참조.

흰 구름이 제멋대로 비껴가네 白雲縱復橫

266 쓸쓸하게……바라보자니 : 동봉(東封)은 제왕이 태산(泰山)에 봉선(封禪)을 행하고 천하의 태평을 널리 고하는 것으로, 한 무제(漢武帝)가 태산(泰山)에서 봉(封)하고 양보(梁父)에서 선(禪)하여 공업을 널리 밝혔다.《史記 卷117 司馬相如列傳》이 구절은 황해도에서 서쪽의 중국, 즉 바다 건너 산둥〔山東〕의 태산 쪽을 바라본다는 의미이다.

포구의 여염집에 묵다
宿浦頭村舍

포구의 마을이 참으로 적막하여	浦村太寂寥
가만히 앉았자니 마음이 무료하네	悄坐意無聊
개미는 내일 아침 내릴 비를 피하고[267]	蟻避明朝雨
물고기는 한밤의 조수에 돌아오네	魚歸半夜潮
들판의 나물은 몹시 입맛을 돋워주고	野蔬偏助味
농부의 말소리는 도리어 노래 이루네	農話却成謠
가만히 듣자니 주방 사람이	靜聽庖人語
이웃집에 고양이 풀어놓지 말라고 하네	隣家莫放猫

267 개미는……피하고 : 《비아(埤雅)》 권10 〈석충(釋蟲)〉에 "개밋둑은 개미 무덤이다. 개미는 비가 오려고 하면 밖으로 나와 흙을 북돋아서 봉우리처럼 만든다.〔垤, 蟻冢也. 蟻將雨則出而壅土成峰.〕"라는 내용이 있다.

해주 서창에 묵다[268]

宿海州西倉

섭정[269]과 같은 마을에다　聶政應同里

후영[270]의 마을도 있구나　侯嬴亦有村

마을 이름이 어차리인데 그 옆에 교정리가 있는 까닭에 이렇게 말한 것이다.[271]

268 해주 서창에 묵다 : 이계가 황해도 관찰사로 있던 1771년(영조47) 조칙에 따라 해안가의 형세를 살펴보던 중에 지은 시이다. 서창은 해주성의 서쪽 벌진면(伐陳面) 인근 해안가에 있었다.

269 섭정(聶政) : 전국시대 사람으로 지(軹) 땅 심정리(深井里) 출신이다. 사람을 죽이고 제(齊)나라로 달아나 백정 노릇을 하였는데, 한(韓)나라 대부 엄중자(嚴仲子)가 찾아와 예를 갖추어 대우하자 교분을 맺었다. 섭정은 모친이 세상을 떠난 뒤 엄중자를 위해 한나라 군주의 계부(季父)이자 재상인 협루(俠累)를 살해한 뒤, 신분을 감추기 위해 자신의 얼굴을 난도질하고 배를 갈라 창자를 끄집어내어 자결했다. 이후 섭정의 누이 섭영(聶榮)이 동생의 이름을 밝히고 통곡한 뒤 죽었다. 《史記 卷86 刺客列傳 聶政》

270 후영(侯嬴) : 전국시대 위(魏)나라의 은사(隱士)로, 나이 70에 집이 가난하여 대량(大梁)의 이문감(夷門監)으로 있었다. 당시 위나라의 공자(公子)인 무기(無忌)가 그의 현명함에 대해 듣고 빈객을 모아 잔치를 베푼 뒤 직접 수레를 몰고 가서 공손하게 맞이하여 수레의 상석에 태우고 잔치 자리로 돌아왔고 후영을 상객(上客)으로 삼았다. 훗날 조(趙)나라가 진(秦)나라의 공격을 받아 위(魏)나라에 구원병을 청했을 때, 공자 무기는 후영의 계책에 따라 군대를 탈취하여 조나라를 구원하였고 후영은 공자 무기가 군대에 도착할 무렵 북향(北向)하여 자결하였다. 《史記 卷77 魏公子列傳》

271 마을……것이다 : 어차리면(馭車里面)과 교정리(交井里)는 해주목 성의 서북쪽 서창(西倉) 인근에 있는 마을이다. 어차리는 위(魏) 공자가 직접 수레를 몰아 후영을

땅 이름이 우연히 서로 비슷하고	地名偶相似
풍속도 대략 같은 점이 있도다	風氣畧如存
싸우기 좋아하여 목숨 가벼이 여기고	好鬬輕軀命
강한 활 당기는 법 자손에게 가르치지	挽强教子孫
윗사람을 친애할 줄 알게 하면[272]	使知親長上
참으로 튼튼한 울타리[273] 되리라	眞可捍藩垣

맞아온 일을 가리키고, 교정리는 이름이 섭정의 고향인 심정(深井)과 비슷하므로 이렇게 말한 듯하다.

272 윗사람을……하면 : 《맹자(孟子)》 〈양혜왕 하(梁惠王下)〉에 "임금께서 어진 정치를 행하신다면 백성들이 그 윗사람을 친근하게 여겨 어른을 위해서 자신의 목숨을 기꺼이 바칠 것이다.〔君行仁政, 斯民親其上, 死其長矣.〕"라고 하였다.

273 울타리 : 원문의 '번원(藩垣)'은 제후(諸侯)의 나라가 천자에게 있어 울타리와 담장 같다는 의미로, 황해도 해주가 국가를 지키는 데 중요한 역할을 할 것이라는 의미이다. 《시경》 〈대아(大雅) 판(板)〉에 "선한 사람은 번(藩)이요, 태사는 원(垣)이라.〔价人惟藩, 太師惟垣.〕"라고 하였다.

서창의 마당에 남수 두 그루가 있는데 10무를 덮을 만했다

누런 느릅나무 중 큰 것을 우리나라 사람들은 남수라고 한다

倉庭有雙枏樹 可庇十畝 黃楡之大者 東人謂之枏

꼿꼿이 심어 서로를 보호하듯 偃蹇如相守
뜰 앞에 두 그루 묵은 남수 있네 庭前雙老枏
좋은 재목이 장석[274]을 피하여 美材逃匠石
나무에 팽담[275]이 있게 되었네 植物有彭聃
햇살이 새어들 때는 맑은 그늘 빌려주고 日漏淸陰借
바람 불어오면 호기[276]를 머금도다 風來灝氣含
뿌리 내려 마땅한 곳 얻었으니[277] 托根爰得所

274 장석(匠石) : 옛날의 유명한 목수이자 장인이다. 장석이 제(齊)나라로 가다가 곡원(曲轅)에서 거대한 상수리나무를 보았으나 그대로 지나쳤다. 제자가 이렇게 크고 아름다운 재목을 그냥 지나치는 이유를 묻자 장석은 상수리나무는 아무 쓸모가 없기 때문에 오래 살 수 있었던 것이라고 대답하였다. 《莊子 人間世》

275 팽담(彭聃) : 옛날의 선인(仙人)으로 장수(長壽)를 누렸다고 전해오는 팽조(彭祖)와 노담(老聃)을 함께 일컫는 말이다. 팽조의 본명은 전갱(籛鏗)으로 요(堯) 임금 때 팽성(彭城)에 봉해졌으므로 팽조라 일컬어진다. 도인(導引)의 양생술(養生術)로 800년을 살았다고 한다. 노담은 노자(老子)를 말하며 본명은 이이(李耳)이다. 《사기》 권63 〈노자열전(老子列傳)〉에 "노자의 수명이 160여 세 혹은 200여 세라고 하니, 이는 도를 닦아 수명을 길렀기 때문이다."라고 하였다.

276 호기(灝氣) : 천지 사이에 가득 찬 기운 혹은 정대(正大)하고 강직(剛直)한 기운을 말한다.

277 마땅한 곳 얻었으니 : 원문의 '득소(得所)'는 편히 있을 수 있는 곳 혹은 적합한

끝내 도끼와 자귀의 탐욕을 벗어났도다 終免斧斤貪

곳을 얻었다는 의미이다. 《시경》 〈위풍(魏風) 석서(碩鼠)〉에 "저 낙토에 가면 내가 살 곳 있으리라.〔樂土樂土, 爰得我所.〕"라는 구절이 있다.

아침에 옹진으로 출발하다

朝發向甕津

갈아탄 역마는 곳집에 머물러두고	遆馬淹倉舍
수레 돌려 옹진으로 향해 가네	回車向甕遷
배꽃은 밤에 내린 빗방울을 머금었고	梨花含夜雨
버들개지는 아침의 안개를 흩트리네	柳絮散朝烟
바닷가에 새로운 시구절 많고	海上多新句
봄날 풍광은 지난해보다 아름다워라	春光勝去年
산들바람은 수레를 전송하고	微風送征盖
관로에는 풀잎이 무성하네	官路草芊芊

세검루[278]

洗劍樓

뭇 산들이 서쪽 바다로 들어가며　　衆山西入海
웅장한 요새를 에워싸고 있도다　　包絡壯關防
성벽은 어룡의 기운을 누르고　　城壓魚龍氣
누대는 햇빛과 달빛을 품고 있네　　樓涵日月光
아득한 중국은 수자리 불빛 이어지고[279]　　齊煙連戍火
남만의 배들이 고깃배와 뒤섞이네[280]　　蠻舶雜漁檣

278 세검루 : 이계가 황해도 관찰사로 있던 1771년(영조47) 조칙에 따라 해안가의 형세를 살펴보고 돌아올 때 지은 시로, 소강(所江) 행영(行營)의 세검루(洗劍樓)에서 지었다. 세검루는 행영 안에서도 서쪽 끝 바닷가에 임해 있었다. 황해 수영(黃海水營)은 본래 옹진에 있는데 소강에 행영을 설치하여 수군절도사가 6개월씩 오가며 머물렀다. 《萬機要覽 軍政篇 海防》《正祖實錄 10年 1月 22日》

279 아득한……이어지고 : 원문의 '제연(齊煙)'은 '제연구점(齊煙九點)'이다. 높은 곳에서 굽어보면 구주(九州)도 아홉 점의 연기처럼 작게 보인다는 말로 중국을 가리킨다. 당(唐)나라 이하(李賀)의 시 〈몽천(夢天)〉에 "멀리서 중국을 굽어보니 아홉 점 연기요, 큰 바닷물도 잔 속에 부은듯 하네.〔遙望齊州九點煙, 一泓海水杯中瀉.〕"라는 구절이 있다. '수자리 불빛이 이어진다'는 것은 청나라에 크고 작은 전쟁들이 계속되던 상황을 말한 것으로 보인다. 청나라 건륭제(乾隆帝)는 크고 작은 정벌을 계속하였고, 말년에는 열 번의 원정을 모두 승리했다 하여 십전노인(十全老人)이라고 칭하기도 하였다. 건륭제 때 정벌한 지역과 시기를 보면, 금천(金川, 1747), 대금천(大金川, 1747~1749), 준가르(1755~1759), 위구르(1759), 소금천(小金川, 1771~1776), 대만(1788), 미얀마(1778), 베트남(1789), 네팔(1790, 1792) 등이다.

280 남만의……뒤섞이네 : 남만의 배는 정확히 어떤 의미인지 상고하지 못하였다.

술기운 거나하여 변방 책략 담론할 제 酒半談邊畧
장수의 귀밑털이 희끗희끗하여라 元戎鬢髮蒼

중국 남방 지역의 배 혹은 황당선(荒唐船)이나 이양선(異樣船) 등을 통틀어 일컫는 말로 보인다.

만하정[281]

挽河亭

파도 아래서 솟았나 잠깐 의심했더니	忽疑波底出
다시 보니 바위 끝에 매달렸네	翻看石尖懸
난간에 기대니 온통 바다만 보이고	倚檻都無地
주렴을 걷으니 그저 하늘만 보일 뿐	開簾但見天
모래가 깨끗하니 백사장이 달빛 같고	沙明洲似月
조수가 물러가니 물빛은 안개인 듯하네	潮斂水如煙
회음후[282] 같은 병략은 없지만	縱乏淮陰術
군사일 하는 중에 그래도 풍류는 있도다[283]	兵間却有仙

281 만하정 : 이계가 황해도 관찰사로 있던 1771년(영조47) 조칙에 따라 해안가의 형세를 살펴보고 돌아올 때 소강(所江) 행영(行營)에서 지은 시이다. 만하정은 행영의 남서쪽 끝 해안가에 위치해 있는 누정이다.

282 회음후 : 한(漢)나라의 명장(名將) 한신(韓信)을 말한다. 한고조(漢高祖) 유방(劉邦)이 한중(漢中)에 있을 때 장량(張良)의 추천을 받아 유방의 휘하로 들어갔고 이후 소하(蕭何)의 추천으로 대장군(大將軍)이 되었으며, 훗날 항우를 물리치고 유방이 천하를 통일하는 데 큰 공을 세웠다.《史記 卷92 淮陰侯列傳》

283 군사일……있도다 : 이 구절은 회음후 한신의 호가 '병선(兵仙)'이라는 점에 착안한 표현으로 보인다.

옹진성에 묵다[284]

宿甕津城

우뚝 솟은 산들이 들판을 에워싸고	壁立山圍野
높은 성은 철옹성 같아라	高城鐵甕如
분방[285]하러 봄철에 수자리 들어가고	分防春入戍
경보 전하느라 한밤중에 급보 날리네	傳警夜飛書
누대의 뿔피리 소리 바다를 뒤흔들고	樓角聲搖海
봉홧불 그림자는 물고기를 비추네	臺烽影射魚
평소에도 언제나 적들과 마주한 듯	平時常對敵
나라를 지킬 준비 소홀해선 안 되리라	戎備莫踈虛

284 옹진성에 묵다 : 이계가 황해도 관찰사로 있던 1771년(영조47) 조칙에 따라 해안가의 형세를 살펴보고 돌아올 때 지은 시로, 국경 방어에 만전의 태세를 갖추어야 함을 강조하였다.

285 분방(分防) : 분번입방(分番入防)의 준말이다. 수군(水軍)에 편성된 군사가 평소에는 육지에 있다가 순번에 따라 해방(海防)의 군역에 복무하는 것을 말한다.

해안가를 두루 순행하다가 부질없이 읊다
遍巡沿海漫題

돌아다닌 곳 모두가 수향(水鄕)인데	周遊皆澤國
물산은 동쪽과 서쪽 다르구나	物產異東西
봄나물로는 청각[286]이요	春菜青絲角
생선국으로는 붉은 낙지로다	鮮羹紫絡蹄
막걸리에 담그니 해삼은 취하고	含醪海蔘醉
파도를 뿜어내며 물소는 울어대네	噴浪水牛嘶
《시경》 읽으면 유식해진다 하였으니	風雅稱多識
곤충과 물고기가 시구 속에 들어 있네[287]	蟲魚入品題

286 청각 : 원문의 '청사각(青絲角)'은 청각(青角)을 말하는 것으로 보인다. 사슴뿔 모양의 바닷말로, 감촉이 매끄럽고 빛깔은 검푸르며 맛은 담담하여 김치의 재료로 쓰이거나 무쳐서 먹기도 한다. 허균(許筠)의 《성소부부고(惺所覆瓿藁)》 〈도문대작(屠門大嚼)〉에 "청각은 서해에는 모두 나는데 해주 옹진에서 난 것이 최고이다.〔青角, 西海皆有, 而產海州甕津者最佳.〕"라고 하였다.

287 시경……있네 : 《논어》 〈양화(陽貨)〉에, 공자가 제자들에게 《시경》 읽기를 권하면서 《시경》을 읽으면 "조수와 초목의 이름을 많이 알 수 있다.〔多識於鳥獸草木之名.〕"라고 말한 일이 보인다.

아들이 수행하며 시를 공부하므로 한 수 써서 보여주다

兒子從行學詩 書示一律

문운에는 옛과 지금 구별 없으니 文運無今古
동방에는 좋은 시 많도다 東方富好詩
구봉[288]은 능히 오묘함을 깨달았고 龜峰能妙解
목은[289]은 바로 나의 스승이로다 牧隱是吾師
근래에 새로운 곡조 많아도 近世多新調
화려하기만 한 소리는 훌륭한 게 못 되지 繁音未足奇
풍아[290]의 맥락을 찾고자 한다면 欲尋風雅脈
먼저 《문선》과 《이소》[291]를 해야 하리라 先向選騷爲

288 구봉(龜峰) : 송익필(宋翼弼,1534~1599)을 가리키는 듯하나 정황상 명확하지는 않다. 송익필은 서자(庶子)라는 이유로 금고(禁錮)를 당하자 과거를 단념하고 성리학과 예학(禮學)에 몰두하였다. 고양(高陽)의 구봉산(龜峯山) 아래에서 후학을 가르쳐 구봉선생(龜峯先生)으로 일컬어졌다. 이이(李珥)·성혼(成渾) 등과 교유하였고, 시(詩)에도 일가를 이루었다는 평을 받았다.

289 목은(牧隱) : 고려 말의 성리학자이자 문장가인 이색(李穡, 1328~1396)이다. 고려를 대표할 만한 문장가로서 조선 초 사대부들과 조선 문학의 성립에 큰 영향을 주었다.

290 풍아(風雅) : 국풍(國風)과 대아(大雅), 소아(小雅)로, 《시경》을 말하는데 고상하고 바른 시가(詩歌)를 뜻하는 말로도 쓰인다.

291 문선과 이소 : 《문선(文選)》은 양(梁)나라 소명태자(昭明太子) 소통(蕭統)이 편찬한 책으로, 주(周)나라 이후 양나라에 이르기까지 시(詩)와 부(賦) 등 700여 편을

수록하였다. 《이소(離騷)》는 《이소경(離騷經)》으로도 불린다. 전국시대 초(楚)나라 굴원(屈原)이 참소를 당해 조정에서 쫓겨난 뒤 우국연군(憂國戀君)의 심정을 읊은 작품들이다.

초여름 결포에서 배를 타고 형제암에 이르러 수압도를 바라보다[292] 3수
孟夏 汎結浦 抵兄弟巖 望睡鴨島 三首

고각 소리 세 번 울려 화려한 배를 재촉하니	皷角三聲畫鷁催
맑은 호수 백여 리에 아름다운 돛 펼쳐지네	澄湖百里錦帆開
푸른 산은 참으로 파도 속에서 솟아난 듯	青山盡似波中出
흰 물새는 때때로 구름 가에서 날아오네	白鳥時從雲際來
문득 서늘한 바람이 겨드랑이에서 생겨나니[293]	便覺泠風生兩腋
도리어 한 국자 물[294]을 깊은 잔과 비교하네	還將勺水較深盃

292 초여름……바라보다 : 이계가 황해도 관찰사로 있던 1771년(영조47) 여름에 지은 시이다. 결포(結浦)는 해주성 남문 쪽의 포구로, 바닷물이 들어오면 호수처럼 변한다 하여 소동정(小洞庭)이라고 불리기도 하였다. 형제암은 해주의 남쪽 바다 30리 되는 곳에 있는 작은 섬 두 개인데, 일설에는 백이(伯夷)와 숙제(叔齊)가 이곳에서 죽었다는 이야기도 전한다. 수압도(睡鴨島)는 해주의 남쪽 바다 60리 되는 곳에 있는 섬으로 대수압도와 소수압도가 있다. 《新增東國輿地勝覽 卷43 黃海道 海州牧》

293 서늘한……생겨나니 : 신선이 된 듯하다는 의미이다. 노동(盧仝)의 〈차의 노래〔茶歌〕〉에서 유래한 말로 내용은 다음과 같다. "첫째 잔은 목과 입술을 적셔주고, 둘째 잔은 외로운 시름을 떨쳐주네. 셋째 잔은 메마른 창자를 더듬으니 뱃속엔 문자 5천 권만 남았을 뿐이요, 넷째 잔은 가벼운 땀을 흐르게 하여 평생의 불평스러운 일을 털구멍으로 흩어져 나가게 하네. 다섯째 잔은 기골을 맑게 해주고, 여섯째 잔은 선령(仙靈)과 통하게 해주며, 일곱째 잔은 다 마시기도 전에 겨드랑이에 맑은 바람이 이는 걸 깨닫네."라고 하였다.

294 한 국자 물 : 《중용장구(中庸章句)》 26장에서 인용한 것으로 바다를 의미한다. "무릇 물이 한 국자씩 많이 모여서 헤아릴 수 없을 정도가 되면, 자라와 악어와 교룡과

서호가 서시와 같음[295]을 비로소 알겠으니　　西湖始信同西子
종일 사람을 머물게 하여 돌려보내지 않누나　　竟日留人不放回

하늘 맑아 배 띄우기 좋고　　天晴好泛鷁
모래 따스하니 파도 높지 않네　　沙暖不驚濤
멀리 부는 봄바람에 닻줄 풀어 배 띄우고　　解纜春風遠
드높은 푸른 물결 위로 상앗대질 나란히 하네　　齊橈碧水高
물고기는 고각 소리 맞이하고　　波臣迎鼓角
갈매기 무리는 관찰사 깃발 마주하네　　鷗陣對旌旄
저물녘에 뱃노래 들려오니　　向晩櫂歌起
사공의 뜻 절로 호기로워라　　篙工意自豪

배 띄워 큰 파도에 올라타고　　放舟凌巨浪
피리 불며 물결 가운데 서있네　　橫笛立中流
여룡[296]의 등에서 춤추고 발 디디며　　舞蹴驪龍背

어별이 살고 재화가 번식하게 된다.〔今夫水, 一勺之多, 及其不測, 黿鼉蛟龍魚鼈生焉, 貨財殖焉.〕"

295 서호가 서시와 같음 : 결포는 바닷물이 들어오면 호수처럼 변하므로 소동정(小洞庭)이라고 불리기도 하였다. 소식(蘇軾)의 시 〈비가 개었다가 다시 내릴 때 호수가에서 술을 마시며〔飮湖上初晴後雨〕〉에 "서호를 서시에 비유하자면, 옅은 단장 짙은 단장 모두 다 알맞아라.〔欲把西湖比西子, 淡粧濃抹摠相宜.〕"라는 구절이 있다. 비 올 때의 풍경은 짙은 단장, 맑은 날의 풍경은 옅은 단장이라 표현했는데, 이계는 결포의 이칭(異稱)과 소식의 시구를 차용하여 결포의 풍경을 묘사한 것이다.

296 여룡(驪龍) : 원래는 검은 용을 의미하지만, 본 시에서 여룡이 갖는 정확한 의미는 상고하지 못하였다. 추측건대 기녀들이 탄 용무늬의 배거나 혹은 바다를 상징한

수압도 머리에서 술동이 여네 樽開睡鴨頭
높은 하늘도 응당 아래에 있고 重天應在下
큰 세상 도리어 함께 떠 있도다 大界却同浮
푸르디 푸른 하늘 우러러보니 仰視蒼蒼處
붉은 태양이 둥근 공 같구나 紅輪轉似毬

것인 듯 하다.

수양산성[297]

首陽山城

멀리 일천 봉우리 어우러진 곳을 보며　　遠見千峯合

그 가운데 한 가닥 길을 찾아 가니　　中尋一線分

층암절벽은 위태로워 던져질 듯하고　　層巖危欲擲

297 수양산성 : 이계가 황해도 관찰사로 있던 1771년(영조47)에 지은 시이다. 수양산성은 해주 동쪽 수양산에 있는데 성의 북쪽은 산봉우리이고 남쪽은 해주만, 남동쪽은 연백평야이다. 일설에 수양산에 고죽국(孤竹國)의 옛터가 있다고 전하며 백이(伯夷)와 숙제(叔齊)를 모신 청성묘(淸聖廟)도 인근에 있다.

그림 3 〈1872년 지방지도〉 해주수양산성지도

외로운 성가퀴는 우뚝 솟아 달릴 듯하네 孤雉聳如奔
호랑이 발자국은 푸른 이끼에 걸려 있고 虎跡懸蒼蘚
닭 울음소리는 흰 구름 속에서 들리네 鷄聲在白雲
굽어봄에 모두가 개미집 같아서 俯臨皆蟻垤
홀로 우뚝하니 그 누구와 무리 지을까 特立與誰群

비로폭포[298] 앞 시의 운을 쓰다

毗盧瀑 用前韻

거꾸로 드리운 천 길 물은	倒垂千丈水
온 곳이 아득하여 분간하기 어렵네	來處杳難分
떨어질 듯하다가 높이 뛰어오르고	欲墮還高躍
날아갈 듯하다가 홀연 거세게 흐르네	將飛忽怒奔
오래 머물면 옷 위의 빗방울 되고	長留衣上雨
때때로 흩어지면 숲속의 구름 되네	時散樹間雲
고죽국의 풍모가 남아있는 듯[299]	孤竹風如在
맑고 기이함이 절로 출중하네	淸奇自不群

298 비로폭포 : 이계가 황해도 관찰사로 있던 1771년(영조47)에 지은 시이다. 비로폭포의 맑고 기이한 정경(情景)을 백이숙제의 풍모에 빗대어 읊었다. 비로폭포는 상고하지 못하였으나 전후의 시와 이계의 노정(路程)을 고려하면 수양산성 남문 동쪽 옆에 있던 수양산폭포를 가리키는 것으로 보인다.

299 고죽국의……듯 : 고죽국(孤竹國)은 백이와 숙제의 고국(故國)이다. 해주성과 수양산성 사이에 백이 숙제의 사당인 청성묘가 있기 때문에 이렇게 말한 것이다. 일설에는 해주 수양산이 백이와 숙제가 죽은 곳이고 고죽국의 옛 터가 있다고 한다.

비가 갠 뒤 병암을 유람하다[300]

雨後遊屛巖

용수산이 우이산으로 이어지니 龍首連牛耳

용수(龍首)와 우이(牛耳)는 모두 산 이름이다.

바위 문이 양쪽 절벽에 열렸네 巖扃兩壁開

학은 푸른 산 위에 흩어져 서 있고 鶴分山翠立

승려는 물소리와 함께 오네 僧與水聲來

가는 폭포 소리는 금곡과 어우러지고 細瀑調琴曲

유하는 술잔에 찰랑이네[301] 流霞泛酒盃

석양 속에 구름이 모두 떠나고 夕陽雲去盡

초동은 피리 불며 숲에서 돌아오네 樵笛背林回

300 비가……유람하다 : 이계가 황해도 관찰사로 있던 1771년(영조47)에 지은 시로 병암(屛巖)의 풍경을 선경에 비겨 감흥을 읊었다. 병암의 정확한 위치는 상고하지 못하였는데 전후 시의 내용으로 미루어 볼 때, 해주성 북쪽 용수산과 우이산이 접하는 광석천(廣石川) 상류 탁열정(濯熱亭) 인근으로 추측된다.

301 유하는 술잔에 찰랑이네 : 유하(流霞)는 한번 마시면 배가 고프지도 않고 목이 마르지도 않다는 신선(神仙)의 술 이름이다.

탁열정[302] 앞의 운을 쓰다

濯熱亭 用前韻

산과 시내의 승경을 만나지 않았다면　不卜巖溪勝
어떻게 계극[303]이 한가로울 수 있겠는가　那由棨戟閑
대련[304]이 일찍이 살았던 이곳　大連曾有宅
　대련의 유허가 성의 동쪽 고죽사(孤竹祠)[305] 곁에 있다.
고죽은 어느 산이던가　孤竹是何山
아득한 천 년을 생각하니　渺渺千年思
찰랑찰랑 한 줄기 물 사이에 있네　盈盈一水間

302 탁열정 : 이계가 황해도 관찰사로 있던 1771년(영조47)에 지은 시이다. 탁열정은 해주성의 북쪽 광석천 상류에 있는 정자로 1579년(선조12) 가을 목사 황정욱(黃廷彧)이 해주성 북쪽 수양산 청풍동(淸風洞) 어귀에 세운 것이다.《栗谷全書 卷13 濯熱亭記》

303 계극(棨戟) : 창 모양의 의장(儀仗)으로, 나무로 만들어 붉은 비단으로 싸거나 칠을 한 것이다. 옛날 관리들이 출행할 때 앞에서 길을 인도하거나 관아의 문 앞에 세워 놓았다. 이계가 관찰사로서 순행을 하던 중이었으므로 이렇게 표현한 것이다.

304 대련(大連) : 효도로 이름난 인물이다. 아우인 소련(小連)과 함께 부모의 상을 잘 치렀다 하여 널리 알려졌다.《예기》〈잡기(雜記)〉에 "소련과 대련이 거상을 잘하여 부모가 죽은 지 3일 동안 게을리하지 않았으며, 3개월 동안 빈소에서 게을리하지 않았으며, 1년 동안 슬퍼하고 3년 동안 근심하였으니, 동이족(東夷族)의 자식이다.〔少連大連善居喪, 三日不怠, 三月不解, 期悲哀, 三年憂, 東夷之子也.〕"라고 하였다.

305 고죽사(孤竹祠) : 여기서는 백이와 숙제를 모신 청성묘(淸聖廟)를 가리킨다. 해주성 동쪽 수양산 아래에 있었다.

흥취 일어 자주 멍에 매라 명하고　興來頻命駕
내 마음 흡족하니 때로 돌아갈 것 잊노라　意適或忘還

진주사를 마중하기 위해 금천으로 가다[306]

迎候陳奏使赴金川

더운 여름에 처음으로 말을 달리니	溽暑初驅馬
훈풍이 은연중에 옷을 적시네[307]	薰風暗濕衣
인가의 연기들 곧게 올라가고	村烟皆直上
산비는 비껴 흩날리네	山雨每斜飛
초가집의 백성들 더욱 야위어가고	茆屋民猶瘠
논의 모는 비로소 여물어가네	稻田苗始肥
삼농[308]을 바야흐로 축원하노니	三農方有祝
가을철 수확이 어긋나지 말기를	秋熟願無違

306 진주사를……가다 : 이계가 황해도 관찰사로 있던 1771년(영조47) 여름에 진주사(陳奏使)를 맞이하러 가면서 지은 시이다. 당시 사행은 종계변무(宗系辨誣)에 관한 것으로 정사(正使)는 김상철(金尙喆), 부사(副使)는 윤동섬(尹東暹), 서장관(書狀官)은 심이지(沈頤之)였다.

307 더운……적시네 : 당시 진주사 일행은 5월 27일에 한양의 모화관을 출발하였으므로 금천에는 6월 초순 즈음에 도착했을 것으로 보인다. 때문에 더운 여름이라고 한 것이다. 2구의 '훈풍(薰風)'은 따듯한 동남풍인데, 한편으로는 순(舜) 임금의 〈남풍가(南風歌)〉라는 의미로 임금의 덕을 뜻하기도 한다.

308 삼농(三農) : 언덕과 습지(濕地)와 평지(平地)의 농사이다. 130쪽 주226 참조.

김 우상의 연경행을 전송하며[309] 김 우상은 김상철이다
奉送金右相 尙喆 赴燕

주군의 욕됨이 지금 이와 같으니 主辱今如此
나라가 당한 무함을 누가 바로잡으랴[310] 邦誣誰可刪
삼태성의 한 점이 나뉘어서[311] 三台分一點
유월에 천산을 지나가네 六月度千山
천산은 요동에 있는 산의 이름이다[312]

309 김 우상의 연경행을 전송하며 : 이계가 황해도 관찰사로 있던 1771년(영조47) 여름에 진주사로 청나라에 가는 김상철(金尙喆, 1712~1791)에게 써준 송시이다. 김상철의 본관은 강릉(江陵), 자는 사보(士保), 호는 화서(華西), 시호는 충익(忠翼)이다. 1771년《명사(明史)》에 조선 왕실의 계보가 잘못 기재되었다는 상소가 올라오자, 자진하여 선계변무사(璿系辨誣使)가 되어 북경에 가서 임무를 완수하고 돌아왔다. 이 과정에서 청나라와 주고받은 문서들을 정리해 책으로 펴낸 것이《신묘중광록(辛卯重光錄)》이다.

310 주군의……바로잡으랴 : 욕됨과 무함은 조선 왕실의 종계(宗系)가 잘못 기재된 것을 말한다. 명나라 때《대명회전(大明會典)》에 태조(太祖)의 종계가 잘못 기록되어 있었으므로 조선 전기 약 200년에 걸쳐 끊임없이 문제를 제기하여 결국 1588년(선조21) 수정하기에 이르렀다. 그런데 청나라 때 주린(朱璘)이《명기집략(明紀輯略)》을 쓰면서 명나라 진건(陳建)이 쓴《황명통기(皇明通紀)》를 인용하였고 여기에 잘못된 태조의 종계와 선대인 장목왕(莊穆王)의 사적이 수록되었다. 이에 조선은 사찬(私撰)이긴 하나 후세에 또 이를 답습하게 될 것을 우려하여 변무사를 파견하여 잘못된 부분을 삭제해 달라고 요청하였고, 청나라에서는 각 성(省)에 유지(諭旨)를 내려 위의 두 책을 없애고 개인들이 잘못된 내용의 책을 보관하지 않도록 조치를 취하였다.

311 삼태성의……나뉘어서 : 원문의 '삼태(三台)'는 별 이름으로 삼공(三公)을 의미한다. 나뉘었다는 것은 세 정승 중 우의정인 김상철이 북경에 간 것을 말한다.

전대[313]는 문변 있는 이에게 의지하고　　專對憑文辯
높은 충절은 험난할 때 드러나네[314]　　危忠見險艱
군왕의 영령이 끝내 이루어 주시리니　　君靈終有濟
기러기와 더불어 모두 무사히 돌아오기를　　好與鴈俱還

312 천산은……이름이다 : 중국 요양(遼陽) 지역에 있는 산으로 천산산맥(千山山脈)의 일부이다. 북경으로 가는 조선 사신들의 경로가 인근으로 지나갔다.

313 전대(專對) : 외국에 사신으로 갔을 때 본인이 판단하고 응대하여 임무를 완수하는 것을 말한다. 《논어》〈자로(子路)〉에 "시경 300편을 외우면서도 사방의 나라에 사신으로 나가서 혼자서 처리하지 못한다면, 비록 많이 외웠다 한들 어디에다 쓰겠는가.〔誦詩三百, 使於四方, 不能專對, 雖多亦奚以爲.〕"라는 공자의 말이 실려 있다.

314 높은……드러나네 : 김상철이 당시 우의정이었는데 자원하여 종계변무를 위한 사신으로 가게 되었기 때문에 이렇게 표현한 것이다.

부사 윤 참판을 전송하며[315] 윤 참판은 윤동섬이다
送副价尹參判 東暹

선조의 치욕[316]을 어찌 차마 말하랴 忍說先朝耻
약한 나라의 신하임이 한스러울 뿐 堪嗟弱國臣
훌륭한 사신이여[317] 적임자를 급히 구해 보내니 使乎方急士
임금님만 생각할 뿐 자신의 몸은 잊었네[318] 主耳便忘身
계주 북쪽의 안개에 수풀은 희미하고[319] 薊北煙迷樹

315 부사 윤 참판을 전송하며 : 이계가 황해도 관찰사로 있던 1771년(영조47) 여름에 종계변무를 위해 북경에 가는 윤동섬(尹東暹, 1710～1792)에게 써준 송시이다. 윤동섬은 본관은 파평(坡平), 자는 덕승(德升), 호는 팔무당(八無堂)이다. 1754년(영조30) 문과에 급제하여 여러 관직을 거쳤다. 1771년 종계변무를 위해 청나라에 다녀왔고 1790년(정조14) 판중추부사로 치사(致仕)하였다. 서예에 능하여 많은 금석문(金石文)을 남겼고 정조에게 필력(筆力)이 유건(愈健)하다는 칭찬을 들었다. 종계변무에 대해서는 171쪽 주309, 310 참조.

316 선조의 치욕 : 《대명회전(大明會典)》에 태조(太祖)의 종계(宗系)가 잘못 기록되어 있던 것을 말한다. 171쪽 주310 참조.

317 훌륭한 사신이여 : 이 구절은 《논어》 〈헌문(憲問)〉에 나오는 구절을 원용한 것이다. 거백옥(蘧伯玉)의 사신이 전대(專對)를 잘하자 공자(孔子)가 "훌륭한 사신이로다!〔使乎, 使乎.〕"라고 두 번이나 찬탄한 고사가 전한다. 이계는 윤동섬이 뛰어난 능력이 있어 선발되었다고 표현한 것이다.

318 임금님만……잊었네 : 한(漢)나라 가의(賈誼)의 〈진정사소(陳政事疏)〉에 "교화가 이루어지고 풍속이 정해지면 신하 된 사람들이 군주만 알 뿐 자신은 잊고, 나라만 알 뿐 자신의 집은 잊고, 공사만 알 뿐 사사로운 일은 잊게 될 것이다.〔化成俗定, 則爲人臣者主耳忘身, 國耳忘家, 公耳忘私.〕"라는 구절이 있다. 《漢書 卷48 賈誼傳》

319 계주……희미하고 : '계문연수(薊門煙樹)'를 말한다. 연행을 가는 사신들이 요동

요동의 진흙에 수레바퀴 빠지네[320] 遼東泥沒輪
그대 얼굴의 기색을 살펴보니 見君眉睫色
참으로 장부임을 알겠네 方識丈夫眞

(遼東)을 지날 때 보게 되는 신기루 현상으로, 맑고 바람이 없는 날 숲과 마을, 수레 등이 넓은 들판 위에 투명하게 거꾸로 비쳐 보이는 것을 말한다.《熱河日記 馹汛隨筆 7月 16日》

320 요동의……빠지네 :《연행록》을 보면 요동 벌판을 지날 때 장마가 들면 길이 온통 진창으로 변해 고생했다는 언급이 많다. 사행이 험난함을 비유한 구절이다.

금릉관에서 사행을 전별하며 다시 읊다[321]

金陵館 餞使行 又賦

사신의 수레가 변방의 관문[322]으로 치달리니	星槎馳玉塞
한 병 술로 금천에서 전송하네	壺酒送金川
사명에는 시경 삼백 편이요[323]	辭命詩三百
관산까지는 길이 사천 리이지[324]	關山路四千
말이 드세니 멍에 메기가 더디고	馬驕遲受軛
수레가 빠르니 잠들지 못하네	車駛不容眠
나랏일 바야흐로 소홀히 할 수 없는지라	王事方靡盬
공들께서 유독 어짊에 어이하리오[325]	諸公奈獨賢

321 금릉관에서……읊다 : 이계가 황해도 관찰사로 있던 1771년(영조47) 여름에 종계변무를 위한 진주사(陳奏使)가 훌륭하게 임무를 완수하기를 기원하며 쓴 시이다. 금릉관은 금천(金川)에 있는 객사(客舍)로, 북경으로 가는 사신들이 이곳을 거쳐갔다.

322 변방의 관문 : 원문의 '옥새(玉塞)'는 '옥문관(玉門關)'으로 지금의 간쑤〔甘肅〕 둔황〔敦煌〕 서북쪽에 있는 국경의 관문이다. 여기서는 사신이 되어 다른 나라로 떠나가는 것을 비유한 것이므로 '변방의 관문'이라고 번역하였다.

323 사명에는……편이요 : 사명(辭命)은 외교 문서를 작성하거나 전달하는 것인데 공자는 외국에 사신으로 갔을 때 전대(專對)할 줄 알아야 함을 강조한 바 있다. 173쪽 주317 참조.

324 관산까지는……리이지 : 원문의 '관산(關山)'은 본래 멀리 떨어진 국경지대의 요새를 가리키나 여기서는 북경을 의미한다. 4천 리는 한양에서 북경까지 대강의 거리를 말한 것으로 보이는데, 각종 연행록(燕行錄)에서는 한양에서 북경까지를 대략 3,100리 내외라고 하였다.

325 나랏일……어이하리오 : 원문의 '미고(靡盬)'는 나랏일을 완전하게 수행하려는 각오를 말한다. 《시경》 〈소아(小雅) 사모(四牡)〉에 "어찌 돌아가고 싶은 생각이 없겠는가마는 나랏일을 완전하게 처리하지 않을 수 없는지라 내 마음이 서글퍼지기만 한다.〔豈不懷歸, 王事靡盬, 我心傷悲.〕"라는 내용이 있다. '독현(獨賢)'은 홀로 나랏일을 하면서 고생한다는 의미이다. 《시경》 〈소아(小雅) 북산(北山)〉에 "너른 하늘 아래 어떤 곳도 왕의 땅 아닌 곳이 없고, 어느 땅 물가의 사람도 왕의 신하 아닌 자가 없는데, 대부들을 공평하게 쓰지 않고서, 나만 홀로 일하고 어질다 하네.〈溥天之下, 莫非王土, 率土之濱, 莫非王臣, 大夫不均, 我從事獨賢.〉"라는 내용이 있다.

부용당 잡영[326] 10수

芙蓉堂雜詠 十首

못가에 때로 지팡이 짚고 이르니 池邊時曳杖
누대 위에 혹 아문이 열리기도 하네 樓上或開衙
홀로 현인주[327]를 마시며 獨酌賢人酒
한가로이 군자화[328]를 바라보네 閑看君子花
취중에 쓴 글씨는 삐뚤빼뚤하고 醉毫多偃仰
바람 속에 책건은 절로 기우네 風幘自欹斜
관사의 맑기가 이러하니 官舍淸如許
신선도 정히 멀지 않으리라 神仙定不遐

이상은 누대에 올라 노래한 것이다.

부용꽃 처음 물 위로 나오니 芙蓉初出水

326 부용당 잡영 : 이계가 황해도 관찰사로 있던 1771년(영조47) 여름 6월에 지은 시로, 부용당의 여러 사물과 특징적인 풍경을 차례로 읊었다. 부용당은 해주 관아의 못에 있던 누각이다. 《海西邑誌 海州》

327 현인주(賢人酒) : 탁주(濁酒)를 말한다. 위(魏)나라 때 금주령이 내리자 맑은 술〔淸酒〕을 '성인(聖人)'이라 하고 탁한 술〔濁酒〕을 '현인(賢人)'이라 일컬었던 '청성탁현(淸聖濁賢)'의 고사에서 나온 말이다.

328 군자화 : 군자화(君子花)는 연꽃이다. 송(宋)나라 주돈이(周敦頤)의 〈애련설(愛蓮說)〉의 "나는 국화는 꽃 중의 은자이고, 모란은 꽃 중의 부귀한 자이며, 연꽃은 꽃 중의 군자라고 여긴다.〔予謂菊, 花之隱逸者也, 牡丹, 花之富貴者也, 蓮花之君子者也.〕"라는 말에서 유래하였다.

햇살 아래 어찌나 가녀린지　照日何輕盈
물고기는 향기 속에서 움직이고　魚在香中活
조각배는 연잎 위에서 떠다니네　船從葉上行
형체와 정신이 혼연히 빠져드니　形神渾如化
간과 폐도 응당 맑아지네　肝肺亦應清
상앗대에 기대어 하염없는 생각 일어나니　倚棹凝遐想
서늘한 바람이 소매 가득 생겨나네　泠風滿袖生

이상은 연꽃이 떠 있는 모습을 노래한 것이다.

못 가득 일만 송이 붉은 꽃　滿池紅萬朶
눈앞에 가득하니 아찔하여라　照眼令人迷
하나하나 피어난 모습 서로 비슷하고　箇箇開相似
들쭉날쭉 높이는 고르지 않네　層層高不齊
잠든 모습은 밤이 되면 오므라들고　睡容從夜合
웃음 띤 자태는 누대 아래 나직하네　笑態向樓低
물 저편에서 맑은 향기 일어나니　隔水淸香動
서로 보기만 할 뿐 잡을 수 없구나　相望不可携

이상은 연꽃을 노래한 것이다.

연잎이 물보다 푸르러　荷葉碧於水
무성하게 채색 기둥 둘렀네　童童擁畫楹
연잎 높이 뜨니 비 지난 것을 알겠고　錢高知雨過
연밥 흔들리니 물고기 지나감을 알겠네　珠動覺魚行
오래 앉았으니 혼연히 취한 듯하고　久坐渾如醉

이제 돌아가려니 매번 마음이 가네　　將歸每有情
바람 없어도 향기는 절로 일어나고　　無風香自起
밤 되니 맑은 홍취 가누기 어렵구나　　向夜不勝淸

이상은 연잎을 노래한 것이다.

꽃이 쉬 진다고 애석할 것 없으니　　莫惜花難久
도리어 연밥 많아짐이 사랑스럽네　　還憐子漸多
머리에 인 불정은 어디서 왔는고　　何來戴佛頂
드리워진 벌집이 괴이하여라[329]　　怪底垂蜂窠
승로반[330]은 구슬 같은 연밥을 받쳐들고　　露掌擎珠實
요지에는 옥가지가 벌여 있으리　　瑤池列玉柯
수선은 굶주려도 내려오지 않고　　水仙饑不下
아가씨들 노래에 시름 겨워라　　愁殺女娘歌

이상은 연밥을 노래한 것이다.

밤 깊어 모든 소리 잦아들고　　夜深群籟定
궤안에 기대니 더욱 초연하네　　隱几更翛然

329 머리에……괴이하여라 : 불정(佛頂)은 부처의 정수리, 즉 부처의 머리에 상투처럼 볼록이 솟아 있는 형상을 가리키는 말이다. 불정과 벌집은 연밥이 들어 있는 연방(蓮房)의 모습을 비유한 말이다.

330 승로반(承露盤) : 한(漢)나라 무제(武帝)가 감로(甘露)를 받아서 마시고자 만든 구리로 된 반(盤)이다. 높이는 20장(丈)이고 크기는 7위(圍)며 건장궁(建章宮)에 만들었는데, 위에 선인장(仙人掌)이 있어 이슬을 받아 모으고 여기에 옥(玉)가루를 타서 마시면 오래 산다고 한다. 《漢書 卷25 郊祀志 上》

맑은 못 바라보니 달인 듯하고　　池淨看疑月
높은 난간에 앉으니 배인 듯하네　　欄危坐似船
누대 위 젓대소리에 물고기가 따르고　　魚隨樓上笛
물에 비친 하늘에는 꽃이 거꾸로 피었네　　花倒水中天
우스워라 동파는　　却笑東坡子
하필이면 신선을 끼고 날아가려 하였나[331]　　何須慕挾仙

이상은 밤을 노래한 것이다.

비 갠 뒤에 달빛이 하 많아라　　雨後偏多月
더구나 누대 앞에 못이 있음에랴　　樓前況有池
은하수 별빛이 어지러이 반짝이고　　星河光錯落
주렴 친 누각은 그림자가 들쭉날쭉　　簾閣影參差
불어난 물결에 연꽃 함께 올라오니　　水漲荷俱上
조각배 지나가도 물고기는 모른다네　　船行魚不知
못 가운데로 마름을 따러 가니　　中流採菱去
향기로운 이슬이 촉촉하게 젖어드네　　香露濕淋漓

이상은 달을 노래한 것이다.

살랑이는 실바람 사랑스럽고　　可愛微風捲
비끼는 가랑비 가장 좋구나　　偏宜細雨斜

331 동파는……하였나 : 송나라 소식(蘇軾)의 〈전적벽부(前赤壁賦)〉의 "나는 신선을 끼고 한가로이 놀며 명월을 껴안고 길이 마치고자 한다.〔挾飛仙以遨遊, 抱明月而長終.〕"라는 구절을 인용하여 부용정의 아름다움을 표현한 것이다.

부서지는 구슬은 연잎으로 받고　碎珠承下葉
지는 꽃술은 옆의 꽃에 서리네　落蘂棲傍花
맑고 깨끗하게 아침 안개 머금었고　皎潔含朝靄
분분하게 화려한 저녁놀이 비치네　離披帶晚霞
다시 보니 향과 색 너머로　更看香色外
맑은 운치가 꽃들에서 나오네　淸韻出群葩

이상은 비를 노래한 것이다.

조각배가 밝은 달을 따라　小棹隨明月
이리저리 오가며 물결을 일으키네　沿洄破縠紋
노랫가락은 누대 아래에서 나오고　歌聲樓底出
말소리는 연잎 사이에서 들려오네　人語葉間聞
물에 비치니 붉은 얼굴 부끄럽고　照水羞紅臉
바람에 흔들리니 푸른 치마 잃었네　翻風失翠裙
향기가 피어나는 곳 어디인지 몰라도　不知香起處
저절로 옷소매에 짙게 배었어라　衣袖自氤氳

이상은 연밥을 따는 배를 노래한 것이다.

섬에 들어가니 샛길 이루어졌고　入島曾成蹊
허공을 가로질러 계단이 서 있네　橫空忽起梯
다리의 위아래로 달빛이 비추고　月光橋上下
못의 동서로 꽃 그림자 드리우네　花影水東西
더욱 좋은 것은 누대 위의 풍경이니　更好憑樓望
참으로 손님 이끌어 함께할 만하지　眞堪與客攜

미녀가 물결 위로 사뿐사뿐 걸어가[332] 凌波多細步
옷깃 연하여 함께 부여잡고 오르네 連袂共攀躋

이상은 부향교[333]를 노래한 것이다.

332 미녀가……걸어가 : 이 구절은 위(魏)나라 조식(曹植)의 〈낙신부(洛神賦)〉에서 따온 것이다. 낙수(洛水)의 신녀(神女)인 복비(宓妃)에 대해 노래하는 내용 중에 "물결을 타고 사뿐사뿐 걸으니, 비단 버선에 물방울 튀어 오르네.〔凌波微步, 羅襪生塵.〕"라는 구절이 있다.

333 부향교(浮香橋) : 이에 관한 정확한 내용은 상고하지 못하였다. 다만 부용당은 본래 부용당과 응향각 두 개의 누대가 있었고 건물 사이에 다리가 연결되어 있었다. 부향교는 이 다리를 일컫는 것으로 판단된다. 36쪽 주37 참조.

달밤에 우연히 쓰다

月夜偶題

서성이다 한밤중에 이르니	徘徊到中夜
못가의 누각에서 맑은 기운 배로 생기네	池閣倍生淸
난간에 기대 있자 꽃이 달을 마중하고	倚檻花迎月
거문고 연주할 제 학은 밤 시간을 알려오네	鳴琴鶴報更
하늘이 넓고 환하게 트이니	天容方澒洞
심경은 절로 허명해지는구나	心境自虛明
끝내 시구 지어내기 어려우니	竟是詩難着
신명이 이르면 혹 부질없이 이루리라	神來或漫成

초가을의 갠 날 탁열정에 올라서 벽에 걸린 시에 다시 차운하다

早秋新晴 登濯熱亭 復次壁上韻

냇가의 정자에 새로 비 개니	溪亭新雨捲
물색이 갑절이나 맑고 한가하네	物色倍淸閑
물줄기 떨어져 기이한 바위로 흐르고	水落添奇石
구름이 걷히니 먼 데 산이 드러나네	雲開出遠山
거문고와 술동이는 깊은 골짜기에 있고	琴樽深谷裏
성과 저잣거리는 옅은 안개 속에 있네	城市淡煙間
뉘엿뉘엿 저물녘에 초동의 노래 들려오고	向晩樵歌起
소와 양들도 제각기 돌아가네	牛羊各自還

동쪽 순행을 떠나며 수양산성의 동쪽 장대에 올라 앞의 운을 사용하다

發東巡 登首陽城東將臺 用前韻

견여 타고 절정에 오르니 肩輿上絶頂
땅 위에 놓인 길 희미하여라 盤亙路微分
바윗돌 디디니 메아리 울리고 踏石生空響
수풀 헤치니 구름 기운 일어나네 披林起宿雲
물에 쌓인 섬들은 볼록하고 水環諸島凸
하늘 먼 곳에 일만 산 뻗쳐 있네 天逈萬山奔
바라보면 어찌 그리 광활한가 擧目何寥闊
아득히 기러기 떼 날아가네 蒼茫鴈數群

봉산 태성대야[334]

鳳山 台城大野

맑은 가을날 수레를 움직여	淸秋動征蓋
먼 길 가며 깃발[335]을 높이 드네	長路抗高牙
들판의 곡식들은 황금빛 낟알 여물고	野粟黃金粒
산의 목화는 눈꽃을 피웠네	山緜白雪花
강과 평야에는 아름다운 풍경 많고	川原多氣色
마을은 절로 번화해졌네	村落自繁華
백성 근심 덜었음을 이제야 알겠으니	始覺民憂減
관풍도 또한 자랑할 만하구나	觀風亦可誇

334 봉산 태성대야 : 이계가 황해도 관찰사로 있던 1771년(영조47) 가을 순행 중에 지은 시이다. 가을의 경치와 수확을 앞둔 들판의 넉넉한 풍경을 보고 심정을 읊었다. 태성대야는 재령평야(載寧平野)를 일컫는 것으로 보인다.

335 깃발 : 원문의 '고아(高牙)'는 본래 장수의 깃발인데, 여기서는 관찰사의 깃발을 의미한다.

중추일 황주의 연융당에서 문무의 선비들을 시험 보다[336]

다시 루(樓) 자 운을 쓰다.

中秋日 試文武士于黃州鍊戎堂 夜會節度使李令 漢昌 及安岳倅李令 時中 麟山丞于月波樓 設酌呼中 復用樓字韻

밤에 절도사 이 영공 및 안악 군수 이 영공, 인산 승과 월파루에 모여서 술을 마련하고 호중연을 베풀었다. 절도사 이 영공은 이한창, 안악 군수 이 영공은 이시중이다.

높은 성이 절벽 앞에 있고	高城當絶壁
멋진 모임이 중추절에 열렸네	勝集屬中秋
비껴 흐르는 강물에 달그림자 일렁이고	影動橫江月
한밤중의 누각에선 빛이 생겨나네	明生半夜樓
차려입은 의관에 모두가 준수하고	衣冠多俊彩
옷깃과 띠에는 변방의 계책 장하여라	襟帶壯邊籌
민수(澠水)처럼 넘치는 술[337] 모두 다 마시니	倒盡如澠酒

336 중추일……보다 : 이계가 황해도 관찰사로 있던 1771년(영조47) 가을 순행 중에 지은 시로, 인재가 많음을 기뻐하는 내용이다. 황주에 연융당이라는 명칭은 보이지 않는데, 추측컨대 황주성 동북쪽 장대(將臺) 인근에 있던 연무당(鍊武堂)을 말한 것으로 보인다.

337 민수(澠水)처럼 넘치는 술 : 잔치 자리에 술과 안주가 넉넉하게 많은 것을 비유한 것이다. 민수(澠水)는 제(齊)나라를 흐르는 강의 이름이다. 춘추시대 진 소공(晉昭公)이 제후(齊侯)와 만났을 때, 진(晉)나라 대부(大夫) 중행목자(中行穆子)가 "술은 회수

은하수 이미 북쪽으로 기울었네　　　　星河已北流

(淮水) 같고 고기는 모래섬 같도다.〔有酒如淮, 有肉如坻.〕"라고 말하자, 제후(齊侯)가 "술은 민수(澠水) 같고 고기는 언덕 같다.〔有酒如澠, 有肉如陵.〕"라고 말한 일이 있다. 《春秋左氏傳 昭公 12年》

평산과 해주 일대에 재황이 더욱 심하니 백성들이 모여들어 말을 에워싸고 호소하였다

平海之間災荒尤甚 衆民擁馬呼訴

올해 또한 흉년이라 하니	今歲亦云歉
굶주린 백성들 어찌 이리 많은가	窮民何太稠
분분하게 올린 서장(書狀)들 이르고	紛紛投狀至
곳곳에서 길 막혀 머무르네	處處遮途留
서리 내릴 날 얼마 남지 않았는데	霜下無多日
논과 밭을 보면 가을 같지 않아라	田間不似秋
어찌 알았으랴 한 수레 위에	安知一車上
유독 만백성의 시름이 실려 있음을	獨載萬人愁

정오에 해주 고촌에서 점심밥을 지어 먹다
午炊海州古村

황야 밖으로 수레 몰아 가다가	驅車荒野外
고촌 주변에서 밥을 해먹네	炊飯古村邊
참새는 새로 찧은 절구를 쪼아대고	雀啄新舂臼
소는 반쯤 걷은 밭을 가네	牛耕半刈田
인생살이 한 해 넘기기 어렵고	生涯難卒歲
농사 수확 전년보다 줄었네	收穫減前年
목동들의 근심도 바야흐로 크거니	芻牧憂方大
녹봉 받는 게 부끄럽지 않으랴	能無愧俸錢

감영으로 돌아와 하당에 오르다[338]

還營登荷堂

잠시 부용당을 떠났더니	乍別芙蓉堂
못가의 누대 위에 서리 내렸네	池臺夜有霜
시든 연잎은 푸른빛 반쯤 남았고	敗荷留半綠
텅빈 난간은 남은 향기에 젖었네	虛檻濕餘香
다시 와서 달 구경 못 하리니	不復來看月
유연히 홀로 술잔 드네	悠然獨引觴
내년에 다시 연꽃이 피는 날	明年花發日
어느 곳에서 부용당을 떠올리려나	回想在何方

338 감영으로……오르다 : 이계가 황해도 관찰사로 있던 1771년(영조47) 황해도 동부 지역의 가을 순행을 마치고 돌아와 지은 시이다. 하당(荷堂)은 부용당(芙蓉堂)을 가리킨다.

서쪽 순행에 나서 신천을 향하다

發西巡向信川

말 앞으로 비단 병풍이 펼쳐진 듯하고	馬前開錦屛
깃발 너머에 안개 낀 물가 있네	旂外見煙汀
최공의 사당[339]에는 고목 한 그루 있고	老樹崔公廟
허씨의 정자[340]에는 맑은 못 있네	淸潭許氏亭
시내와 산에는 옛 모습 드러나고	溪山呈舊面
현송[341]에는 남은 향기 피어나네	絃誦挹遺馨
홀(笏)로 턱을 괸 채 먼 곳 생각하며[342]	拄笏生遐想

339 최공의 사당 : 해주에 있는 문헌서원(文獻書院)을 가리킨다. 주세붕(周世鵬)이 1549년(명종4)에 건립하여, 문헌공(文憲公) 최충(崔沖)을 향사하고 최충의 아들 최유선(崔惟善)을 배향하였다.

340 허씨의 정자 : 해주부에서 서쪽으로 10리 거리에 있는 정자로, '허정(許亭)' 혹은 '읍청정(挹淸亭)'이라고 불렸다.

341 현송(絃誦) : 현가(絃歌), 즉 예악에 의한 교화를 의미한다. 공자의 제자인 자유(子游)가 무성(武城)의 읍재(邑宰)가 되어 예악으로 백성들을 다스렸다. 공자가 무성에 갔다가 현가 소리를 듣고 웃으면서 "닭을 잡는 데 어찌 소 잡는 칼을 쓰는가?"라고 말한 고사가 있다. 《論語 陽貨》

342 홀(笏)로……생각하며 : '주홀간산(拄笏看山)'의 고사를 인용하여 세속의 일에 얽매이지 않고 유유자적하고 싶은 뜻을 보인 것이다. 진(晉)나라 왕휘지(王徽之)가 환충(桓沖)의 거기 참군(車騎參軍)으로 있었다. 어느 날 환충이 "경(卿)이 부(府)에 있은 지 오래되었으니 요즘은 사무를 잘 처리하시겠지요?"라고 물었다. 그러나 왕희지는 아무 대꾸 없이 고개를 들고 멀리 바라보다가, 홀(笏)로 턱을 괸 채 "서산에 아침이 오니 상쾌한 기운이 이르네."라고 말한 일에서 유래하였다. 《世說新語 簡傲》

가던 수레 짐짓 멈추네 征車故暫停

빗속에 화산을 출발하며[343]

雨中發花山

부슬부슬 가랑비가 수레에 흩뿌리고 霏霏雨灑車
윙윙 바람은 깃발에서 생겨나네 淅淅風生旗
저 멀리 나무는 흘러가는 듯 같고 遠樹行如飄
날아가는 기러기는 떠 있는 물고기 같네 飛鴻泛似魚
가을철 풍광이 다시 화창해지고 秋光還澹蕩
나그네 행색은 도리어 쓸쓸하여라 行色却蕭疎
교야를 살피며 기이한 구경 더하니 省野添奇賞
새로운 시구가 나를 흥기시키네 新詩正起予

343 빗속에 화산을 출발하며 : 이계가 황해도 관찰사로 있던 1771년(영조47) 황해도 서쪽 지역으로 순행을 하던 중에 지은 시이다. 화산은 신천(信川)의 옛 이름이다.

순일에 구월산에 들어서며[344]

旬日入九月山

기이한 봉우리가 벌써 눈에 들어오고	奇峯已在目
함한 산길은 지극히 구불구불	棧路劇逶迤
산의 푸르름 승려의 등에서 생겨나고	山翠生僧背
가을빛은 길손의 미간에 피어나네	秋光上客眉
석양은 수놓은 비단인 양 빛나고	夕陽明錦繡
폭포는 유리알이 구르는 듯	空瀑轉琉璃
이곳에 신선의 자취 많으니	此地多仙跡
초동들아 장기 구경 말거라[345]	樵童莫看棋

344 순일에 구월산에 들어서며 : 이계가 황해도 관찰사로 있던 1771년(영조47) 황해도 서쪽 지역으로 순행을 하던 중에 지은 시이다. 구월산은 우리나라 4대 명산으로 아사달산(阿斯達山)이라고 일컬어지며, 단군이 도읍을 구월산으로 옮겨 나라를 다스렸다는 이야기가 전한다.

345 초동들아……말거라 : 양(梁)나라 임방(任昉)의 《술이기(述異記)》에, 진(晉)나라 왕질(王質)이 산에서 나무를 하다가 몇 명의 동자(童子)가 바둑을 두며 노래하는 것을 보고 구경하고 있었는데, 얼마 후 동자가 왜 안 가느냐고 하므로 일어서니 도낏자루가 모두 썩어 있었고 산에서 내려와보니 아는 사람들이 모두 죽고 없었다는 이야기가 전한다.

단군의 옛 도읍[346]

檀君故都

우뚝한 아사달	卓立阿斯達
솟아올라 창공에 닿았네	飛騰切太虛
기운 나뉘어 세 성인[347] 나시니	氣分三聖出
근원은 육주[348]를 끌어안았네	根抱六州餘
바다는 청주와 서주[349]의 들판을 막았고	水隔青徐野
하늘은 기성과 미성의 터전[350]에 길게 트였네	天長箕尾墟
정신은 아직도 다하지 않아서	精神猶不盡
천 년 세월 뒤에도 다시금 서려 있네	千載更扶輿

346 단군의 옛 도읍 : 이계가 황해도 관찰사로 있던 1771년(영조47) 황해도 서쪽 지역으로 순행을 하던 중 구월산에 이르러 지은 시이다. 단군의 옛 도읍이라고 한 것은 구월산이 아사달이라는 이야기도 전하고, 또 단군의 자손이 기자(箕子)를 피해 이곳의 장당평(莊莊坪)으로 도읍을 옮겼다는 이야기가 전해지기 때문이다. 《擇里志》

347 세 성인 : 여기서 말한 세 성인은 할아버지 환인(桓因), 아버지 환웅(桓雄), 아들 단군왕검(檀君王儉)을 가리킨다.

348 육주(六州) : 구월산 인근 여섯 고을을 가리키는 것으로 보이나 자세하지 않다.

349 청주와 서주 : 《서경》 〈우공(禹貢)〉에서 중국을 구주(九州)로 나누어 부를 때의 명칭으로 청주(青州)는 지금의 산둥반도 일대를, 서주(徐州)는 산둥의 남부와 강소(江蘇), 안휘(安徽) 북부 일대를 가리킨다.

350 기성과 미성의 터전 : 기성(箕星)과 미성(尾星)은 28수(宿)의 별자리로 중국의 유주(幽州)와 연주(燕州) 일대가 해당되는데, 이곳은 고조선의 옛 영토였다.

상대에 올라[351]

登上臺

부여잡고 올라도 피곤한 줄 모르고	攀援未覺疲
홀로 우뚝하니 아찔하게 위태롭네	孤絶不勝危
굽어봄에 구름은 일천 번 변화하고	俯視雲千變
돌아보니 하늘은 사방으로 드리웠네	回看天四垂
땅은 눈길 이르는 곳에서 다하고	地窮目到處
바람은 신령이 오는 때 불어오네	風動神來時
하늘이 푸르고 푸른 본래의 색인 것을[352]	正色蒼蒼是
허공에 기대고야 비로소 홀로 알았네	憑虛始獨知

351 상대에 올라 : 이계가 황해도 관찰사로 있던 1771년(영조47) 황해도 서쪽 지역으로 순행을 하던 중 구월산에 이르러 지은 시이다. 상대(上臺)의 정확한 위치는 상고하지 못하였다. 구월산의 최고봉은 사왕봉(思王峯, 思皇峯)으로 이곳에서 안악・신천・재령 등의 평야 지대와 평안남도 남포, 서해까지 볼 수 있다고 한다. 참고로《관암전서(冠巖全書)》10책〈구월산기(九月山記)〉에 이계와 관련된 내용이 실려 있다.

352 하늘이……것을 : 이 구절은《장자》〈소요유(逍遙遊)〉의 "하늘이 푸르고 푸른 것은 본래의 제 빛깔인가, 아니면 끝없이 멀고 멀어서일까.〔天之蒼蒼, 其正色邪, 其遠而無所至極邪.〕"라는 구절을 인용한 것이다.

연해 지역에 거듭 기근이 들다

沿海荐饑

수레 멈추고 들판 풍경 바라보니	停車看野色
지는 잎새에 바람 소리도 쓸쓸해라	葉落風颼颼
해안가의 작황은 올해도 흉년이니	近海秋仍歉
곤궁한 백성들 뜻이 불안하네	疲氓志不牢
강제로 빼앗으면 뼈에 사무칠 게요	誅求應到骨
세금 걷으면 터럭도 안 남을 지경일세	賦斂幾無毛
관찰사[353]의 책무에 스스로 부끄러우니	自愧旬宣責
어찌하면 성주의 노고를 풀어드릴 수 있으랴	那寬聖主勞

353 관찰사 : 원문의 '순선(旬宣)'은 《시경》 〈대아(大雅) 강한(江漢)〉에 보이는 '내순내선(來旬來宣)'에서 따온 말로 지방관을 가리킨다. 41쪽 주50 참조.

황화루[354]

皇華樓

풍해도[355]는 서쪽 끝에 있으니 豐海當西極

354 황화루 : 이계가 황해도 관찰사로 있던 1771년(영조47) 황해도 서쪽 지역을 순행하던 중에 지은 시이다. 풍천의 황화루에서 옛일을 회고하며 감회를 읊었다. 황화루는 풍천읍성에 있던 천사관(天使館)으로 보인다. 천사관은 황화관(皇華館)이라고도 하는데 과거 명나라 사신이 이곳에 묵었기 때문에 생긴 이름이다. 한편 동문(東門) 옆에는 황화문(皇華門)이 있는데 명청 교체기 바닷길을 통해 명나라에 사신을 보낼 때 이곳을 거쳐갔으므로 이름한 것이라고 한다. 《豊川邑誌》

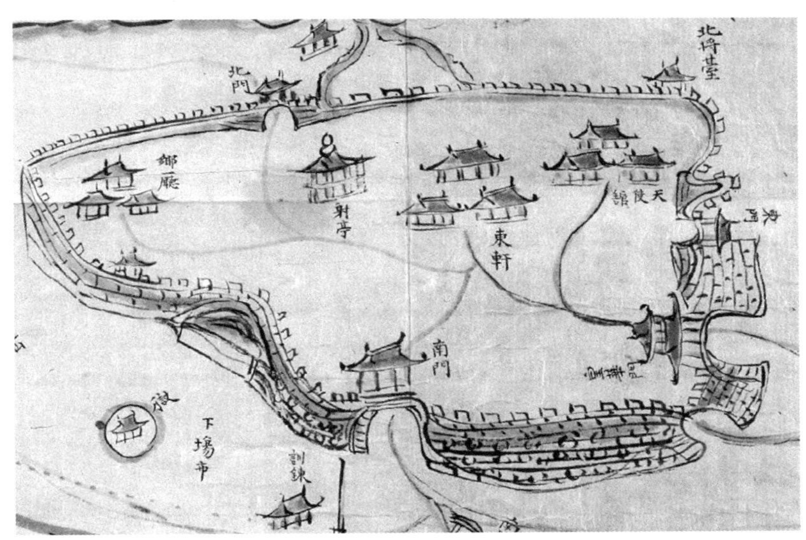

그림 4 〈1872년 지방지도〉 풍천부 지도

355 풍해도(豐海道) : 황해도의 옛 명칭이다. 1395년(태조4) 서해도(西海道)를 고쳐 풍해도라고 하였다가, 1417년(태종17) 다시 황해도로 고쳤다.

유주와 청주[356]가 눈앞에 있네 幽靑在眼前
기자의 봉지가 이곳에서 끝나니[357] 箕封窮此地
별들이 북두성 향한 것 어느 해이던가[358] 星拱是何年
저녁에는 항상 해가 지고 向夕常呑日
엷은 구름은 하늘과 구분되지 않네 微雲難辨天
푸른 물결은 울음을 그치지 않으니 滄波鳴不息
일찍이 조회하는 배 띄웠었지[359] 曾泛朝宗船

356 유주와 청주 : 유주(幽州)와 청주(靑州)는 고대 중국 구주(九州)의 명칭이다. 유주는 중국의 동북쪽으로 지금의 북경 인근 허베이성〔河北省〕 북부와 랴오닝〔遼寧〕 일대를 가리키고, 청주는 지금의 산둥〔山東〕 일대를 가리킨다.

357 기자의……끝나니 : 기자동래설(箕子東來說)에 의하면, 주(周)나라 무왕(武王)이 기자(箕子)를 석방시키자 기자가 조선(朝鮮)으로 갔고 이에 무왕이 기자를 조선에 봉해주었다고 한다. 황해도는 서해와 접해 있고 바다 건너는 중국이므로 기자의 봉지가 끝났다고 표현한 것이다.

358 별들이……해이던가 : 별들이 북극성을 향했다는 것은 《논어》 〈위정(爲政)〉에서 나온 말로, "정사를 덕으로 하는 것은, 비유하자면 북신(北辰)은 가만히 있어도 뭇별들이 향하는 것 같다〔爲政以德, 譬如北辰居其所, 而衆星拱之.〕"라는 내용에서 인용한 것이다. 중국에 한족(漢族)의 나라가 있을 때 우리나라를 비롯한 주변 국가들이 조회하러 간 것을 비유한 말이다.

359 조회하는 배 띄웠었지 : 원문의 '조종(朝宗)'은 온갖 물줄기가 바다로 흘러들어가는 것을 표현하는 말로 《서경》 〈하서(夏書) 우공(禹貢)〉의 "강한(江漢)이 바다에 조종(朝宗)한다."라는 구절에서 나온 말인데, 제후와 백관이 제왕(帝王)을 찾아가서 조회(朝會)하는 것을 의미한다. 이 구절은 요동 지역이 후금(後金)에 의해 막히자 조선의 사신들이 황해도에서 배를 타고 명나라에 간 것을 말한다.

망덕정에서 바다를 바라보며[360]

望德亭觀海

원기가 남김없이 모두 감싸줌은 元氣包無外
천하에서 바다가 으뜸일세 寰中海是宗
뭇 산들 모두 저절로 그치고 群山皆自止
뭇 물줄기는 모두 서로 만나지 衆水盡相逢
해와 달도 때로 쉬며 목욕하고 日月時休沐
강과 하천은 모두 속하여 붙어 있네 江河屬附庸
그 넓이를 누구와 비교하리오 斟量誰可較
오직 큰 뜻 품은 사람일세 惟有大心胸

360 망덕정에서 바다를 바라보며 : 이계가 황해도 관찰사로 있던 1771년(영조47) 황해도 서쪽 지역을 순행할 때 지은 시이다. 망덕정(望德亭)은 풍천의 바닷가에 있던 정자로 추측되나 자세한 것은 상고하지 못하였다.

조천관에서 검무를 보고 주인 정 영공에게 남겨두다[361]

정 영공은 정술조이다

朝天館觀劍舞 留贈主人鄭令 述祚

외로이 황화관[362]에 기대니 獨倚皇華館
술 권하며 만류하는 이 없구나 無人勸酒留
산봉우리에선 해가 넘어가는데 峯頭初餞日
하늘 끝에서 또 가을이 시작되네 天末又徂秋
칼 기운에 별은 바다로 잠기고[363] 劒氣星沉海
파도 소리는 밤에 누대를 흔드네 潮聲夜撼樓
시를 써서 국화의 이슬도 읊조리니 題詩和菊露
그저 변경의 근심만 쏟아낸 것은 아니라오 非直瀉邊愁

361 조천관에서……남겨두다 : 이계가 황해도 관찰사로 있던 1771년(영조47) 황해도 서쪽 지역을 순행하던 중에 풍천에서 지은 시이다. 조천관(朝天館)은 풍천의 천사관(天使館)을 가리키는 것으로 보인다. 199쪽 주354 참조. 정술조(鄭述祚, 1711~?)는 본관은 해주(海州), 자는 효선(孝善)이다. 1750년(영조26) 식년문과에 병과로 급제하였고 지중추부사(知中樞府事)에 이르러 치사하였다. 풍천 부사에 임명된 것은 1770년 3월 18일의 일이다.

362 황화관 : 풍천읍성에 있던 천사관(天使館)을 가리키는 것으로 보인다. 199쪽 주354 참조.

363 칼……잠기고 : 이 구절 역시 검무를 출 때 비치는 검광을 비유한 것으로 보인다. 왕유(王維)의 〈노장행(老將行)〉에 "애오라지 보검을 가지고 성문을 움직이고, 원컨대 연궁을 얻어 천장을 쏘고저.〔聊持寶劍星文動, 願得燕弓射天將.〕"라는 구절이 있다. 성문을 움직인다는 것은 검광을 형용하는 말이다.

장연에 수군영장을 신설하고 순행차 이르러 활쏘기를 시험하여 상을 주니 활을 잘 쏘는 자가 삼백여 인이었다[364]

長淵新設水軍營將 巡到試射行賞 控弦者三百餘人

장연과 수영(水營) 사이에 장산곶이 있는데 매번 수군의 군사훈련 때 익사하는 경우가 많았으므로 장연을 승격시켜 수군영장으로 삼아서 남쪽과 북쪽을 나누어 훈련시킬 것을 계청하였다.

장산의 북쪽을 나누어 주어	割與長山北
우장의 아문을 높이 열었네	高開右將衙
주무[365]는 마치 대비함이 있는 듯하고	綢繆如有待
결습[366]은 고요하여 시끄럽지 않네	決拾靜無譁

364 장연에……인이었다 : 이계가 황해도 관찰사로 있던 1771년(영조47) 새로 설치된 장연(長淵)의 병영에 들러서 활쏘기를 시험한 뒤 지은 시이다. 병영 설치에 관해서는 앞의 132쪽 주234, 135쪽 주240 참조.

365 주무(綢繆) : 환란을 당하지 않도록 미리 조처하여 예방하는 것을 말한다. 《시경(詩經)》 〈빈풍(豳風) 치효(鴟鴞)〉에 "하늘에서 장맛비가 아직 내리지 않을 때에 저 뽕나무 뿌리를 거두어 모아다가 문을 단단히 얽어매두면, 지금 이 백성들이 나를 업신여길 수 있겠는가.〔迨天之未陰雨, 徹彼桑土, 綢繆牖戶, 今此下民, 或敢侮予.〕"라고 하였다.

366 결습(決拾) : 활을 쏠 때 쓰는 도구이며, 여기서는 활 쏘는 것을 가리킨다. 결(決)은 깍지이고 습(拾)은 팔찌이다. 깍지는 엄지에 끼워 활시위를 당길 때 사용하는 것으로 뿔이나 나무 등으로 만든다. 팔찌는 활을 쥐는 팔의 팔뚝에 둘러 감아서 옷소매가 시위에 걸리지 않게 하고 또 팔을 보호하기도 한다.

지난번엔 복사꽃이 비 머금었더니	前度桃含雨
다시 오니 국화꽃이 피어 있네	重來菊戴花
맑은 가을에 바다 보며 흥 일으키니	淸秋觀海興
남은 한은 금사에 있구나[367]	留恨在金沙

367 남은……있구나 : 금사(金沙)는 장산곶의 북쪽 해안사구 지대로 이곳에는 모래로 이루어진 사봉(沙峯, 금사봉)과 금사사(金沙寺)가 있어 풍경이 기이하고 아름답지만, 다른 한편으로는 황당선(荒唐船)이 자주 출몰하는 곳이므로 이에 대한 방비를 금사사에 전담시켜 승장과 승병을 두기도 하였다. 이 구절은 장연 바닷가 해안에 있는 금사진(金沙鎭) 또한 방어를 강화해야 하는데 아직 이루지 못했다는 의미로 보인다.

비를 맞으며 소강으로 가는 도중에 읊다

冒雨向蘇江途吟

순행 나선 지 보름이요	征邁一旬半
시절은 구월 중순이라	流光九月中
가을의 음기는 먼저 비를 보내고	秋陰先送雨
파도의 소식은 절로 바람에서 생기네	潮信自生風
수자리 북은 뿔피리 소리 맞이하고	戍鼓迎行角
관찰사의 수레[368]는 돛단배 좇아 가네	星軒逐去篷
바다 모퉁이에서 성절을 보내니[369]	海隅徂聖節
자주 동쪽으로 고개 돌리네	頻覺首回東

368 관찰사의 수레 : 원문은 '성헌(星軒)'인데, 여기서는 성사(星槎) 즉 임금의 명을 받은 사신의 수레로 보았다. 이계가 관찰사이므로 이렇게 표현한 것이다.

369 성절을 보내니 : 성절(聖節)은 성인(聖人)이나 임금이 태어난 날을 말한다. 순행을 하던 중 영조(英祖)의 생일인 음력 9월 13일을 보내게 되었으므로 이렇게 표현한 것이다.

소강[370]

蘇江

부월 잡고 푸른 바다에 임하니　　仗鉞臨滄海
가을 그림자 만상에 혼연하네　　秋陰萬象渾
하늘이 바다와 이어져 있는 듯하고　　圓空疑有絡
대지는 도리어 뿌리 없이 떠 있는 듯　　厚地却無根
출발하는 곳에선 천 갈래로 나뉘었더니　　發處分千派
돌아갈 때에는 하나의 문으로 모여드네　　歸時會一門
일엽편주로 물결을 헤쳐가자면　　扁舟將破浪
며칠 만에야 근원에 이를런가　　幾日可窮源

370 소강 : 이계가 황해도 관찰사로 있던 1771년(영조47) 가을 황해도 서쪽 지역을 순행할 때 소강(蘇江)에 이르러 지은 시이다. 소강은 소강(所江)이라고도 한다.《신증동국여지승람 卷43 黃海道 甕津縣》《燃藜室記述 卷17 邊圉典故 鎭堡》소강은 연안과 배천, 강화도 북쪽을 지키고 황당선(荒唐船)의 출몰을 조기에 막을 수 있는 요충지로, 숙종 연간에 수영(水營)의 행영(行營)으로 승격되어 수군절도사가 옹진(甕津)의 본영(本營)과 소강의 행영에 6개월씩 머물렀다.

밤에 선위당에 머물며 비바람 소리를 듣다[371]

夜宿宣威堂 聞風雨聲

가을 든 강가의 성에 딱따기 울리고	江城秋擊柝
한밤중 비 내리는 강에 우레가 울리네	江雨夜鳴雷
바람은 텅 빈 곳에서 불어오고	風自虛中起
소리는 부딪히는 곳에서 들려오네	聲從激處來
베갯머리에서는 용이 울부짖는 듯	枕邊龍欲吼
구름 밖에서는 기러기들이 슬피 우네	雲外鴈俱哀
서글피 바라봄에 연제[372]가 가까우니	悵望燕齊近
소리 높이 노래함에 뜻을 가누지 못하겠네	高歌意不裁

371 밤에……듣다 : 이계가 황해도 관찰사로 있던 1771년(영조47) 가을 황해도 서쪽 지역을 순행할 때 소강에서 지은 시이다. 선위당(宣威堂)은 소강 행영(行營) 안에 있는 누각이다.

372 연제(燕齊) : 전국시대의 연(燕)나라와 제(齊)나라로 지금의 허베이〔河北〕 산둥〔山東〕 일대를 가리키는데, 여기서는 중국의 의미로 사용되었다.

달빛 아래 세검루에 올라[373]

乘月登洗劍樓

보검을 차고 가을 물에 임하니	寶劍臨秋水
높은 누대 반공에 우뚝하네	危樓倚半天
수자리 연기는 천 길이나 곧게 피어오르고	戍煙千丈直
산 위에 뜬 달은 구 푼쯤 둥글구나	山月九分圓
실컷 마시기엔 오늘 저녁이 그만이니	痛飮須今夕
소리 높이 노래하며 늙음을 애석해하네	高歌惜暮年
시절이 태평하니 조두[374]가 놓여 있고	時平臥刁斗
성 아래에는 고깃배 매어 있네	城下繫漁船

373 달빛……올라 : 이계가 황해도 관찰사로 있던 1771년(영조47) 가을 황해도 서쪽 지역을 순행하던 중 소강 행영의 세검루에서 지은 시이다. 154쪽 주278 참조.

374 조두(刁斗) : 군대에서 사용하던 기구이다. 자루가 달린 넓적한 냄비 같은 형태로, 낮에는 음식을 만들고 밤에는 이것을 두들기며 경계하는 용도로 사용하였다.

수사 이 영공, 인산 승과 더불어 만하정 아래에서 배를 띄우다[375] 이 영공은 이성묵이다

與水伯李令 性默 麟丞 泛舟挽河亭下

바다가 넓으니 몸 더욱 작아지고	海闊身逾小
배 지나감에 하늘 다시 낮아지네	船行天更低
토호[376]는 응당 아래에 있으려니와	兎毫應在下
큰 바다는 도리어 서쪽 없어라	鰲背却無西
한 치 땅도 우리나라가 아니요	寸地非吾土
한 줄기 연기 또한 중국이라네	孤煙亦是齊
기러기는 구름 사이로 날아가고	飛鴻雲際去
저 멀리 바라보니 생각이 아득해지네	極目意都迷

375 수사……띄우다 : 이계가 황해도 관찰사로 있던 1771년(영조47) 가을 황해도 서쪽 지역을 순행할 때 소강 행영(行營)에서 지은 시이다. 《이계선생삼편전서》에는 2수가 있는데 본집에 수록된 것은 두 번째 수이다. 이성묵(李性默)은 영조의 후궁이자 사도세자(思悼世子)의 생모인 영빈(暎嬪) 이씨의 본가(本家) 후손으로 경상우도 병마절도사(慶尙右道兵馬節度使)·경기 병사(京畿兵使)·황해 병사(黃海兵使) 등을 지냈다.《日省錄 正祖 6年 3月 17日, 12月 3日; 10年 11月 18日》 인산 승은 한덕후(韓德厚)이다. 한덕후에 대해서는 83쪽 주122 참조.

376 토호(兎毫) : 본래 붓의 의미로 사용되나 여기서는 어떠한 의미인지 자세하지 않다.

군자루[377] 밤에 인산 승을 불러 달을 감상하며 거문고를 들었다
君子樓 夜邀麟丞 賞月聽琴

이 누대도 또한 아름다우니	玆樓亦云好
물가에 임하여 흉금을 펼칠 수 있네	臨水可開襟
달빛은 창날에 차갑게 비치고	月色寒侵戟
파도 소리는 밤의 거문고 소리와 어울리네	潮聲夜度琴
오늘 저녁의 술자리는 다시 하기 어려우니	難逢今夕飮
늘그막의 마음으로 서로를 마주하네	相對暮年心
내일이면 이별하리니	來日當分袂
한바탕 읊조림을 어찌 사양하리오	寧辭一放吟

377 군자루 : 이계가 황해도 관찰사로 있던 1771년(영조47) 가을 황해도 서쪽 지역을 순행할 때 지은 시이다. 군자루(君子樓)는 옹진(甕津)의 수군절도사 본영(本營)에 있는 누각의 이름이다. 인산 승은 한덕후(韓德厚)이다. 83쪽 주122 참조.

돌아오는 길에[378] 인산 승에게 작별하며 주다

歸路 贈別麟山丞

당후[379]에서 얼굴을 알게 되었고 識面從堂后
시론을 펼친 것이 해서에 가득하네 論詩滿海西
벼슬은 청한하여 인산의 한 모퉁이에서 官淸麟一角
재주를 못 펴고 일천 필 말 다스리네[380] 才屈馬千蹄
단악의 구름 사이에서 술 마시고 檀嶽雲間飮
소호의 달빛 아래 두 손 잡았지[381] 蘇湖月下携
이별 앞두고 가을빛 드리고자 臨分贈秋色
붉은 낙엽에 그대 위한 시 쓰네 紅葉爲君題

378 돌아오는 길에 : 이계가 황해도 관찰사로 있던 1771년(영조47) 가을 황해도 서쪽 순행을 마치고 옹진에서 해주로 귀환할 때 인산 승(麟山丞) 한덕후(韓德厚)에게 써준 전별시이다.

379 당후(堂后) : 승정원 주서(承政院注書) 혹은 그들의 집무실을 말한다. 주서의 집무실이 승정원 뒤쪽에 있었기 때문에 이렇게 일컬은 것이다.

380 벼슬은……다스리네 : 한덕후가 당시 인산 승(麟山丞), 즉 기린 찰방(麒麟察訪)으로 있었기 때문에 이렇게 표현한 것이다.

381 단악의……잡았지 : 단악(檀嶽)은 황해도 구월산(九月山)을 가리키는데 이곳에 단군의 유적이 많이 남아 있다. 소호(蘇湖)는 소강 행영(行營) 인근의 바다 어귀를 가리킨다. 이계가 순행을 하면서 지나간 곳으로 인산 승 역시 이계를 수행하여 함께 다녔기 때문에 이렇게 표현한 것이다.

기망일 달빛 아래 연꽃 핀 못에 배를 띄우고

既望夜 泛月荷池

맑은 이슬 내린 가을에 국화꽃 피어나니　　玉露秋生菊
술동이를 달밤의 못에 띄우네　　金樽夜泛池
하늘은 누각 따라 함께 돌고　　天隨樓共轉
구름은 달과 함께 달려가네　　雲與月俱馳
젓대를 부니 소리가 서로 이끌리고　　弄笛聲相引
다리를 지나니 그림자 더욱 기이하네　　穿橋影更奇
한가한 틈에 그런대로 회포를 푸니　　偸閑聊遣興
도리어 외인들이 알까 근심하네　　却恐外人知

거듭 석담서원을 배알하며 식당을 설치하고 《대학》과 《격몽요결》을 강하다

重謁潭院設食堂 講大學擊蒙要訣

오도가 이제 동쪽으로 왔으니[382]	吾道今東矣
남은 사당 여전히 우뚝하네	遺祠尙巋然
거듭 단상에 올라 강론하니	重攀壇上講
책 속의 현인을 마주하는 듯하네	如對卷中賢
봉황은 천 길이나 높이 날고	翔鳳高千仞
네모진 못은 한 하늘이 담겨 있네[383]	方塘湛一天
백 년토록 뜻 이을[384] 곳 열렸으니	百年開繼志

382 오도가……왔으니 : 오도(吾道)는 유학의 도(道)를 말하는 것으로 《논어》 〈이인(里仁)〉에서 공자가 "우리의 도는 하나로 관통한다.〔吾道, 一以貫之.〕"라고 한 말에서 유래하였다. 이 구절은 율곡 이이(李珥)가 성리학을 배워 대성(大成)했다는 것을 의미하는데, 후한(後漢)의 마융(馬融)이 자신의 제자인 정현(鄭玄)을 돌려보내면서 "우리의 도가 이제 동쪽으로 옮겨 가게 되었구나.〔吾道東矣.〕"라고 말한 고사를 인용한 것이다. 《後漢書 卷35 鄭玄列傳》

383 네모진……있네 : 네모진 못이란 마음을 뜻한다. 이 구절은 주희(朱熹)의 시 〈관서유감(觀書有感)〉에서 따온 것이다. "반 이랑 네모진 못이 거울처럼 열리니, 하늘빛과 구름 그림자가 함께 배회하네. 묻노니 어찌 이리 맑은가, 근원에 활수가 있기 때문이라네.〔半畝方塘一鑑開, 天光雲影共徘徊. 問渠那得清如許, 謂有源頭活水來.〕"

384 뜻 이을 : 원문의 '계지(繼志)'는 '계지술사(繼志述事)'로 선조의 뜻과 사업을 잘 계승하여 따라 하는 것을 의미하는데, 여기서는 후학들이 율곡의 뜻을 잘 계승하는 것을 가리키는 말로 쓰였다.

심법[385]은 다시 누가 전해 받을까　　心法更誰傳

385 심법(心法) : 스승과 제자 사이에 전해지는 심득(心得)과 그 방법을 의미한다. 《중용장구》 1장에 "이 책은 바로 공자의 문호에서 전해지는 심법이다.〔此篇, 乃孔門傳授心法.〕"라는 정이(程頤)의 말이 있다.

투인담[386]

投印潭

고려 때 목사(牧使) 최영유(崔永濡)가 홍건적의 난을 당하자 피로 바위에 글씨를 쓴 뒤 관인(官印)을 못에 던지고 죽었으며 기르던 개도 주인을 따라 죽었다. 후세 사람들이 비석을 세워 그 일을 기록하였다.

최 지주의 모습을 그려보니	想像崔知州
붉은 충심으로 푸른 물결에 달려갔네	丹心赴碧流
개도 주인을 따라 함께 장렬하고	犬隨人共烈
몸을 인장과 함께 던져버렸네	身與印俱投
성난 폭포에는 꽃다운 넋이 있고	怒瀑英魂在
그늘진 절벽에는 피로 쓴 글씨 남았네	陰崖血字留
낡은 비석에 눈물 흘릴 만하니[387]	殘碑堪墮淚

386 투인담 : 이계가 황해도 관찰사로 있던 1771년(영조47)에 지은 시이다. 투인담(投印潭)은 관인(官印)을 던진 못이라는 뜻이다. 고려 말 홍건적(紅巾賊)이 쳐들어오자 해주 목사 최영유가 수양산성(首陽山城)을 지켰으나 성이 함락되자 탈출하였다. 휴암(鵂巖)에 이르러 인수(印綬)를 풀어 바위 아래 못에 던지고 손가락을 깨물어 바위 위에 글자를 써서 장소를 표시한 뒤 물에 뛰어들었고, 공생(貢生) 한 사람과 최영유가 기르던 개가 함께 따라 죽었다고 전해진다.《順菴集 雜著 橡軒隨筆下》

387 낡은……만하니 : 이는 타루비(墮淚碑)의 고사를 인용한 것이다. 진(晉)나라 때 양호(羊祜)가 양양(襄陽)을 다스리면서 인정(仁情)을 베풀었다. 그가 죽은 뒤 백성들이 그를 추모하여 현산(峴山)에 비석을 세웠는데, 이 비석을 보는 사람은 누구나 눈물을 흘렸으므로 타루비라고 불렀다.《晉書 卷34 羊祜列傳》

하물며 지사가 가을을 슬퍼함을 만났음에랴[388] 志士況悲秋

388 하물며……만났음에랴 : 가을에 떠올린 의로운 선비의 죽음을 〈비추부(悲秋賦)〉에 빗대어 표현한 구절이다. 초(楚)나라 송옥(宋玉)이 굴원(屈原)의 추방을 가엾게 여겨 지은 〈구변(九辯)〉의 첫머리는 "슬프다 가을의 기운이여〔悲哉, 秋之爲氣也.〕"라는 말로 시작하므로 이 부(賦)를 〈비추부〉라고 일컫기도 한다.

신광사[389] 2수
神光寺 二首

원(元)나라 순제(順帝)가 태자였을 때 대청도에 유배를 당하였다. 꿈에 해주에 갔다가 우거진 수풀 사이에서 금불상을 보았는데 금불상이 앞일을 이야기해주었다. 제위에 오른 뒤 사신을 보내 이 절을 세웠다고 한다.

어느 해이던가 원나라 태자가	何年元太子
꿈에 감응한 일 기이하기도 하구나	感夢事頗奇
석탑은 승려의 사리를 품었고	石塔藏僧骨
황금빛은 부처의 미간에서 나오네	金光放佛眉
오자의 그림[390]은 날아오를 듯	飛騰吳子畫
나옹의 숟가락[391]은 허황되어라	荒詭懶翁匙

389 신광사 : 이계가 황해도 관찰사로 있던 1771년(영조47) 가을에 지은 시이다. 신광사(神光寺)는 원 순제(元順帝)의 원찰(願刹)로써 1342년(至正2)에 태감(太監)과 장인(匠人)을 보내어 중건하였다.《新增東國輿地勝覽 卷43 黃海道 海州牧》 순제는 원나라의 마지막 황제이다. 본래 명종(明宗)의 맏아들인데 명종이 문종(文宗)에게 독살되자 1330년 고려(高麗)의 대청도(大青島)로 추방당하고 1년 후 다시 광서(廣西) 정강(靜江)으로 옮겨졌다가 훗날 결국 제위에 올랐다. 대청도에 있을 때 부처의 도움을 받았다 하여 신광사에 많은 재물을 내리고 원찰로 삼았다고 한다.

390 오자의 그림 : 오자(吳子)는 당(唐)나라 때의 유명한 화가인 오도현(吳道玄)이다. 그는 산수(山水)와 불상(佛像)에 독보적인 경지를 보여주었다고 한다. 신광사에 관한 이야기이므로 오도현을 인용한 것으로 보인다.

겁화의 불길[392]에도 무사했으니 灰刼猶無恙
산신령이 잘 수호하였네 山靈善護持

오래된 벽에서는 일천 부처를 보고 古壁看千佛
높은 창으로는 일만 봉우리를 마주하네 高窓對萬峯
단풍 든 기슭에 술동이 열리고 樽開紅樹岸
석양 속 종소리에 밥을 차리네 飯及夕陽鐘
낙엽은 바람에 서로 부딪히고 落葉風相擊
폭포는 한밤에도 쏟아지네 飛泉夜自舂
나귀 타고 동구를 나가다가 騎驢還出洞
고개를 돌리니 흰 구름이 에워쌌네 回首白雲封

391 나옹의 숟가락 : 나옹(懶翁)은 고려 말의 승려 혜근(慧勤)이다. 해주 신광사에는 나옹의 수저와 나옹이 심은 나무 등이 남아있다고 한다. 1677년(숙종3) 신광사에 불이 났는데, 나옹의 가사와 숟가락 등은 불에 타지 않고 무사히 남았다는 이야기가 전한다.

392 겁화의 불길 : 원문은 '회겁(灰刼)'은 겁회(刼灰) 즉 '겁화(刼火)의 재'라는 의미로 재앙을 의미하는데, 여기서는 1677년 신광사에 화재가 발생하여 모두 타버린 것을 말한다. 참고로 신광사는 여러 차례의 전란을 겪었으며 나옹이 머물던 1361년(공민왕10) 홍건적이 침입했을 때 나옹이 그들을 맞이하자 홍건적들이 도리어 침향(沈香)을 바치고 물러갔다고 한다.

돌아오는 진주사의 영접을 위해 황주로 향하다[393]

以回還陳奏使迎候 發向黃州

가을의 끝자락에 또다시 행역을 나서니 秋盡猶行役
산하의 기운은 더욱 맑구나 山河氣更淸
오늘 아침 서리는 눈인 듯하고 今朝霜似雪
이 밤의 달은 더욱 밝구나 是夜月生明
떨어지는 잎새에 차가운 강물 급히 흐르고 木落寒江急
낮게 드리운 하늘에 저녁 봉우리 비끼네 天低暮岫橫
연경 사신의 소식이 가까워지니 燕槎消息近
어느 곳에서 술잔 들고 환영할까 何處把盃迎

393 돌아오는……향하다 : 이계가 황해도 관찰사로 있던 1771년(영조47) 가을, 임무를 마치고 돌아오는 진주사 일행의 영접을 위해 황주로 가면서 지은 시이다. 종계변무(宗系辨誣)를 위한 진주사로 정사(正使) 김상철(金尙喆), 부사(副使) 윤동섬(尹東暹), 서장관(書狀官) 심이지(沈頤之)이다. 이에 관해서는 170쪽 주306, 171쪽 주309, 주310 참조.

달밤에 목사 이구지, 해주 판관과 함께 죽루에 올라[394]

이구지는 이영배이다 월파루 시의 운자를 사용하였다

月夜 同牧使李久之 永培 海判登竹樓 用月波樓韻

또다시 황주의 밥을 먹고	又喫黃州飯
거듭 가을 든 적벽[395]에 왔네	重來赤壁秋
이 년 동안 세 번 행차한 곳	二年三駐節
천 리 떨어진 육의루였지[396]	千里六宜樓

394 달밤에……올라 : 이계가 황해도 관찰사로 있던 1771년(영조47) 귀환하는 진주사의 영접을 위해 황주에 머물 때 지은 시이다. 이영배(李永培)는 자가 구지(久之)로, 1753년(영조29) 장녕전 참봉(長寧殿參奉)에 제수되고 여러 관직을 거쳐 1771년 4월 21일 황주 목사에 제수되었다. 당시 해주 판관은 이준영(李俊永)으로, 1757년(영조33) 음직(蔭職)으로 장릉 참봉(長陵參奉)에 제수되고 1770년(영조46)에 해주 판관이 되었다가 이듬해 체직되었다. 월파루(月波樓)는 황주성의 동문과 남문 사이의 성벽 위에 있다. 죽루(竹樓)는 관아의 동헌 뒤에 있고 짚으로 이은 한 칸짜리 집이다. 대나무로 서까래와 난간을 만들고 그 외 도리와 기둥도 나무를 깎아서 대나무 형상으로 만들었다고 한다. 《性潭集 卷26 判官李公墓表》《薊山紀程 癸亥 10月 29日》 이계가 말한 '월파루 시'는 43쪽에 수록된 〈월파루에서 검무를 보고 현판의 시에 차운하다〔月波樓觀劍舞用板上韻〕〉으로 보인다.

395 적벽(赤壁) : 황주읍성의 동쪽 강가에 있는 절벽이다. 명나라 사신 주지번(朱之蕃)이 쓴 '황강적벽(黃岡赤壁)' 네 자가 있고 이 위에 월파루가 있다. 월파루는 승선루(昇仙樓)라고도 불렸다.

396 천 리……육의루였지 : 육의루는 황주에 있는 누대로 보이나 상고하지 못하였고 이 구절의 의미도 자세하지 않다. 《북관읍지(北關邑誌)》〈경성부읍지(鏡城府邑誌) 아사(衙舍)〉에 관찰사(觀察使) 조기영(趙冀永)의 〈피금각 중건기(披襟閣重建記)〉가 있는데, 피금각을 중건하게 된 경위와 모습을 서술하면서 "황주의 육의루는 너무 지나치지

거문고 소리는 바람 소리로 변화하고	琴化風中韻
술잔은 달빛 아래 산가지를 전하는 듯하네[397]	盃傳月下籌
난간에 기대니 시구절 이루어지려는데	憑欄詩欲就
주렴 모퉁이로 반딧불 두어 마리 날아가네	簾角數螢流

않은가.〔黃州之六宜樓, 無已太溢.〕"라고 말한 부분이 있다. 이로 미루어 본다면 육의루 또한 널리 알려진 정자였던 것으로 보인다.

397 술잔은……듯하네 : 옛사람들은 술을 마실 때 숫자를 헤아리고자 산가지를 이용하였다고 한다. 백거이(白居易)의 시 〈동이십일취억원구(同李十一醉憶元九)〉에 "꽃 필 무렵 함께 취해 봄 시름 달랬으니, 취하면 꽃가지 꺾어 술잔 세는 산가지로 삼았네.〔花時同醉破春愁, 醉折花枝當酒籌.〕"라는 구절이 있다. 《白氏長慶集 卷14》

달밤에 남강에서 뱃놀이를 하다[398] 야간 훈련의 제도를 모방하여 화희를 베풀었다
夜泛南江 倣夜操之制 設火嬉

성 위에 일만 횃불 늘어세우니 城頭列萬炬
천지가 온통 붉어지네 天地爲之紅
불빛은 구름 사이 달빛을 가리고 光掩雲間月
빛살은 물 아래에 무지개를 드리우네 芒垂水底虹
대포 소리는 돌을 쪼개는 듯하고 砲聲如抉石
불기운에 절로 바람 이네 火氣自生風
비록 승평의 즐거움을 누리더라도 縱寓昇平樂
모름지기 조련의 공효를 알아야만 하리라 須知操練功

398 달밤에……하다 : 이계가 황해도 관찰사로 있던 1771년(영조47) 늦가을, 진주사를 맞이하기 위해 황주에 갔을 때 지은 시이다. 남강(南江)에서 야간 훈련의 제도를 모방하여 행한 뒤 훈련의 중요성을 강조하였다. 《병학지남(兵學指南)》 〈야조정식(夜操程式)〉에 의하면 야간 훈련은 아홉 가지 절차로 이루어진다. 1. 주습(晝習), 2. 안영(安營), 3. 야호(夜號), 4. 연등(燃燈), 5. 발방야순(發放夜巡), 6. 기경전전(起更傳箭), 7. 우경(遇警), 8. 명영암사(明營暗徙), 9. 수영(收營)인데, 이 시에서 언급된 것은 연등과 발방야순이다.

남강의 달밤에 배를 띄우다[399] 다시 누자 운을 쓰다

泛月南江 復用樓字

지금 황주의 적벽에서　　赤壁今黃州
다시 배 띄우니 늦가을이로다　　三秋再泛舟
옛사람은 볼 수 없어도　　古人不可見
좋은 밤에 다시 맑은 유람 할 수 있네[400]　　良夜復淸遊
물 빠지니 고기는 골짜기로 돌아가고　　水落魚歸壑
산 높으니 달은 누각에 머무네　　山高月在樓
비록 소동파의 부[401]는 없으나　　縱無蘇子賦
피리와 북소리 또한 풍류가 넘치네　　簫鼓亦風流

399 남강의……띄우다 : 이계가 황해도 관찰사로 있던 1771년(영조47) 늦가을에 지은 시로, 달밤에 황주 남강(南江)을 유람하고 감흥을 읊었다. 황주는 소동파(蘇東坡)의 〈적벽부(赤壁賦)〉로 유명한 중국 호북성(湖北省)의 황주와 이름이 같고 또 적벽이라는 지명도 동일하므로, 이계는 이 점에 착안하여 흥취를 의탁하였다.

400 옛사람은……있네 : 이는 소동파의 〈적벽부〉에서 차용한 것이다. 〈전적벽부(前赤壁賦)〉에 "조조(曹操)나 주유(周瑜) 같은 한 시대의 영웅들이 지금은 어디있는가."라고 묻고 "강(江)에 부는 맑은 바람과 산 위에 뜨는 밝은 달은 그대와 내가 함께 누릴 수 있는 바이다."라고 말하며 기뻐하는 내용이 있다.

401 소동파의 부 : 〈적벽부〉이다. 1082년 소동파가 호북성(湖北省) 황주(黃州)로 유배 갔을 때, 성 밖에 있는 적벽(赤壁)을 유람하며 지은 것이다. 7월에 지은 것은 〈전적벽부(前赤壁賦)〉, 10월에 지은 것은 〈후적벽부(後赤壁賦)〉이다.

검수관에서 조정으로 귀환하는 정사와 작별하다[402]

劍水館 奉別上价還朝

매미 우는 계절[403]에 정패[404]가 떠나더니 征旆鳴蜩節
기러기 손님 오는 때[405]에 수레 타고 오셨네 歸車賓鴈天
지극한 정성으로 다른 풍속을 감화시키니 純誠感殊俗
올해에 다시 나라를 빛냈도다[406] 光國又今年

402 검수관에서……작별하다 : 이계가 황해도 관찰사로 있던 1771년(영조47) 늦가을에 지은 시이다. 귀국하는 진주사 일행을 황주에서 맞이하여 검수관까지 동행한 뒤 작별하며 지은 시이다. 검수관은 검수참(劍水站)이라고도 하는데 황해도 봉산(鳳山)과 서흥(瑞興) 사이에 있는 역참이다.

403 매미 우는 계절 : 원문의 '명조절(鳴蜩節)'은 말매미가 우는 계절이란 말로 음력 5월을 가리킨다. 당시 진주사 일행이 한양의 모화관(慕華館)에서 배표(拜表)하고 출발한 것이 음력 5월 27일이었으므로 이렇게 표현한 것이다. 《시경》〈빈풍(豳風) 칠월(七月)〉에 "4월에는 아기풀이 패며, 5월에는 말매미가 운다.〔四月秀葽, 五月鳴蜩.〕"라는 구절이 있다.

404 정패(征旆) : 관찰사나 수령의 의장(儀仗)을 가리키는데, 여기서는 임금의 명을 받은 사신의 의장을 의미한다.

405 기러기……때 : 《예기》〈월령(月令)〉에 "9월에는 해가 방(房)에 있고……기러기가 손님으로 온다.〔季秋之月, 日在房……鴻鴈來賓.〕"라는 내용이 있고, 그 주석에 "기러기는 북쪽이 고향이므로 중국에 오는 것이 마치 객지에 오는 손님과 같다고 한 것이다."라고 하였다. 진주사 일행이 북경에 갔다가 돌아온 때가 9월이므로 이렇게 표현한 것이다. 참고로 당시 진주사 정사 김상철이 영조에게 복명한 것이 10월 13일이므로 황주에서 이계를 만난 것은 9월 하순 무렵이었을 것으로 보인다.

406 올해에……빛냈도다 : 종계변무(宗系辨誣)를 위해서 청나라에 다녀왔고, 청나라로부터 문제가 된 서적의 내용을 삭제하겠다는 답변을 받았기 때문에 이렇게 말한

길손의 옷깃은 가을빛 속에서 나뉘고　客袂分秋色
신선의 뗏목은 해를 향해 가네[407]　仙槎向日邊
역참에서 함께 술잔을 드니　郵亭同把酒
산에 뜬 달이 송별연 자리를 비추네　山月照離筵

것이다.

407 신선의……가네 : 일반적으로 사행(使行)을 선사(仙槎)라 하여 뗏목을 타고 은하수로 가는 것에 비유한다. 한(漢)나라 때 장건(張騫)이 대하국(大夏國)에 사신으로 갔다가 뗏목을 타고 황하(黃河)의 근원을 거슬러 올라가 은하수에 이르렀다는 전설에서 유래하였다. 해를 향해 간다는 것은 진주사 일행이 임금이 있는 한양으로 돌아가는 것을 비유한 말이다.

검수관에 머물러 있다가 감영으로 돌아오면서 다시 양마동에 묵다[408]

自劍水落後還營 復宿養馬洞

용천관에서 손님을 보내고[409]	送客龍泉上
검수관에서 수레를 돌리네[410]	回車劍水間
나그네는 해를 따라 들어가고	行人隨日入
나는 새는 안개 띠고 돌아오네	飛鳥帶煙還
이곳에서 일찍이 세 번을 묵었는데	此地曾三宿
오늘 밤에야 비로소 조금 한가하구나	今宵得少閑
뿔피리 소리에 새벽잠 깨어 보니	角聲驚曉夢
초승달이 앞산 위에 떠 있네	微月在前山

408 검수관에……묵다 : 이계가 황해도 관찰사로 있던 1771년(영조47) 늦가을에 지은 시로, 진주사 일행을 한양으로 보내고 해주 감영으로 돌아오면서 지은 시이다.

409 용천관에서 손님을 보내고 : 용천관(龍泉館)은 황해도 서흥도호부(瑞興都護府) 용천역(龍泉驛)에 있는 관원(館院)이다. 진주사 일행이 청나라로 갈 때 용천관까지 동행한 뒤 헤어졌기 때문에 이렇게 말한 것이다.

410 검수관에서 수레를 돌리네 : 검수관(劍水館)은 봉산(鳳山)과 서흥(瑞興) 사이에 있는 역참이다. 진주사 일행이 돌아올 때 황주에서 마중하여 봉산 검수관까지 동행하였기 때문에 이렇게 언급한 것이다. 224쪽 주402 참조.

파직된 뒤 통판 및 세 찰방과 함께 다시 탁열정에 오르다[411]

罷官後 與通判及三察訪 復登濯熱亭

물가에 임하여 이별하게 되었으니　臨水仍成別
이번 행차가 가장 한가롭구나　今行最覺閑
이 년의 관찰사 생활　二年觀察使
천 리 떨어진 수양산이었지　千里首陽山
눈빛은 노랫가락 속에 들어 있고　雪色歌吟裏
새소리는 가고 머무는 사이에 있네　禽聲去住間
풍류가 아직도 다하지 않았으니　風流猶未盡
취하지 않으면 정히 돌아가지 못하리라　不醉定無還

411 파직된……오르다 : 이계가 1771년(영조47) 초겨울, 파직되었다는 소식을 접하고 지은 시이다. 이해 10월 20일 사간(司諫) 이홍직(李弘稷)은 이계가 주색(酒色)에 빠졌으니 파직하라는 내용의 상소를 올렸다. 그런데 사신(史臣)의 논평을 보면, "이홍직이 재상의 응견(鷹犬)이 되어 다른 사람을 탄핵하는 것을 능사(能事)로 삼았고, 이계에 관한 상소도 관규(官規)에서 나온 것이 아니다."라고 하였다.

감영을 떠나 동쪽으로 돌아오며 2수

離營東還 二首

시위소찬[412] 이미 부끄러운데　素餐吾已愧

백간[413]이 어찌 까닭이 없겠나　白簡豈無緣

보정한 지 석 달 남짓 되었고[414]　報政餘三月

분우[415]한 지 이제 겨우 이 년 일세　分憂只二年

천사만종[416]도 해진 신처럼 가벼이 버리고　駟鍾輕弊屣

412 시위소찬(尸位素餐) : 관리가 덕이나 공로가 없어 직책을 다하지 못하면서 자리만 차지하고 녹(祿)을 받아먹는 것을 비유하는 말이다. 《한서(漢書)》 권67 〈주운전(朱雲傳)〉에 보인다.

413 백간(白簡) : 관리를 탄핵하는 상주문(上奏文)으로, 어사(御史)가 백관(百官)을 탄핵할 때 흰 대쪽에다 글을 적은 데에서 유래한 말이다. 진(晉)나라 때 부현(傅玄)이 어사중승(御史中丞)이 되었을 때, 탄핵할 일이 있는데 날이 저물면 백간을 쥐고 옷깃을 여민 채 밤을 새며 날이 밝기를 기다렸으므로 사람들이 모두 두려워하였다는 고사가 있다. 《晉書 卷47 傅玄傳》 이계가 이홍직의 탄핵을 받고 스스로를 허물한 말이다.

414 보정한……되었고 : 보정(報政)은 지방관이 임기를 마친 뒤 조정으로 돌아가서 자신의 치적(治積)을 왕에게 보고하는 것을 말한다. 주공(周公)의 아들 백금(伯禽)이 노(魯)나라에 봉해진 뒤 3년 만에 주공에게 정사를 보고하였다. 주공이 "왜 이리 늦었느냐?"라고 묻자, 백금이 "풍속을 변화시키고 예법을 개혁하였으며 3년 뒤에 상복을 벗도록 하였습니다. 그래서 늦었습니다."라고 한 고사에서 유래한 말이다. 《史記 卷33 魯周公世家》 이계는 9월 말경에 황해도의 재실분등장계(災實分等狀啓)를 올린 일이 있다. 보정한 지 석 달 되었다는 것은 이 일을 가리키는 것으로 보인다. 《承政院日記 英祖47年 10月 4日》

415 분우(分憂) : 임금의 근심을 나누어 분담한다는 말로, 지방을 맡아 다스리는 지방관을 뜻한다. 여기서는 이계가 황해도 관찰사가 된 것을 말한다.

구름과 새만이 돌아가는 배를 짝하네　雲鳥伴歸船
오로지 하당[417]의 달만은　獨有荷堂月
꿈속에서도 둥글게 빛나리라　應從夢裏圓

작년에는 꽃들이 부절을 맞이했고　去歲花迎節
오늘 아침에는 눈이 수레를 전송하네　今朝雪送車
기른 것은 못가의 학이요[418]　養成池上鶴
물린 것은 해서의 물고기라네　食厭海西魚
성군의 은혜 무엇으로 갚을까　聖渥知何報
백성의 근심은 떠나도 다시 남으리　民憂去更餘
수레채에 매달리는[419] 많은 백성들로　攀轅多士女
갈림길마다 머뭇거리네　岐路每躊躇

416 천사만종(千駟萬鍾) : 천사는 말 4천 필(匹)이고, 종은 용량(容量)의 단위로 6곡(斛) 4승(升)인데 만종은 많은 녹봉(祿俸)을 의미한다. 후한 녹봉을 받는 고위 관직이라는 의미이다.

417 하당(荷堂) : 부용당(芙蓉堂)을 가리킨다.

418 기른……학이요 : 이계가 황해도 관찰사로 있는 동안 백학 한 쌍을 길렀기 때문에 이렇게 말한 것이다. 학을 기른 사실은 뒤에 수록된 〈부용당을 떠나며〔別芙蓉堂〕〉시의 원주에 보인다.

419 수레채에 매달리는 : 원문의 '반원(攀轅)'은 '반원와철(攀轅臥轍)'의 준말로, 어진 수령이 떠날 때 백성들이 만류하는 것을 말한다. 후한(後漢) 때 회양 태수(淮陽太守) 후패(侯霸)의 고사에서 유래하였다. 회양왕(淮陽王) 원년(23), 조정에서 사신을 보내 회양 태수 후패를 불러들이자 백성들이 사신의 수레를 붙잡고 통곡하거나 수레 앞에 누워 길을 막고서 유임시켜달라고 간청한 일이 있다. 《後漢書 卷26 侯霸傳》

부용당을 떠나며
別芙蓉堂

타고 갈 수레에 기름칠 벌써 끝났는데　征車已載脂
머뭇머뭇 누대 내려가기 더디라　徙倚下樓遲
사람은 떠나도 시는 남아 있고　人去詩猶在
거문고는 돌아가나 학은 머무네　琴歸鶴未隨

기르던 백학 두 마리를 돌아갈 때 풀어주려 하였으나 날개깃을 잘라서 날지 못하므로 화노[420]에게 맡겨두었기 때문에 이렇게 말하였다.

연잎주 향기는 여전히 남았는데　香殘蓮葉酒
죽지사[421]는 노랫가락 끝나버렸네　唱罷竹枝詞
가장 잊기 어려운 것은　最是難忘處
달빛 아래 연꽃이 피어날 때　花明月白時

420 화노(花奴) : 꽃과 나무를 관리하는 사람을 의미한다.

421 죽지사 : 악부(樂府)의 일종으로 민가(民歌)에서 유래한 것이다. 당(唐)나라 때 유우석(劉禹錫)이 개작(改作)한 작품이 널리 유행하자, 후대에 이를 모방하여 민간의 풍토나 정취, 남녀 간의 정감을 노래하게 되었다. 칠언절구의 연작시로 통속적인 언어를 사용하고 음조(音調)가 경쾌하다. 우리나라에도 전파되어 많은 작품들이 창작되었다.

청단역에서 묵고 해주를 벗어나다[422]

宿青丹驛 出海州境

해를 넘겨 바다와 산에 머무르면서	經年居海岳
조금이라도 보답한 일 무엇이던가	何事報埃涓
수졸들 남북으로 나누었고[423]	水卒分南北
산에는 소금을 이천 섬이나 쌓아두었지	山鹽積二千
선비들은 나아갈 방향을 알았고	士能知趣向
백성들은 때로 곤궁함[424]을 면했네	民或免顚連
점검함에 오히려 남은 여한 있으니	點檢猶餘恨

422 청단역에서……벗어나다 : 이계가 1771년(영조47) 탄핵을 받아 황해도 관찰사에서 파직된 뒤 서울로 돌아올 때 지은 시이다. 청단역은 해주의 동쪽에 있는 역으로 청단은 동남쪽을 뜻하는 말이라고 한다. 이계는 이 시에서 자신이 이룬 성과와 아쉬움을 읊었다.

423 수졸들 남북으로 나누었고 : 황해도의 장산곶을 기준으로 남쪽과 북쪽을 나누고 장연에 병영을 신설하여 수군 훈련을 따로 시행하게 된 것을 말한다. 132쪽 주234, 135쪽 주240 참조. 앞에 수록된 〈바닷가를 순행하며 형세를 살펴보다〔巡海觀形便〕〉부터 〈해주 서창에 묵다〔宿海州西倉〕〉까지는 조칙(詔勅)을 받고 해안의 형세를 살필 때 지은 시들이다.

424 곤궁함 : 원문의 '전련(顚連)'은 송(宋)나라 장재(張載)의 〈서명(西銘)〉의 "온 천하의 쇠잔하고 병든 자, 고아와 독거노인과 홀아비와 과부는 모두 나의 형제들 중 곤궁하고 하소연할 곳 없는 이들이다.〔凡天下疲癃殘疾, 惸獨鰥寡, 皆吾兄弟之顚連而無告者也.〕"라는 구절에서 온 말로, 곤궁하고 괴로운 처지 또는 그러한 처지에 있는 사람을 가리킨다.

남산 봉우리를 깎아내지 못한 것일세　南山未斲巓

도내의 다섯 곳 산성에 소금을 산처럼 쌓아두었다. 해주부의 남산이 성안을 굽어보고 있어 작은 성을 쌓고자 하였으나 시행하지 못하였기 때문에 이렇게 말한 것이다.

금천에 이르러 교귀하고 송도를 향해 출발하다

到金川交龜 發向松都

마주하여 붉은 인끈 교귀하니[425] 當面交朱紱
내게 남은 것은 해진 갖옷뿐 隨身有弊裘
이천 석을 모두 실어 바치고 都輸二千石
이십삼 주를 전부 부쳐주노라[426] 全付廿三州
역로에는 차가운 구름이 겹겹이 쌓였고 驛路寒雲積
이별하는 정자에는 저녁 호각 소리 쓸쓸해라 離亭暮角愁
술 석 잔에 옷소매 떨치고 출발하니 三盃拂衣去
가을 맞은 바다와 산에 시구절이 넘치네 詩滿海山秋

425 붉은 인끈 교귀하니 : 교귀(交龜)는 감사나 수군통제사, 병마절도사 등이 교체될 때 거북이 모양으로 생긴 부신(符信)을 주고받으며 직무를 인수인계하는 것이다.

426 이천……부쳐주노라 : 교귀하면서 신임 관찰사에게 황해도에 관한 모든 것을 다 넘겨주었다는 의미이다. 이천 석(二千石)은 한(漢)나라 때 지방 태수의 녹봉이 이천 석이었던 데에서 비롯된 말로서, 훗날 태수 등 지방 장관을 가리키는 말로 쓰이게 되었다. 23주는 황해도에 속한 군현을 모두 합한 숫자로 황해도 전체를 가리킨다.

고양을 향해 가며

向高陽

가다가 벽제역에 이르니 | 行到碧蹄驛
홀연 삼각산이 보이네 | 忽瞻三角山
옛 동산이 지금 눈앞에 있으니 | 故園今在目
나그네 비로소 얼굴 활짝 펴지네 | 遊子始開顔
맑은 기운 천년토록 왕성하고 | 淑氣千年旺
풍속을 살피다 이태 만에 돌아왔네 | 觀風二載還
내일 아침 호절[427]을 반환하고 | 明朝反虎節
예전대로 조정의 반열[428]을 따르리라 | 依舊隨鵷班

427 호절(虎節) : 본래 사신들이 지니고 가는 부절(符節)로 호랑이 모양의 장식이 있다. 여기서는 관찰사의 부절을 말한 것이다. 《주례(周禮)》 〈지관사도(地官司徒) 장절(掌節)〉에 "나라의 사절(使節)이 출행할 때 산국(山國)에서는 호절(虎節)을 사용하고, 토국(土國)에서는 인절(人節)을 사용하고, 택국(澤國)에서는 용절(龍節)을 사용하는데, 모두 금으로 만들었다."라고 하였다.

428 조정의 반열 : 원문의 '원반(鵷班)'은 '원로반(鵷鷺班)'으로 조정 관료들의 반열을 말한다. 원추새와 백로의 모습이 한아(閑雅)하고 날아가거나 서 있을 때에도 순서를 잘 지키므로 조정의 반열에 질서 정연하게 늘어선 백관들의 모습을 뜻하게 되었다.

관직에서 물러나 한가로이 거처하며

解官閑居

저물녘 산속의 서재에 누워 있으니	伏枕山齋晚
추위 속 성안에 눈이 가득하네	天寒雪滿城
시는 매화를 따라 함께 담담하고	詩隨梅共澹
잠은 학과 더불어 똑같이 맑아라	眠與鶴俱淸
한가한 즐거움을 비로소 깨달으니	始識閑中樂
분수 외의 영화를 어찌 알겠는가	寧知身外榮
솔바람 속에 좋은 소리가 많아서	松風多好韻
때때로 글 읽는 소리를 도와주네	時助讀書聲

남천록 南遷錄[429]

임진년 5월 12일 승지에 제수되어 어가를 따라 육상궁에 갔다가 비망기를 작환하고 회란을 계청하였다가 청주에 귀양을 가게 되다

壬辰五月十二日 除承旨 隨駕毓祥宮 繳還備忘 啓請回鑾 謫淸州

갑자기 명가[430] 울리며 들어갔다가 乍逐鳴珂入
도리어 눈물 흘리며 떠나게 되었네 翻成泣玦行
어리석은 충성으로 정성이 미치지 못했어도 愚忠誠未格

429 남천록(南遷錄) : 1772년(영조48) 5월 이계가 10여 일 간 청주에 유배당했을 무렵에 지은 시들로 구성된다. 1772년 5월 12일 승지에 임명된 이계는 어가(御駕)를 따라 육상궁(毓祥宮)에 갔다가 영조가 비망기로 내린 전교를 작환(繳還)하고 회란(回鑾, 환궁)할 것을 계청(啓請)하였다. 당시 기록을 보면 영조는 5월 10일부터 창의궁(彰義宮) 일한재(日閑齋)에 머물면서 대신(大臣)과 비국 당상(備局堂上)들을 만나지 않고 있었다. 이계가 계청한 것은 이러한 상황과 관련된 것으로 보인다. 노한 영조는 이계를 파직시켜 청주로 귀양 보내고 14일에는 사판(仕版)에서 삭제하라는 명을 내렸다. 10여 일이 지난 뒤 5월 25일에 특사(特赦)하라는 명을 내렸고 이 소식은 27일 아침에 이계에게 전해졌다. 《耳溪先生三編全書》《英祖實錄》《承政院日記》

430 명가(鳴珂) : 신분이 높은 사람이 타는 말에 다는 옥으로 된 장식이다. 여기서는 이계가 승지가 된 것을 의미한다.

넓은 아량으로 벌은 도리어 가벼워라　　大度罰還輕
지는 해는 나루에 내려오고　　落日臨官渡
돛단배는 한성을 떠나가네　　孤帆背漢城
환궁하신 뒤에는 편안하신가　　回鑾安穩未
울울한 마음 끝이 없어라　　耿結有餘情

목천에서 청주로 향하다

自木川 向淸州

정신없이 도성문을 나서서	蒼黃出國門
한 필 말로 서원[431] 향해 달리네	疋馬走西原
말〔言〕을 출납[432]함에 무슨 보탬 되었던가	出納言何補
땅이 청량하니 성상의 은혜로다	淸凉地是恩
사랑도 위엄도 모두 임금님 은택이니	仁威皆雨露
가고 머무름은 건곤에 맡겨두리라[433]	行止信乾坤
상당[434]은 일만 가구의 큰 고을이니	上黨萬家邑
어느 마을에 몸을 맡길까	投身何處村

431 서원(西原) : 청주의 옛 명칭이다. 신라 때 서원경(西原京)이라고 불렸다.

432 출납(出納) : 왕명의 출납을 담당하는 관리, 즉 승지(承旨)를 가리킨다. 이계가 승지가 되었다가 곧바로 귀양을 가게 되었으므로 이렇게 표현한 것이다.

433 건곤에 맡겨두리라 : 이 구절은 명리(名利)에 연연하지 않고 자연 속에서 유유자적하겠다는 의미이다. 두보(杜甫)의 〈비부 낭중 소 십형에게 주다〔贈比部蕭郎中十兄〕〉에 "어찌 장자들의 수레가 오겠는가, 돌아가 늙으며 건곤에 맡겨 두리라.〔寧紆長者轍, 歸老任乾坤.〕"라는 구절이 있다.

434 상당(上黨) : 청주의 옛 명칭이다. 청주는 백제(百濟) 때 상당현(上黨縣), 낭비성(娘臂城)이라고 불렸다. 신라 때에는 서원경, 고려 때에는 전절군(全節軍)으로 일컬어지기도 하였다.

서원에 도착하여 서원은 청주의 호칭이다 2수

到西原 淸州號 二首

작은 못에서 옛날에 병기 들고 놀았으니　　潢池昔弄兵
어린 백성들이 뱀과 고래로 돌변했네[435]　　赤子化蛇鯨
왕자는 본래 싸우지 않는 법이라[436]　　王者元無戰
요망한 기운이 갑작스레 맑아졌네[437]　　妖氛倏已淸
대숲에는 달 그림자 희미하고　　竹林殘月影
갈대밭은 까마귀 소리로 어지럽네　　萑葦亂鴉聲

435 작은……돌변했네 : 황지농병(潢池弄兵)은 아이들이 작은 연못〔潢池〕에서 무기를 만지며 논다는 것으로 반란을 뜻한다. 전한(前漢) 선제(宣帝) 때 공수(龔遂)에게 발해(渤海)의 민란을 토벌하게 하자, 공수가 "먼 바닷가의 백성들이 추위와 굶주림에 시달리는데 관리들이 구휼하지 않았기 때문에 폐하의 백성들이 연못에서 병기를 희롱하는 것〔潢池弄兵〕일 뿐이니 엄하게 다스려서는 안 됩니다."라고 말한 일이 있다.《漢書 卷89 龔遂傳》 이 구절은 1728년(영조4) 청주에서 일어났던 이인좌(李麟佐)의 난을 말한 것이다. 이인좌는 3월 15일 성을 함락하고 경종(景宗)의 원수를 갚는다는 명분으로 서울을 향해 북상하였으나 안성과 죽산에서 관군에게 패하고 체포당하여 능지처참되었다. 이후 청주성에 남은 세력과 영남의 반란군도 모두 토벌되었다.

436 왕자는……법이라 : 《서경》〈하서(夏書) 감서(甘誓)〉에 "옛날에는 사방에 변란이 있으면 오로지 방백에게 그 책임을 지우고, 방백이 토벌하지 못한 뒤에야 천자가 친히 정벌하니 천자의 군대는 정벌은 있어도 싸움은 없다.〔古者, 四方有變, 專責之方伯, 方伯不能討然後, 天子親征之, 天子之兵, 有征無戰.〕"라는 구절이 있다.

437 요망한……맑아졌네 : 이인좌의 난이 평정된 것을 말한다. 영조는 이인좌의 난을 평정한 후 공을 세운 신하들에게 분무공신(奮武功臣)의 칭호와 상을 내렸고, 이 과정은 《분무녹훈도감의궤(奮武錄勳都監儀軌)》에 상세히 기록되어 있다.

우뚝할사 저 삼충묘[438]여 屹彼三忠廟
위대하여라 영광스러운 죽음이여 偉哉一死榮

해내가 모두 우리나라이니 海內皆吾土
몸 편안한 곳이 바로 내 집이지 安身卽是家
산과 강은 전복[439]과 나뉘고 山河分甸域
별과 달은 도성과 멀리 떨어졌네 星月阻京華
가깝고 편한 곳 은혜가 특별하니[440] 善地恩偏重
균천에 오르는 꿈[441]을 막지 못하네 勻天夢不遮
고개 돌려 바라봄에 속리산이 가까우니 回瞻離嶽近
종일토록 연하를 마주하고 있네 終日對煙霞

438 삼충묘(三忠廟) : 현재 청주시 수동에 있는 표충사(表忠祠)이다. 1728년 이인좌(李麟佐)의 난이 일어났을 때 청주성을 지키다가 순절한 충청 병사 이봉상(李鳳祥), 영장(營將) 남연년(南延年), 비장(裨將) 홍림(洪霖)을 기리는 사당이다. 1731년(영조7) 청주 읍성 북문 인근에 삼충사(三忠祠)가 건립되었다. 1736년(영조12) 표충사로 사액을 받았고, 1939년에 현재의 위치로 이전되었다.

439 전복(甸服) : 왕이 있는 곳을 중심으로 500리마다 구역을 정하여 구분하고 오복(五服)이라 하였다. 오복은 전복(甸服), 후복(侯服), 유복(綏服), 요복(要服), 황복(荒服)이고, 전복은 왕성에서부터 사방 500리 이내의 지역을 말한다.

440 가깝고……특별하니 : 영조가 가깝고 편안한 청주로 귀양을 보낸 것을 은혜로 여겼기 때문에 이렇게 표현한 것이다.

441 균천에 오르는 꿈 : 균천은 균천(鈞天)으로도 표기하며, 하늘의 중앙으로 천제(天帝)가 머무는 곳인데, 여기서는 영조를 의미한다. 이계가 임금에 대한 그리움을 표현한 것이다.

이씨의 권환정에 교거하다[442]

僑居李氏倦還亭

적막한 산속에 갇혀 있으니　寂寞囚山裏
외로운 구름이 쫓겨난 신하와 짝하네　孤雲伴逐臣
숲 저편에선 꾀꼬리가 동무를 부르고　隔林鶯喚友
열린 창문으로 달빛이 찾아오네　開戶月來賓
해가 기니 글 읽는 일과를 더하고　日永添書課
마음 한가하니 세속 인연을 끊었네　心閑斷俗因
임금님 은혜가 너를 옥으로 만드시니[443]　君恩方玉汝
하필이면 난초와 마름 읊조리겠는가[444]　何必詠蘭蘋

442 이씨의 권환정에 교거하다 : 1772년(영조48) 5월 이계가 청주로 귀양 갔을 때 지은 시이다. 권환정은 이계가 청주에서 머문 곳인데 정확한 장소는 상고하지 못하였다.

443 너를 옥으로 만드시니 : 송(宋)나라 장재(張載)의 〈서명(西銘)〉에 "그대를 빈궁하게 하고 시름에 잠기게 하는 것은, 장차 그대를 옥으로 만들어주려 함이다.〔貧賤憂戚, 庸玉汝於成也.〕"라는 말이 있다.

444 난초와 마름 읊조리겠는가 : 멀리 떠나 있으면서 임금에 대한 원망하는 마음을 품지 않겠다는 의미이다. 난초는 초(楚)나라의 충신 굴원(屈原)이 지은 〈이소(離騷)〉를 뜻한다. 난초를 비롯한 많은 향초를 읊으며 임금에 대한 원망과 간신에 대한 분함을 표현하였다. 마름은 흰 꽃이 피므로 백빈(白蘋)이라고도 하는데 부평초처럼 여기저기 떠다니는 것을 뜻하기도 한다. 여기서는 고향을 떠나 유배지에 있는 것을 비유한 말이다.

27일 아침 은혜로운 사면 소식을 듣다

廿七朝聞恩赦

고을 아전이 새벽부터 사립문 두들기니	郡吏曉敲扉
교서가 내려와 돌아갈 것 허락하셨네	天書許放歸
은혜가 비를 따라 쏟아지니	恩隨時雨霈
내 마음은 한 조각 구름 따라 날아가네	心逐片雲飛
시권은 겨우 한 줌이요	詩卷纔盈握
옷자락도 아직 헐렁해지지 않았네	衣縫未減圍
막걸리 들고 와 송별해주니	村醪來送別
이별의 심정 다시 떠오르네	離思更依依

귀양지에 써서 남겨두다[445]

留題鵩舍

쫓겨난 곳은 도리어 좋은 곳이요	投荒猶善地
머문 곳은 그윽한 오두막이라	寄跡得幽廬
들판 넓어 먼 데 구름 바라보고	野闊看雲迥
숲 깊으니 오는 손님도 드무네	林深見客踈
고을의 관리는 곡식을 나눠주고	縣官分廩米
마을의 노인은 물고기를 보내주었지	鄰老餉川魚
가장 좋은 것은 머문 곳의 주인[446]이	最喜居停主
한가로이 시렁 가득한 책을 보여준 것일세	閑供滿架書

445 귀양지에 써서 남겨두다 : 이계가 1772년(영조48) 5월 청주에 유배당한 뒤 사면을 받고 떠날 때 지은 시이다. 원문의 '복사(鵩舍)'는 유배지에서 머무는 집으로 한(漢)나라 가의(賈誼)의 〈복조부(鵩鳥賦)〉에서 유래한 말이다.

446 머문 곳의 주인 : 원문의 '거정주(居停主)'는 귀양 간 사람이 머무는 장소의 주인을 말한다. 241쪽의 시에 나오는 권환정의 주인인 이씨를 가리키는데 권환정과 주인 이씨는 미상이다.

이계집

제5권

詩 시

정유년(1777, 정조1) 겨울, 출척당하여 경흥 부사로 보임되었을 때이다.
丁酉冬 黜補慶興府使

북정[2]
北征

나는 본디 어리석고 제멋대로라 我本戇而顚

1 정조의 등극 이후 홍국영(洪國榮)이 실권자로 대두하면서 노론인 홍국영과는 당색이 달랐던 이계는 정치적 입지가 위축되어 결국 외직인 경흥 부사(慶興府使)로 나가게 된다. 이계 역시 정조가 세손 시절일 때부터 정조를 보위하고 정조의 등극에 공이 있었으며 홍국영과는 친족관계이기도 했지만, 소론을 정계에서 몰아내고자 했던 홍국영의 계획에 의해 어쩔 수 없이 외직으로 나가게 된 것이다. 이 당시 이계의 상황과 심정은 본집 권18 〈태사씨자서(太史氏自序)〉에 자세한데, 그 일부를 소개하면 다음과 같다. "정조 초년에 권흉(權凶) 홍국영이 나와는 친족이면서도 해치려는 마음을 품고서 배척하여 경흥 부사에 보임되었다. 경흥은 최북단의 불모지였으나 나는 편안히 거처하면서 문을 닫고 독서하며 스스로 즐겼다. 그리고 〈육서경위(六書經緯)〉와 〈대상해(大象解)〉와 〈만물원시(萬物原始)〉와 〈삭방풍토기(朔方風土記)〉 등의 글을 저술하였다. 3년을 보낸 뒤 홍국영이 쫓겨나고서야 부름을 받아 돌아왔다.〔正宗初年, 權兇洪國榮以親屬心害之, 斥補慶興府使. 慶興極北不毛之地也, 良浩居之晏然, 閉門讀書以自娛, 著六書經緯大象解萬物原始朔方風土記等書. 居三年, 國榮敗, 始召還.〕" 이계는 이러한 정치적 상황을 배경으로 함경도 경흥으로 부임한 뒤 그곳의 풍토와 백성들의 삶을 한시로 창작하여 〈북새잡요(北塞雜謠)〉와 〈삭방풍요(朔方風謠)〉 등을 완성하였다.

2 북정 : 〈북정〉은 〈삭방풍요〉의 첫 번째 작품으로, 이계가 외직으로 나가게 된 상황과 심정, 함경도로 가는 여정과 그 속에서 만나게 된 지역 풍토와 백성들의 모습이

도를 배울 방향 잃고 헤매었다네　學道迷方向
순정한 자세로 임금 섬기려 생각하였고　事君思純白
바르고 성실한 마음 가지려 노력하였네　持心勉貞亮
변변찮은 재주 태평성세에 의탁했더니　菲才托盛世
안팎으로 풍파가 많기도 했네　外內多騁颺
자신 믿고 다른 사람은 헤아리지 않아　信己不量人
길잡이 없이 길 다니는 장님 같았네　如瞽行無相
어둔 길 더듬대니[3] 자빠짐은 당연지사　冥擿理顚躓
혐의가 비방을 일으켰어라　嫌疑起姍謗
남의 말이 마침내 세 번 이르니　人言竟三至
자애로운 모친조차 당황했네[4]　慈母猶惝慌
낭관의 금을 감히 스스로 변명하랴　郎金敢自卞
함 속의 옥 이미 훼손됨을 탄식하노라[5]　櫝玉嗟已喪

그려져 있다. 여로에 포함되는 함경도 여러 지역의 생생한 모습이 한시로 승화되어 있어 당대 함경도 지역의 상황과 이계의 현실적 문학관을 살펴볼 수 있다. 이 작품은 거성 '양(漾)'운의 고체시(古體詩)이다.

3 어둔 길 더듬대니 : 원문의 '冥擿'은 장님이 지팡이로 땅을 짚으면서 길을 더듬는 것을 형용한 말로, 사람이 제대로 된 도리나 방법을 알지 못하고 자기 고집만 가지고 행동한다는 뜻이 들어 있다. 양웅(揚雄)의 《법언(法言)》 〈수신편(修身篇)〉에 "장님이 지팡이로 땅을 짚으면서 길을 찾아다니는 것과 같을 뿐이다.〔素擿埴索塗, 冥行而已.〕" 라고 하였다.

4 남의……당황했네 : 뻔한 거짓말이나 참언도 계속 듣다 보면 진실로 착각하게 된다는 말이다. 증삼(曾參)의 모친이 증삼이 다른 사람을 살해했다는 말을 세 번이나 연속해서 듣게 되자, 처음에는 믿지 않다가 끝내 그 말을 곧이듣고 베틀에서 내려와 도망쳤다는 고사가 있다. 《史記 卷71 樗里子甘茂列傳》

성상께서 처음 등극하셨을 때	聖明初御極
새로운 교화 찬란히 빛났네	新化屬炳烺
선정(善政)[6]이 미물에까지 미치고	陶甄及微物
산과 숲은 큰 도량 넓혔네[7]	山藪恢洪量

5 낭관의……탄식하노라 : 낭관의 금을 변명한다는 것은 직불의(直不疑)의 고사를 가리킨다. 직불의는 한(漢)나라 경제(景帝) 때 어사대부(御史大夫)를 지낸 인물로 성품이 순후하였다. 문제(文帝) 때 같은 방에 기숙하던 동료 낭관이 남의 금을 자기의 금으로 착각하고 고향으로 가지고 돌아갔는데, 금을 잃어버린 낭관이 직불의를 의심하자 직불의는 변명을 하지 않고 금을 사서 변상해주었다. 나중에 고향에서 돌아온 낭관이 금을 돌려주니 의심하였던 낭관이 크게 부끄러워했다.《史記 卷103 萬石張叔列傳》 여기서는 조정의 동료들이 이계 자신을 오해하고 비난하는 것을 묵묵히 감수하겠다는 의미로 쓰였다.

함 속의 옥이 훼손되었다는 것은《논어》〈계씨(季氏)〉에 "범과 들소가 우리에서 뛰어나오고, 귀갑(龜甲)과 옥이 함 속에서 훼손됨은 누구의 잘못인가?〔虎兕出於柙, 龜玉毁於櫝中, 是誰之過與?〕"라고 한 데서 온 말이다. 이는 공자 당시 노(魯)나라의 집정 대신인 계씨가 노나라의 부용국(附庸國)인 전유(顓臾)를 치려 하자 계씨의 가신으로 있던 공자의 제자 염유(冉有) 등이 이를 저지하지 못하였을 때 공자가 한 말이다. 즉 보물이 훼손된 것은 결국 관리자의 책임이라는 뜻으로 계씨를 막지 못한 염유 등을 책망한 것이다. 여기서는 제대로 처신하지 못해 결국 출척을 당한 자신의 상황을 비유한 것이다.

6 선정(善政) : 원문의 '陶甄'은 도공(陶工)이 녹로(轆轤)를 돌려서 각종 질그릇을 잘 만들어내는 것처럼, 성군(聖君)이 선정을 펼쳐 천하를 잘 다스리는 것을 비유하는 말이다.

7 산과……넓혔네 : 임금의 도량이 크고 넓어 하민(下民)들의 모든 흠결까지 다 품어준다는 뜻이다. 산과 숲은 임금의 도량을 형용하는 말로,《춘추좌씨전(春秋左氏傳)》 선공(宣公) 15년 기사에 "내와 못은 오물을 받아들이고, 산과 숲은 독충을 끌어안으며, 훌륭한 옥도 하자를 품고 있다. 나라의 임금이 더러운 것을 포용하는 것은 하늘의 도이다.〔川澤納汙, 山藪藏疾, 瑾瑜匿瑕, 國君含垢, 天之道也.〕"라고 하였다.

어리석음은 죄 될 것 없다 하시고 謂愚不足罪
마음은 혹 믿을 수 있다 하시며 謂心或可諒
시종일관 나를 비호해주시고 終始庇且燾
은택 유독 깊고 넓게 내려주셨네 渥澤偏瀸汪
하늘이 어찌 나만 아낀 것이랴 皇穹豈私我
왕도는 본래 편당함이 없도다 王道本無黨
은혜 보답할 것 마음에 맹세하며 矢心期酬報
이 생 다하도록 원망 없으리로다 沒齒無恨怏
물러나 오두막집 돌아와 屛身歸蓬廬
눈물로 잘못 뉘우치며 경계할 것 생각했네 泣愆思艾創
두문불출하고서 옛 책을 읽노라니 閉門讀古書
외로운 거처에 왕래하는 이 끊겼네 孤居息來往
나물밥 먹으며 성상의 은혜 생각하고 飯蔬含聖恩
계곡물 마시며 세속 생각 씻었네 飮流濯塵想
산수 간에 발걸음 풀어놓고서 放迹山水間
짚신에 지팡이 짚고 거닐었다네 芒鞋與藜杖
근래 다시 가을 보내니 爾來再徂秋
영욕을 오랫동안 모두 잊었어라 榮辱久兩忘
맹동의 달 초순에 孟冬月初旬
은혜로운 조서 천상에서 내려오니 恩書自天上
잠리를 문득 기억하사 簪履忽記憶
허물을 모두 다 씻어주셨네[8] 瑕垢盡滌盪

8 맹동의……씻어주셨네 : 당시 홍국영(洪國榮)으로부터 배척을 받고 조정에서 물러

은총 내려 고을을 맡겨주시고　寵以司民社
너를 시험해 변방 지키게 한다 하셨네　試汝扞邊防
작은 흠결 있다 해서 끝내 버리지 않으시고　尺朽終不棄
미천한 재주는 추어줄 수 있을 듯하셨네[9]　寸技若可奬
말라비틀어진 해골에 새살이 돋고　枯骸獲生肌
식어버린 재에 불 다시 붙는 듯해라　死灰如復煬
온 식구 모두 놀라 흐느끼고　闔門皆驚欷
마주 보며 눈물을 줄줄 흘렸네　相對涕淋浪
이튿날 아침 궁궐에 사은하러 나가니　明朝詣謝恩
쌍궐[10]이 새벽 나절 눈 안에 들어왔네　雙闕來曉望

나 있던 이계가 1777년(정조1) 맹동인 10월에 경흥 부사(慶興府使)를 제수받은 것을 가리킨다. 잠리(簪履)는 선왕의 옛 신하를 기억하여 등용한다는 뜻으로, 해당 고사는 다음과 같다. 공자가 소원(少源)의 들판을 유람하다가 연못가에서 몹시 슬피 우는 부인을 보고는 괴이하게 여겨 제자에게 물어보게 하였다. 제자가 "부인은 어찌 슬피 우십니까?" 하니, 부인이 "지난번에 시초(蓍草)를 캐다가 시초로 만든 비녀〔簪〕를 잃어버렸기 때문에 슬피 웁니다." 하였다. 제자가 "시초를 베면서 시초로 만든 비녀를 잃어버렸다고 어찌 슬피 웁니까?" 하니, 부인이 "비녀를 잃어버린 것을 상심해서가 아니라 오래된 옛 물건을 잃어버렸기 때문입니다." 하였다. 《韓詩外傳 卷9》 초나라 소왕(昭王)이 오(吳)나라와 싸워 초나라 군대가 패하였다. 이에 소왕이 달아나다가 신〔履〕이 터지는 바람에 잃어버렸는데, 30리를 가다가 다시 돌아와 신을 찾았다. 좌우의 신하들이 "어찌 그리 신 한 짝을 아끼십니까?" 하니, 소왕이 "초국(楚國)이 가난하다 해도 어찌 신 한 짝을 아끼겠는가. 함께 나왔다가 함께 돌아가지 못하는 것을 싫어해서이다." 하였다. 《太平御覽》

9 작은……듯하셨네 : 실제로 1777년(정조1) 10월 10일에 정조가 전교를 내리면서 "사람을 끝끝내 버려둘 수 없고 그 재주가 아까우니 부사직 홍양호를 경흥 부사에 제수하여 변방에서 힘을 다하게 하라.〔人不可終棄, 其才可惜, 副司直洪良浩, 慶興府使除授, 其令效力於邊地.〕"라고 하였다. 《承政院日記 正祖1年 10月 10日》

해 넘겨 궁성으로 들어오노라니 經年入脩門
슬프고 기쁜 감정 형용키 어려웠네 悲喜情難狀
우뚝할사 인정전이요 翼翼仁政殿
아침 해는 황금 편액에 빛났네 旭日煥金牓
절하고 꿇어앉아 노창[11]을 듣노라니 拜跪聆臚唱
서글피 지난 일이 떠올랐어라 愀然憶疇曩
다음 날 폐사를 명 받고[12] 翌日命陛辭
사대하러 내장으로 달려갔네[13] 賜對趨內仗
보좌에 가까이 오라 부르시니 呼來近寶座
옥음은 어찌 그리 높고 맑은지 玉音何高朗
따뜻한 말로 미욱한 충정 격려하시고 溫言激愚衷
내게 바짝 다가앉느라 자주 얼굴 숙였네 前席屢傾顙

10 쌍궐(雙闕) : 고대에 궁전이나 묘사(廟祠), 능묘의 앞 양측에 높게 세운 누각을 가리키는 말로, 대궐 문 또는 대궐 자체를 뜻한다.

11 노창(臚唱) : '여창'이라고도 읽는다. 의식의 순서를 적은 차례에 따라 소리 높여 읽던 일로, 여기서는 경홍 부사에 배임된 이계의 이름을 호명하는 절차를 가리킨다.

12 다음……받고 : 폐사는 지방관에 임명된 사람이 임금 앞에 나아가 하직 인사를 올리며 임금의 평안을 비는 절차를 말한다. 1777년(정조1) 10월 10일에 임명 전교가 내렸고, 11일에 정조는 이계가 다음 날인 12일에 폐사하도록 직접 명하였다. 《承政院日記 正祖1年 10月 10~12日》

13 사대(賜對)하러 내장(內仗)으로 달려갔네 : '사대'는 임금이 신하를 불러 묻는 말에 대답하게 하는 것을 말하며, '내장'은 궁궐 안에서 임금의 친위(親衛)를 맡은 군사들을 가리키는데 여기서는 임금이 거처하는 전각의 의미로 쓰였다. 실제로 당시 이계의 사대는 하직수령(下直守令)과 중군(中軍) 등이 입시한 가운데 편전인 창덕궁 희정당(熙政堂)에서 있었다. 《承政院日記 正祖1年 10月 12日》

위엄 있는 용안을 한 번 뵈오니 威顔獲一瞻
물러나 죽어도 여한 없어라 退死無餘悵
떨어지지 않는 발걸음으로 궁문 나서니 遲徊出禁扃
이내 진심 다시금 서글퍼졌네 情悃更悽悢
스스로 돌아보건대 땅강아지 개미 같은 미천한 몸으로 自顧螻蟻賤
천 년에 드문 성군을 만난 것이라 遭逢千載曠
은혜를 어떻게 갚아야 하나 欲報恩何由
하늘처럼 높고 땅처럼 넓으시도다 天高而地廣
변경 수호의 책임이 또한 중하니 邊門責亦重
제대로 해내지 못할까 두렵고 두렵네 恐懼莫稱當
내부[14]에서 활과 화살을 내어주시고 內府出弓矢
위장까지 겸직하게 하셨네 兼銜攝衛將
좋은 말 두 필을 내려주시고 錫之良馬二
가서 육진의 관장이 되게 하셨네 往爲六鎭長
그 옛날 종동은 밧줄을 청하였고[15] 終童昔請纓
엄조 또한 성벽을 올랐네[16] 嚴助亦乘障

14 내부(內府) : 왕실의 재정과 물품을 맡아보던 부서이다.

15 그……청하였고 : 종동은 한(漢)나라 무제(武帝) 때 18세의 나이로 박사제자(博士弟子)에 선발되고 뒤에 간대부(諫大夫)에 발탁된 종군(終軍)을 가리킨다. 종군이 20세 때에 무제가 남월(南越)을 굴복시키기 위해 그를 사신(使臣)으로 보내려 하자, 그가 긴 밧줄을 내려주면 남월왕(南越王)을 묶어 오겠다고 무제에게 자청했던 고사가 있다. 종군은 남월왕을 잘 설득하여 임무를 완수했으나, 남월의 재상인 여가(呂嘉)의 반란으로 남월왕과 함께 그곳에서 살해되었고 그때 나이 겨우 20여 세였으므로 세상에서 그를 종동이라 호칭하였다.《漢書 卷64下 終軍傳》 문신이었던 종동이 큰 뜻을 품고 변방으로 간 상황을 자신의 상황에 빗댄 것이다.

군대의 일은 비록 배우지 못했으나	軍旅縱未學
평소 품은 뜻 매우 비범하였네	素志頗倜儻
항상 마소유[17]가	常陋馬少游
아녀자같이 제 한 몸 챙기는 것 비루하게 여겼네	係戀兒女養
머리 듬성한 노년에 장검을 비껴 차고	短髮橫脩劍
백면서생으로 호피 활집 둘렀네	白面帶虎韔
행장이 전부 씩씩하고 기특하니	行裝儘恢奇
돌아봄에 강개한 마음 일어나네	顧眄生慨慷
공덕비를 세울 수 있을 것이요	勒石猶能爲
가죽에 싸여 오는 것[18]도 사양하지 않으리	裹革亦不讓

16 엄조(嚴助)……올랐네 : 성벽을 오른다는 것은 외적을 막는 변방의 관장이 된다는 뜻이다. 엄조는 한나라 무제 때 문명(文名)이 높았던 문신으로 무제가 그를 변방인 회계(會稽)의 태수로 임명하면서 "그대가 승명려에 있는 것을 지겹게 여기고 시종신의 일을 고단하게 여기면서 고향을 그리워하기에 지방으로 내려보낸다.〔君厭承明之廬, 勞侍從之事, 懷古土, 出爲郡吏.〕"라고 하였다. 승명려는 시종신의 거처이다.《漢書 卷64上 嚴助傳》 여기서는 문신으로 내직에만 있었던 이계가 임금의 배려로 외직으로 내려가게 된 상황을 말한 것이다.

17 마소유(馬少游) : 후한(後漢) 때 복파장군(伏波將軍) 마원(馬援)의 종제(從弟)이다. 그는 마원이 큰 뜻을 품고 세상에 나가 활동하는 것을 못마땅하게 여기고 "선비가 한세상 살아가는 데는 배불리 먹고 따뜻하게 옷 입고 수레에 올라앉아 느릿느릿 걷는 말을 몰며, 고을의 작은 관리가 되어 선조의 무덤을 지키는 정도면 충분합니다. 그것을 벗어나 더 큰 명리를 추구하는 것은 스스로 괴로움을 찾는 것일 뿐입니다."라고 하였다.《後漢書 卷24 馬援列傳》

18 가죽에……것 : 나라를 위해 외적들과 싸워 장렬하게 전사한 뒤 말가죽에 싸여 돌아오겠다는 말이다. 후한의 복파장군 마원(馬援)이 "사나이는 마땅히 전쟁터에서 죽어 말가죽에 시체가 싸여 돌아와 땅에 묻혀야 한다.〔男兒要當死于邊野, 以馬革裹尸

남아의 사업이 본디 그런 것 男兒事固爾
내 말이 망령된 것 아니라네 我言非狂妄
표연히 동쪽 성곽을 나서니 飄然出東郭
의기는 어쩌면 그리 상쾌하던고 意氣何颯爽
등 뒤로는 종남산 멀어지고 背後終南遠
말 앞으론 높은 수레 당당하다 馬前高蓋抗
매서운 찬 바람에 낙엽은 우수수 寒飆振落木
하늘은 차갑고 공활하여라 天宇肅而昶
고개 돌려 도성을 바라보노라니 回首望京洛
운일[19]과 아스라이 떨어졌구나 雲日隔莽蒼
행차가 관동으로 접어들고 보니 行旌入關東
기가 막힌 경치를 실컷 감상하네 勝區饒淸賞
창 비껴 쥐고서 또한 시를 읊어내니[20] 橫槊亦能賦
강산은 호탕함을 펼치기에 충분하구나 江山足敖宕
금류는 옥병에 이어 있고 金流綴玉屛
영평(永平) 땅에 금수정(金水亭)과 창옥병(蒼玉屛)이 있는데, 시내와 산

還葬耳.]"라고 한 데서 유래하였다. 《後漢書 卷24 馬援列傳》

19 운일(雲日) : '운일'은 여러 뜻이 있으나, 태양을 지칭하는 말로도 쓰이며 동시에 군주를 상징하기도 한다.

20 창……읊어내니 : 문무(文武)를 겸비한 인물이 호쾌하게 글을 짓는 광경을 형용한 표현이다. 《남제서(南齊書)》 권28 〈원영조열전(垣榮祖列傳)〉에 "조조와 조비는 말에 타면 창을 가로로 비껴들고 시를 읊고, 말에서 내리면 담론을 즐긴다.〔曹操曹丕上馬橫槊, 下馬談論.〕"라고 하였으며, 당(唐)나라 원진(元稹)이 지은 〈당고공부원외랑두군묘계명(唐故工部員外郎杜君墓系銘)〉에 "조씨 부자는 말안장 위에서 글을 지어내고 왕왕 창을 비껴 쥐고 시를 지었다.〔曹氏父子鞍馬間爲文, 往往橫槊賦詩.〕"라고 하였다.

이 절경이다.[21]

햇빛은 잔물결에 일렁거리네 日華翻細漾

봉래의 글씨 교룡 같으니 蓬萊字如蛟

봉래는 양사언(楊士彦)의 호이다. 정자의 암벽에 큰 글씨가 새겨져 있다.[22]

늑적에 도깨비가 달아날 정도이네[23] 勒趯奔夔罔

말 타고 내달리던 궁씨의 躍馬者弓氏

황폐한 부양성 남아 있네[24] 荒城餘斧壤

21 영평(永平)……절경이다 : 영평은 현재의 포천(抱川)이다. 금수정과 창옥병은 모두 포천에 있는 정자와 벼랑 이름으로 각각 영평팔경(永平八景)의 제2경과 제3경에 해당하며, 모두 영평천(永平川) 가에 위치하고 있다. 금수정은 조선 전기에 안동 김씨(安東金氏) 김윤복(金胤福)이 정자를 세우고 우두정(牛頭亭)이라고 했던 것을 사위인 양사언(楊士彦)이 물려받아 금수정으로 개명하였다. 현재의 건물은 6.25 때 소실되었던 것을 복원한 것이다. 창옥병은 포천시 창수면에 있는 벼랑으로 기암괴석이 영평천과 어우러져 절경을 이룬다. 근처에 박순(朴淳)을 모신 옥병서원(玉屛書院)이 있다. 또한 이규경(李圭景)의 《오주연문장전산고(五洲衍文長箋散稿)》〈천지편(天地篇) 지리류(地理類) 지리잡설(地理雜說) 택리변증설(擇里辨證說)〉에 "산수로는 바다와 산은 금강산, 강과 산은 평양, 계곡과 산은 영평이다.〔至於山水, 則海山金剛, 江山平壤, 溪山永平.〕"라고 하였다.

22 정자의……있다 : 현재도 금수정 앞 천변(川邊)의 바위에 양사언의 것으로 전하는 '무릉(武陵)', '경도(瓊島)' 등의 글자와 장인인 김윤복(金胤福)에게 준 시 〈증금옹(贈琴翁)〉이 남아 있다.

23 늑적(勒趯)에……정도이네 : 예로부터 신기(神氣)가 있는 뛰어난 글씨는 귀신을 물리친다는 말이 있는데, 여기서는 양사언의 글씨가 도깨비를 달아나게 할 정도로 신기 있는 명필임을 말한 것이다. 늑적에서 '늑'은 횡획(橫劃)을 가리키고 '적'은 구획(鉤劃)을 가리키는 것으로 전(轉)하여 서예를 뜻한다.

24 말……있네 : 궁씨는 궁예(弓裔)를 가리킨다. 궁예가 왕건에게 축출당하여 도망치다가 백성들의 손에 잡혀 죽은 곳이 부양(斧壤)이다. 부양은 오늘날의 북한 강원도

그림 5 양사언의 '경도' 글씨

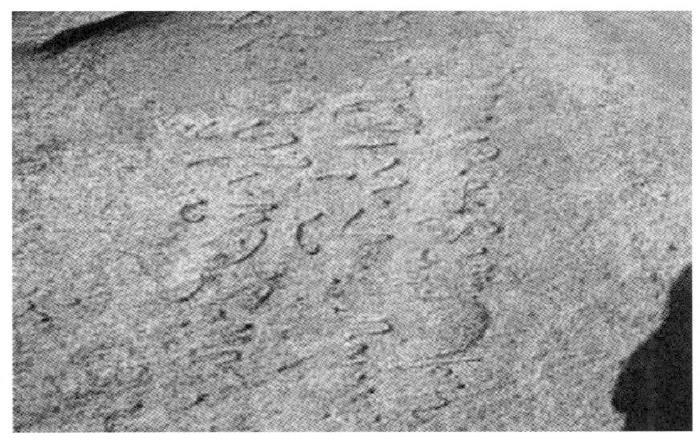

그림 6 양사언의 〈증금옹〉 시

방종하면 본디 유종의 미 거두기 힘들고	亂流固鮮終
교만하면 끝내 왕이 되지 못하는 법	驕淫竟不王
진인이 마침내 삼한을 통일하니[25]	眞人遂合三

평강군(平康郡)이다.

25 진인이……통일하니 : 왕건(王建)이 삼한을 통일하였다는 말이다. 원문에 '眞人'

몰아냄에 함께 들로 달려 나갔네[26] 驅除同走壙
백전에서 나라 위해 목숨 바친 이 애도하니[27] 栢田弔國殤
그들의 선혈 들판을 물들였도다 膏血染野莽
비통한 바람이 휘익 불어오니 悲風砉然至
그들의 굳센 넋이 온 듯하여라 毅魄來彿彷
금강산은 원교[28]라 불리니 金剛號圓嶠
해내에 이런 산 둘도 없어라 海內應無兩
신이 도끼로 너무 깎고 다듬어 神斤太斵琢
앙상한 모습으로 꼿꼿이 서 있네[29] 瘦骨立骯髒
뭇 봉우리들 서로 자태를 드러내고 群峰迭獻態
온갖 형상을 쏙 빼닮았어라 萬象窮肖倣

이니 '合三'이니 하는 표현은 참요적인 성격을 가진 것으로, 왕건이 등극하기 전 왕건의 등극을 예언한 고경참(古鏡讖)에 "운이 차서 삼갑을 하나로 한다.〔運滿一三甲〕"라는 말이 있었다. 《五洲衍文長箋散稿 經史篇 論史類 泰封鏡文兼附鐵冢誌字辨證說》

26 몰아냄에……나갔네 : 왕건이 궁예를 몰아내어 폭정을 종식시키자 백성들이 왕건에게 귀부하였다는 말이다. 《맹자》〈이루 상(離婁上)〉에 "백성이 인자에게 돌아감은 물이 아래로 내려가며 짐승이 들로 달아나는 것과 같다.〔民之歸仁也, 猶水之就下, 獸之走壙也.〕"라고 하였다.

27 백전(栢田)에서……애도하니 : 백전은 현재 강원도 철원군 김화읍 읍내리 일대로 병자호란 당시 평안도 관찰사 홍명구(洪命耉)와 병마절도사 유림(柳琳)이 이곳에서 청군(淸軍)과 격전을 벌이다 전사한 곳이다. 두 사람의 위패를 모신 충렬사(忠烈祠)가 읍내리에 세워져 있다.

28 원교(圓嶠) : 대여(岱輿), 방호(方壺), 영주(瀛洲), 봉래(蓬萊)와 함께 신선이 산다고 전해지는 전설 속의 다섯 산 가운데 하나이다. 《列子 湯問》

29 앙상한……있네 : 암석산인 금강산의 모습을 형용한 것이다.

그림 7 간송미술관 소장 정선(鄭敾)의 〈화강백전도(花江栢田圖)〉

그림 8 철원의 충렬사 전경

여러 신선들이 머무르는 곳이라　列仙之所廬
구름 수레 곤랑[30]으로부터 오도다　雲軿自崑閬
이번 행차 진실로 우연 아니니　玆行信不偶
경흥서 돌아오는 날 탐방해보리라　歸日期探訪
금년 가을 산 떠내려갈 정도로 홍수가 일어　今秋水漂山
봉우리와 골짝 예전 모습 간 데 없어라　峰壑失舊貌
산촌 백성 대부분 여기저기 전전하며　峽民多流遷
식구들 손잡고 떠돌거나 아이 업고 떠도네　提挈或負襁
수레 멈추고 어느 고을서 오는지 물으니　停車問鄕邑
수심에 찬 모습으로 한참 비통해하네　蹙然久倉怳
멀리 펼쳐진 너른 대지 지나고　彌迤涉長陸
시내와 계곡들 오르내리네　川谷互低仰
뜬구름은 겹겹이 그늘[31]로 맺혀 있고　浮雲結層陰
들 풍광은 멀리 불어난 강물에 아스라하네　野色迷遠漲
철령으로 말을 몰아가니　驅馬向鐵嶺
삭방의 기운 일천 봉우리에 연이었네　朔氣連千嶂
철령의 높고 험준함은　鐵嶺高嶪峨
항대[32]와 나란하여라　恒岱是輩行

30 곤랑(崑閬) : 곤륜산(崑崙山) 꼭대기의 신선들이 산다고 하는 낭풍원(閬風苑)을 가리킨다.

31 겹겹이 그늘 : 원문의 '層陰'은 구름에 의해 생긴 지상의 그늘이 아니라, 빽빽하게 펼쳐져 있는 짙은 구름을 가리키는 말이다.

32 항대(恒岱) : 중국의 오악(五嶽)에 속하는 항산(恒山)과 대산(岱山)으로, 대산은 태산(泰山)을 가리킨다.

아득한 삼천리강산	邈矣三千里
눈에 가득한 풍경 어찌나 광대한지	極目何漭沆
산천이 울창하게 서로 얽히어	山川鬱相繆
우뚝하니 가마와 동이를 흩어놓은 듯	磊落散釜盎
역로(驛路)는 먹줄마냥 똑바로 뻗었고	官路直如繩
대로는 하나의 뱃대끈[33]이어라	廣陌一掉鞅
변방이 멀다 누가 말했나	孰謂關山遠
지도를 살펴보면 손바닥에도 차지 않네	按圖不盈掌
금화를 몇 겁이나 겪어왔는고[34]	金火閱幾劫
과거 자취 어지러이 많기도 하네	往蹟紛浩穰
흑석 용흥[35] 마을은	黑石龍興里
왕업이 개창된 동네	王業此焉創
원묘[36]에 구슬주렴 장엄하니	原廟儼珠旒

33 뱃대끈 : 마소에 안장을 얹어 묶을 때 배에 걸쳐서 졸라매는 줄이다. 여기서는 길이 평탄하고 반듯한 모양을 비유한 것이다.

34 금화(金火)를……겪어왔는고 : 오행(五行)에서 '화'는 여름, '금'은 가을을 뜻하는데, 여기서 금화를 몇 겁이나 겪어왔느냐는 것은 여름과 가을이 바뀌는 등의 세월의 변화를 얼마나 오랫동안 겪어왔느냐는 말이다.

35 흑석(黑石) 용흥(龍興) : 모두 태조(太祖) 이성계(李成桂)가 태어난 영흥부(永興府)의 지명이다. 이성계는 영흥의 흑석골에서 태어났으며 영흥부의 동쪽으로 흐르는 강이 바로 용흥강이다. 또한 용흥강 북쪽 언덕에 있는 역원(驛院)의 이름 역시 용흥원이며 영흥부 북쪽 창고의 이름도 용흥창이라 하였다. 《世宗實錄 地理志 咸吉道 永興大都護府》

36 원묘(原廟) : 도성에 있는 종묘 외에 별도로 세우는 사당을 말한다. 여기서는 태조가 탄생한 영흥에 세운 준원전(濬源殿)을 가리킨다.

그림 9 일제강점기 준원전 전경

그림 10 준원전 태조 어진

만세토록 예주와 울창주[37] 올리네　萬世升醴鬯
주나라 빈 땅과 한나라 풍읍[38] 같으니　周豳與漢豐
크나큰 풍화(風化) 위대하여라[39]　大哉風泱泱
규룡과 범[40] 다투어 엉켰는데　虯虎競騰拏
그 가운데 성인의 장지 많아라[41]　中多聖人葬
원기가 충만히 쌓여 있으니　元氣積磅礴
기옹[42]에 필적할 만하여라　冀雍可頡頏

37 예주(醴酒)와 울창주(鬱鬯酒) : 모두 제례 때 사용하는 술이다. 예주는 술을 빚어 하룻밤을 묵혀서 익힌 것이고, 울창주는 울금향을 넣어 강신(降神) 절차 때 사용하는 것이다.

38 주나라……풍읍(豐邑) : 모두 건국의 발상지이다. 빈은 주나라의 선조 공류(公劉)가 도읍을 정한 곳이며, 풍읍은 한나라의 고조(高祖) 유방(劉邦)의 고향이다.

39 크나큰 풍화(風化) 위대하여라 : 태조의 풍화가 위대함을 칭송한 것이다. 이 구절은 한나라 고조 유방이 고향인 풍읍에 들러 불렀다는 〈대풍가(大風歌)〉에서 온 것으로 보기 쉬우나, 그보다는 《춘추좌씨전(春秋左氏傳)》 양공(襄公) 29년 기사에 계찰(季札)이 《시경》 〈제풍(齊風)〉을 듣고서 "아름답습니다. 성음이 거대하여 대국의 풍도가 있어 동해 제후의 모범이 될 만하니, 태공(太公)의 시(詩)일 것입니다.〔美哉. 泱泱乎大風也哉, 表東海者, 其大公乎.〕"라고 한 데서 온 표현으로 보는 것이 타당할 듯하다.

40 규룡과 범 : 나무와 암석이 엉켜 있는 산세를 나타낼 때 사용하는 표현이다. 대표적인 예로 소식(蘇軾)의 〈후적벽부(後赤壁賦)〉에 "가파른 바위를 밟고 무성한 풀을 헤치며 호랑이 모양의 바위에 걸터앉고 규룡 모양의 나무에 올랐네.〔履巉巖披蒙茸, 踞虎豹登虯龍.〕"라고 한 것이 있다.

41 그……많아라 : 부근에 태조의 선조 묘가 많이 있음을 말한 것이다. 영흥과 함흥 사이에는 태조 이성계의 선조인 환조(桓祖), 도조(度祖), 목조(穆祖)와 그 부인들의 능묘가 있다.

42 기옹(冀雍) : 기주(冀州)와 옹주(雍州)이다. 기주는 요(堯) 임금의 도읍이 있던 지역이고, 옹주는 주(周)나라의 발상지인 빈(豳)이 있던 지역이다. 함경도 영흥 일대가

쌍성-영흥의 옛 이름이다.-의 북쪽 강역은	雙城-永興古號-以北疆
지난 왕조 때 여진과의 접경	往代女眞搶
장할사 김과 윤[43]이여	壯哉金與尹
그 공적 누가 필적하랴	勳伐誰竝伉
널리 개척한 덕분에 강역이 정해지니	提封賴廣拓
응당 이 지역의 흠향 길이 누리리로다[44]	土物宜永享
함주는 대도회지라	咸州大都會
뛰어난 풍경 불쑥 높이 솟아 있네[45]	形勝倏塏塽
웅대한 성벽에는 창들이 늘어섰고	雄城列棨戟
성곽에는 우뚝하니 높은 문루 얹혔네	譙堞屹有閌

모두 조선 왕조의 발상지이므로 기옹에 빗댄 것이다.

43 김(金)과 윤(尹) : 여진이 점거하고 있던 함경북도 지역을 개척하여 육진(六鎭)을 설치한 조선의 김종서(金宗瑞)와 구성(九城)을 쌓은 고려의 윤관(尹瓘)을 가리킨다. 이계는 〈삭방풍요 마천령(磨天嶺)〉 시에서도 윤관과 김종서의 북방 개척의 공을 재차 칭송하고 있다.

44 응당……누리리로다 : 함경도 지역에 김종서와 윤관을 기리는 사당에서 지역민들이 제향을 올리는 상황을 묘사한 것이다. 함경도에 있었던 김종서와 윤관 사당의 실례를 보면, 세조(世祖)의 계유정난(癸酉靖難) 이후 역적 취급을 받다가 1746년(영조22)에 신원된 김종서의 경우 《영조실록(英祖實錄)》 23년 9월 21일 기사에, 함경도 유생들이 북관(北關) 행영(行營) 곁에 있는 김종서를 제향한 사당에 편액 하사를 요청한 사실이 보인다. 윤관의 경우 현재 충청도 청주 호남사(湖南祠)의 윤관 영정은 함경도 북청(北青)의 만뢰사(萬賴祠) 영정을 모사한 것이며, 전라도 곡성의 덕산사(德山祠)는 함경도 경성에 있던 것을 1935년에 옮겨온 것이다.

45 뛰어난……있네 : 함흥평야를 가운데 두고 북쪽으로는 함경산맥(咸鏡山脈), 서쪽으로는 낭림산맥(狼林山脈)이 높이 솟아 있는 함흥의 경관을 말한 것이다.

그림 11
《북관유적도첩(北關遺蹟圖帖)》
중 윤관의 공적을 다룬
〈척경입비도(拓境立碑圖)〉

그림 12
《북관유적도첩(北關遺蹟圖帖)》
중 김종서의 공적을 그린
〈야연사준도(夜宴射樽圖)〉

드높을사 낙민루[46]　巋然樂民樓
층층 누각 몹시도 넓고 시원하여라　層構極宏敞
긴 내에는 하늘 무지개 걸렸고　長川駕穹虹
고운 모래사장 곁에는 채색 배 떠 있네　嫩沙浮畫舫
북방에는 미인이 많으니　北方多麗人
화장이며 복색이 서울 본새라　粧服學京樣
푸른 바다는 등 뒤로 펼쳐져 있고　滄溟抱其背
배들은 양식을 실어 나르네　舟楫通餽餉
군마는 병주와 대주에 필적하니[47]　戎馬埒幷代

46 낙민루(樂民樓) : 함흥부(咸興府) 서쪽 2리 지점 성천강(城川江) 가에 있다. 옛날에 낙민정(樂民亭)이 있었는데 1592년(선조25) 불에 탄 뒤 1607년(선조40)에 감사 장만(張晩)이 누각을 새로 지었다. 성천강과 만세교(萬歲橋)의 풍경이 바라보이는 명승지이다.

그림 13 함흥 낙민루에서 바라본 성천강과 만세교(구한말 추정)

47 군마는……필적하니 : 병주(幷州)와 대주(代州)는 오늘날의 중국 산서성(山西

무력을 또한 이에 펼치네 武力亦斯張
말 타고 활쏘기 좋아하는 풍속에 其俗好騎射
수레 잘 이용하는 지역이어라[48] 其地利車輛
호시는 숙신에서부터 시작된 것이니[49] 楛矢自肅愼
단단하고 빠르기가 대나무보다 낫고 勁迅過篠簜
석노는 쇠촉보다 날카로우니 石砮銛於鐵
돈꿰미 뚫듯 갑옷을 꿰뚫어버리네 穿札如貫鏹
함경 감사로는 남과 민을 칭송하니 岳牧稱南閔

省) 일대이다. 한(漢)나라 때에는 흉노와의 접경 지역으로 군마의 생산지이자 기마부대가 강성했던 지역이다. 여기서는 여진과의 접경 지역인 함경도 군마가 훌륭함을 비유하였다.

48 수레……지역이어라 : 조선은 산지가 많은 특성상 수레 사용이 제한적이었는데, 함경도는 북방의 험준한 산지임에도 특이하게 수레 사용이 활발한 지역이었다. 《비변사등록(備邊司謄錄)》 숙종 12년 정월 24일 기록과 《정조실록(正祖實錄)》 7년 7월 18일에 수록된 이계의 상소문을 통해 수레의 제도가 거칠기는 하지만 함경도에서 수레가 사용되고 있었다는 사실을 확인할 수 있다. 또한 함경도 수레의 경쾌함은 박제가(朴齊家)의 〈진북학의(進北學議)〉에서도 언급되고 있다.

49 호시(楛矢)는……것이니 : 호시는 호목(楛木)으로 만든 화살이라는 말이다. 옛날 동이족(東夷)의 부류였던 숙신씨(肅愼氏)가 이 호시를 중국에 공물로 바쳤다는 고사가 있다. 호목은 가시나무과에 속한 나무로, 질겨서 잘 부러지지 않는다고 한다. 《국어(國語)》 〈노어 하(魯語下)〉에, 진(陳)나라 제후의 궁정(宮庭)에 떨어져 죽은 송골매의 몸에 돌촉의 호시가 박혀 있었는데, 공자(孔子)가 이것을 보고 "송골매는 먼 곳에서 온 것이다. 박힌 화살은 숙신씨의 화살이다. 옛날 무왕이 상나라를 정복한 뒤에 사방 오랑캐들과 교통하며 각기 토산물로 공물을 바치게 하면서 직분을 잊지 않게 하였다. 이에 숙신씨가 호시와 석노를 바쳤다.〔隼之來也遠矣. 此肅愼氏之矢也. 昔武王克商, 通道于九夷百蠻, 使各以其方賄來貢, 使無忘職業, 於是肅愼氏貢楛矢石砮.〕"라고 하였다는 내용이 나온다.

약천(藥泉) 남구만(南九萬)과 노봉(老峯) 민정중(閔鼎重)이 감사가 되어 문교를 크게 홍기시켰다.

문교가 이때부터 밝아졌도다	文教自此昉
제나라와 노나라로 대우함이 옳으니[50]	齊魯待則是
선현(先賢)이 어찌 나를 속인 것이랴	前哲豈我誑
국도[51]는 구슬이 불쑥 솟아오른 형상이요	國島聳瓌形
칠보산[52]은 진귀한 보물 펼쳐놓은 듯해라	七寶羅珍藏
갑산에서는 푸른 인삼[53] 나고	甲山挻翠蔘
단천에선 아름다운 옥이 난다네[54]	端川出美瑒

50 제나라와……옳으니 : 조선시대에 만연했던 북방 경시 풍조를 벗어나 남구만과 민정중이 변경 지역의 백성들을 제나라와 노나라 사람을 대하듯 예악(禮樂)과 문교(文教)로 대우한 것이 옳다는 말이다. 이러한 비유는 송(宋)나라 때 장방평(張方平)이 성질이 사나운 촉(蜀) 지방을 위무하러 가서 촉 지역 사람들을 제나라와 노나라 사람처럼 대우하자 촉 지역 사람들이 심복하고 유순해졌다는 고사를 염두에 둔 것이라 할 수 있다. 《宋史 卷318 張方平傳》

51 국도(國島) : 함길도(咸吉道) 안변부(安邊府) 동북쪽으로 육지와 10리쯤 되는 거리에 있는 섬으로, 섬 가운데 굴이 있으며 굴 안의 돌은 기둥처럼 깎아 세운 듯하고 여기저기 오색 칠을 한 것 같다고 한다. 《世宗實錄 地理志 咸吉道 安邊都護府》

52 칠보산(七寶山) : 함경도 명천(明川)에 있는 산으로, 함경도의 금강산이라 불릴 정도로 뛰어난 경관을 자랑하는 산이다.

53 푸른 인삼 : 함경도 갑산 지역의 특산물인 들쭉을 가리킨 것이다. 들쭉은 블루베리의 일종으로 푸른색 열매가 열리며 현재 북한의 천연기념물이다. 들쭉술은 북한의 명주(名酒)이기도 하다. 허균(許筠)의 《성소부부고(惺所覆瓿藁)》 권26 〈설부(說部) 도문대작(屠門大嚼)〉에는 갑산과 북청에서 나는 들쭉으로 끓인 죽은 맛이 정과(正果)와 같은데 포도보다도 훨씬 맛있다고 되어 있다.

54 단천(端川)에선……난다네 : 《신증동국여지승람(新增東國輿地勝覽)》 권49 〈함경도 단천군〉 조를 보면, 단천의 주요 토산물로 사색옥(四色玉)이 보인다.

반고는 신령스런 허물 벗어놓았고 盤古蛻靈殼
부온은 비밀스런 금고 남겨놓았네[55] 富媼留秘帑
북청의 외로운 사당[56] 우러러보니 北青瞻孤祠

백사(白沙) 이항복(李恒福) 공이 북청 유배지에서 세상을 떠나자 북청 사람들이 공의 영정을 그려 모시고 제향하였다.

종신의 영정 드리워져 있네 宗臣垂遺像
강상과 윤리를 짧은 상소로 부지하니[57] 倫綱尺紙扶

55 반고(盤古)는……남겨놓았네 : 함경도의 산천과 토산물이 모두 훌륭함을 비유한 말이다. 반고는 천지개벽 때에 맨 먼저 세상에 나와 세상을 다스렸다는 신화 속의 인물로 최초의 인간이자 조물주의 역할을 수행했다고 하는데, 일명 혼돈씨(混沌氏)라고도 한다. 반고가 죽을 때 숨기운은 바람과 구름이 되고, 목소리는 벼락이 되고, 좌우의 눈은 각각 해와 달이 되고, 사지와 오체는 각각 사극(四極)과 오악(五嶽)이 되고, 근맥(筋脈)은 지리(地理)가 되고, 기육(肌肉)은 전토(田土)가 되고, 머리카락과 수염은 성신(星辰)이 되고, 피모(皮毛)는 초목이 되고, 치골(齒骨)은 금석이 되고, 정수(精髓)는 주옥이 되고, 땀은 우택(雨澤)이 되었다고 한다. 《五運曆年記》

부온(富媼)은 지신(地神)을 가리킨다. 《한서(漢書)》〈예악지(禮樂志)〉에 "후토(后土)의 부온이 삼광(三光)을 밝힌다."라고 하였는데, 그 주에 장안(張晏)의 말을 인용하여 "온은 늙은 어머니를 일컫는 말이다. 땅이 어머니가 되므로 온이라 한다. 해내가 안정된 것은 부온의 공이다.〔媼, 老母稱也. 坤爲母, 故稱媼. 海內安定, 富媼之功耳.〕"라고 하였다.

56 외로운 사당 : 이계 당시의 상황을 고려하면 이항복(李恒福)을 배향한 북청의 노덕서원(老德書院)을 가리킨 것으로 보인다. 노덕서원은 1627년(인조5)에 건립되었다. 그러나 장유(張維)의 《계곡집(谿谷集)》 권15에 있는 이항복의 행장에, 이항복이 북청에서 죽자 북청 사람들이 사당을 세웠는데 나라에서 금해도 이를 막을 수가 없었다고 한 기록에 의거하면, 이항복의 사당은 서원 건립에 앞서 세워진 것이다.

57 강상과……부지하니 : 이항복이 광해군의 폐모론(廢母論)에 반대하는 글을 올린 사실을 가리킨다. 장유의 《계곡집》 권15에 있는 이항복의 행장에, 조정에서 폐모론에 대한 의견을 수렴하기 위해 병중에 있는 이항복을 찾아오자 이항복이 붓을 떨쳐 순(舜)

크신 이름 높은 하늘과 나란하여라 大名雲霄亢
마천은 높은 하늘 찌르고 있으니 磨天揷乾絡
북두성 자루가 외로운 횃대에 의지하고 있고[58] 斗衡倚孤桁
귀문은 깊은 땅 구멍 틔웠으니 鬼門拆坤竇
황량한 촌락엔 도깨비가 숨어 있구나[59] 墟落竄魍魎
위태로운 돌비탈에서 마부 꾸짖으며 내려오니[60] 危磴叱馭下
정오를 넘기지 않고 지나게 되었네 過去不移晌
공연히 몇 가닥 백발만 늘었으니 空添白數莖
차라리 나막신 몇 켤레 허비했으면 좋았으리[61] 寧費蠟幾緉

임금의 예를 들어가며 폐모론이 도리에 어긋남을 힘써 주장하였고 이로 인해 귀양을 가게 된 사실이 나온다.

58 마천(磨天)은……있고 : 마천은 마천령(磨天嶺)이다. 마천령은 함경도 단천과 김책(金策) 사이에 있는 고개로, 매우 높아서 하늘과 맞닿은 것 같다 하여 붙은 이름이다. 북두성 자루가 의지한다는 것은 마천령이 매우 높아 하늘의 북두성 자루가 마치 마천령을 횃대 삼아 기댄 것 같은 모습을 말한 것이다.

59 귀문(鬼門)은……있구나 : 귀문은 귀문관(鬼門關)이다. 귀문관은 함경도 종성(鍾城)에 있는 지명으로, 땅이 푹 꺼져 음침한 기운을 발산하므로 붙은 이름이다. 귀문관의 모습은 영조 때 종성에 귀양 갔던 윤창후(尹昌垕)의 《수주적행일록(愁州謫行日錄)》 6월 30일 기록을 통해 알 수 있다. 그에 따르면, 귀문관의 지형은 땅이 깊이 함몰되어 마치 솥 안처럼 되어 있으며, 그 안으로 깊은 시내가 흐르고 있는데 물빛에 음기가 가득해서 섬뜩한 기분이 들게 한다고 하였다.

60 마부 꾸짖으며 내려오니 : 원문의 '叱馭'는 한(漢)나라 때 왕존(王尊)의 고사에서 가져온 것이다. 이는 곧 국은(國恩)에 보답하기 위해 험한 길도 주저하지 않고 나아간다는 뜻이다. 한나라 왕양(王陽)이 험난한 구절판(九折阪)을 넘으면서 혹시 몸을 상해 어버이에게 누를 끼칠까 염려하여 그냥 돌아왔는데, 뒤에 왕존(王尊)이 이 고개를 넘으면서 마부를 꾸짖어〔叱馭〕 말하기를 "빨리 몰아라. 왕양은 효자지만 왕존은 충신이니라."라고 했던 고사가 있다. 《漢書 卷76 王尊傳》

원수가 북관(北關)에 막부(幕府)를 개설하니 元帥北開府

영애[62]는 목구멍 같은 요충지 점거했구나 嶺阨據喉嗓

돈대(墩臺)와 해자(垓字)가 장대하게 둘러싸고 있고 臺隍壯包絡

물 샐 틈 없는 방비를 망대(望臺)와 보루(堡壘)가 오롯이 하네 管鑰專堠墇

오국성[63]에 말을 세우니 立馬五國城

회령(會寧) 땅에 보라진(甫羅鎭)이 있는데 세칭 오국성의 구지(舊址)라 한다.

시대를 달리해 슬픈 감정 이네 異代起惻愴

만승의 두 천자 죄수의 몸 되고 萬乘作雙囚

황금 단지[64]는 멋대로 노략질 당했네 金甌恣攫掠

땅 요구하며 재궁 거래하니[65] 索地市梓宮

61 공연히……좋았으리 : 말을 타고 험한 길을 빠르고 위태롭게 내려오느라 긴장하여 백발만 늘었으니, 차라리 나막신을 신고 천천히 걸으면서 내려오는 편이 나았으리라는 말이다. 원문의 '蠟'은 밀랍을 칠해 윤을 낸 나막신인 '납극(蠟屐)'을 가리킨다.

62 영애(嶺阨) : 고개가 좁고 험하여 군사 요충지 성격인 관문(關門)이 설치되어 있는 곳을 가리킨다.

63 오국성(五國城) : 북송(北宋) 정강(靖康) 2년(1127)에 금(金)나라 군대가 남하하여 송나라 수도인 변경(汴京)을 함락시키고 휘종(徽宗)과 흠종(欽宗) 및 황족들을 포로로 잡아가서 오국성에 가두었다. 휘종과 흠종은 그곳에서 포로 생활을 하다가 사망하였다. 정확한 위치는 알려지지 않았다.

64 황금 단지 : 국토를 가리키는 말이다. 남조 양(南朝梁)의 무제(武帝)가 "우리나라는 마치 황금 단지와 같아서 하나도 상하거나 부서진 곳이 없다.〔我家國猶若金甌, 無一傷缺.〕"라고 한 데서 유래하였다. 《梁書 卷56 侯景列傳》

65 땅……거래하니 : 재궁(梓宮)은 황제의 관곽(棺槨)을 가리키는 말로, 여기서는 금(金)나라와 남송(南宋)의 강화 교섭 당시 거래의 대상이었던 휘종(徽宗)의 유해를

이리 같은 마음은 거간꾼보다 심했어라　狼心劇儈駔
임금과 신하 한 구렁에 묻히니[66]　君臣瘞同溝
떠도는 넋들 이웃이 되었으리　羈魂想隣傍
두 의원 발걸음 헛되이 고생만 하니　虛勞二醫來
나라 부지할 선비 하나 어찌 없었던고[67]　何無一士仗
호공이 토해낸 절절한 충심　胡公噴肝血
우주에 충언을 울렸어라[68]　宇宙鳴忠讜
백두산이 동북쪽에 웅장하게 솟았으니　白嶽雄東北

가리킨다. 강화 교섭의 결과로 휘종의 유해는 송환되었다.

66 임금과……묻히니 : 오국성에 잡혀가서 그곳에서 일생을 마쳤던 송(宋)나라 흠종(欽宗)과 그의 신하들이 고국으로 돌아가지 못하고 오국성에 묻혔다는 말이다. 본집 권12 〈북새기략(北塞記略) 북관고적기(北關古蹟記)〉에서 이계는 오국성을 함경도 회령(會寧)으로 비정하고, 행영(行營) 서북쪽 25리에 있는 화풍산(花豐山) 계곡에 구릉 같은 큰 무덤이 있고 그 주변으로 작은 무덤 100여 기가 있는데 이것이 황제와 신하들의 무덤이라고 하였다.

67 두……없었던고 : 송나라 휘종 7년에 고려에서 송나라에 의원을 청하였는데, 이때 황제가 조서를 내려 의원 두 사람을 파견한 일이 있다. 이때 고려 인종(仁宗)이 송나라에서 금나라와 연합하여 요(遼)나라를 치려 한다는 말을 듣고 그것이 종국에는 송나라에 크게 불리한 일이 될 것이라며 돌아가서 황제에게 그 계획을 중지하라고 말할 것을 권하였다. 의원들이 돌아와 이 사실을 알렸으나 이미 되돌릴 수 없었다고 한다.《宋史 卷487 高麗列傳》

68 호공(胡公)……울렸어라 : 호공은 남송(南宋) 고종(高宗) 때 인물인 호전(胡銓)을 가리킨다. 호전은 자가 방형(邦衡), 호가 담암(澹菴)으로 여릉(廬陵) 사람이다. 진회(秦檜)와 왕륜(王倫), 손근(孫近) 등이 금나라와 화친하기를 주장하자 상소하여 이들의 목을 벨 것을 청하였는데, 금나라 사람들이 천금(千金)을 내걸어 그 상소를 구해 보고는 철군(撤軍)하였다고 한다.《宋史 卷374 胡銓列傳》 그가 올렸던 〈상고종봉사(上高宗封事)〉의 내용이 《문장궤범(文章軌範)》 권4에 수록되어 있다.

깊고 넓은 두만강 흘러나오고 豆江出滉瀁
그 바깥은 바로 슬해[69]이니 其外卽瑟海
풍랑이 날마다 와서 부딪히네 風濤日相擋
신령스러운 뿌리가 삼한을 잉태하니 靈根孕三韓
길러줌이 이에 가없어라[70] 亭毒仍圠坱
적지에서 왕업이 열리니[71] 赤池肇王迹
이무기 싸웠던 기이한 일 전하네 異事傳鬪蟒
상성께서 천명을 받으신 때에 上聖自膺命
신물이 어찌 보응이 없으랴[72] 神物豈冥償

69 슬해(瑟海) : 함경도 경흥(慶興)에 접해 있는 바다를 가리킨다.

70 신령스러운……가없어라 : 백두산과 두만강 등 한반도 산천의 뿌리가 있는 함경도 지역이 삼한의 기운을 잉태하여 끊임없이 양육하고 있다는 뜻이다.

71 적지(赤池)에서 왕업이 열리니 : 적지는 경흥부 남쪽 10리에 있는 연못이다. 태조 이성계의 조부인 도조(度祖)가 하루는 꿈을 꾸었는데 남쪽 연못에 살고 있는 용이 현몽하여, 침입을 당하여 거처를 잃게 되었는데 활을 잘 쏜다는 말을 듣고 찾아왔으니 한번 도와주기만 하면 후세에 반드시 경사가 있게 될 것이라고 말하였다. 도조가 허락을 하고 다음 날 연못으로 가보니 흑룡과 백룡이 싸우고 있었으므로, 지시받은 대로 흑룡을 화살로 쏘아 맞히니 연못이 온통 붉게 물들었다고 하며 이 때문에 적지로 불리게 되었다고 한다.《燃藜室記述 卷1 太祖朝故事本末》

72 상성(上聖)께서……없으랴 : 상성은 앞 시대의 제왕을 뜻하는 말로, 여기서는 태조 이성계를 가리킨다. 신물의 보응이라는 것은 이성계가 신물을 받았으므로 당연히 그 보응으로 나라를 창업했다는 말이다. 이성계가 아직 즉위하지 않았을 때, 꿈에 신인(神人)이 금척(金尺)을 갖고 하늘에서 내려와 주며 말하기를 "시중(侍中) 경복흥(慶復興)은 청렴하기는 하나 이미 늙었으며, 도통(都統) 최영(崔瑩)은 강직하기는 하나 조금 고지식하니 이것을 가지고 나라를 바룰 사람은 공(公)이 아니고 누구이겠는가."라고 한 일이 있다.《太祖實錄 1年 7月 17日》

적인(狄人)을 피했던 예수(汭水) 가와 같고[73] 避狄同芮鞫
밤을 베었던 망탕과 비슷해라[74] 斬蛇類芒碭
깊은 근원에서 성대한 국운(國運) 흘러나오니 濬發流洪祚

73 적인(狄人)을……같고 : 중국 주(周)나라의 선조인 공류(公劉)가 융적(戎狄)의 핍박을 피해 빈(豳) 땅으로 이주하였는데 백성들이 공류를 따라 모두 이주하였으며 그 지역이 바로 예수 가였다. 《詩經 大雅 生民之什 公劉》 예수는 주희(朱熹)의 《시경집전(詩經集傳)》에 따르면 오산(吳山) 서쪽에서 나와 동으로 경수(涇水)로 흘러들어가는 강으로, 《주례(周禮)》 〈직방(職方)〉에는 '예(汭)'로 표기되어 있다.

한편 태조 이성계의 선조인 익조(翼祖)가 동북면(東北面)에서 원(元)나라의 천호(千戶) 벼슬을 살고 있을 때 여진족 출신 천호들이 익조를 시기하여 살해하려 하였으므로 익조가 그들을 피하여 적도(赤島)로 갔고 다시 덕원부(德源府)로 이주하니 경흥(慶興) 백성들이 저자에 가듯 익조를 따라간 사적이 있다. 《燃藜室記述 卷1 太祖朝故事本末》 즉 이 구절은 조선 왕업의 시초가 된 북관(北關) 지역 일대가 옛날 주나라 왕업의 시초가 된 빈 땅과 같다는 말이다.

74 뱀을……비슷해라 : 뱀을 벤 것은 한(漢)나라를 창업한 고조(高祖) 유방(劉邦)의 고사이다. 유방이 천자가 되기 전에, 밤에 늪을 지나다가 큰 뱀이 앞을 가로막고 있기에 검을 뽑아 뱀을 베어 죽였는데, 유방보다 뒤처져 따르던 사람이 뱀이 있는 곳에 이르니 한 노파가 밤에 곡하면서 "우리 아들은 백제(白帝)의 아들로 뱀이 되어 길에 있었는데, 이제 적제(赤帝)의 아들이 베어 죽였다." 하고는 문득 사라졌다고 한다. 백제는 오행(五行) 가운데 금(金)의 기운으로 흥성한 진(秦)나라를 가리키고 적제는 화(火)의 기운으로 흥성한 한나라를 상징하므로, 이는 한나라가 진나라를 멸망시킬 조짐인 것이다. 《史記 卷8 高帝本紀》 망탕은 망산(芒山)과 탕산(碭山)을 합칭한 것으로 지금의 안휘성(安徽省)에 있는데, 유방이 몸을 숨기고 근거지로 삼았던 곳이다.

한편 태조 이성계가 임금이 되기 전에도, 하늘의 신인(神人)이 현몽하여 금척(金尺)을 주고 이인(異人)이 나타나 이성계가 후일 왕이 될 것이라는 내용이 담긴 비기(祕記)를 전하는 등 미리 나라를 창업할 전조(前兆)들이 나타났다. 《太祖實錄 1年 7月 17日》 《燃藜室記述 卷1 太祖朝故事本末》 즉 이 구절은 태조가 왕업을 개창할 전조를 받았던 북관(北關) 지역 일대가 옛날 한나라 고조가 왕업을 개창할 전조를 받았던 망탕산과 비슷하다는 말이다.

아름다운 기운 지금까지도 왕성하구나　　佳氣至今旺
열 고을은 부리에서 꼬리처럼 연이어 있고[75]　　十州連咮尾
서라는 목처럼 드리워져 있네[76]　　西羅垂如吭
평소 사방지[77] 품었더니　　平生四方志

75 열……있고 : 《대동지지(大東地志)》에, 함경도는 총 25읍으로 그중 남도가 15읍, 북도가 10읍이라고 하였다. 부리에서 꼬리처럼 연이어 있다는 말은 함경북도가 남북으로 길게 뻗어 있는 형상을 형용한 것이다.

76 서라(西羅)는 목처럼 드리워져 있네 : 서수라(西水羅)를 가리킨다. 서수라는 함경도 경흥군(慶興郡) 노서면(蘆西面)에 있는 항구로 두만강 어귀 남서쪽에 있으며 우리나라 동북쪽 가장 끝의 항구이다. 서수라의 지형이 바다 쪽으로 길게 뻗쳐 나와 있으므로 목처럼 드리워져 있다고 한 것이다. 아래 지도 하단의 서수라동 참조.

그림 14 함경북도 경흥의 서수라의 지형

77 사방지(四方志) : 남아가 태어나 사방을 두루 경영하고자 하는 뜻을 가리킨다. 《예

마음과 눈이 이곳에서 장쾌해지네 心目此可壯
태사는 양초 지방 유람하고서 太史遊梁楚
그 기상 웅혼한 문장에 발휘하였고[78] 雄藻貫氣象
자미는 천촉 지방 유락(流落)하고서 子美落川蜀
조물주를 붓끝으로 속였지[79] 筆端欺化匠
파선은 절서로 쫓겨나고 坡仙浙西投
유자는 영외로 내쳐진 뒤[80] 柳子嶺外放

기(禮記)》에 "국군(國君)의 세자(世子)가 태어나면, 사인(射人)이 뽕나무 활에 쑥대 살 여섯 개로 천지 사방을 쏜다."라고 하였고, 그 주에 "천지 사방은 남자가 일할 곳이기 때문이다."라고 하였다.

78 태사(太史)는……발휘하였고 : 태사는 한(漢)나라 때 《사기(史記)》를 지은 태사공(太史公) 사마천(司馬遷)을 가리킨다. 사마천은 경제(景帝) 연간에 용문(龍門)에서 태어나 10여 세에 고문(古文)을 다 통달하고, 20여 세에는 천하를 유람하고자 하여 남으로 강회(江淮), 회계(會稽), 우혈(禹穴), 구의(九疑), 원상(沅湘) 등지를 유람하고 북으로 문수(汶水), 사수(泗水)를 건너 제노(齊魯) 지역에서 강학(講學)을 하다가 양초(梁楚) 지역을 거쳐서 돌아왔는데, 이때 경험을 통해 명문장가가 되었다고 한다. 《史記 卷130 太史公自序》

79 자미(子美)는……속였지 : 자미는 당(唐)나라 때의 유명한 시인 두보(杜甫)의 자(字)이다. 천촉은 옛날 촉나라 지역인 사천성(四川省)을 가리킨다. 두보는 대기근으로 생계를 위해 사천성 성도(成都)로 이주하여 완화계(浣花溪)에 초당을 짓고 살았는데, 이때부터 수많은 명시들이 탄생하였다. 조물주를 속인다는 것은 두보의 시가 너무나도 훌륭하여 조물주조차 그것이 인위적으로 다듬어낸 것인지 눈치채지 못한다는 뜻이다.

80 파선(坡仙)은……뒤 : 파선은 북송(北宋) 때의 동파(東坡) 소식(蘇軾)을 가리키고, 유자(柳子)는 당(唐)나라 때의 유종원(柳宗元)을 가리킨다. 구법당(舊法黨)이었던 소동파는 신법당(新法黨)의 배척을 받아 오늘날의 절강(浙江) 지역인 호주(湖州) 등으로 좌천된 적이 있으며, 유종원은 혁신 정치에 가담했다가 수구파(守舊派)의 배척

문장이 신묘하게 되었으니　文章得神助
그들의 성취는 모두 임금의 선물이로다　成就皆君貺
나는 그들과는 달리　而我異於是
역마를 탄 데다 관가의 대접 받네　馹乘兼官饗
재주는 옛 현인들에 부끄러운 수준이니　才調愧昔賢
영광과 쇠락을 어찌 비길 수 있으랴　榮悴寧比況
삼가 생각건대 옥여의 은혜[81]　恭惟玉汝恩
감읍하는 마음 가슴 속 깊이 새겼네　感結鏤肺臟
밤낮으로 직분에 충실하면서　夙夜勤職分
쇠약하고 어리석은 몸 더욱 힘을 기울인다　衰鈍益勉彊
마음 열어 사나운 풍속 교화하고　披心化狙獷
손으로 쓰다듬어 질고를 어루만지네　摩手拊瘡痒
궁촌에서 추위와 기아 진휼하고　窮蔀軫凍餓
심심산골에서 억울함 들어주네　深峒達幽枉
따뜻하게 품어주기만[82] 해서도 안 되고　不必專煦嫗

을 받아 오령(五嶺) 바깥 지역인 유주 사마(柳州司馬)로 좌천된 적이 있다.

81 옥여(玉汝)의 은혜 : 완전하게 성취시켜주는 임금의 은혜를 말한 것이다. 송(宋)나라 장재(張載)의 〈서명(西銘)〉에 "궁한 상황 속에서 근심에 잠기게 하는 것은 그대를 옥으로 만들어주려는 것이다.〔貧賤憂戚, 庸玉汝於成也.〕"라고 하였다.

82 따뜻하게 품어주기만 : 원문의 '후구(煦嫗)'는 양육해준다는 뜻으로, 《예기(禮記)》〈악기(樂記)〉에 "하늘과 땅이 화합하고 음과 양이 조화되어 만물을 길러주고 품어준 연후에 초목이 무성하게 된다.〔天地訢合, 陰陽相得, 煦嫗覆育萬物, 然後草木茂.〕"라고 하였다. 공영달(孔穎達)은 이에 대해 "하늘이 기(氣)로 품어주고 땅이 형체로 길러준다.〔天以氣煦之, 地以形嫗之.〕"라고 하였다. 여기서는 백성을 다스리는 자가 먼 지방의 백성을 대하는 자세를 말한 것이다.

꼭 엄한 형벌에 기대기만 해도 안 되니　不必恃捶榜
오직 비천하게 여기지 않음[83]을 잘해야　惟能不鄙夷
그런 뒤에 백성들이 윗사람 친애하네　然後親長上
남정네들은 농사에 힘쓰고　男兮力稼耘
여인네들은 베 짜기 여념 없어라　女也劬纅紡
길가[84]에선 짐승 잡기 즐기고　長楸好格獸
강 반절은 그물 펼칠 수 없네　半江莫縱網

강의 반절 바깥은 청(淸)나라 땅이라 하므로 변경의 금제(禁制)가 있다.

평시에 준비해둠 있어야　平時有素養
갑작스런 때 먼저 대응할 수 있는 법　倉卒得先倡
관문과 저자에선 단속 명확히 하고　關市明約束
교역할 땐 속임수 근절해야 하네　交貿絶誘誷
충성과 신의는 오랑캐 땅에서도 통하니　忠信可蠻貊

83 비천하게 여기지 않음 : 먼 지방의 백성이라고 해서 천시하지 않고 예악으로 다스림을 말한다. 한유(韓愈)의 〈유주나지묘비(柳州羅池廟碑)〉에 "유주 자사(柳州刺史) 유종원(柳宗元)은 그 백성들을 비천하게 여기지 않고 예법으로 움직였다.〔柳侯爲州, 不鄙夷其民, 動以禮法.〕"라고 하였다.

84 길가 : 원문의 '장추(長楸)'는 보통 도로를 가리킨다. 이는 고대에 길옆에 가로수로 가래나무를 심었던 데서 유래한 것이다. 《이소(離騷)》 〈구장(九章) 애영(哀郢)〉에 "긴 가래나무 바라보며 크게 탄식함이여.〔望長楸而太息兮〕"라고 한 구절에 대한 왕일(王逸)의 주석에 "초(楚)나라 도성을 돌아보며 큰 도로에 긴 나무를 보고 슬퍼하며 크게 탄식함을 말한 것이다."라고 하였다. 또한 조식(曹植)의 〈명도편(名都篇)〉에 "긴 가래나무 사이에 말을 달린다.〔走馬長楸間〕"라고 한 구절에 대한 이주한(李周翰)의 주석에 "옛사람들은 길에 가래나무를 심었으므로 긴 가래나무라고 한 것이다."라고 하였다.

다만 이 구절에서 '길가'란 함경도의 지리적 특색이나 짐승 잡기라는 말을 고려했을 때, 성시(城市)의 평탄한 도로라기보다 산속의 도로를 가리키는 것으로 생각된다.

강대한 이웃이 어찌 날뛰고 속이랴[85] 强隣豈猖瑟
삼가 완종도 구하지 말고 愼勿求宛種
구장도 교역하지 말아야 하리[86] 愼勿通蒟醬
변방 백성들 저마다 제 살 자리 얻으니 民獠各得所
성상의 교화 바야흐로 울려 퍼지네 聲敎方肹蠁
사막[87] 바깥으로 왕성한 음기 쌓였고 磧表玄陰積
평지엔 몇 길이나 눈이 쌓였네 平地雪數丈
날씨가 남과 북이 판이하니 天氣截北南
구월에도 얼음이 불룩하니 얼었네 九月氷腹脹
황사가 땅을 갈며 일어나니 黃沙撇地起
햇빛은 항상 어슴푸레하다 日光常曚曨
사냥 말들이 바람처럼 달려오니 獵騎來如風

85 충성과……속이랴 : 《논어》 〈위령공(衛靈公)〉에 "말이 충성스럽고 신의 있으며 행실이 독실하고 공경스러우면, 오랑캐 나라에 간다 할지라도 행해질 수가 있다.〔言忠信, 行篤敬, 雖蠻貊之邦行矣.〕"라고 하였다. 즉 우리가 충성과 신의의 자세로 청(淸)나라를 대한다면 저들도 우리를 함부로 대하지 않으리라는 말이다.

86 삼가……하리 : 완종(宛種)은 서역(西域)에 있는 대완국(大宛國)의 좋은 말을 가리키며, 구장(蒟醬)은 구약나물의 뿌리를 가루로 만들어 끓여 만든 것으로 역시 서역의 물건이다. 여기에서 완종과 구장을 구하지 말라는 것은 청나라와 사사로이 교역하면서 청나라의 물품을 들여오는 일을 삼가서 외교 분쟁이 일어나지 않도록 해야 한다는 말이다. 당시 나라의 공무역(公貿易)인 개시(開市) 외에 사상(私商)의 밀무역(密貿易)에 해당하는 후시(後市)가 국경지대에 존재하였는데, 함경도 경원 지역에는 야인들과의 밀무역인 북관 후시가 있었다. 정조 때에 이런 후시를 일체 금하려 했으나 실제적인 효과는 미미하였다.

87 사막 : 여기서 사막은 우리가 요즘 이야기하는 사막이라기보다 변경 지역을 가리킬 때 관습적으로 사용했던 용어이다.

지척에서 천막을 걷어 올리는구나 咫尺褰穹帳
조선과 청나라가 강 하나 경계로 두었으니 夷夏界一帶
쓸데없는 삿대만 걸어놓았구나[88] 徒揭不用檕
변경 분쟁은 눈 깜짝할 새 일어나니 邊釁起呼吸
수신이 감히 배불리 편히 지내랴 守臣敢飽飫
북문의 구준에게 부끄럽고 北門慚寇準
서하의 위상 사모하네[89] 西河慕魏尙
청명한 새벽 화살 차고 나오니 淸晨挾矢出
드넓은 사막에 준마의 울음소리 廣漠嘶驌驦
오랑캐 산이 앞을 가로막고 섰으니 胡山壓面立
장쾌한 마음은 한번 치달을 것 생각하네 壯心思一蹋
약소국에 훌륭한 계책 없으나 弱國無長策
한 치의 땅인들 누가 빼앗을 수 있으리 寸地誰能攘

88 조선과……걸어놓았구나 : 조선과 청나라가 두만강을 경계로 띠처럼 길게 국경선을 맞대고 있으며, 국경이라 강을 건널 일이 적으므로 이렇게 말한 것이다.

89 북문(北門)의……사모하네 : 구준(寇準)은 북송(北宋) 진종(眞宗) 때의 재상으로, 진종의 친정(親征)을 주장하여 거란의 침입을 물리친 사실이 있다. 그가 대명부(大名府)를 맡아 지킬 때에 거란의 사신이 와서 구준에게 말하기를 "상공(相公)은 명망이 높은데 어찌하여 중서성(中書省)에 있지 않고 여기 있습니까?" 하니, 구준이 말하기를 "임금이 북문의 방비는 구준이 아니면 안 된다 하시기 때문이다."라고 하였다. 《宋史 卷281 寇準列傳》 구준에게 부끄럽다는 말은 구준처럼 변경을 튼튼히 방비할 만큼의 재주가 되지 못한다는 뜻이다.

위상(魏尙)은 한(漢)나라 문제(文帝) 때 운중(雲中)의 태수로 부임하여 흉노를 막은 인물이다. 위상이 운중을 다스리고 있을 때에는 흉노가 운중 근처를 얼씬도 하지 못했다고 한다. 《漢書 卷50 馮唐傳》 서하는 한나라 시대 흉노가 많이 거주하던 지역이다. 위상을 사모한다는 말은 이계도 위상처럼 변경을 잘 지키겠다는 다짐을 뜻한다.

애석하여라 분수비여　　惜哉分水碑
강토가 어찌 멀지 않으리오[90]　　疆履胡未逖
임금의 위령(威靈)이 바다 모퉁이까지 닿으니　　王靈薄海隅
위덕이 참으로 멀리까지 떨쳤도다　　威德政遐暢
산 위의 봉화는 약속한 듯 빠른데　　山烽疾如期
수루(戍樓)의 북소리 고요하니 울리지 않네　　戍鼓靜不響
어진 정치의 풍화가 사방에 넘쳐나니　　仁風溢四境
풍속 다른 먼 지방에서도 사모하고 따르네　　殊俗亦慕嚮
우선 양공처럼 띠를 느슨히 두르고[91]　　且緩羊公帶
때때로 왕자처럼 학창의(鶴氅衣) 걸치네[92]　　時披王子氅

90 애석하여라……않으리오 : 분수비는 1712년(숙종38)에 백두산의 압록강과 토문강의 분수 지점에 세운 백두산정계비(白頭山定界碑)를 가리킨다. 당시 청나라와 조선 사이에 국경 정계 문제가 대두되었을 때 조선의 입장은 백두산 정상을 경계로 남북으로 갈라 정한다는 것이었으나, 당시 조선 측 책임자인 접반사 박권(朴權)과 함경도 관찰사 이선부(李善溥)가 노쇠하여 중간에 뒤떨어지는 바람에 근관 이의복(李義復) 등 6인의 하급 관원만이 청나라 책임자 오라 총관(烏喇摠管) 목극등(穆克登)과 함께 분수령에 도착하여 목극등의 의도대로 백두산 정상에서 동남쪽으로 내려와 정계비를 세우게 되었다. 여기서 애석하다는 것은 당시의 정계가 조선의 의도대로 되지 못하여 더 먼 우리의 강역이 줄어든 데 대한 아쉬움을 표한 것이다.

91 양공(羊公)처럼……두르고 : 변경에서 방비를 잘하여 한가하고 여유로운 장수의 풍모를 지닌다는 말이다. 양공은 진(晉)나라의 장군 양호(羊祜)이다. 양호가 양양(襄陽)에서 도독형주제군사(都督荊州諸軍事)로 군정을 잘 펼쳐 오(吳)나라를 방비하여 변경의 우환을 없애고는 군중에서 항상 가벼운 갖옷에 느슨하게 띠를 두르고 몸에는 갑옷을 입지 않았으며 영각(鈴閣) 아래에 시위(侍衛)하는 자들이 10여 명에 지나지 않았다고 한다.《晉書 卷34 羊祜列傳》

92 왕자(王子)처럼……걸치네 : 눈발이 휘날리는 북쪽 변경에서 때때로 신선과 같은

화로의 향연은 인장 놓인 선반을 정화하고　爐薰淨印架
변경의 달빛은 서재의 휘장에 밝게 비치네　塞月明書幌
야경꾼의 딱따기 소리 평안함을 알리니　宵柝報平安
아침 해 밝을 때 잠에서 깨어난다　睡起朝暾晃
밥 먹을 때 고기 없다 말하지 말라　莫云食無肉
담채[93]로 탕을 끓일 만하니라　淡菜堪作湯
술동이에 술 없다 말하지 말라　莫云樽無酒
귀리도 술을 빚을 만하니라　耳牟亦可釀
땅에서 솜이 나지 않는다 말하지 말라　莫云土無緜
족제비 담비 가죽이 솜옷에 필적하니라　鼬貉敵絮纊
산에 과일 없다 말하지 말라　莫云山無果
비장을 튼튼히 하는 개암과 도토리 많나니라　健脾多榛橡
지대가 바다에 접했다 말하지 말라　莫云地濱海
맑은 삭방엔 무더운 장기 없나니라　淸朔無炎瘴
바람이 기와를 잡아 뽑는다 말하지 말라　莫云風掣瓦
판자벽에 따뜻한 온돌 있나니라　板壁有煖炕
수자리 같은 관직이라 말하지 말라　莫云官似戍

운치를 즐기겠다는 말이다. 왕자는 진(晉)나라 무제(武帝) 정황후(定皇后)의 친오빠인 왕공(王恭)을 가리킨다. 학창의는 웃옷의 한 가지로, 소매가 넓고 뒤 솔기가 터진 흰옷에다 가선을 검은 헝겊으로 둘러 마치 학의 깃처럼 생겼으므로 붙은 이름이다. 왕공이 어느 날 학창의를 걸치고 눈밭을 거닐자 맹창(孟昶)이 이를 엿보다가 신선과 같다고 찬탄한 일이 있다. 《晉書 卷84 王恭列傳》

93 담채(淡菜) : 홍합의 다른 이름이다. 《신증동국여지승람(新增東國輿地勝覽)》의 함경도 부분을 보면 함경도 대부분 지역에 특산물로 홍합이 올라와 있다.

이졸들이 앞 관사에 둘러서 있나니라 吏卒環前廠
옥은 쪼아야 그릇으로 완성되고 玉以琢成器
쇠는 제련해야 강철로 불리는 법 金待鍊稱鋼
소요하며 유유자적하노니 逍遙以自適
가슴속 시원스레 탁 트이누나 胸襟廓蕩蕩
산보가 어찌 길이 생각하랴 山甫豈永懷
정원은 끝내 무탈하였네[94] 定遠終無恙
아우와 아이들에게 소식 부치노니 寄聲報弟兒
멀리 떨어져 이별한 것 슬퍼하지들 말라 遠別莫悵惘

94 산보(山甫)가……무탈하였네 : 모두 이계가 다시 한양 조정으로 복귀하게 되리라는 말이다. 산보는 주(周)나라 선왕(宣王)의 현신(賢臣)인 중산보(仲山甫)로, 그가 멀리 제(齊)나라로 성을 쌓으러 떠나게 되자 또 다른 현신인 윤길보(尹吉甫)가 그를 전송하며 읊은 시인 《시경》 〈대아(大雅) 증민(烝民)〉에 "중산보가 길이 생각하는지라 그 마음을 위로하노라.〔仲山甫永懷, 以慰其心.〕"라고 하였다. 여기에서 길이 생각한다는 것은 중산보가 먼 지방으로 떠나면서 임금을 걱정하는 마음을 가진다는 뜻이다. 즉 이계 역시 임금 걱정하는 마음을 품은 채 계속 변방에 머무는 것이 아니라 다시 조정으로 복귀하게 될 것이라는 말이다.

정원(定遠)은 한(漢)나라 때 서역(西域)을 널리 개척한 공로로 정원후(定遠侯)에 봉해진 반초(班超)이다. 반초는 30년간을 서역에 머물면서 여러 나라들을 평정했는데, 후에 변방에서 오래 지내면서 고향 생각이 간절해지자 화제(和帝)에게 상소하여 "신은 감히 주천군에 도달하기를 바라는 것이 아니라, 그저 살아서 옥문관이나 들어가고자 원합니다.〔臣不敢望酒泉郡, 但願生入玉門關.〕"라고 하자 화제가 다시 장안으로 돌아오는 것을 허락하였다. 《後漢書 卷77 班超列傳》 주천군은 장안에서 8천여 리나 떨어진 극변(極邊)이고, 옥문관은 장안에서 3천여 리 떨어진 곳으로 중국 본토로 들어가는 관문이었다. 이 구절에서 무탈했다는 것은 정원이 죽기 전에 다시 장안으로 돌아갈 수 있었다는 뜻이다. 즉 이계 역시 변방에서 오래 머무는 것이 아니라 다시 조정으로 복귀하게 될 것이라는 말이다.

하늘 끝에서 임금과 떨어져 있으니　　天涯隔君親
꿈속의 혼만 어찌할 줄 몰라 하누나[95]　　魂夢徒迋迋
애오라지 변새의 노래 완성하니　　聊成出塞曲
바람을 맞으며 크게 불러보노라　　臨風發浩唱

95 꿈속의……하누나 : 임금 곁을 떠나 있어 두렵고 어찌할 줄 모르겠다는 말이다. 《초사(楚辭)》〈구탄(九嘆) 민명(愍命)〉에 "혼은 어쩔 줄 몰라 하며 남쪽으로 향하네.〔魂俇俇而南行兮〕"라고 하였다.

보리판을 넘어 회양으로 향하며[96]

踰菩提坂 向淮陽

새벽에 보리판 지나노라니	曉度菩提坂
겹겹의 얼음이 층층 암석 덮었네	層氷冒積石
첩첩의 산길은 굽이굽이 둘렀고	山路曲以㢕
지척엔 천 길의 낭떠러지로구나	懸崖側千尺
아래로는 포효하는 거대한 강물	其下大江吼
힐끗 굽어봄에 검은 옥돌 엉긴 듯해라	俯睇凝黝碧
뭇 산들은 깎아지른 듯 솟아 있고	群山立戌削
험준한 봉우리는 창처럼 빽빽해	峻角森如戟
하인은 자주 짐 멘 어깨 바꾸며	輿人屢易肩
아홉 번 헐떡이고 한 걸음 내딛네	九喘一移跡
우스워라 천금같이 여기던 이 몸	自笑千金軀
이곳에 이르러 한판에 끝날 위기로세	到此危一擲
훌륭해라 두 왕씨의 뜻이여	賢哉二王志
충과 효의 의리가 각기 합당하였도다[97]	忠孝義各適

96 보리판을……향하며 : 이 작품 역시 이계가 경흥 부사로 보임받아 가는 여정 중에 쓴 것이다. 보리판은 강원도 금성(金城), 즉 지금의 강원도 김화군 금성면에서 북쪽 회양군으로 넘어가는 경계에 위치한 고개 이름이다. 험준한 고개를 넘으면서 나라를 위한 충정을 다하겠다는 포부를 표출하였다. 입성 '맥(陌)'운의 고체시(古體詩)이다.

97 훌륭해라……합당하였도다 : 험준한 보리판을 넘으면서 중국의 험난한 고개인 구절판(九折阪)의 고사를 떠올린 것이다. 두 왕씨는 한(漢)나라 때 사람인 왕양(王陽)과

나만은 이 길을 탄탄대로처럼 보나니　　我獨康莊視
애오라지 장쾌하게 먼 길 내딛는다네　　聊以壯遠蹠

왕존(王尊)을 가리킨다. 왕양이 일찍이 익주 자사(益州刺史)가 되어 부임하던 중 험난하기로 유명한 공래산(邛郲山) 구절판(九折坂)에 도착하였다. 그러자 왕양은 "부모께서 남겨주신 몸인데 어떻게 이처럼 험난하여 위태로운 곳을 자주 넘어 다닐 수가 있겠는가."라고 하고는, 수레를 되돌려 돌아간 다음, 병을 핑계 대고 관직에서 물러났다. 그 뒤에 왕존이 익주로 부임하다가 구절판에 도착해서는 마부를 재촉하며 "빨리 말을 몰아라. 왕양은 효자지만 왕존은 충신이니라."라고 하였다. 《漢書 卷76 王尊傳》

철령 높은지고[98]

鐵嶺高

철령 높은지고 鐵嶺高
지축은 견고타 坤軸牢
산맥 높고 험준하며 가파르기도 하니 岡巒巀嶭而嶄巖
뾰족뾰족 칼날 봉우리 삐죽삐죽 솟았다 鋒角矗鋋刀
강회가 머리로 부주를 들이받자 康回頭觸不周
음지를 등지고 골짜기를 큰 자라로 떠받쳤네[99] 背陰壑拄巨鰲
원기가 꿈틀꿈틀 서남쪽으로 내달려 元氣蜿蟺西南走

98 철령 높은지고 : 이 작품 역시 이계가 경흥 부사로 보임되었을 때 쓴 것이다. 철령은 함경도 안변(安邊)과 강원도 회양(淮陽)의 경계에 있는 고개로 높이가 685미터에 달한다. 철령을 다른 표현으로 철관(鐵關)이라고도 하며 이곳을 기점으로 북쪽은 관북(關北), 동쪽은 관동(關東) 지방으로 구분된다. 이계는 이 작품에서 예전에는 원(元)나라와 여진(女眞)에 속했던 철령 이북 지역이 다시 조선의 강역으로 들어오게 된 역사적 내력과 백성들이 편안하게 삶을 누리고 있는 모습을 읊었다. 평성 '호(豪)'운의 고체시(古體詩)이다.

99 강회(康回)가……떠받쳤네 : 높게 솟은 철령을 옛날 중국의 부주산에 비긴 것이다. 전설에, 공공씨(共工氏)가 전욱(顓頊)과 싸우다 이기지 못하자 성이 나서 머리로 곤륜산 서북쪽의 부주산(不周山)을 들이받아 하늘을 받치는 기둥이 부러지고 땅을 묶어둔 밧줄이 이지러져, 하늘은 서북쪽으로 기울고 땅은 동남쪽으로 꺼졌는데 여선(女仙)인 여와씨(女媧氏)가 오색의 돌을 갈아서 하늘을 깁고 자라의 발을 잘라서 사방 땅의 기둥으로 받쳤다고 한다.《淮南子 覽冥訓》《列子 湯問》 강회는 공공씨의 이름이다. 음지를 등졌다는 것은 자라로 떠받쳤다는 고사를 가져왔기 때문에 한 말이다. 신령한 거북은 음지를 등지고 양지로 향한다고 한다.《說苑 辨物》

금강산 빚어내니 신고를 모음일세[100] 鑄金剛兮鍾神皐
철령 높은지고 鐵嶺高
매서운 바람 길이 성내며 울부짖네 烈風長怒號
두터운 빙벽 높이높이 큰 벼랑 드리우니 玄氷峨峨拖穹壁
날던 새 나래 접고 표범은 슬피 운다 飛鳥戢翼兮斑豹悲嗥
길 가던 사람 자빠지고 수레바퀴 뒤집히니 行人顚車轂翻
꼬불꼬불한 길 오르내림이 길고[101] 같아라 詰屈低仰如桔槹
지난날 말갈[102]의 소굴이던 곳 往者靺鞨窟其墟
천 리의 변방은 오랑캐 비린내로 찌들었지 千里封疆淪腥臊
남자는 밭 갈지 않고 여자는 베 짜지 않고 男不耕兮女不織
창과 활 차고서 어지러이 날뛰었네 橫戈挾弩紛繹騷
백성들 황야에 엎어지고 生靈塗榛莽
벌판은 피바다 되었어라 原野流血膏
철령 높은지고 철령 높은지고 鐵嶺高鐵嶺高
산하의 기세 어찌 저리 웅장한고 山河氣勢何雄豪
성인께서 삭방에서 일어나시니 聖人起朔方
삼 척 검과 한 가닥 채찍 드셨도다[103] 劍三尺鞭一條

100 신고(神皐)를 모음일세 : 신고는 신명(神明)이 모이는 신성한 구역을 가리킨다. 금강산의 절경이 모두 선경으로 빚어놓은 듯함을 비유한 말이다.

101 길고(桔槹) : 한쪽에는 두레박을 달고 반대쪽에는 돌을 매달아 물을 퍼 올릴 수 있도록 만든 기구이다.

102 말갈(靺鞨) : 말갈은 6~7세기경 한반도 북부와 만주 동북부 지역에 거주했던 종족을 특정하는 말이기도 하지만, 여진족을 가리키는 말로도 쓰였다. 여기서는 여진족의 의미이다.

지휘하여 삼한을 안정시키니　　指揮定三韓
왼편에는 황월이요 오른손엔 백모로다[104]　　左黃鉞右白旄
서방의 큰 깃발 하늘에서 내려오니　　西方大旂從天下
아홉 성 부족들을 한 싸움에 무찔렀네　　九城諸部一戰鏖
신마(神馬)는 번개 같고 화살은 유성 같아　　神騅如電箭如星
선개를 둘 다 묶자 살아서 여진으로 달아났네　　善介雙縛生眞逃
삼군이 개선가 부르며 화주로 들어오니　　三軍凱歌入和州
백성들 환호하며 깃대 잡고 춤추며 맞이했네[105]　　萬姓驩呼迎干翿

103 성인께서……드셨도다 : 성인은 함경도 출신으로 조선을 개국한 태조 이성계를 가리킨다. 이성계가 임금이 되기 전에 "석 자 되는 칼로 사직을 편안히 한다.〔三尺釰頭安社稷〕"라는 시 한 구를 짓자 당시 문사들이 모두 대구를 짓지 못하였는데, 최영(崔瑩)이 갑자기 "한 가닥 채찍으로 천지를 평정한다.〔一條鞭末定乾坤〕"라고 하니, 사람들이 모두 탄복하였다는 고사가 있다.《燃藜室記述 卷1 太祖朝故事本末》

104 왼편에는……백모(白旄)로다 : 군대의 출정을 가리킨 말이다. 주(周)나라 강태공(姜太公)이 제후들의 군사를 맹진(孟津)에 모아놓고, 왼손에는 황월(黃鉞), 오른손에는 백모(白旄)를 잡고서 물에 사는 짐승인 창시(蒼兕)를 부르며 군율의 엄격함을 맹세하고서 은(殷)나라를 정벌한 고사가 있다.《史記 卷32 齊太公世家》

105 서방의……맞이했네 : 이 부분은 이성계가 여진족의 난리를 격파하고 동북면을 다시 회복한 일을 말한 것이다. 고려 공민왕 13년(1364)에 기씨(奇氏) 일족을 숙청한 데 원한을 품은 원(元)나라의 기황후(奇皇后)가 최유(崔濡)를 시켜 공민왕을 폐위시키기 위해 요양(遼陽)의 군사를 끌고 고려를 침입하였는데, 이때 이성계가 군사를 이끌고 서북면으로 진출하여 이들을 패퇴시켰다. 그런데 이 틈을 타서 이성계의 외종형제로 여진 땅에서 나고 자란 삼선(三善)과 삼개(三介)가 여진족을 선동하여 화주(和州) 이북 지역이 모두 함락되는 일이 벌어졌다. 이에 이성계가 서북면에서부터 군사를 이끌고 철령에 도착하니 백성들과 군사들의 사기가 충천하여 삼선과 삼개를 무찌르고 화주 등의 고을을 수복하였다. 삼선과 삼개는 여진 땅으로 달아나 돌아오지 않았고, 이성계는 이 공로로 밀직부사(密直副使)에 임명되었다. 본문에서 서방의 큰 깃발이 하늘에서

북쪽으로 백두산에서 동쪽으로 슬해[106]까지　北至長白東瑟海
오랑캐 상투 모두 풀고 의관 차려입게 되었어라　魋髻盡解加冠袍
이때에 중국도 오랑캐들 다 몰아내 맑아지니　是時中州胡塵亦掃淸
진인이 남쪽 안휘(安徽)에서 처음 나왔네[107]　眞人首出南之濠
천하가 문명 세계가 되니　天下屬文明
상서로운 구름이 교화와 함께 일어나네　祥雲與化翺
철령 높은지고 철령 높은지고　鐵嶺高鐵嶺高
산에는 낭연 없고[108] 바다는 파도가 잠잠　山無狼煙兮海無濤
원산의 물고기[109]와 육진의 다리머리[110]　元山之魚六鎭髢

내려왔다는 것은 서북면으로 나가 있던 이성계가 군사를 이끌고 철령에 당도한 사실을 말한 것이며, 아홉 성의 부족은 여진족을, 선개는 삼선과 삼개를 말한 것이다. 《太祖實錄 總序》

106 슬해(瑟海) : 273쪽 주69 참조.

107 진인이……나왔네 : 몽고족의 원(元)나라를 몰아내고 한족(漢族)의 명(明)나라를 세운 태조 주원장(朱元璋)을 말한 것이다. 주원장은 안휘성 출신이다.

108 낭연(狼煙) 없고 : 낭연은 이리의 똥을 태운 연기로, 연기가 흩어지지 않고 위로 잘 올라가기 때문에 고대에 변방에서 봉홧불로 사용하였다. 낭연이 없다는 말은 변방에 외적의 침입 같은 급보가 없이 평안하다는 뜻이다.

109 원산(元山)의 물고기 : 원산은 함경도 남부 영흥만에 있다. 원산 앞바다는 한류와 난류의 교차가 심하고 플랑크톤이 풍부해 명태, 고등어, 삼치, 방어 등 어종이 풍부하기로 유명하다.

110 육진(六鎭)의 다리머리 : 여인의 가체(加髢)를 가리킨다. 이에 대해서는 이학규(李學逵)의 《낙하생집(洛下生集)》 20책 〈동사일지(東事日知) 체계(髢髻)〉에 자세히 보이는데, 내용은 다음과 같다. "여자의 상투에 또한 대계라 불리는 것이 있는데, 1인 대계의 비용이 많게는 수만 전에 이른다. 거기서도 가장 윤기 있고 길게 드리워진 것은 대부분 함경도 육진 지방에서 나는 것으로 육진체라고 불리는데 보통 것보다 가격이 배가 나간다. …… 《고려사》 〈조원정전(曺元正傳)〉에 '원정이 동북면 병마사가 되어

가벼운 수레 살진 말에 날랜 거룻배에다　　輕車重馬兼快舠
육로 수로로 종일토록 한양에 실어 나르되　　水陸日夜湊漢京
동응과 서오는 바치지 않아라[111]　　不獻東鷹與西獒
토산물은 오직 의복과 음식물과 기물들뿐이니　　土物惟有服食器用
백금 황옥 취아 현이 청서[112] 검은담비의 모피로다
貢白金黃玉翠椏玄茸青鼠紫貂毛

남의 재물을 빼앗은 것이 이루 다 헤아릴 수 없었다. 머리카락이 길게 자란 사람을 보면 반드시 잘라서 다리머리를 만들었는데 많게는 두 바리나 되었다.'라고 하였는데, 지금 육진 지방은 고려 때 동북면에 속했으니 북방의 다리머리를 진귀하게 여기고 애호한 유래가 오래된 것이다.〔亦有名大髢者, 一人之費多至數萬錢. 其光潤窣長者, 多出咸鏡道六鎭地, 謂之六鎭髢, 價倍常品. …… 書元正傳, 元正爲東北面兵馬使, 奪人財貨, 不可勝紀. 見人長髮者, 必剪其髮以爲髢, 多至二駄. 今之六鎭, 在勝朝隷東北面, 北髢之珍愛, 其來久矣.〕"

111 동응(東鷹)과……않아라 : 지방의 토산물만을 조정에 공납으로 바칠 뿐 진귀한 공물을 헌납하면서 백성들이 수고로울 일이 없다는 뜻이다. 동응은 우리나라의 진귀한 새인 해동청(海東靑)을 가리키며, 서오(西獒)는 서려(西旅)의 사냥개로 역시 진귀한 짐승을 가리킨다. 《서경》〈주서(周書) 여오(旅獒)〉는 서려에서 큰 사냥개를 바치자 소공(召公)이 무왕(武王)을 경계하기 위해 지은 것이다. 조선의 임금이 진귀한 공물을 좋아할 때 신하들이 이를 경계하기 위해 서려의 사냥개 일을 인용하기도 하였는데, 예컨대《성종실록(成宗實錄)》13년 2월 20일 기사에 성종이 해동청의 사냥을 구경하자 신하들이 서려의 사냥개를 예로 들면서 경계한 것이 그것이다.

112 취아(翠椏) 현이(玄茸) 청서(青鼠) : 취아는 인삼을 가리키는 것으로 보인다. 《이계집》 전체에서 '椏'는 모두 인삼의 뜻으로 쓰였으며, 인삼은 다른 말로 세 줄기에 다섯 개의 잎이 난다고 해서 '삼아오엽(三椏五葉)'이라고도 부른다. 또한《신증동국여지승람(新增東國輿地勝覽)》권48 〈함경도〉에 함흥과 정평 등의 토산물에 인삼이 포함되어 있음을 볼 수 있다. 현이는 검은 버섯이라는 표현을 감안할 때 석이버섯을 가리키는 것으로 보인다. 《신증동국여지승람》 권48 〈함경도〉에 함흥과 고원 등의 토산물에 석이버섯이 포함되어 있음을 볼 수 있다. 청서는 날다람쥐이다.

개국한 이래로 삼백 팔십 년 동안 爾來三百八十年
부고[113] 울리지 않고 갑주와 활은 치워두었네 枹鼓不鳴甲弓橐
거리 아이들 모두가 용비어천가 부르고 街童盡唱龍飛歌
무사들은 모두 백비호[114]를 탔구나 武士皆騎白鼻毫
문아(文雅)한 선비들[115]은 예양을 익히니 縫掖彬彬習禮讓
밝은 조정에서 왕왕 준걸을 등용하네 明廷往往登俊髦
아이 낳고 손자 기르고 손자는 증손 낳고 이운[116]으로 이어지며 生兒育孫孫生曾耳雲
시렁에는 의복 있고 항아리엔 술 있어라 架有裳衣兮甕有酒醪
꽃 피는 아침 달 뜨는 밤 여름의 복날 겨울의 납일 花之朝月之夜夏之伏冬之臘
남쪽 두렁 북쪽 두렁 어울려 노니네 南阡北陌兮聯翩遊遨
피리 불고 질장구 두드리고 吹竽擊缶
개고기 삶고 양고기 굽네[117] 烹狗炰羔

113 부고(枹鼓) : 옛날 군대에서 쓰던 북으로 경보(警報)를 알리는 데에 사용되었다.

114 백비호(白鼻毫) : 백비과(白鼻騧)를 가리키는 것으로 보인다. 하얀 코에 검은 주둥이를 가진 누런색의 말을 가리킨다.

115 선비들 : 원문의 '縫掖'은 소매가 큰 홑옷 즉 도포의 일종으로, 도포 입은 선비를 가리키는 말이다. 봉액은 옛날 공자가 젊어서 노(魯)나라에 있을 때 입었다 한다. 《禮記 儒行》

116 이운(耳雲) : 이손(耳孫)과 운손(雲孫)으로, 모두 원손(遠孫)을 가리킨다.

117 꽃……굽네 : 이 부분의 뉘앙스는 한(漢)나라 때 중랑장(中郎將)을 지낸 양운(楊惲)의 말에서 차용해온 것이다. 양운이 언사(言事)로 조정에서 쫓겨나 서인이 되어 집에 있을 때 친구 손회종으로부터 충고의 편지를 받고 답하기를 "신이 죄를 얻은 지 이미 3년이라, 농촌에서 고생스레 농사를 짓고 세시의 복날과 납일 때가 되면 양고기를

아! 천지간의 억만 생민(生民)들아 嗟爾山海億萬含齒類

8년간 트고 뚫느라 굳은살 박힌 대우의 노고 알겠는가[118] 能知大禹八載疏鑿胼胝勞

오호라 천추만세토록 새길 은혜로다 嗚呼千秋萬世恩

철령 높고도 높은지고 鐵嶺高復高

찌고 굽고 하여 말술을 마시며 스스로 위로하나니, …… 술을 마신 뒤에 귀가 뜨거워지면 하늘을 쳐다보며 질장구를 두드리면서 오오 하고 노래한다오.〔臣之得罪, 已三年矣. 田家作苦, 歲時伏臘, 烹羊炰羔, 斗酒自勞. …… 酒後耳熱, 仰天撫缶, 而呼嗚嗚.〕"라고 하였다.《漢書 卷66 楊敞傳》

118 8년간……알겠는가 : 높고 험준한 철령에서 천지를 소통하여 생민들을 안정시킨 우 임금의 공덕을 말하면서 조선 왕실의 덕을 칭송한 것이다.《맹자》〈등문공 상(滕文公上)〉에 우 임금은 홍수의 범람으로 어지럽게 된 천하의 치수(治水)를 위해 "8년 동안 밖으로 다니면서 세 번 자신의 집을 지나쳤으나 들어가지 않았다.〔禹八年於外, 三過其門而不入.〕"라고 하였으며,《사기(史記)》권87〈이사열전(李斯列傳)〉에 "우 임금이 용문을 뚫고 구하를 소통시킬 때 손발에 굳은살이 박히고 얼굴이 누렇게 떠서 초췌하였다.〔禹鑿龍門, 疏九河, 手足胼胝, 面目黧黑.〕"라고 하였다.

치마대[119]

馳馬臺

반룡산(盤龍山) 위에 있다. 반룡산은 바로 함흥(咸興)의 주산(主山)이다. 굽이굽이 산세가 들쑥날쑥하며 큰 들판을 둘러 안고 있다. 두 봉우리가 마주하며 서 있고 산허리는 평탄하고 넓은데, 말을 내달리던 길의 유적이 지금도 완연히 남아 있다.

치마대는	馳馬臺
어찌 저리 높고 높은고	何崔嵬
반룡산 수백 리 부여잡고 오르는데	盤龍之山騰拏數百里
위쪽에 평원 있어 구불구불 돌아 있네	上有平原蜿蜒而紆回
화릉과 정릉은 용릉 같으니[120]	和陵定陵似舂陵

119 치마대 : 치마대가 있는 반룡산은 현재는 동흥산(東興山)으로 불리며, 함흥시 남서쪽에 있다. 이계는 이성계가 말을 몰았다는 치마대 유적을 기반으로 이성계의 신무(神武)함과 외적을 평정한 업적을 찬양하였다. 평성 '회(灰)'운의 고체시(古體詩)이다.

120 화릉(和陵)과……같으니 : 정릉(定陵)은 이성계의 아버지인 환조(桓祖) 이자춘(李子春)의 능이며, 화릉은 어머니인 의혜왕후(懿惠王后) 최씨(崔氏)의 능으로 모두 함흥에 있다. 용릉(舂陵)은 후한(後漢)의 광무제(光武帝) 유수(劉秀)가 살던 남양(南陽)의 지명이다. 전한(前漢)이 망하고 왕망(王莽)의 신(新)나라가 섰을 때 광무제 유수가 남양의 백수현(白水縣)에서 일어나 백수진인(白水眞人)으로 일컬어졌는데, 기운을 살피기를 잘하는 왕망의 사자가 남양 땅에 이르러 그가 거처하는 용릉 지역을 멀리서 바라보고는 "기운이 성대하게 일어나는 것을 보니, 왕자(王者)가 일어나 천명을 받을 곳임이 분명하다."라고 하였다.《後漢書 卷1 光武帝紀》 이계가 반룡산에서 함흥의 정릉

아름다운 기운 자욱하게 오랫동안 배태했네　佳氣蔥蘢久胚胎
용 눈동자에 일각[121] 있어 신령하고 무용 있으시니　龍瞳日角神且武
하늘이 삼한에 세상 구할 인재 보내심이라　天啓三韓濟世才
이때에 왕씨가 나라 잘못 다스려　是時王氏失其馭
만백성 신음 소리 애처로웠네　萬姓愁號其聲哀
이에 천리마[122]가 삭방에서 출현하니　爰有神駒出朔方
태일이 내려주어 하늘에서 온 것이로다[123]　太一況兮從天徠
유린청과 사자황　遊麟青獅子黃
운손에 용매로다[124]　雲之孫兮龍之媒

과 화릉을 바라봤을 때, 왕자의 기상이 일어났던 용릉과 마찬가지의 기운이 느껴졌다는 말이다.

121 일각(日角) : 관상에서 이마 한가운데의 뼈가 솟아 있는 모습을 형용하는 말로, 귀인(貴人)의 형상에 속한다.

122 천리마 : 원문의 '神駒'는 신령스러운 망아지란 뜻으로, 보통 걸출한 자질을 타고난 사람을 가리키는 말이다. 후위(後魏) 때 문신 배준(裴駿)이 어려서 매우 총명하고 출중하여 친척들이 그를 신구라 칭한 데에서 온 말이다.《魏書 卷45 裴駿列傳》 다만 이 글에서는 태조 이성계보다는 그가 타고 다니던 준마를 가리킨 것이다.

123 태일(太一)이……것이로다 : 태일은 도교에서 태일진군(太一眞君)이라고도 하는 신으로, 태을성(太乙星)에 살며, 천신(天神) 가운데에서 가장 존귀한 신이다. 이 구절은《한서(漢書)》 권22 〈예악지(禮樂志)〉에 "태일이 내려주어 천마가 내려왔도다.〔太一況, 天馬下.〕"라는 표현을 차용한 것이다. 원문의 '황(況)'은 '貺'의 뜻이다.

124 유린청(遊麟青)과……용매(龍媒)로다 : 유린청과 사자황은 모두 태조 이성계가 타고 다녔던 말의 이름이다. 이성계가 탄 준마가 여덟 마리 있었는데, 횡운골(橫雲鶻)은 홍건적을 평정할 때 탄 말이고, 유린청은 올랄(兀剌)을 점령하고 해주에서 싸우며 운봉(雲峰)에서 승전할 때 탄 것이고, 추풍오(追風烏)는 여진에서 얻은 말이고, 발전자(發電赭)는 안변(安邊)에서 얻은 말이고, 용등자(龍騰紫)는 해주에서 왜를 평정할 때 탄 것이고, 응상백(凝霜白)은 압록강에서 회군할 때 탄 것이고, 사자황은 지리산에서

신물을 마침내 성인이 타시니 神物終爲聖人用
재갈 물리고 고삐 매어 운전사[125]에서 오도다 羈之絡之雲田社裏來
나는 듯이 빠르게 말 타고 산 오르내리니 騎上下山捷如飛
전광석화(電光石火)[126] 같은 천리마 발굽 흙먼지 묻을 겨를 없네 霜蹄滅沒絶浮埃
규룡 날고 봉이 춤추듯 절도 있으니 虯行鳳蹌中節奏
십 리와 오 리마다 한 번씩 배회하네 十里五里一徘徊
목 빼고 발 들고서 멀리 내달릴 생각하고 延頸翹足起遠想
바람 향해 길게 우니 우르르 천둥소리 같아라 向風長嘶殷其雷
크고 작은 백여 차례 전투 종횡무진 달리니 馳騁大小百餘戰
북쪽 오랑캐든 남쪽 왜적이든 누군들 꺾지 못하리 北夷南蠻誰不摧
용이 구오에 날아오른 임신년[127] 龍飛九五壬申歲

왜를 평정할 때 탄 것이고, 현표(玄豹)는 토아동(兎兒洞)에서 왜를 평정할 때 탄 것이다.《東閣雜記 上 本朝璿源寶錄》

운손(雲孫)은 천손(天孫)과 같은 말로 이성계를 가리키며, 용매(龍媒)는 준마(駿馬)를 가리킨다.《한서(漢書)》 권22 〈예악지(禮樂志)〉에 "천마가 왔으니, 용이 나타날 매개로다.〔天馬徠, 龍之媒.〕"라고 하였는데, 안사고(顔師古)가 주석하기를 "천마는 바로 신룡(神龍)의 부류이다. 지금 천마가 이미 왔으니 이는 용이 반드시 나타날 징조이다.〔天馬者乃神龍之類, 今天馬已來, 此龍必至之效也.〕"라고 하였다.

125 운전사(雲田社) : 이성계의 함흥 집 이름이다. 함흥부 동쪽 14리 지점에 있었다고 한다.

126 전광석화(電光石火) : 원문의 '滅沒'은 천리마가 발굽이 잘 보이지 않을 정도로 장쾌하게 내달리는 모습을 형용한 말이다. 《순자(荀子)》 〈설부(說符)〉에 "천하의 제일가는 말은 깜박깜박 없어지기도 하고 사라지기도 한다.〔天下之馬者, 若滅若沒, 若亡若失.〕"라고 하였다.

127 용이……임신년(壬申年) : 용이 구오(九五)에 날아올랐다는 것은 이성계가 임금

한 번 갑옷 입어 천하 맑게 하셨네[128] 一戎衣兮淸八垓
기자가 옛적 봉해진 삼천리강산 箕子舊封三千里
닭과 개들 놀라지 않고 밤에도 집 문 열어놓네[129] 鷄狗不驚戶夜開
활은 활집에 넣고 갑옷은 피 발라[130] 다시 사용치 않으니 弓韜甲釁不復用
말은 푸른 바다 모퉁이로 돌아가누나 馬兮歸之靑海隈
푸른 바다 아득하고 향기로운 풀 무성한데 靑海茫茫芳草萋萋
또각또각 말발굽 흔적 남은 치마대 위엔 이끼만이 躞蹀餘痕臺上苔

으로 등극했다는 말이다. 《주역》 〈건괘(乾卦) 구오〉에 "나는 용이 하늘에 있다.〔飛龍在天〕"라고 하였다. 임신년(1392, 태조1)은 조선이 개국된 해이다.

128 한……하셨네 : 원문의 표현은 《중용》에 "무왕이 태왕과 왕계와 문왕의 업적을 이어 한 번 갑옷을 입고 천하를 소유하였다.〔武王纘大王王季文王之緖, 壹戎衣而有天下.〕"라고 한 것과 《서경》 〈주서(周書) 무성(武成)〉에 "한 번 갑옷을 입어 천하를 크게 안정시켰다.〔一戎衣, 天下大定.〕"라고 한 표현을 염두에 둔 것이다. 곧 이성계가 위화도 회군을 통해 조선 창업으로 나아간 것을 가리킨 말이다.

129 닭과……열어놓네 : 천하가 태평하여 밤에도 도적이 없는 평화로운 상태임을 말한 것이다.

130 활은……발라 : 《예기(禮記)》 〈악기(樂記)〉에, 무왕(武王)이 상(商)나라를 이긴 뒤 "수레와 갑옷은 피를 발라 창고에 보관하여 다시 쓰지 않고, 방패와 창은 뒤집어 싣고 호피로 싸두었다.〔車甲釁而藏之府庫而弗復用, 倒載干戈, 包之以虎皮.〕"라고 하였다. 피를 바른다는 것은 무기에 짐승의 피를 바르고 신에게 제사 지낸 뒤 다시 사용하지 않음을 보인 것이다.

격구정[131]

擊毬亭

함흥 남쪽 30리 지점에 있으며, 함흥 본궁(本宮)과는 15리 거리이다. 들판의 높은 봉우리가 바다로 쑥 들어가 있고 그 위는 소반처럼 평탄하고 넓은데 여린 사초(莎草)로 덮여 있다. 이곳은 태조가 잠저(潛邸) 시절에 격구를 하던 곳이라 전해진다. 후대 사람이 그 정상에 정자를 세웠다.[132] 시야가 아득히 탁 트였고 동남쪽은 가없이 펼쳐져 일출이 볼만하다.

격구정은	擊毬亭
푸른 바다에 임해 있네	臨滄溟
푸른 바닷물이 용잠리[133] 휘감아 도니	滄溟之水繚繞龍潛里

131 격구정 : 이 작품은 이성계가 격구를 했던 곳이라고 전해지는 장소에 세워진 함흥의 격구정에서 읊은 시이다. 이계는 격구정의 풍광과 함께 이성계가 잠저 시절에 보여주었던 신기(神技)에 가까운 격구 솜씨를 읊은 후 이것을 이성계의 무용(武勇)에 연결시켜 왕조를 창업한 성인(聖人)으로서의 모습을 형상화하였다. 평성 '청(靑)'운의 고체시(古體詩)이다.

132 후대……세웠다 : 《신증동국여지승람(新增東國輿地勝覽)》 권48 〈함경도 함흥부〉에 현종(顯宗) 15년(1674) 정자를 세웠다고 하였으며, 남구만(南九萬)의 《약천집(藥泉集)》 권28 〈함흥십경도기(咸興十景圖記)〉에도 남구만이 함경도 관찰사 시절인 현종 15년 처음으로 이곳에 네 기둥으로 이루어진 정자를 세웠다고 하였다.

133 용잠리(龍潛里) : 용이 잠복해 있는 마을이라는 뜻으로, 태조 이성계가 임금이 되기 전 잠저 시절을 비유한 말이다.

물빛과 산색은 어찌 저리 푸르른고 水光山色何青青

노나라 사람이 엽각함이여 성인은 잘하시는 일 많나니[134]

魯人獵較兮聖人多能

이에 대로(大路)의 뜰[135]에서 기예를 겨루셨도다 于以戰藝九逵庭

그 공은 어떠한가 나무 깎아 만들었나니 其毬伊何削木成

고니 알보다 크고 방울처럼 둥글도다 大於鵠卵圓如鈴

종횡무진 날고뜀에 승부 판가름 나지 않으니 縱橫跳擲勢不定

뾰족한 장시(杖匙)[136] 오르내리며 잠시도 멈추지 않네

上下杖尖無暫停

134 노(魯)나라……많나니 : 격구는 고귀한 일에 속하지는 못하지만, 원래 성인은 신분이 미천할 때는 자질구레한 일도 잘하는 것이 많고, 예에 벗어나더라도 그 나라의 풍속을 따르는 경우가 있듯이 이성계 역시 고려의 풍속을 따라 격구를 잘했다는 뜻이다. 《맹자》〈만장 하(萬章下)〉에 "공자가 노나라에서 벼슬할 적에 노나라 사람들이 엽각을 하자 공자 역시 엽각을 행하였다.〔孔子之仕於魯也, 魯人獵較, 孔子亦獵較.〕"라고 하였는데, 엽각에 대해 주희(朱熹)는 미상(未詳)이라 하였고, 한(漢)나라 때의 조기(趙岐)는 "사냥할 때 옆 사람이 사냥한 것을 서로 빼앗아 제물로 사용하던 노나라의 풍속이다. 공자가 그것이 예절이 아닌 줄을 알면서도 풍속을 따라 그렇게 한 것은 세속과 조금 같아지려고 한 것이다."라고 하였다. 또한 《논어》〈자한(子罕)〉에서 공자가 "나는 젊었을 적에 미천하였기에 자질구레한 일을 잘하는 것이 많았다.〔吾少也賤, 故多能鄙事.〕"라고 하였다.

135 대로(大路)의 뜰 : 원문의 '구규(九逵)'는 사통팔달의 대로를 가리키는 말이다. 《용비어천가(龍飛御天歌)》 권6에 "고려 때 매년 단오절에 연소한 무관과 귀족 자제들을 미리 선발했다가 대로 옆에〔九逵之旁〕 용봉장전(龍鳳帳殿)을 설치하고 …… 공민왕 때 태조가 그 선발에 들어갔다."라고 하였다.

136 장시(杖匙) : 격구할 때 공을 낚아채기 위한 봉으로, 끝부분은 나무로 고리를 만들어 공을 얹을 수 있도록 만들었다.

말 달릴 적엔 빠르기가 소반 위 구슬 같고　走時快如盤上珠
공 떨어질 제 번쩍임은 구름 사이 유성인 듯　落處閃若雲間星
남들의 격구공과는 공이 다르니　毬兮異乎人之毬
보통 사람과 위대한 사람 쓰는 공 모양 같지 않아라[137]　小用大用不同形
손바닥에서 가지고 노는 듯 신묘하기 짝이 없으니[138]　運之掌上神無方
산악을 때려 치고 우레가 번쩍이는 듯하네　抨山嶽兮掣雷霆
삼한 천지는 커다란 공과 같으니　三韓天地大如毬
신인이 현몽하여 금척 채 주었도다[139]　神人夢授金尺筳

137 남들의……않아라 : 보통 격구에서 사용하는 공의 크기는 1자 3치이다. 그런데 《용비어천가》 권6에 "태조대왕이 항상 목구(木毬)를 만들었는데 크기가 배〔梨〕만 하였다."라고 하였다. 이 구절은 이성계의 비범함을 나타낸 것이다.

138 손바닥에서……없으니 : 이성계의 격구 솜씨가 신기(神技)에 가까웠다는 말이다. 《용비어천가》 권6에, 이성계가 격구하는 모습을 묘사하고서 "온 나라 사람들이 놀라면서 전고에 들어본 바 없는 솜씨라 하였다."라고 하였다. 원문의 '神無方'은 《주역》 〈계사전 상(繫辭傳上)〉에 "신은 일정한 방향이 없고 역은 일정한 체가 없다.〔神無方而易無體〕"라고 한 데서 가져온 표현이다. 이는 천지조화의 신묘함은 정해진 방향 없이 두루 통하고 그 변역의 원리는 고정된 틀이 없다는 뜻으로, 이성계의 신묘한 솜씨를 비유하기 위해 차용한 것이다.

139 삼한(三韓)……주었도다 : 이성계가 아직 즉위하지 않았을 때, 꿈에 신인이 나타나 금척을 주면서 "시중(侍中) 경복흥(慶復興)은 청렴하기는 하나 이미 늙었으며, 도통(都統) 최영(崔瑩)은 강직하기는 하나 조금 고지식하니 이것을 가지고 나라를 바로잡을 사람은 공(公)이 아니고 누구이겠는가."라고 한 일이 있다. 《太祖實錄 1年 7月 17日》 즉 삼한을 격구공에 비유하고 신인이 준 금척을 격구채에 비유하여 이성계가 삼한을 소유함을 나타낸 것이다.

처음 쳤어라 합란성[140] 一擊兮哈蘭城
삭방 천 리에 오랑캐 누린내 씻기누나 朔方千里洗羶腥
두 번째 쳤어라 운봉 들판[141] 再擊兮雲峰野
수많은 왜구들 위령에 벌벌 떠누나 江戶百蠻讋威靈
세 번째 쳤어라 위화도 三擊兮威化島
천하의 산하가 갑자기 태평해지누나 八紘山河俄淸寧
그대는 보지 못했는가 격구정 아래 좁은 땅 君不見擊毬亭下尺寸地
그 모두 성인의 발자취 지나신 곳 皆是聖人迹所經
지금도 초목은 여전히 향기롭네 至今草樹猶芳馨
제나라 초나라 강남까지 시야 탁 트이고 齊楚江南眼界闊
탄환 같은 해와 달 창천(蒼天)을 주행하건간 日月如丸轉靑冥
못내 한스러워라 접역[142] 안에 발걸음 묶이니 頗恨鰈域之內步履窄
백두산과 두만강 작은 빗장 되었네 白山豆江小門扃
철령을 담을 삼고 슬해[143]를 못을 삼아 鐵嶺爲垣兮瑟海爲池

140 합란성(哈蘭城) : 합란은 함흥의 옛 이름이다. 1362년(공민왕11) 몽고의 나하추(納哈出)가 수만 병사를 이끌고 침입했을 때 이성계가 동북면 병마사로 합란의 들판에서 나하추를 패퇴시켰다.

141 운봉(雲峰) 들판 : 1380년(우왕6)에 이성계가 전라도 지리산 부근에서 승리를 거둔 황산대첩(黃山大捷)이 벌어진 장소이다. 이 전투에서 이성계는 왜구의 우두머리 아지발도(阿只拔都)의 얼굴을 쏘아 맞히고 왜구를 패퇴시켰다.

142 접역(鰈域) : 《이아(爾雅)》 〈석지(釋地)〉에 "동쪽에 눈을 나란히 붙이고 다니는 물고기가 있는데, 눈을 나란히 붙이지 않으면 다닐 수가 없다. 그 이름을 접이라고 한다.〔東方有比目魚焉, 不比不行, 其名謂之鰈.〕"라고 한 데서 유래한 말로, 가자미가 사는 중국 동쪽의 조선을 가리키는 말이다.

143 슬해(瑟海) : 273쪽 주69 참조.

성자신손 억만년토록 번성하리라 聖子神孫繩繩億萬齡
고개는 닳지 않고 바다 마르지 않으니 嶺不磨兮海不枯
풍운은 오래도록 작은 이 정자 보호하리 風雲長護一小欞

괘궁송[144]

掛弓松

함흥 본궁(本宮) 뒤뜰에 있다. 현재 세 그루가 있는데 매우 기이하고 예스럽다. 그중 한 그루는 저절로 고사하여 뿌리와 줄기만 남았는데

144 괘궁송 : 이 작품에서 읊은 괘궁송은 함흥 본궁 안에 있다. 함흥 본궁은 현재 함경남도 흥남시 궁서리에 있으며, 현재는 정전(正殿)과 이성계 조상들의 위패를 모신 이안전(移安殿), 풍패루(豐沛樓) 등이 남아 있다. 이계는 이성계가 활을 쏘고 나서 활을 걸어두었다는 괘궁송을 통해 이성계의 무용(武勇)과 왕조 개창의 업적을 찬양하였다. 평성 '동(東)'운의 고체시(古體詩)이다.

그림 15 정선(鄭敾)의 〈함흥본궁송(咸興本宮松)〉

단단하기가 구리와 쇠 같다. 한 그루는 크기가 열다섯 아름 정도이고 한 그루는 크기가 열한 아름 정도이다. 가지와 줄기가 거꾸로 드리워져 있는데 몇십 이랑의 땅을 차지하고 있으며, 모두 긴 나무 장대로 떠받쳐놓았다. 임진왜란 때 왜적이 도끼로 가지 하나를 베자 선혈이 솟구쳐 흘러나오고 바람과 우레가 크게 일어 적도들이 혼비백산하고서 감히 더 이상 다가가지 못했다고 한다.

괘궁송은 掛弓松
바로 함주 본궁에 있네 乃在咸州之本宮
성조[145]께서 손수 심으신 것이라 하는데 云是聖祖手所植
아직도 세 그루가 뒤뜰에 남아 있네 尙餘三株後庭中
우뚝하니 수레 덮개 같은 가지 열 이랑 그늘 드리우니 亭亭偃蓋蔭十畝
위로 신기한 광채가 창공으로 뻗쳐 나가네 上有光怪干碧穹
꿈틀대는 용 웅크린 호랑이가 날아오를 듯한 형세요 龍拏虎蹲勢欲騰
줄기는 창옥 같고 뿌리는 구리 같아라 柯如蒼玉根如銅
설봉산[146] 아래 내달리던 말 돌아오니 雪峰山下馳馬歸
세 자의 오호[147]가 무지개마냥 걸렸네 三尺烏號掛如虹

145 성조(聖祖) : 태조 이성계를 가리킨다.

146 설봉산(雪峰山) : 함경도 안변(安邊)에 있는 산으로, 이성계가 무예를 연마하고 왕이 될 꿈을 꾼 곳이다. 이성계가 왕이 될 꿈을 무학대사(無學大師)가 해몽해준 것을 인연으로 지은 석왕사(釋王寺)가 위치한 곳이기도 하다.

간들간들 가지 머리에 반달 떠오르고　枝頭嫋嫋上弦月

휘익휘익 잎들 사이로 화살 바람 스쳤네　葉間瑟瑟帶箭風

남왜북로(南倭北虜) 정벌할 제 신령스런 활에 의지하니　南征北伐倚神器

새 부리에 얼굴 그은 오랑캐[148] 죄다 넋이 빠졌네　鳥喙剺面無全瞳

활과 화살 들고 종횡무진 수십 년 세월　弧矢方徉數十載

해동의 천지가 태평해졌어라　天地淸夷日域東

위엄을 우주에 떨치시고 고향 그리워하사　威加宇內眷故鄕

어가(御駕) 타고 다시 찾으시니 옛 풍읍(豐邑)[149] 같아라　仙蹕重來似舊豐

147 오호(烏號) : 좋은 활의 이름이다. 《회남자(淮南子)》 〈원도훈(原道訓)〉에 "활을 쏘는 자는 오호궁(烏號弓)을 집어 들고 기위전(綦衛箭)을 먹여 쏜다."라고 하였는데, 그 주에 "오호는 뽕나무인데, 재질이 탄력성이 강하다. 까마귀가 뽕나무 가지에 앉았다가 날아가려고 하면 그 가지가 아래로 휘어졌다가 다시 원위치로 돌아가므로 까마귀가 감히 날지 못하고 그 가지에서 운다. 사람들이 그 가지를 베어 활을 만들어 오호궁이라고 이름을 붙였다."라고 하였다.

148 새……오랑캐 : 새 부리는 남쪽 오랑캐를 형용한 것이고, 얼굴을 긋는다는 것은 북쪽 오랑캐를 형용한 것이다. 《사기(史記)》 권41 〈월왕구천세가(越王勾踐世家)〉에 "월왕은 모습이 목이 길고 입술은 새 부리 같았다.〔越王爲人長頸鳥喙〕"라고 하였다. 그리고 고대 흉노족들은 대상(大喪)을 당하면 얼굴을 그어 피를 흘리는 풍습이 있었는데, 《동관한기(東觀漢記)》 〈경병전(耿秉傳)〉에 "남선우 온 나라 사람들이 발상하고 얼굴을 그어 피를 흘렸다.〔南單于擧國發喪, 剺面流血.〕"라고 하였다.

149 풍읍(豐邑) : 한(漢)나라 고조(高祖) 유방(劉邦)의 고향이다. 고조가 천하를 평정한 뒤 고향인 풍읍에 돌아와 부로(父老)들에게 잔치를 베풀며 술을 마시고서 "대풍이 일어나니 구름이 일도다. 위엄을 천하에 떨치고 고향에 돌아왔네. 어찌하면 용맹한 장수를 얻어서 사방을 지킬까.〔大風起兮雲飛揚, 威加海內兮歸故鄕. 安得猛士兮守四

어가의 말방울 소리 딸랑딸랑 鑾聲兮噦噦
푸른 수레 덮개 같은 가지는 무성하여라 翠蓋兮童童
청량한 그늘 밑 향기로운 풀 사이 부로들에게 잔치 베푸니
淸陰芳草宴父老
대풍가는 어쩌면 그리 절주에 딱 맞는지 大風之歌何渢渢
상서로운 구름이 만년 솔 가지를 길이 휘감으니 祥雲長繞萬年枝
예스런 줄기 우거져 우뚝하게 서 있구나 古榦扶疏立穹窿
지난날 섬오랑캐 중국 침범하여 往歲島夷犯大邦
왕업 일어난 옛 땅에 먼지[150] 자욱해졌네 興王舊壤煙塵濛
감히 도끼 들고 들어와 본궁 소나무 베니 敢以斧斤入宮樹
용비늘 한 조각에 선혈이 붉었어라 龍鱗一片鮮血紅
홀연 거센 바람이 땅을 쓸며 일어나니 忽然驚風掣地起
마치 천둥소리마냥 허공에 작렬하였네 若有轟雷殷半空
도적들 서로 쳐다보며 죄다 짐승마냥 혼비백산 群盜相顧盡獸駭
저도 모르게 손 모으고서 허리를 굽혔어라 不覺叉手仍鞠躬
나무를 여전히 신령이 보호하니 樹木尙爲神靈護
가지마다 잎마다 천지조화와 통하였네 枝葉皆與造化通
이로부터 무례한 오랑캐들 흉악한 음모 꺾이니 從此驕虜折凶圖
성인의 수립하심이 웅혼함을 모두 알괘라 咸識聖人樹立雄

方?〕"라는 〈대풍가(大風歌)〉를 부른 일이 있다. 《史記 卷8 高祖本紀》 태조 이성계는 태종 이방원이 일으킨 왕자의 난에 상심하여 1398년(태조7) 왕위를 정종(定宗)에게 양위하고 함흥 본궁에 내려와 머물렀다.

150 먼지 : 원문의 '煙塵'은 봉화 연기와 전장(戰場)에서 일어나는 먼지를 가리키는 말로, 특히 전쟁을 지칭하는 말이다.

푸른 솔 우뚝히 사백 년을 지내오니 蒼髯屹然四百年
철산 부상과 함께 영원하리로다[151] 鐵山扶桑相始終
아아! 당시 즐목풍우(櫛沐風雨)[152]하며 창업하신 공 알려거든
嗚呼欲知當日櫛沐開創功
금궤에 붉은 비단으로 감싼 須看金櫃絳紗籠
깃 화살 열세 개와 각궁 하나를 볼지니[153] 中有十三羽箭一角弓

151 철산(鐵山)……영원하리로다 : 철산은 철령(鐵嶺)을 가리키고, 부상은 동해 바다의 해가 뜨는 곳에 있다는 신목(神木)으로 여기서는 동해를 가리킨다. 즉 산해(山海)가 다함없는 것과 같이 함흥 본궁의 소나무도 영속의 세월을 함께하면서 이성계의 유풍을 전하리라는 말이다.

152 즐목풍우(櫛沐風雨) : 비로 머리를 감고 바람으로 머리를 빗는다는 뜻으로, 바쁘게 다니며 고생하는 것을 말한다. 《장자(莊子)》〈천하(天下)〉에 "폭우에 머리 감고 질풍에 빗질한다.〔沐甚雨, 櫛急風.〕"라고 하였다.

153 금궤에……볼지니 : 함흥 본궁에 안치되어 있던 이성계의 유품에 관해서는 본집 권13 〈함흥본궁어물기(咸興本宮御物記)〉에 자세하다.

움집터[154]

土宇基

독서당(讀書堂)[155] 북쪽 7리 지점 산골짜기 안에 있다. 태조가 어린 시절 땅을 파서 독서할 장소를 만들었다.

움집터 신령하고도 기이하니	土宇基靈且奇
왕업이 이곳에서 일어났도다	王業起於斯
황조께서 도적 피하여 적도에서부터	皇祖避寇自赤島
두 마리 백마 타고 해변을 따라갔네[156]	雙騎白馬遵海湄

154 움집터 : 이성계의 증조부인 이행리(李行里)는 여진족의 박해를 피해 경흥(慶興)의 적도(赤島)로 가서 움집을 짓고 산 적이 있다. 그런데 여기서는 독서당 북쪽 7리 지점의 산골짜기에 있는 움집이라고 하였으니, 여기서 말하는 움집은 적도의 움집이 아니라 이행리가 함흥 송두리(松豆里)로 이주하여 지은 움집을 가리키는 것이다. 이계는 여기에서 이성계의 선조 때부터 덕업을 쌓아 왕조가 열리게 된 사실을 찬양하였다. 평성 '지(支)'운의 고체시(古體詩)이다.

155 독서당(讀書堂) : 본 권의 317쪽 〈독서당〉에 자세하다.

156 황조(皇祖)께서……따라갔네 : 이성계의 증조부인 익조(翼祖) 이행리(李行里)가 여진(女眞)의 알동(斡東)에 있을 때 그의 위엄과 덕망이 치성하자 여진의 천호(千戶)들이 시기하여 익조를 해치려 하였다. 이에 익조가 가족들을 배에 태워 두만강(豆滿江)을 따라 내려가 적도에서 만나기로 하고 자신은 손 부인(孫夫人)과 백마를 타고 달려 바닷가에 이르렀는데, 약속했던 배는 오지 않고 적도까지는 600여 보나 떨어져 건널 수 없었다. 그때 바닷물이 저절로 빠져 익조가 말을 타고 건너 적도에 이르자 바닷물이 다시 밀려와 여진족들은 건널 수가 없었다. 이에 익조가 적도에서 임시 거처를 마련하고 살았는데, 알동 사람들이 익조가 적도에 있다는 말을 듣고 모두 따라왔다.

비유컨대 태왕이 양산 넘고 서쪽 물가 따라 譬如太王踰梁山率西滸
그의 비와 함께 와서 집터 봄과 같아라[157] 聿來胥宇同厥妃
귀주[158]의 산 그윽하고도 깊으니 歸州之山窈且深
도복도혈[159] 어쩌면 그리 부지런했던고 陶復陶穴何勤孜
코끼리 밭 갈고 새가 김을 맴이여[160] 象爲耕兮鳥爲耘

이후 다시 의주(宜州)로 이주하였다. 《燃藜室記述 卷1 太祖朝故事本末》

157 비유컨대……같아라 : 태왕은 주(周)나라의 선조인 고공단보(古公亶父)이다. 《맹자》〈양혜왕 하(梁惠王下)〉에 "옛날 태왕이 빈(邠)에 거주하였는데, 적인(狄人)이 침범하자 갖은 재물을 바치고 섬겼으나 되지 않았으므로 빈을 버리고 양산을 넘어 기산(岐山)의 밑에다 도읍을 정하였다."라고 하였다. 또한 《시경》〈대아(大雅) 면(綿)〉에 "고공단보가 아침 일찍 말을 달리어, 서쪽 물가를 따라 기산 아래 이르렀으니, 이에 강녀와 함께 와서 집터를 보았네.〔古公亶父, 來朝走馬, 率西水滸, 至于岐山, 爰及姜女, 聿來胥宇.〕"라고 하였다.

158 귀주(歸州) : 함흥 동쪽에 있는 지명으로, 익조(翼祖)가 적도(赤島)에서 돌아와 이주할 터를 잡았던 곳이며 이성계 역시 이곳에 살았다. 독서당 역시 귀주동(歸州洞) 설봉산(雪峰山) 밑에 있다. 《林下筆記 卷13 文獻指掌編 咸興府》

159 도복도혈(陶復陶穴) : 집을 마련하느라 고생하였다는 말이다. '陶'는 기와 구들, '復'은 이중 구들, '穴'은 땅을 파서 만든 움집이다. 이 역시 주(周)나라 고공단보(古公亶父)의 일에서 온 말이다. 《시경》〈대아(大雅) 면(綿)〉에 "고공단보가 기와 구들과 이중 구들을 만들고 움집에 거처하여 아직 제대로 된 집이 없었네.〔古公亶父, 陶復陶穴, 未有家室.〕"라고 하였다.

160 코끼리……맴이여 : 익조(翼祖)의 성덕(聖德)을 비유적으로 표현한 것으로, 태평하고 담박하게 지내는 모습을 말한 것이기도 하다. 《논형(論衡)》〈서허(書虛)〉에서 인용한 전설에 "순 임금을 창오에 장사 지내자 코끼리가 밭을 갈았고, 우 임금을 회계에 장사 지내자 새들이 밭을 갈았으니, 이는 성덕에 의해 이루어진 일로 하늘이 새와 짐승으로 하여금 보우하게 한 것이다.〔舜葬於蒼梧, 象爲之耕, 禹葬會稽, 鳥爲之田, 蓋以聖德所致, 天使鳥獸報祐之也.〕"라고 하였다. 이 고사는 백성들의 풍속이 고아하고 담박하며 상고시대의 유풍이 있음을 비유할 때 쓰이기도 하였다.

산 개간하고 물 마시며 배고픔과 목마름 다스렸네 山菑水飮禦渴飢
두터운 덕 쌓아 광채 흘러 이에 상서로움 발하니 積厚流光仍發祥
하늘이 온갖 복록 내림에 마땅하지 않음 없었어라 天降百祿無不宜
신성한 자손 두터운 천품(天稟) 받고 태어나 천명을 받으시니
篤生神孫受景命
한 가문 일으켜 나라 창업함이 끝내 늦지 않았도다 化家爲國終不遲
박달나무 무궁화꽃[161] 삼천리강산 檀木槿花三千里
한 자 땅 가진 것 없이 일어나 모두 소유하셨도다 不階尺土奄有之
백두산 드높고 푸른 바다 광활한데 長白山高靑海闊
면면히 이어진 오이덩굴[162] 다할 날 없으리 緜緜瓜瓞無窮期
그대는 보지 못했는가 움집터를 君不見土宇基
왕업이 어려웠던 때를 그 누가 알랴 誰知王業艱難時
아아! 왕업이 어려웠던 때를 그 누가 알랴 嗚呼誰知王業艱難時

161 박달나무 무궁화꽃 : 박달나무는 신인(神人) 환웅(桓雄)이 신단수(神檀樹)에 내려온 단군 신화를 가리키고, 무궁화꽃은 예로부터 우리나라를 무궁화가 많은 근역(槿域)이라고 지칭한 것을 가리킨다.

162 면면히 이어진 오이덩굴 : 《시경》 〈대아(大雅) 면(緜)〉에 나오는 표현으로, 국운(國運)이 홍성하여 왕실의 후손이 면면히 이어짐을 말한 것이다.

경흥댁[163]

慶興宅

함흥 동쪽 10리 주동사(州東社)의 귀주동(歸州洞)에 있다. 태조(太祖)의 첫 잠저(潛邸)이다. 정종(定宗)과 태종(太宗)이 모두 이곳에서 탄생하셨다. 익조(翼祖)가 경흥(慶興)의 적도(赤島)에서 적들을 피해 함흥 송두리(松豆里)로 이주하고서 이곳에 집터를 잡았으니[164] 사람들이 경흥댁이라 불렀다. 태조가 등극한 후 그 터에 전각을 세우고 담장을 두르고 소나무를 심어 보호하였다.

경흥댁은	慶興宅
왕업이 열린 곳	肇王迹
만물이 동북에서 시작되니[165]	萬物始東北
원기가 쌓인 곳이로다	元氣所儲積
신인이 해변에 오시어	神人來兮海上

163 경흥댁 : 이 작품은 태조 이성계의 잠저(潛邸)인 경흥전(慶興殿)에 대해 읊은 것이다. 이성계의 증조부인 이행리(李行里)가 이곳으로 들어와 살게 된 내력과 인망(人望)을 얻기까지의 덕행을 읊어 이성계의 왕조 창업이 미리부터 준비된 것임을 역설하였다. 입성 '맥(陌)'운의 고체시(古體詩)이다.

164 익조(翼祖)가……잡았으니 : 앞의 〈움집터〉 내용과 주석 참조.

165 만물이 동북에서 시작되니 : 《주역》 〈설괘전(說卦傳)〉에 "간은 동북의 괘이니 만물이 마침을 이루고 시작을 이루는 곳이다.〔艮, 東北之卦也, 萬物之所成終而所成始.〕"라고 하였다. 만물이 시작되는 동북면에서 태조가 일어난 것을 형용한 것이다.

백마를 타고 적도로 건너가셨네 渡赤島兮其馬白
남루한 옷 입고서 산림 개척했고[166] 藍縷啓山林
질그릇 굽고 물고기 잡음은 뇌택과 비슷해라[167] 陶漁類雷澤
또 주나라 시조 기가 又如周后棄
벼와 삼과 콩과 보리 심음 같았네[168] 蓺禾痲菽麥
들판의 씀바귀 엿처럼 달고[169] 原有荼兮如飴

166 남루한……개척했고 : 익조 이행리(李行里)가 산골에 들어가 살았던 것을 옛날 초(楚)나라 시조인 약오(若敖)와 분모(蚡冒)가 근검절약으로 나라를 개척한 것에 비유한 것이다. 《춘추좌씨전(春秋左氏傳)》 선공(宣公) 12년에 "약오와 분모가 나무 싣는 수레를 타고 남루한 옷을 입은 채 산림을 개척하였다.〔若敖蚡冒蓽路藍縷, 以啓山林.〕"라고 하였다.

167 질그릇……비슷해라 : 익조를 순(舜) 임금에 비긴 것이다. 《사기(史記)》 권1 〈오제본기(五帝本紀)〉에 "순 임금이 역산에서 농사를 지을 때에는 역산의 사람들이 모두 밭두둑을 양보하였고, 뇌택에서 물고기를 잡을 때에는 뇌택 가의 사람들이 모두 거처를 양보하였으며, 하빈에서 질그릇을 구울 때에는 하빈의 그릇이 모두 조악하지 않았다. 그리하여 순 임금이 거처하는 곳에는 1년 만에 촌락이 이루어졌고, 2년 만에 읍이 이루어졌고, 3년 만에 도성이 이루어졌다.〔舜耕歷山, 歷山之人皆讓畔, 漁雷澤, 雷澤上人皆讓居, 陶河濱, 河濱器皆不苦窳. 一年而所居成聚, 二年成邑, 三年成都.〕"라고 하였다.

168 또……같았네 : 기(棄)는 주(周)나라의 시조인 후직(后稷)이다. 후직은 요(堯) 임금의 농관(農官)으로 임명되었으며 후대에 농경신으로 받들어졌다. 후직이 백성들에게 곡식을 먹인 공로를 칭송한 《시경》 〈주송(周頌) 사문(思文)〉에 "문덕을 간직하신 후직이여, 저 하늘에 짝하여 계시도다. 우리 뭇 백성들에게 곡식을 먹임이 그대의 지극한 덕 아님이 없도다. 우리에게 보리를 주심은 상제께서 명하여 두루 기르게 하신 것이라.〔思文后稷, 克配彼天. 立我烝民, 莫匪爾極. 貽我來牟, 帝命率育.〕"라고 하였다.

169 들판의……달고 : 《시경》 〈대아(大雅) 면(綿)〉에 "주나라 들판 매우 비옥하니, 오두와 씀바귀도 엿처럼 달도다.〔周原膴膴, 堇荼如飴.〕"라고 하였다.

밭의 벼 이삭 몹시 크게 영글었네 田有稼兮孔碩
백칠십여 집이 저자 가듯 따라와 百七十家歸如市
취락과 도회 이루고 두렁길 이어졌네[170] 成聚成都連阡陌
어진 명성 날로 멀리 퍼지니 仁聲日以遠
움집 날로 개척되었네 土宇日以闢
위대하신 상제께서 고려의 덕 싫어하사 惟皇上帝厭麗德
사방 관찰하시고 밝게 굽어보셨네[171] 監觀四方臨有赫
크신 천명은 사사로이 편애함이 없으니 大命無私阿
오직 밝은 덕 지닌 이를 간택하도다 惟明德是擇

170 백칠십여……이어졌네 : 170여 집에 관한 말은 이성계의 고조부인 목조(穆祖) 이안사(李安社)의 사적에 나온다. 이안사는 원래 전주(全州)에 살았는데 그곳 산성별감(山城別監)이 이안사가 사랑하는 기생과 관계하여 이안사와 싸움이 벌어졌고 지주(知州)가 이안사를 처벌하려 하여 이안사는 강릉도(江陵道)의 삼척현(三陟縣)으로 이주하였다. 이때 고을 백성 중 170여 호가 이안사를 따라 이주하였다. 그런데 뒤에 산성별감이 강릉도의 안렴사(按廉使)로 오게 되자 이안사는 다시 가족들을 이끌고 바다를 건너 함길도(咸吉道) 의주(宜州) 용주리(湧州里)로 이주하였는데, 이때 170여 호가 다시 이안사를 따라 함길도로 이주하였다.《燃藜室記述 卷1 太祖朝故事本末》 두렁길이 이어졌다는 것은 전지(田地)가 매우 광활하다는 뜻으로, 목조를 따라 취락을 이루고 광활한 전지를 개척했다는 말이다.《한서(漢書)》 권24상 〈식화지(食貨志)〉에 "부유한 자는 전지의 두렁길이 서로 이어지고, 가난한 자는 송곳 하나 찌를 땅도 없다.〔富者田連阡陌, 貧者亡立錐之地.〕"라고 하였다.

171 위대하신……굽어보셨네 : 이 구절은 천명이 주(周)나라에 주어짐을 노래한《시경》〈대아(大雅) 황의(皇矣)〉의 "위대하신 상제가 아래를 밝게 굽어보사, 사방을 관찰하시어 백성의 안정을 구하시니, 하(夏)와 상(商) 이 두 나라의 정사가 도리(道理)에 맞지 않기에, 저 사방 나라에서 이에 찾고 이에 헤아리셨다.〔皇矣上帝, 臨下有赫, 監觀四方, 求民之莫, 維此二國, 其政不獲, 維彼四國, 爰究爰度.〕"라는 구절을 염두에 둔 것으로, 고려에서 조선으로 천명이 넘어감을 말한 것이다.

아름다운 향기가 마침내 하늘에 닿아[172]	馨香乃上聞
닭과 오리의 운수[173] 장차 갈리게 되었네	鷄鴨運將革
이에 신성한 자손 내려보내어	爰有神孫降
비자의 책임[174]을 맡기었도다	付以丕子責
기이한 예언에서 목자를 징험하고[175]	異讖徵木子

172 아름다운……닿아 : 《서경》 〈주서(周書) 군진(君陳)〉에 "지극한 다스림은 아름다운 향기와 같아서 신명을 감동시키게 마련이다. 기장과 같은 제물이 향기로운 것이 아니요, 밝은 덕이 바로 향기로운 것이다.〔至治馨香, 感于神明, 黍稷非馨, 明德惟馨.〕"라고 하였다.

173 닭과 오리의 운수 : 왕건(王建)으로부터 시작된 고려의 국운을 가리킨다. 후량(後梁) 말제(末帝) 때 객상(客商) 왕창근(王昌瑾)이 저자에서 한 노인으로부터 고경(古鏡) 하나를 샀는데, 거기에 "상제가 아들을 진한 마한의 지경에 내려보내어, 먼저 닭을 잡고 뒤에 오리를 칠 것이다.〔上帝降子於辰馬, 先操鷄後搏鴨.〕"라는 등의 내용이 적혀 있었다. 여기서 닭은 경주(慶州)의 옛 이름인 계림(鷄林)을 가리키고, 오리는 압록강(鴨綠江)을 가리키므로, 즉 신라를 차지한 다음에 압록강 유역을 정벌하게 될 것이라는 뜻이었다. 《高麗史 卷1 太祖世家》

174 비자(丕子)의 책임 : 임금의 책무를 가리킨다. 비자는 원자(元子)와 같은 말로 제왕의 장자이다. 주(周)나라 무왕(武王)이 큰 병에 걸리자 아우 주공(周公)이 돌아가신 세 선왕들에게 기원하기를 "당신의 원손 아무개가 중병에 걸렸습니다. 당신들 세 왕은 원자에 대한 책임을 하늘에서 맡았으니 제가 대신 앓게 해주십시오.〔惟爾元孫某遘厲虐疾, 若爾三王有是丕子之責于天, 以旦代某之身.〕"라고 하였다. 《書經 周書 金縢》

175 기이한……징험하고 : 목자(木子)는 이성계의 성(姓)인 '이(李)'를 파자(破字)한 것이다. 이성계가 잠저(潛邸) 시절에 어떤 사람이 문 밖에 와서 이상한 글을 바치며 말하기를 "지리산 바위 속에서 얻었는데, '목자가 돼지를 타고 내려와 다시 삼한 경내를 바로잡는다.〔木子乘猪下, 復正三韓境.〕'라는 글귀가 있습니다."라고 하였다. 이성계가 사람을 시켜서 맞아들이라고 하였으나, 벌써 떠났으므로 찾지 못하였다. 그리고 고려 서운관(書雲觀)에 간직한 비기(祕記) 중 구변진단지도(九變震檀之圖)에 "나무를 세워 아들을 얻는다.〔建木得子〕"라는 말이 있었는데, 고려조가 끝나도록 숨기고 발표하지

영험한 꿈에서 금척을 받았도다[176] 靈夢授金尺
억조창생이 찬양하며 귀의하니[177] 謳歌歸兮億兆
역수가 오백 년에 해당하도다[178] 曆數當兮五百
삼한을 문득 집으로 삼으시니 三韓奄爲家
강역이 마침내 드넓어지도다 疆域遂廣斥
성대한 덕 원래 한량이 없으나 盛德元無外
해동 땅을 경계로 하셨네 東海爲之晝
하늘이 이에 훌륭한 자손 내려주니 天乃錫以類
두 임금이 진색을 받으셨네[179] 二后膺震索

않았다. 《東閣雜記 卷上》

176 영험한……받았도다 : 273쪽 주72 참조.

177 억조창생이 찬양하며 귀의하니 : 찬양한다는 것은 임금의 덕을 찬양한다는 것이다. 《맹자》 〈만장 상(萬章上)〉에 "우(禹) 임금이 신하 익(益)을 자신의 후계자로 하늘에 천거하고 7년 뒤에 죽자, 익이 삼년상을 마치고 나서 우 임금의 아들인 계(啓)에게 왕위를 양보하여 기산(箕山) 북쪽으로 가 있었는데 …… 찬양하며 노래 부르는 자들이 익에 대한 노래는 부르지 않고 계만을 찬양하여 노래 부르면서 '우리 임금님의 아들이시다.' 하였다.〔謳歌者不謳歌益, 而謳歌啓曰吾君之子.〕"라고 한 데서 온 표현이다.

178 역수가……해당하도다 : 고려 왕조가 500년의 역수를 누린 후 새로운 왕자(王者)인 이씨(李氏)의 조선이 등장함을 말한 것이다. 《맹자》 〈공손추 상(公孫丑上)〉에 "오백 년 만에 반드시 왕자가 일어나니, 그사이에 반드시 세상에 이름을 떨치는 자가 있다.〔五百年必有王者興, 其間必有名世者.〕"라고 하였다.

179 하늘이……받으셨네 : 원문의 '類'는 '善'의 뜻으로, 복을 받을 훌륭한 사람을 가리키며 훌륭한 자손과 효자(孝子)를 지칭할 때 자주 쓰인다. 《시경》 〈대아(大雅) 기취(旣醉)〉의 "효자의 효도 다함이 없으니, 영원히 너에게 좋음을 주리로다.〔孝子不匱, 永錫爾類.〕"라는 말에서 온 것이다. 진색(震索)은 《주역》 〈설괘전(說卦傳)〉에 "진이 한 번 구하여 아들을 얻었으므로 장남이라 한다.〔震一索而得男, 故謂之長男.〕"라고 한 데서 온 표현으로 장남, 세자 등을 지칭할 때 자주 쓰인다. 즉 경흥댁에서 나중에 임금이

문왕의 법과 무왕의 공열이니[180] 文謨與武烈
금니가 옥책에 찬란하도다[181] 金泥煥玉冊
아! 천만년토록 於千萬斯歲
이 나라 국운[182]이 반석 같을지어다 鼎器如磐石
송두리 몇 묘의 궁전 松豆之里數畝宮
골짜기엔 강물 흐르고 뜰에는 측백 있네 洞有流水庭有柏
강물은 바다로 흘러 다함이 없고 水流海兮無盡
측백은 하늘과 함께 길이 푸르리로다 柏與天兮長碧

될 정종(定宗)과 태종(太宗)이 탄생한 사실을 말한 것이다.

180 문왕의……공열이니 : 이성계의 훌륭한 덕을 말한 것이다. 《서경》 〈주서(周書) 군아(君牙)〉에 "크게 나타났도다, 문왕의 법이여! 크게 계승하였도다, 무왕의 공이여! 〔丕顯哉, 文王謨. 丕承哉, 武王烈.〕"라고 하였다.

181 금니(金泥)가 옥책(玉冊)에 찬란하도다 : 이성계가 삼한을 평정하고 왕업을 이루었음을 형용한 말이다. 금니는 수은과 황금 가루를 혼합한 것으로 옥책을 담은 함을 봉인할 때 사용한다. 옥책은 옥을 책의 형태로 만든 것으로 조서(詔書)나 임금의 등극을 알리는 내용 등의 중요한 국가 문서를 작성할 때 사용되었다. 제왕이 뛰어난 공을 이루어 천하가 안정되면 하늘에 고하기 위해 직접 태산(泰山)에 올라가 봉선(封禪)을 행하는데, 이때 그 공적을 기록한 옥첩(玉牒)을 상자에 담고 옥으로 만든 뚜껑인 옥검(玉檢)으로 덮은 뒤에 금니로 봉하여 행사에 사용한다고 한다. 《漢書 卷6 武帝紀》

182 이 나라 국운 : 원문의 '鼎器'는 국가를 가리키는 말이다. 중국 고대 우(禹) 임금 때 아홉 개의 정(鼎)을 만들었는데, 상(商)나라를 거쳐 주(周)나라에 이르러 국가의 중요한 기물이 되었으며, 후대에는 그것이 국가와 제위(帝位)를 가리키는 용어로 사용되었다.

독서당[183]

讀書堂

함흥 동쪽 15리 지점 귀주동(歸州洞) 설봉산(雪峰山) 아래에 있다. 태조(太祖)가 잠저(潛邸) 시절에 계곡 가 반석 위에 정사(精舍)를 세우고 그곳에서 독서하였다. 앞쪽에 기이하고 빼어난 석봉(石峰)이 있으니 이름을 석용(石茸)이라 한다. 섬돌 앞으르는 층층 폭포가 뿜어져 흐르는데 그윽하고 빼어나며 맑고 상쾌하다. 후인(後人)이 중수(重修)하여 방옥(房屋)을 만들고 네 기둥을 가운데 세웠으며, 그중 한 칸은 온실(溫室)로 만들었다. 붉은색으로 편액하기를 '독서성지(讀書聖址)'라 하였다. 절의 중이 지키고 있다.

독서당은	讀書堂
귀주동 안쪽 설봉산 남쪽에 있네	歸州洞裏雪山陽
옛적에 동방에서 성인이 나오시니	伊昔東方聖人作
총명과 신무가 우 임금 탕 임금 같았네	聰明神武似禹湯
하늘이 생지[184]를 내심이요 스스로 성인이라 하신 것 아니니	天縱生知不自聖

183 독서당 : 이 작품은 현재 함경남도 북주동면(北州東面) 경흥리(慶興里) 설봉산(雪峰山) 귀주사(歸州寺)의 부속 건물로 되어 있는 독서당에 대해 읊은 것이다. 이계는 이 작품을 통해 태조 이성계의 왕업이 단순히 무력에 의한 것이 아니라 문업을 함께 닦아 이룬 것임을 역설하고 있다. 평성 '양(陽)'운의 고체시(古體詩)이다.

184 생지(生知) : 태어나면서부터 이치를 잘 알고 있는 뛰어난 자질의 인물을 가리킨

시서와 육예 배움에 일정하게 정해진 것 없었네[185] 詩書六藝學無方
띠집 몇 칸 산중에 짓고서 茅屋數間山之中
층암을 병풍 삼고 땅을 책상 삼았네 層巖爲屛土爲床
빼어난 석용봉은 구름 밖으로 벗어나는 듯 石茸之峰丰茸若出雲
아래엔 나는 듯한 폭포 소리 옥돌 구르는 듯 영롱해라
下有飛瀑琮琤響璆琅
높고 맑은 성인의 옥음 천지에 가득 차니 玉音高亮滿天地
용이 골짜기에서 울고 봉황이 언덕에서 우는 듯했네
龍在壑吟兮鳳鳴岡
천지의 법칙을 범위 안에 들이니[186] 天經地緯入範圍
밝게 도는 은하수 빛 아래로 드리웠네[187] 雲漢下垂昭回光
문으로 백성 얻고 무로 공업 세우시니 文以得衆武定功
하늘이 마침내 삼한의 왕자(王者)로 삼았도다 天乃畀以三韓王

다. 《중용장구(中庸章句)》 제20장에 "혹은 태어나면서 알고, 혹은 배워서 알고, 혹은 애써서 안다.〔或生而知之, 或學而知之, 或困而知之.〕"라고 하였다.

185 일정하게……없었네 : 배움에 있어 미리 정해진 한계가 있는 것이 아니라 널리 두루 배워 일정하게 정해진 범위가 없었다는 말이다.

186 천지의……들이니 : 천지의 법칙을 성인이 모두 아울러서 중도(中道)에 맞게 하는 것을 말한다. 《주역》 〈계사전 상(繫辭傳上)〉에 성인의 위대한 일을 말하며, "천지의 조화를 범위하여 지나치지 않게 한다.〔範圍天地之化而不過〕"라고 하였다. 범(範)은 금을 주조할 때의 거푸집이고, 위(圍)는 틀이다.

187 밝게……드리웠네 : 이성계의 덕화가 백성들에게 펼쳐짐을 비유한 말이다. 은하수는 임금을 상징한다. 《시경》 〈대아(大雅) 운한(雲漢)〉에 "저 높은 은하수여. 하늘에서 밝게 도는도다.〔倬彼雲漢, 昭回于天.〕"라고 하였다.

구슬 엮은 듯한 신령한 규성(奎星) 석목에서 빛나고[188] 靈奎珠綴耀析木
구름이 떠받든 상서로운 해 부상[189]에 솟아올랐네 瑞日雲擎升扶桑
이때에 중국이 대명에 속하니[190] 維時中國屬大明
동문 만 리에 수레와 배가 통하는도다[191] 同文萬里通車航
홍무 이십오 년은 바로 임신년 洪武二十五載卽壬申
단군 무진년이 도당 때였던 것과 똑같아라[192] 一似檀君戊辰竝陶唐
신라와 고려 이래 수천 년 세월 羅麗以來數千年

188 구슬……빛나고 : 규성은 28수(宿)의 하나로, 16개의 별이 구슬을 엮은 듯 이어진 형세이며 예로부터 문장(文章)을 관장한다고 믿어졌다. 석목(析木)은 성차(星次)의 이름으로, 기(箕)와 두(斗) 두 별 사이의 분야를 가리키며 방향으로는 정동쪽 인방(寅方)에 해당하여 중국에서는 유주(幽州)를 가리키고 우리나라로 치면 함경도 지역을 가리킨다. 즉 함경도 함흥의 독서당에 문장을 관장하는 규성이 밝게 비춰 이성계의 문업(文業)이 드러남을 비유한 것이다.

189 부상(扶桑) : 해가 뜨는 동쪽 바다에 있다는 전설상의 신목(神木)으로 여기서는 조선을 가리킨다.

190 이때에……속하니 : 중국 천하가 크게 밝아졌다는 의미와 함께 중국에 한족(漢族)의 명(明)나라가 들어섰음을 중의적으로 말한 것이다.

191 동문(同文)……통하는도다 : 동문은, 같은 문자를 쓰고 같은 규격의 수레바퀴를 쓴다는 뜻으로 천하통일을 상징하는 서동문거동궤(書同文車同軌)에서 온 말이다. 즉 천하가 안정되어 서로 활발히 교통함을 말한 것이다.

192 홍무(洪武)……똑같아라 : 홍무는 명(明)나라 태조(太祖) 주원장(朱元璋)의 연호이다. 홍무 25년은 1392년 임신년으로 태조 이성계가 즉위한 해이다. 이는 단군이 즉위한 기원전 2333년 무진년이 중국의 요(堯) 임금이 즉위한 지 25년째 되는 것과 같은 경우이다. 도당(陶唐)은 요 임금의 호이다. 《십팔사략(十八史略)》〈오제(五帝)〉의 주에 "요 임금이 처음에 당후(唐侯)였다가 나중에 천자가 되어 도(陶)에 도읍하였기 때문에 호를 도당씨라 한다."라고 하였다.

혼돈과 비속함 비로소 끊고 개척했네　鴻濛始鑿開傖荒
제도와 문물이 중화보다 뛰어나니　聲明文物軼華夏
우리 왕조 제정한 예악 어찌 이리 찬란한고　一代制作何輝煌
큰 갓과 긴 옷자락에 넓은 소매 차림하고　大冠長裾仍闊袖
예식 차리고 읍양하며 걸음걸이도 법도에 맞네　周旋揖讓巧趨蹌
집집마다 거문고 타며 시 외우고 예법 익히니　家絃戶誦習簠簋
팔도강산 모두 다 추로향[193] 되었구나　八域盡化鄒魯鄉
한당의 시부 짓고 낙건의 학문 익히니[194]　漢唐詩賦洛建學
명유와 큰 스승들 줄줄이 나왔어라　名儒碩師項相望
계집종도 개가(改嫁)를 부끄러이 여기고　竈婢亦恥二更夫
마부들도 모두 다 삼년상을 행하네　馬廝皆行三年喪
아아! 성대하도다 동방에 일찍이 없던 일　嗚呼盛哉自有東方未曾有
문장의 찬란함은 주나라 상나라 같도다　文章煥乎周與商
유가의 구풍과 당나라 진양에도[195]　劉家舊豐唐晉陽

193 추로향(鄒魯鄉) : '추'는 맹자의 고향이고 '노'는 공자의 고향으로, 예악문명이 성대한 곳을 가리킨다.

194 한당(漢唐)의……익히니 : 조선의 문학과 학술이 중국과 다름없이 수준 높다는 말이다. 부(賦)는 한나라를 대표하는 문학 장르이고, 시(詩)는 당나라를 대표하는 문학 장르이다. 낙건(洛建)은 정호(程顥)와 정이(程頤) 형제가 살았던 낙양(洛陽)과 주희(朱熹)가 살았던 복건(福建)의 병칭으로 성리학을 뜻한다.

195 유가(劉家)의……진양(晉陽)에도 : 유가(劉家)는 유방(劉邦)이 세운 한(漢)나라를 가리킨다. 구풍은 유방이 그의 아버지를 위해 장안 근처에 고향인 풍읍(豐邑)과 똑같이 신풍(新豐)을 만든 것에 대비되는 말로 풍읍을 가리킨다. 풍읍과 진양 모두 한나라와 당나라의 기반이다. 수(隋)나라 말 당나라 고조(高祖) 이연(李淵)이 태원태수(太原太守)로 있으면서 진양궁 감(晉陽宮監)을 겸하고 있었는데, 수나라가 망할

당시에 독서당 있단 말은 듣지 못하였어라　　不聞當時有書莊
푸른 바다 벼루 삼고 백두산을 붓 삼으니　　滄海爲硯兮白山爲筆
신성한 공업 어떻게 크게 펼치셨던고　　神功何以大鋪張
우뚝한 옛 독서당만 산해 사이에 남았으니　　惟有舊堂巋然山海間
해마다 봄 되면 온갖 꽃이 대지 가득 향기 뿜누나
年年春到百花滿地香

것을 간파한 태종(太宗) 이세민(李世民)이 진양궁 부감으로 있던 배적(裵寂)과 모의하여 고조로 하여금 거사할 결심을 굳히게 했다.

함관 평정[196]

咸關平

함흥부 서쪽 30리 지점에 있다. 큰 고개가 남북을 가로지르고 있는데 험준함은 철령(鐵嶺)에 버금간다. 태조가 이곳에서 나하추(納哈出)[197]를 대파하였다.

함관이 평정되자	咸關平
삭방이 맑아졌네	朔方淸
나하추 미쳐 날뛰어	納哈出猖狂
북방 성들 침략했지	侵凌北諸城
우리 곡식 짓밟고	蹂躪我禾麥
우리 부녀자 잡아갔네	係纍我婦嬰
철령 너머가 모두 놀라 떨고	鐵嶺以外皆震驚

196 함관 평정 : 이 작품은 현재 함경남도 함주군 덕산면과 홍원군 운학면 사이에 있는 고개인 함관령(咸關嶺) 주위에서 벌어졌던 이성계의 나하추 토벌 사적을 읊은 것이다. 함관령에는 이성계의 이 당시 업적을 기념한 달단동승전기적비(韃靼洞勝戰紀蹟碑)가 고갯 마루에서 2킬로미터 떨어진 곳에 세워져 있다. 평성 '경(庚)'운의 고체시(古體詩)이다.

197 나하추(納哈出) : ?~1388. 원말명초(元末明初)의 무장이다. 원나라 말기에는 심양(瀋陽)을 근거지로 하여 스스로 행성승상(行省丞相)이라 칭하며 만주 지역에 세력을 형성하고 있었다. 공민왕 11년(1362)에 수만 대군을 이끌고 북청(北靑), 홍원(洪原) 등지에 침입하였으나 함흥 전투에서 이성계에게 대패하였다. 이후 명나라에 항복하고 해서후(海西侯)에 봉해졌으며 운남(雲南) 정벌 도중 죽었다.

봉화가 송도(松都)까지 연이었네 烽火連松京
우리 태조에게 병권을 맡기니 授鉞我太祖
분연히 가서 정벌하셨네 赫然乃徂征
징과 북소리 산과 바다 진동하고 金鼓動海山
태양은 창과 깃발에 빛났네 雲日耀戈旌
함관의 아래에서 적들과 조우하니 遇之咸關下
고원에 영채가 늘어섰네 高原列寨營
친히 횡운골[198]을 모니 親御橫雲鶻
수많은 군마들 고요히 소리 없네 萬馬寂無聲
몸을 뒤쳐 날아드는 창 피하시고 翻身避飛槊
위로 화살 날려 투구 끈 끊으셨네[199] 仰射絶胡纓
위풍당당하게 말 위에 서서 軒然馬上立
부질없이 날아가는 화살 웃으며 보셨네[200] 笑看空鏑鳴
철갑 입은 날랜 적장 있어 金甲有梟將
그 용맹 대적할 자 없었네 猛勇無與攖
구리 투구로 뺨과 턱 가리니 銅面掩腮頷

198 횡운골(橫雲鶻) : 295쪽 주124 참조.

199 몸을……끊으셨네 : 나하추와의 전투에서 한 적병이 이성계를 쫓아오며 창을 들어 찌르려 하자, 이성계가 몸을 한쪽으로 뒤쳐 말에서 떨어지는 것처럼 하고서는 적병을 향해 위로 활을 쏘아 맞히고 즉시 다시 말에 올라탄 사실이 있다.《太祖實錄 總序》

200 위풍당당하게……보셨네 : 나하추와의 전투에서 한 적병이 앞으로 나와 이성계를 화살로 쏘자 이성계가 즉시 말 위에 일어나 서니 화살이 가랑이 사이로 빠져나갔고, 이성계가 이에 말을 채찍질해 쫓아가서 그 적병을 쏘아 무릎을 맞힌 사실이 있다.《太祖實錄 總序》

단단하고 반들거려 병기가 들어가지 않았네　　堅滑不受兵
태조가 화살 뽑아 먼저 적장의 말을 쏘니　　抽矢先射馬
말과 사람이 모두 놀랐네　　馬與人俱驚
적장이 고개 돌려 급히 고삐 당기니　　轉頭引鞚急
입 벌어지는 것이 마치 맞이하는 듯했어라　　口呀如相迎
흰 깃 화살로 적장의 목구멍 관통하니　　白羽貫其喉
거꾸로 떨어지며 진 앞에 널브러졌네[201]　　倒落陣前橫
신궁(神弓)은 헛발이 없는지라　　神弧無虛發
한 발에 억센 적 셋이 쓰러졌다네[202]　　一擧殪三勍
이에 적들이 크게 무너져　　於是賊大崩
징까지 내버리고 놀라서 도망쳤네　　駭奔棄鐃鉦
우리 철기병이 좇아가면서 짓밟으니　　鐵騎從而乘
저희끼리 차고 밟으며 구덩이를 메웠네　　蹩踏盈塹坑
토아동과 함흥평까지[203]　　兎兒洞咸興坪

201 철갑……널브러졌네 : 나하추와의 전투에서 한 적장이 목과 얼굴까지 감싼 갑옷을 입었는데, 거기에다 별도로 턱을 보호하는 갑주까지 갖추어 화살을 쏘아 맞힐 만한 틈이 전혀 없었다. 이성계가 이에 먼저 적장이 탄 말을 쏘자 말이 놀라 뛰었고, 적장이 힘을 주면서 고삐를 당기느라 자연스레 입이 벌어지게 되었다. 이에 이성계가 화살로 그 입을 쏘아 맞힌 사실이 있다. 《太祖實錄 總序》

202 신궁(神弓)은……쓰러졌다네 : 나하추와의 전투에서 이성계가 단기(單騎)로 적진을 향해 돌진하며 적을 시험하자 적의 날랜 장수 세 사람이 한꺼번에 달려들었는데, 이성계가 화살을 쏘니 시위 소리가 나자마자 세 적장이 모두 쓰러진 사실이 있다. 《太祖實錄 總序》

203 토아동(兎兒洞)과 함흥평(咸興坪)까지 : 토아동은 함흥 북쪽 90리 지점에 있으며, 함흥평은 함흥의 동쪽과 서쪽과 남쪽의 큰 들을 합칭해 부르는 말이다. 《新增東國輿

흐르는 핏물로 들풀이 물들었네　流血野草赬
차거 소리 한 번 울리자　硨磲聲一起
혼비백산 다시 정신 못 차렸네[204]　驚魂不回晴
위엄 있는 명성 마침내 멀리까지 떨치니　威名遂遠振
대업이 이로부터 이루어졌도다　大業從此成
도련포 밖에는 동쪽에서 고기 잡는 이 없고[205]　都連浦外無東漁
달단성[206] 밑에선 비로소 봄갈이 들어갔다네　韃靼城下始春耕

地勝覽 卷48 咸鏡道 咸興府》 즉 토아동과 함흥평이라고 한 것은, 함흥의 사방 전체를 들어 말한 것이다. 토아동은 이성계가 왜구를 격파한 곳이며, 함흥평은 나하추를 격파한 곳이다.

204 차거(硨磲)……차렸네 : 차거는 소라나팔의 일종이다. 이성계가 전장에서 항상 불게 했다고 하며, 토아동에서 왜적을 칠 때 차거를 불자 왜적들이 이성계가 온 것을 알고 크게 놀라며 두려워했다고 한다.《新增東國輿地勝覽 卷48 咸鏡道 咸興府》

205 도련포(都連浦)……없고 : 도련포는 함흥 남쪽 35리 지점에 있는 항구이다. 이성계가 나하추를 토벌할 때 우군(右軍)이 경유한 곳이기도 하다.《新增東國輿地勝覽 卷48 咸鏡道 咸興府》 동쪽에서 고기 잡는 이가 없다는 것은 훌륭한 장수가 지키고 있어 외적이 감히 침입하지 못한다는 말이다. 전국시대(戰國時代) 위 혜왕(魏惠王)이 제 위왕(齊威王)에게 제나라의 보물에 대해 묻자, 제 위왕이 "내 신하 중에 반자라는 자가 있는데 고당을 지키게 하면 조나라 사람이 감히 동쪽으로 황하에서 고기를 잡지 못합니다.〔吾臣有肦子者, 使守高唐, 則趙人不敢東漁於河.〕"라고 하였다.《史記 卷46 田敬仲完世家》

206 달단성(韃靼城) : 함경도 홍원(洪原) 남쪽 30리 지점의 달단동(韃靼洞)을 가리킨다. 이성계가 함관을 넘어 이곳에 도착하여 나하추와 싸워 크게 이겼다.《新增東國輿地勝覽 卷48 咸鏡道 洪原縣》

청해사[207]

青海祠

북청부(北青府) 북쪽 25리 양가사(良家社) 별안대(別雁臺) 아래에 있다. 청해백(青海伯) 이지란(李之蘭)[208] 공은 개국 원훈(開國元勳)으로 관직을 사양하고 북쪽으로 돌아와 불교에 귀의하였다. 태종(太宗)이 즉위하고 여러 차례 불렀으나 나가지 않았다. 유언에 따라 시신을 화장하고 부도(浮圖)를 세웠다. 숭정(崇禎) 병자년(1636, 인조14) 8월에 뇌우(雷雨)가 크게 쏟아져 부도의 옥개석(屋蓋石)이 저절로 열렸는데, 석감(石龕) 안의 사회(沙灰)[209]에 종횡으로 무늬가 생겨나 '금래(金來)'라는 두 글자가 저절로 이루어졌다. 사람들이 그 뜻을 알지 못

207 청해사 : 이 작품은 이성계의 의형제이자 조선 개국 공신인 이지란(李之蘭)의 북청 사당에 들러 이지란의 영정을 친견하고 감회를 읊은 것이다. 주로 이지란의 무용(武勇)과 공성신퇴(攻成身退)의 개결함을 칭송하고, 병자호란 때 미리 청나라의 침략을 예견한 이적(異蹟)을 말한 뒤 영원토록 나라를 보호해줄 것을 기원하였다. 평성 '양(陽)'운의 고체시(古體詩)이다.

208 이지란(李之蘭) : 1331~1402. 본관은 청해(青海), 초성은 퉁(佟), 초명은 쿠룬투란티무르〔古論豆蘭帖木兒〕. 자는 식형(式馨), 시호는 양렬(襄烈)이다. 이성계와 결의형제하고 편장으로서 왜구와의 전투에서 큰 활약을 하였다. 여진 추장 월로티무르〔月魯帖木兒〕의 반란을 정벌한 공으로 명나라에 의해 청해백(青海伯)에 봉해졌으며, 조선 개국 후 보조좌명개국일등공신(補祚佐命開國一等功臣) 청해군(青海君)에 봉해졌다. 이성계가 왕위에서 물러난 후 그도 청해(북청)에 은거하면서, 많은 살상을 저지른 것을 뉘우치며 불교에 귀의했다.

209 사회(沙灰) : 관곽(棺槨)의 사방과 윗면에 나무뿌리나 벌레의 침입을 방지하기 위해 다져 넣는 모래와 재를 말한다.

했는데 그해 겨울 금인(金人)[210]이 과연 쳐들어오자 비로소 이지란 공의 영령(英靈)이 병란을 예고한 것인 줄 알았다. 지금 영당(影堂) 안에 소상(小像)을 걸어두었는데 소상의 풍채가 생시처럼 찬연하다.

청해는 어찌면 저리 광대한가　　青海之水何洋洋
해 뜨는 곳에서 진인이 분연히 일어났네　　眞人奮起日出方
구름은 용 따르고 바람은 호랑이 따르니[211]　　雲從龍兮風從虎
산악의 신령이 황량한 변방에 내려왔네[212]　　維嶽之神降大荒
위수(渭水) 갈 때 곰 아님을 점쳤나니　　渭川占匪熊
태공이 주왕을 만난 것과 같도다[213]　　有如太公逢周王

210 금인(金人) : 후금(後金)으로 건국하여 청(淸)으로 국호를 바꾼 여진족을 가리킨다.

211 구름은……따르니 : 영웅이 때를 만나 떨쳐 일어나는 것을 비유한 말이다. 《주역》〈건괘(乾卦) 문언(文言)〉에 "구름은 용을 따르고, 바람은 범을 따른다.〔雲從龍, 風從虎.〕"라고 하였다.

212 산악의……내려왔네 : 나라를 보필할 뛰어난 인재가 탄생함을 가리킨 말이다. 《시경》〈대아(大雅) 숭고(崧高)〉에서 주(周)나라 왕실을 보필한 신백(申伯)과 보후(甫侯)를 칭송하면서, "산악에서 신령 내려 보후와 신백 내셨도다. 보후와 신백 두 사람 주나라 기둥이라, 사국의 울타리 되어 사국에 덕을 베풀도다.〔維嶽降神, 生甫及申. 維申及甫, 維周之翰. 四國于蕃, 四國于宣.〕"라고 하였다.

213 위수(渭水)……같도다 : 이성계가 훌륭한 인재인 이지란을 만난 것을 옛날 주(周)나라 문왕(文王)이 강태공(姜太公)을 만난 것에 비유한 것이다. 주나라 문왕이 사냥을 나가기 전에 점을 쳤는데, 그 점괘에 "용도 아니요, 이무기도 아니요, 곰도 아니요, 말곰도 아니요, 범도 아니요, 표범도 아니요, 얻을 것은 패왕의 보좌로다.〔非龍非彲非熊非羆非虎非貔, 所獲霸王之輔.〕"라고 나왔고, 과연 위수에 가서 강태공을 만났다. 《史記 卷32 齊太公世家》

도원에서 대의를 결의했나니 桃園結大義
유비가 관우 장비 얻음과도 같도다 又似劉皇得關張
사방을 경영할 제 항상 함께했으니 經營四方每與俱
숱한 전투 맹활약 누가 감히 당해내리 飛騰百戰誰敢當
긴 칼로 참창[214]을 쓸어버리고 長劍掃攙搶
신묘한 화살로 천랑[215] 쏘아 맞혔네 神箭射天狼
설열한령과 황초령[216] 薛列罕黃草嶺
동쪽 여진족 북쪽 몽고족을 양 떼처럼 몰아냈네 東眞北蒙走如羊
삼한 온 누리가 선이[217]에게 귀속되니 三韓全幅屬仙李
만세의 큰 왕업 한양에 터 잡았네 萬世洪基奠漢陽
남궁에서 대려의 맹세하며 분봉(分封)하니[218] 南宮帶礪裂茅土

214 참창(攙搶) : 혜성(彗星)인 천참성(天攙星)과 천창성(天搶星)을 가리킨다. 옛날 사람들은 흉조를 알리는 요성(妖星)으로 여겨 병화(兵禍)가 일어날 조짐이라고 하였다.

215 천랑(天狼) : 침략을 주관한다고 믿어졌던 별 이름이다.

216 설열한령(薛列罕嶺)과 황초령(黃草嶺) : 모두 고개 이름이다. 설열한령은 설한령(雪寒嶺, 雪罕嶺)으로도 불리며, 황초령은 초황령(草黃嶺)으로도 불린다. 설열한령은 강계(江界)와 함흥의 경계에 있으며, 황초령은 설열한령과 30리 떨어진 거리에 있다. 고려 공민왕(恭愍王) 때 이성계가 동북면 도원수(東北面都元帥)가 되어 원(元)나라의 동녕부(東寧府)를 쳐서 영토를 개척했는데, 이때 황초령을 넘어 설열한령에 이르렀다. 《新增東國輿地勝覽 卷55 平安道 江界都護府》

217 선이(仙李) : 조선을 창업한 이씨 왕가를 높여 부른 말이다. 노자(老子)가 이수(李樹) 아래에서 태어나서 성을 이(李)로 했다는 전설이 있는데, 당나라 왕실에서 노자의 후손이라고 자처하였으므로 그 종족을 '선이'라고 지칭한 데에서 유래하였다. 두보의 시에 "선이의 서린 뿌리 크기도 하여, 걸출한 후손들 대대로 빛났어라.〔仙李蟠根大, 猗蘭奕葉光.〕"라는 구절이 있다. 《杜少陵詩集 卷2 冬日洛城北謁玄元皇帝廟》

벽 위에 삼중대광(三重大匡)[219] 화상 걸렸네　壁上丹靑三重匡
공업 이룩하자 조정에 머물지 아니하고　功成兮不居
필마로 표연히 고향으로 돌아갔네　匹馬飄然歸桑鄕
불문에 자취 감춘은 이업후[220]와 자못 비슷하고　逃禪頗似李鄴侯
벽곡함은 장자방[221]과도 같아라　辟穀還如張子房

218 남궁(南宮)에서……분봉(分封)하니 : 이성계가 이지란에게 개국의 공로에 따라 분봉한 것을 가리킨다. 남궁은 한(漢)나라 때 궁궐 이름으로 고조(高祖) 유방(劉邦)이 신하들에게 크게 잔치를 베풀었던 곳이다.《漢書 卷1 高帝紀》 후에 명제(明帝) 때가 되어서 남궁 안에 운대(雲臺)를 짓고 전대(前代)의 공신 28명의 화상을 안치하였다.《後漢書 卷52 馬武列傳》 대려(帶礪)는 띠와 숫돌이라는 뜻으로, 공신들을 녹훈(錄勳)할 때 하는 맹약을 가리킨다. 한나라 고조 유방이 개국 공신들을 책봉하면서 "황하가 띠처럼 가늘어지고 태산이 숫돌처럼 평평하게 될 때까지 그대들의 나라가 영원히 존속되어 후손들에게 전해지도록 할 것을 맹세한다.〔使河如帶, 泰山若礪, 國家永寧, 爰及苗裔.〕"라고 하였다.《史記 卷18 高祖功臣侯者年表》 원문의 '茅土'는 제후들을 봉작할 때 오방색(五方色)의 흙을 백모(白茅)로 싸서 주던 것을 말한다.《書經 夏書 禹貢 孔安國傳》

219 삼중대광(三重大匡) : 고려시대 정1품 문관의 품계로, 때에 따라 벽상삼한삼중대광(壁上三韓三重大匡)으로 호칭되기도 하였다. 이지란은 조선 개국 후 보국숭록대부(輔國崇祿大夫)에 녹훈되었는데 이는 정1품에 해당한다.

220 이업후(李鄴侯) : 당(唐)나라 때 재상으로 업현후(鄴縣侯)에 봉해진 이필(李泌, 722~789)을 가리킨다. 이필은 평소 신선술을 좋아하였는데, 숭산(嵩山)과 화산(華山)에서 노닐다가 현종(玄宗)에게 발탁되어 태자를 가르쳤으나 양국충(楊國忠)이 미워하자 영양(潁陽)에 은거하였고, 숙종(肅宗)의 부름으로 다시 정사에 참여했으나 이보국(李輔國)이 질시하자 형산(衡山)에 은거했으며, 또 대종(代宗) 때 부름을 받았으나 원재(元載)와 상곤(常袞)이 시기하자 외방의 직책으로 나가는 등 빈번하게 벼슬에서 물러나 은거하였다.《舊唐書 卷130 李泌列傳》

221 장자방(張子房) : 한(漢)나라 고조(高祖) 유방(劉邦)의 책사(策士)로 유방을 도와 한나라를 개국하는 데 큰 공을 세운 장량(張良, ?~기원전 186)이다. 장량은 뜻을

대궐에서 임금 조서 연이어 날아드나　紫誥聯翩來北闕
편안히 본분 지키며 동강[222]을 지켰네　素履安閑守東岡
몸과 이름 모두 다 완전히 하였으니　身與名俱完
백세토록 꽃다운 향기 전해지도다　百世流芬芳
기련을 본떠서 무덤 만들지 않았으되　不用丘隴象祈連
영령께서는 응당 이 강토 지키시네[223]　應有精靈鎭封疆
숭정 병자년 가을 팔월　崇禎丙子秋八月
영고의 왕[224] 비로소 난폭해졌네　寧古可汗始强梁
불현듯 뇌우가 황천에서 일어나　無端雷雨起荒阡

이룬 뒤 속세를 벗어나 벽곡을 하고 신선술을 익히며 여생을 보냈다.

222 동강(東岡) : 벼슬에 나가지 않고 물러나 은거하고 있는 곳을 뜻한다. 《후한서(後漢書)》 권53 〈주섭열전(周燮列傳)〉의 "선대로부터 공훈으로 은총을 입은 일이 이어졌는데 그대만 어찌 유독 동강의 비탈을 지키는가?〔自先世以來, 勳寵相承, 君獨何爲守東岡之陂乎?〕"라는 말에서 유래하였다.

223 기련(祈連)을……지키시네 : 이지란의 무덤을 성대하게 만들지 않고 불교 방식대로 화장하고 부도를 세우는 소박한 방식에 그쳤으나 그의 영령은 생전처럼 항상 조선을 지킨다는 말이다. 기련은 중국의 산 이름으로, 기련산(祁連山)으로도 표기한다. 한(漢)나라 무제(武帝) 때 명장인 곽거병(霍去病)이 기련산 일대에서 흉노를 정벌하였는데, 병으로 죽자 무제는 그의 죽음을 슬퍼하여 장안(長安)에서 무릉(茂陵)에 이르는 넓은 지역에 그의 무덤을 축조하면서 무덤 모양을 그가 생전에 전공을 세운 기련산을 본떠 만들었다고 한다. 《史記 卷111 驃騎將軍列傳》

224 영고(寧古)의 왕 : 영고는 영고탑(寧古塔)으로 청(淸)나라를 세운 만주족의 발원지이다. 영고탑은 만주어로 '여섯'이라는 뜻이며, 만주족의 조상인 여섯 형제가 이곳에 터를 잡고 강성하여 영고탑패륵(寧古塔貝勒)으로 불렸다. 패륵은 부족장을 뜻하는 만주어이다. 원문의 '가한(可汗)'은 왕을 뜻하는 몽고어로, 여기서는 병자호란을 일으킨 청나라 태종(太宗)을 가리킨다.

큰 옥개석 절로 열려 부도에 감췄던 것 드러났네 大石自開浮圖藏
그 가운데 '금래'라는 두 글자 보이니 中有金來二字書
점획이 분명하고 검은 색채 빛났네 點畫分明墨色光
사람도 귀신도 한 일 아니니 누가 헤아릴 수 있으랴
非人非鬼誰能測
본 사람들 서로 전하며 모두 놀라고 두려워했네 觀者相傳皆驚惶
과연 이해 겨울에 果然是歲冬
금인들이 우리나라 침략하였네 金人來東搶
공이 돌아가신 지 이백 년이 지났건만 公死於今二百年
공의 영령 와서 고해주심 어찌 그리 자세했던고 公靈來告何其詳
산하 같은 장쾌한 기상과 해를 뚫는 충정은 山河壯氣貫日忠
살아서나 죽어서나 항상 한결같도다 不以生死而存亡
별안봉 아래 양가사 別雁峰下良家社
영정이 엄연하게 높은 당에 걸려 있네 遺像儼然掛高堂
눈동자는 밝은 별과 같고 두 뺨은 붉으며 眸如明星兩頰紅
성긴 수염은 희끗희끗 기상은 당당하구나 疏髯颯颯神揚揚
평소 공을 흠모하여 마부라도 되길 원했더니[225] 平生景慕願執鞭
오늘 영정 우러름에 상에 절하는 듯하여라[226] 今日瞻依如拜床

225 마부라도 되길 원했더니 : 지극한 흠모의 정을 표현하는 말이다. 사마천(司馬遷)이 "안자가 지금 살아 있다면 그의 마부가 되어 말채찍을 잡는 일이라도 흔쾌히 할 것이다.〔假令晏子而在, 余雖爲之執鞭, 所忻慕焉.〕"라고 하였다. 《史記 卷62 管晏列傳贊》

226 상에 절하는 듯하여라 : 존경하던 이지란에게 마치 살아 있을 때 예를 올리는 듯하다는 말이다. 후한(後漢) 때 제갈량(諸葛亮)이 당시 은자(隱者)였던 방덕공(龐德

아아 돌아가신 분은 다시 불러올 수 없으니 嗚呼九原不可作
푸른 산과 긴 강만이 보이는구나 惟見山蒼與水長
다시 바라옵건대 천추토록 위령 떨치어 更願千秋振威靈
우리 종사 보호하사 장수하고 창성하며 護我宗邦壽而昌
태산처럼 안정되고 금성탕지(金城湯池)처럼 굳건케 하소서
安如泰山固金湯

公)을 존경하며 방덕공을 찾아가 인사 올릴 때에는 항상 상 아래에서 절하였고 방덕공은 태연히 그 절을 받았다고 한다.《尙友錄》

시중대[227]

侍中臺

북청부(北靑府) 동쪽 68리 지점 만령(蔓嶺) 위에 있다. 고려 예종(睿宗) 때 시중 윤관(尹瓘)을 원수(元帥)로, 오연총(吳延寵)을 부원수로 임명해 보내 30만 병력을 일으켜 여진족을 정벌하고 9성을 수복하였다. 윤관이 이곳에 올라온 적이 있으므로 후대 사람이 이를 말미암아 이름을 지었다. 시중대는 큰 바다에 임해 있는데 일출이 볼만하며, 만 그루의 소나무가 둘러 있고 그 위에는 비석이 세워져 있다. 앞에는 두 그루의 소나무가 있는데 가지 끝이 서로 교차하고 있어 완연히 문의 형상을 이루고 있다.

북으로 시중대 오르니	北登侍中臺
앞으로 푸른 바다 임해 있네	前臨滄海水
푸른 바다 아득히 끝 간 데 없고	滄海茫茫不見際

227 시중대 : 이 작품은 이계가 함경도 북청의 윤관(尹瓘) 유적지인 시중대에 올라 감회를 읊은 것이다. 시중대는 여러 기록 및 본 작품의 내용을 바탕으로 할 때, 누대(樓臺)가 아니라 산 위의 높은 한 지점을 가리킨 것이다. 이곳의 비석은 윤관의 22세손이자 서예가인 윤헌주(尹憲柱)가 함경도 관찰사로 왔을 때 '시중대'라는 세 글자를 새겨 세운 것으로 그에 관한 기록은 후손 윤헌섭(尹憲燮)이 윤관의 사적을 모아 1900년에 편찬한 《윤문숙공전(尹文肅公傳)》에 자세하다. 이계는 이 작품에서 윤관의 북방 개척을 칭송하는 한편 북방 영토 수복에 대한 의지를 함께 보이고 있어 그의 북방 인식의 일면을 살필 수 있다. 상성 '지(紙)'운의 고체시(古體詩)이다.

높은 대 우뚝이 천 길 높이 솟았네　高臺屹然千丈峙
비석 하나 위에 있어 큰 글씨 새겨 있길　上有片石大書刻
원수의 성씨는 윤씨라 하네　云是元帥姓尹氏
지난날 고려조 숙종 무렵에　往在高麗肅宗時
여진족 틈을 타서 반란을 일으켰네[228]　女眞堀强乘釁起
철령 이북 땅을 훔쳐 점거하고서　盜據鐵嶺以北壤
큰 돼지[229]마냥 우리 강토 잠식하였네　食我封疆如封豕
당시 문무 관원들은 고식을 일삼아　當時文武事姑息
선왕이 남겨준 옛 영토 손도 못 쓰고 잃었네　坐失先王舊賜履
예종이 처음 왕위를 이어받아　睿王初嗣位
분연히 노하여 검을 어루만지며 꿇어앉았네　赫怒按劍跽

228 지난날……일으켰네 : 각 부족별로 흩어져서 통일된 적이 없던 여진족은 고려 숙종 무렵에 영가(盈歌)와 오아속(烏雅束)이 이어서 추장이 되면서 세력이 점점 강성해졌는데, 1103년(숙종8) 여진족인 나불(羅弗) 등을 생포해 조사하여 여진족이 고려를 도모하려 한다는 것을 알게 되었다. 이에 1104년(숙종9) 정월에 임간(林幹)을 보내 여진을 토벌하였으나 패배하였고, 승세를 탄 여진은 정주(定州) 등지를 침략하여 무수히 살생하고 약탈하였다. 윤관도 임간의 패배 이후 병사를 이끌고 싸웠으나 확실한 승리를 거두지 못하고 화호(和好)를 청해 결맹(結盟)하고 돌아오는 데 그쳤다. 숙종은 여진의 확실한 토벌을 위해 윤관의 건의를 받아들여 별무반(別武班)을 설치하고 군사를 대대적으로 훈련시켰으나, 이듬해인 1105년(숙종10) 9월에 승하하였다.《高麗史節要 肅宗 8年~10年》 영가는 금(金) 태조(太祖) 아골타(阿骨打)의 숙부로 금나라 건국 후 목종(穆宗)으로 추존되었으며, 오아속은 아골타의 형으로 강종(康宗)으로 추존되었다.

229 큰 돼지 : 원문의 '封豕'는 탐욕스러운 큰 돼지를 가리키는 말이다.《춘추좌씨전(春秋左氏傳)》 정공(定公) 4년 조에 "오나라는 큰 돼지와 긴 뱀과 같아서 끊임없이 상국을 잠식해 들어오고 있다.〔吳爲封豕長蛇, 以荐食上國.〕"라고 하였다.

그러고서 덕이 같은 신하[230] 한둘에게 물어보니 乃咨一二同德臣
윤관과 오연총 너희를 쓸 만하다 하였네 曰瓘延寵汝可使
삼십만 대군을 선발하여 選兵三十萬
멀리 이천 리 길 휘몰아갔네 長驅二千里
군세의 성대함 마치 바람과 우레 같으니 軍聲翕赩若風雷
지휘하는 족족 적장 참하고 적기 뽑아버렸네 斬將搴旂隨手指
줄줄이 적의 수급 장대 위에 매어 달고 纍纍首馘竿上懸
수많은 여진 추장들 말 앞에 꿇리네 紛紛渠帥馬前跪
벌 개미 소굴 같은 적지를 일순 쓸어버리고 蜂窠蟻穴欻掃盪
오랑캐 무리들을 풀 베듯 짐승 잡듯 하였네[231] 皮服氈裘如獮薙
쌍성의 여러 군 모두 고려로 귀속되고 雙城諸郡盡內屬
육진의 남은 오랑캐 다 북으로 옮겨갔네 六鎭餘醜咸北徙
산 깎고 나무 베어 마침내 길 뚫으니 剗山刊木遂通道
겹겹 고개와 관산(關山) 숫돌처럼 평평해졌네 複嶺重關平如砥
궁궐 마구간에 비로소 말갈족 말 바치고 天廐始貢靺鞨馬
대궐 창고에는 또 숙신족의 화살 보관하네[232] 內府還藏肅愼矢

230 덕이 같은 신하 : 생각과 목적이 임금과 완전히 일치하는 신하를 일컫는다. 《서경》 〈주서(周書) 태서(泰誓)〉에 "나에게 정치를 잘 보좌하여 다스리는 신하 열 명이 있는데, 나와 마음이 같고 덕이 같다.〔予有亂臣十人, 同心同德.〕"라고 하였다.

231 오랑캐……하였네 : 원문의 '皮服'은 가죽 갖옷을 가리키고 '氈裘'는 털과 가죽으로 된 갖옷인데 모두 오랑캐들의 복색이다. '獮薙'는 '초체금선(草薙禽獮)'의 줄임말로, 풀을 베듯 짐승을 사냥하듯 도륙한다는 말이다.

232 궁궐……보관하네 : 말갈족과 숙신족은 모두 고대 만주 동북부에 거주하던 퉁구스계 민족을 지칭하던 말로 여기서는 여진족을 가리킨다.

슬해[233]의 파도에 병기를 씻고　　洗兵瑟海波
백두산 발치에 비석을 새겼네[234]　　勒石白山趾
지금까지도 시중대 위 만 그루 소나무를　　至今臺上萬株松
나라 사람들이 감당[235]처럼 사랑하고 보호하네　　邦人愛護甘棠似
앞에 있는 두 그루는 가지가 서로 교차하여　　前有雙樹枝相交
엄연히 보루(堡壘) 개설한 극문[236]과 같네　　儼若戟門開壁壘
어찌하여 숱한 전투로 얻어낸 땅을　　奈何百戰經略地
중간에 헌신짝처럼 던져버렸나　　中間棄擲如弊屣

233 슬해(瑟海) : 273쪽 주69 참조.

234 백두산……새겼네 : 윤관이 9성을 개척하고 선춘령(先春嶺)에 비석을 세웠는데, 이 선춘령이 어디인가에 대해서는 예로부터 이설이 분분하였다. 많은 실학자들이 선춘령은 길주(吉州) 이남에 한정된다고 주장한 바 있다. 그러나 이계는 이 구절에서 보는 것과 같이 선춘령의 위치를 두만강 북쪽 백두산 근처로 비정하여 북방 개척의 관점에서 민족적 시각으로 접근하고 있다. 이계는 본집 권20 〈북새기략(北塞記略)〉에서 "선춘령은 지금의 회령부 두만강 북쪽 700리 지점에 있다.〔先春嶺, 在今會寧府豆滿江北七百里.〕"라고 주장하였으며, 본집 권10 〈수산집서(修山集序)〉에서는 "사군을 비워두고 버린 것과 후주를 오랫동안 방치해둔 것과 선춘령비를 찾지 못한 것 등은 나라에서 책무를 저버린 것이라고 생각하였다. …… 사람들이 선춘령 문제에 대해서만은 막연하게 중국의 태산이나 초수를 대하듯 도외시하고 있다.〔以四郡之空棄, 厚州之久廢, 先春碑之未尋, 爲國家之缺典 …… 惟先春之嶺, 邈然若秦山楚水, 置之度外.〕"라고 지적하고 있다.

235 감당(甘棠) : 나무 이름으로, 후세 사람들이 지난날의 어진 정사를 사모함을 비유할 때 자주 쓰이는 표현이다. 《시경》 〈소남(召南) 감당〉은 남국(南國)을 순행하며 문왕(文王)의 정사를 펼친 소공(召公)을 추모한 시로, "무성한 저 감당나무 가지, 자르지도 말고 꺾지도 말라. 우리 소백이 쉬던 곳이니라.〔蔽芾甘棠, 勿翦勿敗, 召伯所憩.〕"라고 하였다.

236 극문(戟門) : 화극문(畫戟門)의 준말이다. 화극은 채색한 나무창으로, 고관이나 관아의 문에는 이것을 늘여 세워놓고 의장(儀仗)으로 삼았다.

우리 성조의 신무하신 무용 아니었다면	微我聖祖神且武
어떻게 옛 강토를 수복할 수 있었으리	安能收復故疆理
아아 고기 먹는 자들 원대한 계책 없어[237]	嗟哉肉食無遠謀
지난날 애들 장난처럼 국경 정해버렸네[238]	向來定界兒戲耳
선춘령 아래 부질없이 가리키노니	先春嶺下漫指點
옛 비석 묻힌 곳 어드메러뇨	古碑埋沒何處是

237 고기……없어 : '고기 먹는 자들'은 조정의 벼슬아치를 낮춰 부르는 말이다. 《춘추좌씨전(春秋左氏傳)》 장공(莊公) 10년에 "고기 먹는 자들은 안목이 비루하여 원대한 계책이 없다.〔肉食者鄙, 未能遠謀.〕"라고 하였다.

238 지난날……정해버렸네 : 청(淸)나라와 국경을 정하고 백두산정계비(白頭山定界碑)를 세울 때 신중하게 하지 않고 아무렇게나 국경을 정해 북방의 강토를 잃어버렸다는 말이다. 281쪽 주90 참조.

마천령[239]

磨天嶺

마운령(磨雲嶺) 북쪽에 있으며, 단천(端川)과 길주(吉州) 사이를 횡단하고 있다. 옛날에는 이파령(伊坡嶺)이라 불렸다. 가파르고 험준하여 마운령, 철령(鐵嶺), 함관령(咸關嶺)을 지나는 것은 평지를 걷는 셈이니, 이곳이 바로 북로(北路)에서 으뜸가는 영애(嶺阨)[240]인 것이다. 정상에는 기이한 모양의 봉우리들이 빽빽하게 늘어서 있는데 아래를 내려다보면 육지는 없고 망망대해만 보인다. 정동명(鄭東溟)의 시에 이른바 "앞으로는 대택에 임해 있는데, 이곳이 바로 북명이라 하네.〔前臨有大澤, 蓋乃北溟云.〕"라는 한 구절[241]이 이 광경을 남김

239 마천령 : 이 작품은 이계가 함경도에 있는 마천령을 지나며 읊은 것이다. 마천령은 현재 함경남도 단천과 함경북도 김책(金策)을 가로지르고 있는 마천령산맥 남쪽의 고개로 높이가 해발 709미터에 달한다. 마천령은 함경도 남북 간의 교통로 역할을 한 곳으로 마천령산맥의 교통장애를 해소해주는 중요한 역할을 했다. 이계는 이 작품에서 마천령의 험준함과 장쾌한 풍광을 묘사하고, 윤관과 김종서가 동북 지방을 개척한 공로와 중요한 교통의 요지로서의 역할을 함께 서술하였다. 평성 '선(先)'운의 고체시(古體詩)이다.

240 영애(嶺阨) : 고개가 특히 좁고 험한 곳을 가리키는 말이다.

241 정동명(鄭東溟)의……구절 : 해당 구절은 정두경(鄭斗卿)의 《동명집》 권2 〈등마천령(登磨天嶺)〉 시에 나오며, 《동명집》에는 '北溟'이 '北海'로 되어 있다. '북해'는 단순히 우리나라 북쪽에 있는 바다라는 뜻이 아니라, 천하 대륙의 북쪽에 있는 거대한 바다인 '북해'를 지칭하는 것으로, 마천령에서 바라본 바다를 그곳에 비긴 것이다. 또한 정두경 시의 이 구절은 사마천(司馬遷)의 《사기(史記)》 권123 〈대완열전(大宛列傳)〉에서 엄채(奄蔡)라는 나라를 설명하면서 "끝이 보이지 않는 대택에 임해 있는데 이곳이 바로 북해라고 한다.〔臨大澤無崖, 蓋乃北海云.〕"라고 한 구절에서 가져온 것이다.

없이 잘 묘사하였으니, 경외할 만한 필력(筆力)이다. 이 고개 일대에는 옛날에는 아홉 군데의 협로(狹路)가 있었는데, 중엽에 모두 나무를 심어 길을 막아버리고 이 고개만 통하게 두었다. 고개 기슭이 바다로 들어가는 곳에 잔도(棧道)가 있어 걸어서 다닐 수 있는데, 성진 첨사(城津僉使)[242]를 두어 지키고 있다.

어제 마운령 지나고	昨日過磨雲
오늘 마천령 오르네	今日上磨天
마운령은 그래도 오를 만하거니와	磨雲尙可攀
마천령 높기가 하늘을 찌르네	磨天之高薄太玄
수레바퀴 삐걱삐걱 조도를 구르니	車聲軋軋轉鳥道
위태로운 잔도 비탈진 돌길 공중에 매달렸네	危棧側磴空中懸
앞사람 발이 뒷사람 이마에 오니	前人足在後人頂
십 리를 돌아봄에 줄줄이 행렬 늘어섰구나	十里回顧猶比肩
울창한 나무 빽빽하니 고슴도치 털 같은데	萬木森束如蝟毛
왕왕 용과 호랑이가 몸 뒤친 형상이어라	往往龍倒而虎顚
겹겹 얼음장 깊고 깊어 바닥을 알 수 없고	層氷谽谺不見底
때때로 놀란 날다람쥐와 겨울 솔개 보이네	時有驚鼯與凍鳶
정신은 아찔 입은 쩌억 말문이 막히고	神眩口呿不能語
눈 쌓인 길 언 살결엔 땀이 줄줄 흐르네	積雪寒肌流汗漣

242 성진 첨사(城津僉使) : 성진은 함경북도 남단 끝에 있는 지역으로, 숙종(肅宗) 때 방어영(防禦營)을 설치하고 영조(英祖) 때 진을 설치하였다. 마천령산맥의 최남단이다.

일찍이 들으니 천금의 몸은 마루 끝에 앉지 않는다 하니[243]
嘗聞千金之軀不垂堂

어찌 동전 한 닢 던지듯 목숨 가벼이 하랴　胡乃性命輕如擲一錢
앞에서 당기고 뒤에서 밀며 한 걸음씩 내딛어　前挽後推運寸步
수도 없이 돌고 돌아 정상에 다다랐네　百折千回到上巓
마천령은 어찌 이리 멀고 높은가　磨天之巓何遼廓
일월은 거꾸로 뜨고 구름 무지개는 앞뒤로 있네[244]
日月倒景兮雲霓後先

깎아지른 듯 선 기이한 봉우리 웅장하고 빼어나니　奇峰削立雄且秀
만 길의 고개 옥 같은 가지엔 금련이 피어 있네　萬丈瓊枝擢金蓮
표연히 높은 하늘에 몸이 올라 있으니　飄然身在九霄上
두 겨드랑이에선 바람이 일어 절로 나는 듯해라　兩腋風生自翩翩
칼 짚고서 한 차례 길게 읊조리노라니　倚劍一長嘯
사방을 둘러봄에 어쩌면 이리 아득한고　四顧何茫然
위로 푸르디푸른 하늘 사방에 펼쳐 있고　上蒼蒼兮四垂
아래로 아득하고 아득한 대지 가없도다　俯渺渺兮無邊
촉도의 험난함도 여기엔 미치지 못하리니　蜀道之難猶不及此

243 천금의……하니 : 귀한 몸은 위험한 곳 근처에는 가지 않는다는 말이다. 《사기(史記)》 권101 〈원앙전(爰盎傳)〉에 "천금(千金)의 자식은 마루 바깥쪽에 앉지 않고, 백금(百金)의 자식은 난간에 걸터앉지 않는 법이다.〔千金之子不垂堂, 百金之子不騎衡.〕"라고 하였다. 마루 바깥쪽은 기와가 떨어질지도 모르기 때문에 앉지 말라고 한 것이다.

244 일월은……있네 : 마천령이 매우 높아 정상에 올라 보면 해와 달이 발밑에 있어 아래에서 위로 거꾸로 떠오르는 것처럼 보이고, 구름과 무지개가 자신의 앞뒤로 펼쳐져 있다는 말이다.

나는 술잔 잡고서 적선에게 물으려네[245] 我欲把酒問謫仙
높은 곳에 기대 정동명 떠올리노니 憑高却憶鄭東溟
어이하면 서까래처럼 큰 웅혼한 필력 얻나 安得健筆大如椽
그대 보지 못했나 백두산이 이천 리 내달려와
君不見白頭之山奔騰二千里
동쪽으로 푸른 바다에 와서 앞으로 나가지 못했네 東到滄溟不能前
겹겹이 가파른 힘찬 산맥이 막혀서 펴지지 못하자 峬嵂贔屭鬱未洩
불쑥 분기탱천하여 위로 북두성 꼬리에 연이었네
卓犖奮迅上與斗尾連
함관은 자식뻘 철령은 손자뻘이니 咸關爲兒兮鐵嶺爲孫
장할사 우리 북쪽 국경에 위엄을 펼치누나 壯我北門張威權
신령한 기운 흩어져 빼어난 물건 되니 靈氣散爲物之英
고개에선 옥 나오고 못에서는 구슬 나오네 玉出岡兮珠出淵
산에는 맹수 물에는 큰 물고기 있어 山有猛獸水有長魚
소달구지 포위하고 병선(兵船) 삼켜버리네 搏牛車兮呑戈船
태곳적 길 열고 뚫은 것 사람 힘 아님을 비로소 알겠나니
始知厥初開鑿非人力

245 촉도(蜀道)의……물으려네 : 마천령의 험난함이 촉도와 비교해 어떠한지 당(唐)나라 때 시인인 이백(李白)에게 묻고 싶다는 말이다. 촉도는 사천성(四川省) 촉중(蜀中)의 매우 험준한 잔도(棧道)이다. 적선은 이백을 가리킨다. 이백이 처음 장안(長安)에 들어갔을 때 하지장(賀知章)이 그를 처음 만나서 그의 문장을 보고는 감탄하여 "그대는 적선인(謫仙人)이다."라고 말하고 현종(玄宗)에게 천거했다. 《李太白集 卷22》 또한 이백의 〈촉도난(蜀道難)〉에 "아, 험준하고도 드높구나! 촉도의 험난함은 하늘에 오르는 것보다 어렵네.〔噫吁戱, 危乎高哉. 蜀道之難, 難於上靑天.〕"라고 하였다. 《李太白集 卷2 樂府》

거령의 손과 뇌공의 채찍[246] 누가 빌려주었나　誰借巨靈之掌雷公鞭
위대할사 윤 시중[247]이여　偉哉尹侍中
부월(斧鉞) 잡고 왔던 것 그 어느 해였나　仗鉞來何年
병사를 이끌고서 대막을 횡단하여[248]　提兵絶大漠
단박에 오랑캐 비린내 씻어버렸네　一膊掃腥羶
또 듣건대 김 원수[249]는　又聞金元帥
나라의 위엄을 혁혁하고 원대히 펼쳤네　邦威赫遠宣
손으로 제갈량 백우선(白羽扇) 휘두르고　手揮孔明羽
몸에는 등애의 담요[250] 말았네　身裹鄧艾氈

246 거령(巨靈)의……채찍 : 거령은 화산(華山)을 둘로 쪼개어 황하가 흐르게 했다는 전설상의 하신(河神)이다. 후한(後漢) 장형(張衡)의 〈서경부(西京賦)〉에 "거령이 크게 힘을 써서 손으로 위를 찢고 발로 아래를 밟아서 하수를 흐르게 하였으니, 그 흔적이 아직도 남아 있다.〔巨靈贔屭, 高掌遠蹠, 以流河曲, 厥跡猶存.〕"라고 하였다. 《文選 卷2 京都上 西京賦》 뇌공은 뇌신(雷神)을 가리키는 것으로, 채찍은 곧 우레이다.

247 윤 시중(尹侍中) : 고려 때 동북 9성을 개척한 윤관(尹瓘)을 가리킨다.

248 대막(大漠)을 횡단하여 : 대막은 본래 중국 서북부의 광활한 사막 지역을 일컫는 말로, 흉노족이 거주하던 곳이다. 후한(後漢) 때 흉노를 정벌한 두헌(竇憲)의 공을 기려 반고(班固)가 지은 〈봉연연산명(封燕然山銘)〉에 "마침내 고궐을 넘어서 계록으로 내려가 적로를 경유하여 대막을 횡단하였다.〔遂陵高闕, 下鷄鹿, 經磧鹵, 絶大漠.〕"라고 하였다. 《後漢書 卷23 竇憲列傳》 여기서는 고려 때 여진족이 살던 동북면을 가리키는 말로 쓰였다. 즉 여진족의 지역으로 쳐들어가 영토를 개척하였다는 말이다.

249 김 원수(金元帥) : 조선 때 6진을 개척한 김종서(金宗瑞)를 가리킨다.

250 등애(鄧艾)의 담요 : 등애는 삼국시대 위(魏)나라 장군이다. 등애가 촉한(蜀漢)을 공격하면서 음평(陰平)으로부터 진군하여 험준한 곳을 만나자 몸소 담요를 두르고 비탈을 굴러 내려가 성도(成都)를 불시에 침공하여 촉한을 멸망시켰다. 《三國志 卷28 魏書 鄧艾鍾會傳》

육진의 강토는 야인들 살던 곳	六鎭疆土野人墟
개척한 곳 모두가 고구려 옛 산천	拓盡句麗舊山川
가죽옷 입고 자작나무집 짓던 곳 영토로 편입되고	皮衣樺屋入版圖
흰 갈대 누런 띠풀 자라던 곳 좋은 밭으로 변했네	白葦黃茅化良田
험고한 마천령은 사통팔달 대로 같으니	磨天之險若通衢
남쪽 솜옷과 북쪽 베옷을 시전에서 교역하네	南緜北布交市廛
두만강 물결 띠처럼 흐르고	豆滿江水流如帶
후춘[251] 산색 개어 안개 없네	後春山色晴無煙
내 옛사람 생각하며 길게 탄식하며	我思古人長嘆息
말안장에서 출새곡(出塞曲) 소리 높여 부르네	據鞍高歌出塞篇
출새곡 노랫소리 참으로 비장하니	出塞之歌正悲壯
고개 돌려 장안 바라봄에 몇천 리 길인고	回首長安路幾千

251 후춘(後春) : 길림(吉林)의 훈춘(琿春)을 가리킨다.

귀문관[252]

鬼門關

명천부(明川府) 북쪽 30리 지점에 있다. 들판 가운데 산이 있는데 보로지덕(甫老只德)이라고 한다. 긴 비탈로 난 길을 10여 리쯤 가면 홀연 지형이 쑥 꺼져서 마치 깊은 구덩이로 들어가는 듯하다. 사방 언덕이 벽처럼 둘러싸고 서 있는데 흙 색깔이 모두 검다. 암석은 대부분 벌집처럼 구멍이 뚫려 있다. 어두컴컴하여 햇볕이 들지 않는데 가운데에 큰 시내가 굽이쳐 흐르고 있다. 모래와 자갈이 퇴적되어 있어 농사지어 먹고살 만한 땅이라고는 한 뙈기도 없으며, 두서너 발호(撥戶)[253]는 돌로 지붕을 덮고 있어, 이승이 아닌 듯하니 귀문이라 이름한 것이 참으로 과하지 않다. 중간에 역원(驛院)을 두어 여행자들이 쉬도록 하였다.

252 귀문관 : 이 작품은 이계가 마천령 북쪽 명천과 경성(鏡城) 사이에 있는 협곡인 귀문관을 지나면서 지은 것이다. 이계는 귀문관의 음침한 풍경을 생동감 있게 서술한 뒤 임금의 덕화가 빛나는 지금은 조선 전역에 그 영향력이 미치고 있으므로 귀문관 역시 더 이상 음침한 곳이 아니라 임금의 덕이 미치는 지역임을 역설하였다. 평성 '산(刪)'운의 고체시이다.

253 발호(撥戶) : '발호'는 다른 용례가 없어 미상이나, 역호(驛戶)와 마호(馬戶) 등의 용례를 참고할 때 아마도 파발(擺撥)이 교대하는 장소인 발소(撥所)에 딸린 민호(民戶)를 가리키는 듯하다. 서울에서 강원을 거쳐 함경도로 이르는 발소의 경로를 북발(北撥)이라 하였는데, 이는 서울에서 평안도까지의 서발(西撥) 및 서울에서 경상도까지의 남발(南撥)과 더불어 3대로(大路)였다.

귀문관은 鬼門關
이승 세계 아니네 非人寰
높은 언덕 홀연 중간이 탁 터져 高陵忽中坼
사방 절벽 큰 고리 모양 이루었네 四壁成大環
동북쪽으로 터진 구멍 있어 東北缺其口
굽이쳐 흐르는 시내는 굽은 활 같아라 流水曲如彎
흙색은 모두 검으니 土色皆黝墨
참담하게 주름진 얼굴을 띠었네 慘惔帶皺顔
암석은 대부분 구멍이 숭숭 石面多罅孔
벌레가 파먹은 듯 칼로 뚫은 듯 蟲蝕而刀鑽
짙은 구름 겨울 해를 가리니 愁雲翳寒日
우러러봄에 하늘이 둥글게 보이네 仰窺天團圜
수북한 덤불 어지러운 자갈 叢榛與亂磧
시야 가득 황량하고 삭막한 풍경일세 滿目荒又頑
이때에 하늘에 대설 내리니 是時天大雪
겹겹 얼음이 깊은 물굽이 막아섰네 層氷塞深灣
무너진 벼랑에서 음침한 골짝 굽어보니 壞崖俯陰壑
어두침침하여 부여잡을 수 없겠네 霮䨴不可攀
현명이 사는 유도[254] 玄冥宅幽都
내 수레가 그 사이 빠져나가네 我車出其間
골짜기 새 울음은 귀신 흐느낌인 듯 谷鳥似鬼嘯

254 현명(玄冥)이 사는 유도(幽都) : 현명은 여러 가지 뜻이 있는데 여기서는 겨울과 북방을 관장하는 신의 이름을 가리킨 것이며, 유도는 저승을 가리킨다.

처량한 바람이 쉭쉭 섞여 부네　　悲風雜啾(口＋官)
거민들이 돌로 지붕을 만드니　　居民石爲屋
움집 모양새가 꼭 남방 오랑캐 같구나　　巢穴類猺蠻
여행자들 모두 두려움으로 혼이 나가고　　行旅盡魂懾
내 마부도 눈물을 줄줄 흘리네　　我僕亦涕潸
성명하신 임금께서 처음 등극[255]하셨을 때　　聖明初出震
찬란한 태양이 바다와 산을 비추었네　　赫日照海山
주나라의 도는 강모에 통하고[256]　　周道通羌髳
우 임금의 솥은 요괴들 정체 드러냈네[257]　　禹鼎燭神姦
황량한 변방을 집이나 네거리처럼 여기니　　荒徼視堂衢
임금의 은덕 질고에 시달리는 이에게 풍성히 내림이라[258]
恩意藹恫瘝

255 등극 : 원문의 '출진(出震)'은 임금의 등극을 의미하는 단어이다. 《주역》 〈설괘전(說卦傳)〉에 "상제가 동방에서 나온다.〔帝出乎震〕"라고 하였는데, 이는 곧 성왕(聖王)이 남면(南面)하여 밝은 곳을 향해서 ,천하를 다스리는 것을 이르는 말이다.

256 주(周)나라의……통하고 : 주나라의 도에 오랑캐들이 복속되었다는 말이다. '강(羌)'은 서촉(西蜀), '모(髳)'는 파촉(巴蜀) 지역에 있던 오랑캐의 명칭이다. 주나라 무왕(武王)이 은(殷)나라의 주왕(紂王)을 정벌하기 위해 맹세할 때 800여 국이 모였는데, 이때 강과 모는 800여 국의 대표인 8개국의 일원으로 맹세에 참여하였다. 《書經 周書 牧誓》 여기서는 조선 임금의 밝은 덕을 비유한 것이다.

257 우(禹) 임금의……드러냈네 : 옛날 하우씨(夏禹氏)가 구주(九州)의 동(銅)을 모아 구정(九鼎)을 주조하고 여기에 온갖 사물들을 새겨 넣었는데, 그 앞에서는 도깨비와 귀신들도 모습을 숨기지 못하여 사람들이 해를 입지 않았다고 한다. 《春秋左氏傳 宣公3年》 여기서는 조선 임금의 밝은 덕을 비유한 것이다.

258 임금의……내림이라 : 원문의 '恫瘝'은 《서경》에 나오는 표현이다. 《서경》 〈주서

나에게 북방을 지키라 명하시고　命我鎭北門
은총을 내려 활과 말을 내어주셨네　弓馬寵匪頒
어찌 도깨비 제어하기만 하랴　豈直禦魑魅
장차 환과고독(鰥寡孤獨)[259]에게 은혜 펼치게 하심이라　將使惠孤鰥
삼천 리 행로를 산 넘고 물 건너니　跋履三千里
걷는 이 말 모는 이 건장하고도 능숙하네　徒御健且嫺
위엄과 덕을 펼치지 못할까 걱정이지　威德恐未宣
행로가 힘들다 감히 말하랴　行路敢言艱
술 대령시키고 역정에서 쉬노라니　呼酒憩驛亭
시린 샘물 소리 졸졸 들리네　凍泉鳴潺湲
검을 두드리며 한 곡조 뽑노니　彈劍歌一聲
몇몇의 변경 산봉우리 자태를 드러내네　邊山露數鬟
행차가 처지게 말라 마부를 재촉하고　叱馭行莫遲
수레에 기댄 채로 마음 절로 한가롭다　憑軾意自閑
그대 듣지 못했는가 증자는 마을에 들어가지 않은 적이 있고
君不聞曾子嘗有不入里
묵씨도 외려 수레 되돌려 돌아갔다 하네[260]　墨氏猶稱廻車還

(周書) 강고(康誥)〉에서 무왕(武王)이 강숙(康叔)에게 백성의 아픔을 살피기를 자기 몸에 병의 고통이 있는 것처럼 여기라고 하면서 "내 몸에 병의 고통이 있는 것처럼 여겨 공경할지어다.〔恫瘝乃身, 敬哉.〕"라고 하였다.

259 환과고독(鰥寡孤獨) : 가장 곤궁하여 의지할 데 없는 백성들을 가리킨다. '환'은 늙고 아내가 없는 홀아비, '과'는 늙고 남편이 없는 과부, '고'는 어리며 부모가 없는 고아, '독'은 늙어서 자식이 없는 늙은이를 말한다. 《孟子 梁惠王下》

260 증자(曾子)는……하네 : 증삼(曾參)은 마을 이름이 승모(勝母)라고 하는 곳에서

지금 온 누리 즐거워하며 봄 누대에 오른 것과 같으니[261]

如今八域熙熙同春臺

귀문이란 이름 이제부터 없애야 하리 鬼門之名從此刪

어머니를 이긴다는 글자의 뜻을 꺼려 들어가지 않았고, 묵적(墨翟)은 음악을 싫어하였는데 고을 이름이 조가(朝歌)라는 곳에서 수레를 돌렸다고 한다. 《史記 卷83 鄒陽列傳》《淮南子 卷16 說山訓》

261 지금……같으니 : 태평성세를 가리키는 말이다. 《노자(老子)》 제21장에 "뭇사람들 즐거워하여 마치 큰 잔칫상을 받은 듯하고, 마치 봄에 대에 올라 구경하는 듯하다.〔衆人熙熙, 如享太牢, 如春登臺.〕"라고 하였다.

지난날 꿈에 감격하여[262]

感昔夢

정유년(1777, 정조1) 2월 밤 꿈에 액례(掖隷)가 문에 이르러 환조대왕(桓祖大王)께서 나를 부른다는 명을 전하였다. 천신(賤臣)이 즉시 관복(冠服)을 갖추고서 따라가, 어느 큰 궁부(宮府)에 당도하여 궁궐 뜰에서 절하고 높은 누대에 올라 환조대왕을 가까이에서 모셨는데, 그 일은 한결같이 이 시에서 서술한 말과 같다. 꿈에서 깨고 나서 기이해하며 아우에게 말하였다. 이해 겨울 북쪽으로 오게 되어 본궁(本宮)에 숙배하고 풍패루(豐沛樓)[263]를 바라다보니 역력히 꿈에서 본 광경과 똑같았다. 그리하여 나도 모르는 사이 깜짝 놀라고 숙연히 감격하고서 이 시를 지었다. 다음 날 이성(利城)에서 묵었는데, 또 꿈에 웬 귀관(貴官)이 자신을 임영대군(臨瀛大君)[264]이라 하면서 임금

262 지난날 꿈에 감격하여 : 이 작품은 이계가 함흥 본궁을 방문하여 풍패루를 보고 과거에 꿈에 환조(桓祖)가 현몽했던 사실을 떠올리고서 감격하여 지은 시이다. 함흥 본궁은 이성계가 왕이 된 뒤 조상들이 살던 집터에 새로 집을 짓고 신주를 모신 곳이며 왕위에서 물러난 다음에도 한동안 이곳에서 거처하였다. 현재 함경남도 흥남시 궁서리에 있으며, 현재는 정전(正殿)과 이성계의 조상들의 위패를 모신 이안전(移安殿), 풍패루(豐沛樓) 등이 남아 있다. 이계는 이 작품에서 예전에 꾼 꿈을 근거로 자신이 경흥부사(慶興府使)로 오게 된 것은 미리 정해진 일이라고 하면서 정치적인 탄압을 받아오게 된 일 역시 임금의 은혜이자 자신을 완성할 기회라고 역설하였다. 평성 '지(支)'운의 고체시이다.

263 풍패루(豐沛樓) : 함흥 본궁 안에 있는 누각이다.

264 임영대군(臨瀛大君) : 1420~1469. 세종의 넷째 아들로, 이름은 구(璆), 자는

그림 16 함흥 본궁의 풍패루 전경

의 명으로 성찬(盛饌)을 가지고 와서 먹이노라고 하였으니, 더욱 기이하게 여길 만하다.

춘왕[265] 2월 도성에 있을 때	春王二月在京師
한밤에 꾸었던 꿈 어쩌면 그리도 기이한고	中宵有夢一何奇
액례가 사립문에 와 명을 전하며 부르니	傳呼紫衣來華門
환조대왕께서 나를 불러오라 명하셨다네	桓祖大王命召之

헌지(獻之), 시호는 정간(貞簡)이다.

265 춘왕(春王) : '어느 해 봄 주(周)나라 왕이 쓰는 달력으로 몇 월'이라는 뜻으로, 《춘추(春秋)》에 통용된 연대 표기 방식을 차용한 것이다.

정신없이 허둥지둥 의관 챙겨 입고서　蒼黃顚倒攝冠裳
행조[266]로 달려 나가며 시각 지체하지 않았네　走詣行朝不淹時
우뚝 솟은 담벼락엔 화극이 늘어섰고　崇墉屹屹列畫戟
웅장한 층루는 푸른 연못에 임하였네　層棟翼翼臨碧池
높다란 보좌 바라봄에 하늘과도 같으니　巍然寶座望若天
해와 달이 그려진 병풍에다 산과 용 드리웠네[267]　日月屛風山龍垂
중정에서 절하며 고개 조아리고 붉은 계단 오르니　中庭拜稽上丹梯
숙연히 이 몸이 눈부시게 빛나는 곳[268]에 오른 듯하네
肅然身如登赫戲
지척의 하늘 같은 대왕을 감히 우러러보랴　天威咫尺敢仰瞻
그저 채색 구름이 아침 햇살에 빛나던 것만 알았네　但覺彤雲爍朝曦
조용히 내게 다가앉으시며 용안 보여주시니　從容前席假顔色
어렴풋이 순 임금 눈동자에 요 임금 눈썹이셨어라[269]
依俙舜瞳與堯眉
자상하신 옥음(玉音)을 다 기억하진 못하나　諄諄天語未盡記

266 행조(行朝) : 행재소(行在所)와 같은 말로, 임금이 정궁(正宮)에서 나와서 외부에 거처하고 있는 장소를 가리킨다.

267 산과 용 드리웠네 : 임금이 입고 있는 곤룡포를 말한 것이다. 산과 용은 곤룡포를 수놓는 여러 문양 중 하나이다.

268 눈부시게 빛나는 곳 : 높은 하늘 세계를 형용한 말이다. 굴원(屈原)의 〈이소(離騷)〉에 "하늘 위 눈부시게 빛나는 세계에 올라와서, 홀연히 옛 고향을 아래로 굽어보네.〔陟升皇之赫戲兮, 忽臨睨夫舊鄕.〕"라고 하였다. '赫戲'는 눈부시게 빛나는 태양을 가리킨다.

269 순 임금……눈썹이셨어라 : 순 임금은 눈 하나에 눈동자가 둘이 있었고, 요 임금의 눈썹은 여덟 가지 문채가 났다고 한다. 《史記 卷7 項羽本紀》

대체로 나와 동렬인 사람들에게보다 넘치는 대우 해주셨네
大抵恩數絶等夷

얼마 뒤 근시가 선온(宣醞)을 내리는데 俄有近侍宣法醞
휘황찬란 금쟁반에 옥술잔이었어라 璀璨金盤兼玉巵
몸을 돌려 전각 내려오며 문득 놀라 깨어나니 回身下殿忽驚寤
옷소매엔 아직도 아름다운 향기 남아 넘쳤어라 衣袖尙餘天香滋
심장이 벌렁벌렁 마음 형용할 길 없으니 惝怳踧踖情莫狀
꿈인가 생신가 한참을 의심했네 眞耶夢耶久然疑
하나하나 자세하게 집안사람에게 이야기하고 丁寧細向家人說
귀한 물건 받들어 모시듯 가슴속에 담아두었네 中心藏之如奉持
근래 꿈꾼 날과 멀어질수록 점점 잊어버려서 邇來日遠漸日忘
흐르는 물 뜬구름과 함께 사라져갔네 流水浮雲與共馳
그러다가 금년 겨울에 북쪽 변방으로 오게 되니 今冬乃有北塞行
천 리의 변방 길은 구불구불하였네 千里關山路逶遲
행로가 함주에 다다라 본궁에 가 배알하니 行到咸州謁本宮
아득한 지난 꿈은 알 듯 모를 듯 往事迷茫知不知
문득 높다란 풍패루 우러러보니 忽瞻豐沛之高樓
분명코 전날 봤던 그 누각과 어긋남이 없었네 歷歷前覩無參差
누각 난간 돌아봄에 엄연히 신령 있으시니 周旋欄檻儼有神
숙연히 거룩하신 위의를 보는 듯해라 愀然如見肅穆儀
지난날 꾼 꿈을 이에 크게 깨달으니 疇昔之夢乃大覺
두 눈에서 줄줄 흐르는 눈물 막을 수 없어라 不禁雙淚流漣洏
비로소 만사는 모두 미리 정해짐을 알겠나니 始知萬事皆前定
가고 멈춤은 사람이 어찌할 수 있는 것 아니로다[270] 行止非人出處爲

선왕의 영령께서 어찌 땅강아지나 개미처럼 하찮은 나를 기억한 것이랴 皇靈詎記螻蟻賤
나의 정성이 은연중에 꿈속에서 와 닿은 것이리라 精誠暗與宵寐期
어떤 이는 시련 겪는 것이라 불쌍해하지만 或者愍念在泥塗
먼지 털어주시고 향료 뿌리고 목욕시키는 은혜 베푸신 것이라네 拂拭薰沐加恩慈
참으로 나의 충정을 헤아리시지 않았다면 苟非覽揆余衷情
자상하게 인도하심이 이와 같을 수 있었으랴 耳提面命乃若玆
아아 하늘이 장차 나를 옥으로 완성하려 함이니[271] 噫嘻天心將玉汝
전성과 후성[272]께서 똑같이 이끌어주심이로다 前聖後聖傳一規
북방 관리 되어 유람할 일 얼마나 될지 아는가 北方宦遊知多少
이런 유람한 이 종전에 뉘 있었던고 此事從前更有誰
미천한 몸으로 하늘 같은 은혜 어찌 갚을까 微軀曷報如天渥

270 가고……아니로다 : 사람의 진퇴(進退)는 모두 하늘에 달렸다는 뜻이다. 노(魯)나라 평공(平公)이 맹자를 만나려고 했을 때, 총애하는 신하인 장창(臧倉)이 맹자를 만나지 못하게 막았는데, 악정자(樂正子)가 그 사실을 맹자에게 고하자 맹자가 "가는 것도 누가 시켜서 갈 수 있고, 가지 못하는 것도 누가 막아서 가지 못할 수 있지만, 가고 못 가는 것은 사람의 힘으로 할 수 있는 것이 아니다.〔行或使之, 止或尼之, 行止非人所能也.〕"라고 하였다. 《孟子 梁惠王下》

271 하늘이……함이니 : 지금 겪는 시련이 나를 더 완전하게 만들려는 하늘의 뜻이라는 말이다. 송(宋)나라 장재(張載)의 〈서명(西銘)〉에 "그대를 빈궁하게 하고 시름에 잠기게 하는 것은 장차 그대를 옥으로 만들어주려 함이다.〔貧賤憂戚, 庸玉汝於成也.〕"라고 하였다.

272 전성(前聖)과 후성(後聖) : 전성은 꿈으로 이끌어준 환조(桓祖)를, 후성은 현세에서 이끌어준 정조(正祖)를 가리킨다.

옛 궁에서 세상에 없으신 분 그리워하는 마음[273] 더욱 이네　舊宮愈激沒世思

오직 붓을 잡고서 성대한 덕 노래하노니　惟將寸管歌盛德

아득히 황의와 대명[274] 시에 짝하리로다　遠配皇矣大明詩

273 세상에……마음 : 백성에게 은택을 끼친 선왕의 은혜를 잊지 못하는 간절한 마음을 가리킨다. 《대학》에서 《시경》 〈주송(周頌) 열문(烈文)〉의 "아, 선왕을 잊지 못하리로다.〔於戲, 前王不忘.〕"라는 구절을 인용하면서, "군자는 선왕의 어짊을 어질게 여기고 선왕이 가까이한 사람을 가까이하며, 소인은 선왕이 즐겁게 해준 것을 즐겁게 여기고 선왕이 이롭게 해준 것을 이롭게 여긴다. 이 때문에 선왕이 돌아가시어 세상에 없는데도 잊지 못하는 것이다.〔君子賢其賢而親其親, 小人樂其樂而利其利. 此以沒世不忘也.〕"라고 하였다.

274 황의(皇矣)와 대명(大明) : 모두 《시경》 〈대아(大雅) 문왕지십(文王之什)〉의 편명으로, 문왕과 주(周)나라 선대의 덕을 칭송한 시이다.

임명대첩가[275]

臨溟大捷歌

임명역(臨溟驛)은 성진(城津)과 길주(吉州) 사이에 있다. 평사(評事) 정문부(鄭文孚)[276]가 임진왜란 때 이곳에서 왜적들을 대파하였으며, 승전비(勝戰碑)[277]가 있다. 정공은 향리 사람인 이붕수(李鵬壽)

275 임명대첩가 : 이 작품은 이계가 함경도 길주(吉州)의 임명역(臨溟驛)에서 임진왜란 때 있었던 임명대첩에 대해 읊은 것이다. 1592년(선조25) 조선을 침공한 왜군 가운데 가토 기요마사의 부대는 6월에 함경도로 진입하여 안변(安邊)에 본진을 두고 성진(城津)에서 북병사 한극성(韓克誠)의 조선군을 격파하였다. 이런 와중에 회령의 아전인 국경인(鞠景仁)과 국세필(鞠世弼) 등이 반란을 일으켜 가토에게 투항하고 임해군(臨海君)과 순화군(順和君)을 가토에게 넘겨주었다. 이때 경성(鏡城)에 있던 북평사(北評事) 정문부(鄭文孚)가 향리의 병사를 모아 경성을 공격하여 국세필을 처단하고 일본군을 공격하여 길주에 고립시켰는데, 이들을 구원하기 위해 진격하던 가토의 군대를 길주의 백탑교(白塔郊)와 임명역에서 공격하여 승리를 거두었다. 이후 가토는 많은 피해를 입은 채 길주성에 고립된 군대를 구출하여 한성으로 철수하였다. 이 당시 정문부가 북방에서 거둔 일련의 승리들을 '북관대첩(北關大捷)'이라고 일컫는다. 상성 '지(紙)' 운의 고체시이다.

276 정문부(鄭文孚) : 1565~1624. 본관은 해주(海州), 자는 자허(子虛), 호는 농포(農圃), 시호는 충의(忠毅)이다. 홍문관 수찬, 사헌부 지평 등을 거쳐 임진왜란 당시에는 함경북도 병마평사가 되었다. 임진왜란 때 함경도로 진출한 가토의 왜군을 의병과 관군을 모아 격파하고 북관 지역을 수복하였다. 이후 길주 목사(吉州牧使), 예조 참판 등을 역임하였다. 인조 즉위 후 이괄(李适)의 난에 연루되어 고문을 받다 죽었고, 후에 신원되어 좌찬성에 추증되었다. 경성(鏡城)의 창렬사(彰烈祠), 부령(富寧)의 청암사(青巖祠)에 배향되었고, 저서에 《농포집》이 있다.

277 승전비(勝戰碑) : 북관대첩비(北關大捷碑)를 가리킨다.

등과 함께 경성(鏡城)의 무계(武溪) 어랑리(漁郎里)에서 창의거병(倡義擧兵)하여 조국을 버린 역적 국세필(鞠世必)[278]을 가장 먼저 참수하고, 진군하여 왜적을 공격해서 여러 차례 탁월한 공적을 세우니, 북방이 마침내 평정되었다. 그런데 감사 윤탁연(尹卓然)이 거짓으로 정문부의 공적을 깎아 고하는 바람에 통정대부에만 가자(加資)되었고 결국 현달한 관직에 오르지 못했다. 인조(仁祖) 때에 시(詩)와 관련한 옥사(獄事)[279]로 죽었다가, 현종(顯宗) 때에 와서 외재(畏齋) 이단하(李端夏)가 평사를 위해 상소하고 노봉(老峯) 민정중(閔鼎重)이 감사의 신분으로 아뢰어서 신원되어 포증(褒贈)되었다. 향리 사람들이 무계에 사당을 세웠는데 창렬(彰烈)이라고 사액(賜額)하였다.

정 평사는 기남자 鄭評事奇男子

278 국세필(鞠世必) : 대체적으로는 국세필(鞠世弼)로 표기하지만, 문헌에 따라 국세필(鞠世必)로 표기하는 경우도 있으므로, 우선은 원문대로 표기하였다.

279 시(詩)와 관련한 옥사(獄事) : 《농포집》 권1에 수록된 7언 절구 〈영사(詠史)〉 4수 중 초(楚)나라 회왕(懷王)을 읊은 2수와 관련된 옥사를 가리킨다. 이 시는 인조반정 5년 전인 1618년(광해군10) 정문부가 창원 부사로 있던 시절에 지은 것으로, 그 내용은 다음과 같다. "초나라 땅에 구의산이 있거늘, 회왕은 어찌하여 장의를 믿었던가? 상오 600리는 끝내 할양받지 못하였으니, 상수는 덧없이 흘러 그 슬픔 끝이 없구나.〔楚地靑山有九疑, 懷王何事信張儀? 商於六百終難割, 湘水空流不盡悲.〕", "초나라에 세 집만 남아 있어도 진나라는 망한다는 남공의 그 말이 꼭 맞지는 않도다. 한번 무관에 들어가자 백성 희망 끊겼는데, 잔약한 후손은 무슨 일로 또 회왕이 되었나?〔楚雖三戶亦秦亡, 未必南公說得當. 一入武關民望絶, 孱孫何事又懷王?〕" 이 시는 초나라 회왕이 진나라 땅을 떼어주겠다는 장의의 계략에 속은 것과, 진나라 소양왕(昭襄王)의 계략에 속아 무관에 갔다가 억류되어 그곳에서 죽은 역사적 사실을 소재로 한 것이다. 그런데 이 시의 회왕이 인조를 빗댄 것이라는 오해를 받아 결국 고문을 받다가 사망하였다.

공이 아니었다면 북방 사람 치아는 다 검게 되었으리[280]

微爾盡黔北人齒

당시에 큰 고래[281] 성난 수염이 불길 치솟듯 번뜩여

時有長鯨怒鬣閃燿若火熾

푸른 바다 끓어오르고 동쪽 하늘 붉어졌네　滄海爲沸東天紫

삼경[282]이 불타고 팔도가 함락되니　三京焚燒八路崩

임금께선 멀리 압록강까지 피난 가셨네　翠華遙遙鴨水沚

그 대장 가등청정(加藤淸正) 가장 교활하고 흉폭해　其酋淸正最黠鷔

일만 군대 거리낌 없이 내달리며 마침내 북쪽으로 향했네

萬隊橫行遂北指

날카로운 검은 서릿발 같고 창칼이 해를 가리며　快劍如霜彗日芒

총탄은 우레 같아 사람의 골수를 꿰뚫네　毒丸如雷洞人髓

우리 장수 깃발이 철령 위에서 꺾이니　元戎旆折鐵嶺上

삼군은 썰물처럼 퇴각하며 감히 화살 하나 못 날렸네

三軍潮退未敢發一矢

오랑캐들 말과 복색[283] 삭방 들판에 가득 차니　鳥言卉服滿朔野

280 북방……되었으리 : 이빨이 검게 된다는 것은 이빨에 검은 물을 들이는 것으로 남방 오랑캐의 풍습을 가리킨다. 《신당서(新唐書)》 권222 하 〈남만열전 하(南蠻列傳下)〉에 "남만 종족은 많아서 이루 다 기록할 수 없는데 흑치(黑齒)·금치(金齒)·은치(銀齒) 세 종류가 있다."라고 하였다. 여기서는 북방이 다 왜적의 지배 아래 들어가는 것을 말한다.

281 큰 고래 : 왜적을 가리킨 것이다.

282 삼경(三京) : 한양, 평양, 개성을 가리킨다.

283 오랑캐들 말과 복색 : 원문의 '鳥言'은 새소리로, 새소리처럼 짹짹거려 알아듣기

비린내 나는 오랑캐 기운이 왕업 일어난 고장에 참담히 퍼졌어라
腥氛慘憺興王里
마천령 겹겹이 험한 고개 팔 휘저으며 지나니　磨天重險掉臂過
9진의 여러 군은 위세만 바라보고도 무릎 꿇었네　九鎭諸郡望風跪
흉악한 종놈들 반역하는 아전들 다투어 창 거꾸로 드니
桀奴叛吏爭倒戈
곳곳에서 성 엎어뜨리고 수령들 가두었네　處處翻城囚長吏
왕자와 대신들도 결박을 당하니　王子大臣亦受縛
나라가 저들에게 무엇을 저버렸기에 이런 짓을 차마 했단 말인가
國何汝負乃忍爾
기자(箕子) 봉해진 천 리 땅이 오랑캐 지경 되다니　箕封千里爲戎矣
관북에 의사 한 사람이 없었단 말인가　關北曾無一義士
이때에 평사는 홀몸으로 도망쳐　維時蓮幕隻身跳
산길로 다니고 수풀에 엎드려 꼴이 말이 아니었네[284]
山行草伏形容毁
갈림길에서 갈팡질팡 누구와 돌아갈꼬　彷徨岐路誰與歸
동지를 만나니 최와 강과 이[285]로다　邂逅同志崔姜李

어려운 오랑캐의 언어를 가리킨다. '卉服'은 풀옷으로, 《서경》〈하서(夏書) 우공(禹貢)〉에 "섬오랑캐는 풀옷을 바친다.〔島夷卉服〕"라고 한 데서 유래하여 주로 왜적을 가리킨다.

284 이때에……아니었네 : 황경원(黃景源)이 지은 《강한집(江漢集)》 권13의 〈정문부 신도비명〉에 따르면, 함경도 군대가 궤멸된 뒤 정문부가 경성에서 사람들을 모으려 하였으나 모두 국세필을 두려워하여 흩어져버려, 결국 포기하고 떨어진 옷을 입고 동냥을 하며 부령(富寧)의 정암산(靖巖山)에 들어가 나물을 캐어 먹었다고 한다.

눈물을 뿌리고 피를 마시며 하늘 우러러 맹세하니　揮涕飮血仰天誓
일백의 의병이 소매를 떨치며[286] 일어났네　一百義旅投袂起
치마 찢어 깃발 만들고 호미를 무기 삼고　裂裳爲旂鋤爲兵
백면장군[287]은 짧은 채찍 들었네　白面將軍杖尺箠
북소리 울리며 천천히 진군하여 경성에 들어가니　鳴鼓徐行入鏡城
백성들 환영하며 명령 내리기만 기다렸네　士女歡迎惟命俟
높고 높은 남루에 대장기를 세우고　南樓嶪嶪建牙纛
국가(鞠哥) 역적놈 참수해 저잣거리에 내걸었네　磔斮鞠豎懸街市
군대 함성 하루아침에 북방에 진동하니　軍聲一朝震北路
역적들을 차례대로 잡아다 죽였네　叛賊次第束身死
변방 오랑캐들 틈을 엿보고서 갑작스레 준동하더니　蕃胡伺釁乍蠢動
마치 뿔을 땅에 대듯 모두 복종하였네[288]　若崩厥角咸率俾

285 최(崔)와 강(姜)과 이(李) : 황경원이 지은 《강한집》 권13의 〈정문부 신도비명〉에 따르면, 정암산에서 지내던 정문부가 무계(武溪)에서 뜻을 같이하는 사람들을 규합하였는데, 이 사람들 가운데 최배천(崔配天), 이붕수(李鵬壽), 그리고 경성의 장사(壯士)인 강문우(姜文佑)가 있었다.

286 소매를 떨치며 : 원문의 '投袂'는 특히 원수에게 복수하려는 마음을 나타낸 표현이다. 춘추시대 초(楚)나라 장왕(莊王)이 자신의 사신을 송(宋)나라에서 죽였다는 말을 듣자 격분한 나머지, "옷소매를 떨치고 일어나서 달려 나가느라, 신발은 궁전 앞 토방에서 신고, 칼은 침문 밖에서 허리에 차고, 수레는 포서라는 시가지에서 올라탔다.〔投袂而起, 屨及於窒皇, 劍及於寢門之外, 車及於蒲胥之市.〕"라는 '초자투메(楚子投袂)'의 고사에서 유래하였다. 《春秋左氏傳 宣公14年》

287 백면장군(白面將軍) : 정문부를 가리킨다. 백면은 나이가 연소하여 얼굴빛이 하얀 젊은이를 뜻한다. 임진왜란 당시 정문부의 나이가 28살이었다.

288 변방……복종하였네 : 황경원이 지은 《강한집》 권13의 〈정문부 신도비명〉에 따르면, 이 당시 북방이 혼란한 틈을 타 여진족이 변방을 노략질하자, 절도사가 정문부를

왜적들 이 사실 듣고 갑옷 말고 와[289] 蠻兒聞之卷甲來
돌진하여 성가퀴 오르는 모양 개미 떼 달라붙는 것 같았네
肉薄登陴如附蟻
성 위의 한 차례 북소리에 화살을 비처럼 날리니 城上一鼓箭如雨
엎어진 시체 해자에 가득 차 후퇴하지 못했네 僵尸盈壕不旋趾
관군이 추격하여 길주에 이르러 官軍追奔至吉州
세 번 싸워 세 번 패퇴시키니 모두 뿔뿔이 흩어졌네
三戰三北皆離披
장평과 쌍포[290] 수백 리에 長坪雙浦數百里
내버리고 간 병장기 어찌 그리도 많았던고 投戈棄鉦何累累
기세등등하던 왜적들 간담 서늘하여 기운 빠지니 驕虜膽破若無骨
토굴 속에 달팽이 움츠리고 뱀이 똬리 트는 듯하였네
蝸縮蛇蟠土窟裏
단천의 대병이 와서 접전한 뒤로는 端川大兵自來迎
야밤에 하무 물고 남쪽으로 도주하려 했네[291] 半夜銜枚將南徙

보내 여진을 회유하게 하여, 정문부가 휘하 50명을 거느리고 북으로 가서 방어하고 전투하고 회유하자 여진이 두려워하여 잡아간 백성들을 모두 돌려보냈으며 이후로 다시 변경을 침입하지 않았다고 한다. 뿔을 땅에 대듯 한다는 것은 복종을 나타내는 표현으로, 《서경》 〈주서(周書) 태서(泰誓)〉에 나오는 말이다.

289 갑옷 말고 와 : 가벼운 차림으로 빠르게 진군해온다는 말이다. 《손자(孫子)》 〈군쟁(軍爭)〉의 "갑옷을 벗어 메고 걸음을 재촉하며, 밤낮을 쉬지 않고 두 배의 길을 행군하여, 100리를 가서 승리를 다툰다.〔卷甲而趨, 日夜不處, 倍道兼行, 百里而爭利.〕"라는 말에서 유래하였다.

290 장평(長坪)과 쌍포(雙浦) : 모두 함경도 길주에 있는 지명으로 정문부의 군대가 대승을 거둔 곳이다.

비산에서 깃발 넘어져 퇴로 끊기니　萆山偃旗截歸路
앞에서는 뿔 당기고 뒤에서는 다리 잡아당기네[292]　前有角兮後有掎
백탑과 임명[293]의 들판에　白塔之原臨溟野
건장하고 용맹한 우리 병사들 범과 들소 같았도다　健兒賈勇如虎兕
왜적들 어지러이 쥐새끼가 숨고 토끼가 빠져나가는 듯　紛紛鼠竄與兎脫
왕왕 머리통 빠개지고 팔이 부러졌다네　往往裂腦而折臂
머리털 깎이고 맨발이 된 채 경관[294]이 되고　髡頭裸足化京觀
긴 밧줄에 주렁주렁 왼쪽 귀를 꿰었네[295]　長繩簇簇貫左耳

291 단천(端川)의……했네 : 정문부의 군대가 단천에서 왜적들과 싸워 승리한 후, 왜군이 길주에 주둔하고 있는 자신들의 병력과 규합하여 남쪽으로 도주하려 한다는 소식을 듣고 이들을 추격하여 싸운 사실을 가리킨다.《農圃集 卷2 義旅錄》 하무는 군중에서 병사들의 입에 물리던 가는 나무 막대기로 복병(伏兵)이나 은밀한 이동 시에 잡음을 방지하기 위한 것이다.

292 앞에서는……잡아당기네 : 앞뒤에서 적을 협공하는 형상을 사슴 잡는 것에 비유한 표현이다.《춘추좌씨전(春秋左氏傳)》 양공(襄公) 14년 조에 "비유하자면 사슴을 잡는 것과 같다. 진나라 사람은 뿔을 잡아당기고 여러 융인은 다리를 잡아당길 때에 진나라 사람과 더불어 일제히 공격한다.〔譬如捕鹿, 晉人角之, 諸戎掎之, 與晉掊之.〕"라고 하였다.

293 백탑(白塔)과 임명(臨溟) : 모두 함경도 길주에 있는 지명으로 퇴각하던 가토 기요마사의 군대를 패주시킨 곳이다.

294 경관(京觀) : 전쟁이 끝난 뒤 적의 시체를 쌓아 올리고 흙을 덮어 만든 큰 무덤을 말한다.

295 왼쪽 귀를 꿰었네 : 옛날에 전쟁에서 포로를 획득하였을 때 죽은 포로의 왼쪽 귀를 잘라 전공을 계산하였다.《춘추좌씨전(春秋左氏傳)》 희공(僖公) 22년 조에 "초자가 사진을 시켜 그들에게 부괵을 보여주게 하였다.〔楚子使師縉示之俘馘〕"라고 하였는데, 부괵에 대해 공영달(孔穎達)이 주석하기를 "부는 포로를 생포하여 가둔 것이고,

배를 가르고 창자를 뽑아 돈대처럼 세워놓으니　　刳肚擢腸立如堠
추악한 왜적들 넋 빠져 돌아보며 어찌 가까이 올 수 있었으랴
醜類狂顧那嚮邇
왜적 추장 크게 통곡하며 고개 넘어 도망가니　　倭酋大哭走踰嶺
머리는 비록 붙여 갔지만 혼은 이미 나갔어라　　頭雖戴矣魄已褫
진운이 백유사에 비로소 걷히니[296]　　陣雲初霽白楡社
피 묻은 칼을 푸른 바닷물에 깨끗이 씻었네　　血刃淨洗青海水
삭방의 스물세 개 고을　　朔方二十有三州
손가락 마디만 한 땅까지 모두 우리 강역으로 회복했네
寸地皆還我疆理
가련타 당당한 두 장사[297]여　　可憐堂堂二壯士
공 이루고 목숨 바쳐 말 앞에 떨어졌네　　功成身殞馬前墜
납지[298]를 멀리 행재소에 보내 아뢰니　　蠟紙遙飛奏行在
지존께서 감동하여 슬퍼하고 기뻐하셨네　　至尊動容悲且喜

괵은 포로를 죽여 그 왼쪽 귀를 잘라 취한 것이니, 전공을 계산하고자 한 것이다."라고 하였다.

296 진운(陣雲)이……걷히니 : 함경도 지방에서 전쟁이 종식되었다는 뜻이다. 진운은 층층으로 두텁게 쌓여서 마치 전진(戰陣)처럼 보이는 구름을 말하는데, 옛사람들은 이것을 전쟁의 조짐으로 여겼다. 백유사는 분유사(枌楡社)의 다른 표현으로 한(漢)나라 고조(高祖)의 고향을 뜻하는데, 여기서는 이성계의 고향 지역인 함경도를 가리킨다. 옛날 한나라 고조가 고향인 패현(沛縣)의 풍(豐) 땅에다 느릅나무 두 그루를 심어서 토지의 신으로 삼아 분유사를 두었다.

297 두 장사 : 왜군을 함경도에서 몰아내는 대미를 장식한 백탑교(白塔郊) 전투에서 전사한 이붕수(李鵬壽)와 이희당(李希唐)을 가리킨다. 《農圃集 卷2 義旅錄》

298 납지(蠟紙) : 중요한 문서의 방습과 방수를 위해 밀랍을 먹인 종이를 말한다.

은총 가득 교서 내려 관질 올려주시고　璽書寵嘉進官秩
빈번히 은혜 내려 의복까지 챙겨주셨네　賜賚便蕃及衣履
번신은 병사 이끌고 그저 스스로 지켰을 뿐　藩臣擁兵但自衛
군부께서 피난 가심을 월나라 사람 보듯 하였네　君父蒙塵越人視
어이하랴 자신은 공이 없으면서 남이 가진 것 꺼려하여
奈何恥己無功嫌人有
단점을 모함하고 도리어 아름다운 점 덮어버리는 것을[299]
媒孽其短反揜美
공론이 백 년 세월 쌓여 마침내 신원되니　公議百年竟得伸
사액과 치제 찬란하여 국인(國人)들이 제향하네[300]　贈誄輝煌邦人祀
무계 가 어랑리는　武溪之上漁郎里
산천이 빽빽이 옛 보루 둘러쌌네　山川鬱鬱環古壘
지난날 김과 윤[301]이 강토를 개척하니　昔日金尹拓疆土
나라의 위세와 병력 여기에 의지했네　國威兵力是憑倚
정공은 전란 만나 맨주먹 떨치니　公遭板蕩奮空拳

299 번신은……것을 : 번신은 관찰사를 뜻하는 말로, 당시 함경도 관찰사 윤탁연(尹卓然)이 제대로 방비는 하지 못하고 제 한 몸 지키는 데만 급급하다가 정문부가 공을 쌓은 것을 시기하여 정문부의 과실을 모아 모함하여 높은 관직에 등용되지 못하게 한 것을 가리킨다.《農圃集 卷2 義旅錄》

300 사액(賜額)과……제향하네 : 정문부가 신원되고 경성(鏡城)의 창렬사(彰烈祠)에 봉안된 것을 가리킨다. 창렬사는 1667년(현종8)에 사액되었고 같은 해에 임금이 치제관을 보내 치제(致祭)하였다.《農圃集 卷2 賜額致祭文》

301 김(金)과 윤(尹) : 조선 때 6진(六鎭)을 개척한 김종서(金宗瑞)와 고려 때 동북 9성(東北九城)을 개척한 윤관(尹瓘)을 가리킨다.

우뚝하니 거센 물살 막는 지주산(砥柱山) 같았어라[302]
屹若狂瀾障一砥

그렇지 않았다면 두만강 이내만 우리 땅 아니었을 뿐 아니라
不然不惟豆江以內非吾有

중원을 잠식하는 것도 여기에서 시작되었으리 荐食上國從此始

수립한 공적 몹시 탁월한 공과 같은 이는 如公樹立更卓然

천년 세월 전해지는 수양[303]과 나란히 비길 수 있도다
千載睢陽可竝擬

생전에는 불우하고 죽을 때는 원통함을 모두 한스러워 말지니
生前落拓死時煩冤俱莫恨

위대한 이름 백두산과 함께 나란히 우뚝하도다 巍巍名與白山齊高峙

옛 전장 지나노라니 감개가 일어 我過戰地起感慨

검 두드리며 길게 변치[304]로 노래하노라 彈劍長歌爲變徵

302 우뚝하니……같았어라 : 지주산은 하남(河南) 삼문협(三門峽) 동북쪽 황하 중심에 있는 산 이름이다. 황하의 물결이 아무리 거세게 흘러도 이 산을 무너뜨리지 못하고 이 지점에 와서 갈라져 두 갈래로 산을 싸고 흐른다. 흔히 난세에 지조를 지키는 선비의 비유로 쓰인다.

303 수양(睢陽) : 현재 중국 하남성(河南省) 상구시(商丘市)에 해당하는 당(唐)나라 때 하남도(河南道)에 있던 성이다. 당나라 때 안녹산(安祿山)이 반란을 일으키자, 장순(張巡)은 백성들을 인솔하고 당나라의 시조인 현원황제(玄元皇帝)의 묘에 나아가 통곡한 다음 군사를 일으켜 반란군을 막았다. 그 뒤에 강회(江淮)의 보루인 수양성(睢陽城)을 몇 달 동안 사수하고 있었는데, 구원병이 오지 않아 양식은 다 떨어지고 힘이 다 소진되어 성이 함락되었다. 그러자 그곳의 태수(太守)로 있던 허원(許遠)과 함께 절개를 지켜 죽었다.《舊唐書 卷187下 忠義列傳》 이후 허원은 충절의 대명사로 불렸다.

304 변치(變徵) : 치(徵)의 변성(變聲)으로 칠음(七音)의 하나인데, 애잔하고 서글

검 두드리며 노래하는 소리 격렬해지니　　彈劍歌聲激烈
변방의 바람 쉭쉭 울음 그치지 않누나　　邊風獵獵鳴不已

픈 정감을 불러일으키는 음이다.

공주요 3첩[305]

孔州謠三疊

공주성 어드메뇨	孔州城何處是
성안 사람들 두만강 물 마시네	城中人飮豆江水
동한의 강역이 슬해[306] 어귀에서 다하니	東韓地盡瑟海頭
남쪽으로 한양과 삼천 리 거리라네	南去漢陽三千里
민가는 여진족 부락에 인접하였고	煙火近接女眞村
숙신씨[307] 풍속이 아직도 남아 있네	風俗猶傳肅愼氏
바닷물고기는 비늘이 없고[308]	海魚兮無鱗
산 보리는 귀가 있네[309]	山麥兮有耳
옷은 대부분 붉은 개가죽으로 지어 입고	衣袴多穿赤狗皮

305 공주요 3첩 : 이 작품은 경흥 부사로 있던 이계가 경흥의 향토 풍속을 직접 체험하고 그 실제 모습을 생생하게 서술한 것이다. 공주는 경흥의 옛 이름이며, '첩(疊)'은 '수(首)'와 같은 말이다. 제1장은 상성 '지(紙)'운, 제2장은 평성 '증(烝)'운, 제3장은 입성 '약(藥)'운을 사용한 고체시이다.

306 슬해(瑟海) : 273쪽 주69 참조.

307 숙신씨(肅愼氏) : 고대 만주 지역에 거주하던 퉁구스계 민족을 가리킨다.

308 바닷물고기는 비늘이 없고 : 본집 권13 〈서수라기(西水羅記)〉에 "공주 동쪽으로 30리를 가면 조산보이다. …… 물고기는 가자미, 대구, 문어가 많고 해충(海蟲)은 조개와 니벌레가 있는데 모두 비늘이 없다.〔自孔州東行三十里, 爲造山堡. …… 其魚多比目大口八梢, 其蟲淡菜泥, 皆無鱗.〕"라고 하였다.

309 산……있네 : 귀보리, 즉 귀리를 형용한 구절이다. 귀리는 생긴 모양이 보리와 비슷하지만 이삭이 보리와는 달리 귀가 늘어진 것처럼 생겼기 때문에 귀보리라고 불렀다.

문서는 전부 황마지[310]를 쓰네　　文書盡用黃麻紙
사투리 기이하여 목구멍 소리 촉급하지만　　方言詭異喉聲急
점점 귀에 익어지면 그제야 이해하게 된다네　　入耳漸慣方默揣
마소 부르는 소리는 마치 긴 휘파람 같아　　呼牛喚馬若長嘯
처음 듣는 사람들 모두 눈이 휘둥그레　　初聞人皆瞠然視
발고 수레[311] 씽씽 나아가는데　　跋高車行軋軋

310 황마지(黃麻紙) : 보통 황마지라고 하면 좀벌레가 생기는 것을 방지하기 위해 황벽나무 잎으로 물들인 종이를 가리키는데, 여기서는 귀리의 짚을 이용해 만든 종이를 말한다. 본집 권12 〈공주풍토기(孔州風土記)〉에 “이 지방에서는 닥종이가 생산되지 않아 귀리짚을 찧어서 종이를 만드는데 황마지라고 한다. 공사문서에 모두 이 종이를 사용한다.〔土不產楮紙, 用耳麥稈擣成, 名曰黃麻紙. 公私文書皆用之.〕”라고 하였다.

311 발고(跋高) 수레 : 우리말로는 ‘발구’라고도 한다. 본집 권12 〈공주풍토기〉에, “작은 수레를 발고라고 하는데 바퀴가 없다. 양쪽의 나무를 활처럼 휘고, 뒤쪽에는 가로 댄 끌채가 있어 물건을 실을 수 있다. 경쾌하게 빨리 내달리는 것이 수레보다 낫고 눈 위에서는 더욱 편리하여 마치 돛단배가 물 위를 가는 것과 같다.〔小車名曰跋高, 無輪, 楺兩木如弓, 後有橫輗以受物. 輕疾勝車, 尤利雪上, 如風帆行水.〕”라고 하였다.

그림 17 발고의 형태

바퀴도 없이 눈 위에서 땔감 싣고 가네 雪上載柴足無履
매년 섣달 소에다 소금을 싣고 가서 每歲臘月將牛馱鹽去
경원의 개시(開市)에서 청마를 사온다네 買來淸馬慶源市
녹둔도 근처는 말달리기 좋으니 鹿屯島邊好馳馬
왼쪽엔 칼을 차고 오른쪽엔 화살 찼네 左帶劍兮右挾矢
말을 내달리며 활솜씨 견주니 馳馬兮較射
다음 달에 행영에서 기병을 뽑는다네 來月行營選騎士

이상은 제1장이다.

공주 산 높이 높이솟아 있으니 孔州山立峻嶒
왕업이 흥기한 땅이로다 王跡之所興
백두산이 웅장하게 하늘 북쪽 끝에 서렸으니 白嶽雄蟠天北極
만년설과 겹겹 얼음 사시토록 녹지 않네 四時長留積雪與層氷
정상의 천지 물이 무지개 드리우듯 쏟아져 내리니 上有天池倒瀉如垂虹
서로는 압록강 북으로는 혼동강 동으로는 두만강 되어 깊고 맑게 흐르네 西爲鴨水北爲混同東爲豆滿流泓澄
두만강 물결 성난 기세로 천 리 내달려 슬해 들어갈 제 豆滿之江春撞奔放千里入瑟海
뭇 산을 끼고 수라로 이어져 꿈틀꿈틀 마치 날아오를 듯하네[312] 群山夾水羅絡夭矯如翱騰

312 뭇……듯하네 : 수라(水羅)는 경흥의 두만강 하구에 있는 서수라곶을 가리킨다. 두만강이 서수라까지 이어져 흘러오는 구불구불한 모양을 형용한 것이다. 275쪽 주76

대지의 신령한 기운 감돌다가 그 가운데 성인의 집 열리니

坤靈扶輿中開聖人宅

주나라의 유태와 순 임금의 저풍이로다[313] 周有邰兮舜諸馮

적도 우뚝 솟아 있고 적지 깊으니[314] 赤島磊峨赤池深

기이한 징조 성대했어라 繽紛異兆與奇徵

참조.

313 주(周)나라의……저풍(諸馮)이로다 : 유태(有邰)는 주나라의 시조인 후직(后稷)의 모국(母國)이다. 《시경》〈대아(大雅) 생민(生民)〉에 "유태에 나아가 집을 정하셨다.〔卽有邰家室〕"라고 하였다. 저풍은 순 임금의 탄생지로 전해지는 곳이다. 《맹자》〈이루 하(離婁下)〉에 "순 임금은 저풍에서 태어났다.〔舜生於諸馮〕"라고 하였다.

314 적도(赤島)……깊으니 : 적도와 적지(赤池)는 모두 이성계의 선조들과 관련된 이적(異蹟)이 깃든 장소이다. 적도는 경흥 동쪽 60여 리에 있는 섬 이름이다. 이성계의 증조부인 익조(翼祖) 이행리(李行里)가 여진(女眞)의 알동(斡東)에 있을 때 그의 위엄과 덕망이 치성하자 여진의 천호(千戶)들이 시기하여 익조를 해치려 하였다. 이에 익조가 가족들을 배에 태워 두만강(豆滿江)을 따라 내려가 적도에서 만나기로 하고 자신은 손 부인(孫夫人)과 백마를 타고 달려 바닷가에 이르렀는데, 약속했던 배는 오지 않고 적도까지는 600여 보나 떨어져 건널 수 없었다. 그때 바닷물이 저절로 빠져 익조가 말을 타고 건너 적도에 이르자 바닷물이 다시 밀려와 여진족들은 건널 수가 없었다. 이에 익조가 적도에서 임시 거처를 마련하고 살았는데, 알동 사람들이 익조가 적도에 있다는 말을 듣고 모두 따라왔다. 이후 다시 의주(宜州)로 이주하였다. 《燃藜室記述 卷1 太祖朝故事本末》

적지는 경흥부 남쪽 10리에 있는 연못이다. 태조 이성계의 조부인 도조(度祖)가 하루는 꿈을 꾸었는데 남쪽 연못에 살고 있는 용이 현몽하여, 침입을 당하여 거처를 잃게 되었는데 활을 잘 쏜다는 말을 듣고 찾아왔으니 한번 도와주기만 하면 후세에 반드시 경사가 있게 될 것이라고 말하였다. 도조가 허락을 하고 다음 날 연못으로 가보니 흑룡과 백룡이 싸우고 있었으므로, 지시받은 대로 흑룡을 화살로 쏘아 맞히니 연못이 온통 붉게 물들었다고 하며 이 때문에 적지로 불리게 되었다고 한다. 《燃藜室記述 卷1 太祖朝故事本末》

곡령의 푸른 소나무 늙으니 鵠嶺兮青松老
푸른 바다에 상서로운 해 떠오르누나[315] 滄海兮瑞日升
삼한을 거머쥐고 한집안을 삼으니[316] 手挈三韓爲一家
신성하신 임금 대대손손 계승하였네 聖神繼繼又承承
상서로운 기운 천년토록 무성하고도 무성하니 佳氣千年鬱鬱蔥蔥然
옛날의 안릉과 덕릉[317]을 그대는 보지 못했는가 君不見古安陵古德陵
팔지는 찰랑찰랑 강 건너에 있으니 八池盈盈隔一水
오색의 연꽃 마치 노을 같아라[318] 五色蓮花如霞蒸

이상은 제2장이다.

315 곡령(鵠嶺)의……떠오르누나 : 고려의 쇠망과 조선의 창업을 비유한 말이다. 곡령은 개성 송악산(松嶽山)의 별칭이다. 고려 태조 왕건(王建)의 잠저(潛邸) 시절에 최치원(崔致遠)이 글을 보내어 "계림의 잎은 누렇고, 곡령의 솔은 푸르다.〔鷄林黃葉, 鵠嶺青松.〕"라고 하였다.《高麗史 卷4 顯宗世家 11年》 이때 '누런 잎'은 시들어가는 신라를, '푸른 솔'은 새로이 흥기하는 고려를 가리킨 것이었다. 그런데 이계는 거꾸로 곡령의 푸른 솔이 늙었다고 표현하여 고려의 쇠퇴를 비유한 것이다.

316 한집안을 삼으니 : 새로운 이씨 왕조가 들어선 것을 삼한 땅 전체를 한집안으로 삼았다고 표현한 것이다.

317 옛날의 안릉(安陵)과 덕릉(德陵) : 안릉은 이성계의 고조모인 효공왕후(孝恭王后) 이씨(李氏)의 능이고, 덕릉은 고조부인 목조(穆祖) 이안사(李安社)의 능이다. 이 두 능은 원래 두만강 북쪽의 알동(斡東)에 있었는데 태종 때 함흥으로 이장하였다. 여기서 옛날이라고 한 것은 바로 왕업의 시초가 된 경흥 땅에 있던 옛 장지를 가리킨 것이다.

318 팔지(八池)는……같아라 : 본집 권12 〈북새기략(北塞記略) 강외기문(江外記聞)〉에 "팔지는 무이보(撫夷堡) 강 건너편에 있는데 서봉대에 올라 들판을 바라다보면 팔지가 수십 리에 연이어 뻗어서 두만강으로 들어간다. 오색의 연꽃이 있고 명주가 생산되는데 북방에서 유명하다.〔八池, 在撫夷江外, 登西烽臺, 望見野中, 八池連亘數十里, 入豆滿江. 有五色蓮, 出明珠, 名於北方.〕"라고 하였다.

사람들은 공주가 척박하다 말들 하지만 人言孔州惡
나는 공주를 낙토(樂土)로 본다네 我見孔州樂
황량한 변방 멀다고 누가 말했나 孰謂荒塞遠
왕화가 널리 퍼짐을 나는 사랑하노라 我愛王化博
지난날 야인들 육진을 점거하고 昔日野人據六鎭
속박하고 부리기를 저네 부락처럼 했더니 束縛驅使同部落
지금은 북방이 우리 땅으로 들어와 卽今朔方歸版圖
복색과 거처가 서울을 닮았다네 冠服室廬效京洛
과거에는 여진족들 언덕을 사이에 두고 살면서 昔日靺鞨隔岸居
아침저녁으로 침범하여 난폭한 노략질 당했더니 朝夕憑凌遭暴掠
지금은 강 북쪽에 봉화 오를 일 없어 卽今江北無烽火
일찍 자고 느지막이 일어나며 봄에는 씨 뿌리고 가을에는 수확한다네
早寢旰起兮春稼秋穫
큰 아이들은 말 타고 활 쏘는 법 배우고 大兒學騎射
소녀들은 베 짜기에 힘을 쏟네 小女工織作
남쪽 상인은 솜옷을 실어오고 南商載緜絮
북쪽 개시(開市)에는 양과 담비 많아라 北市多羔貉
아침에 나가 사냥하고 저녁에 나가 고기 잡으니 朝出獵兮暮出漁
산에는 고기 있고 바다에는 각종 해물 있도다[319] 山有肉兮海有錯
몸 가릴 옷 있고 배 채울 음식 있으며 衣掩身兮食充腹

319 바다에는……있도다 : 원문의 '錯'는 해산물의 종류가 많다는 뜻이다. 《서경》 〈하서(夏書) 우공(禹貢)〉에 "그 공물은 소금과 갈포와 갖가지 해산물이다.〔厥貢鹽絺, 海物惟錯.〕"라고 하였다.

부역은 번다하지 않고 조세는 적다네　　　徭役不煩兮租稅薄
닭은 횃대에 있고 돼지는 우리에 있으며　　　鷄在塒兮豖在柵
호통치며 토색하는 아전들 문에 없어라　　　門無吏胥來叫索
시골 막걸리 술동이 가득 찰랑찰랑　　　村酒兮盎盎
사고[320] 소리 둥둥　　　社鼓兮拍拍
해마다 길이길이 이와 같다면　　　年年歲歲長如此
임금님 힘이 밭 갈고 우물 파는 데 미침을 어찌 알랴[321]
安知帝力在耕鑿

이상은 제3장이다.

320 사고(社鼓) : 봄가을로 사일(社日)에 토신(土神)에게 제사를 지내면서 울리던 고악(鼓樂)을 뜻하며, 흔히 농가의 농악을 뜻하는 말로 쓰인다.

321 임금님……알랴 : 태평성세가 계속 이어져 백성들이 임금이 정치를 잘한 덕분으로 태평성세가 이어지는지조차 알지 못하게 된다는 말이다. 요(堯) 임금이 천하를 다스린 지 50년이 되었을 때, 미복 차림으로 민간에 나가서 살펴보니 한 노인이 배불리 먹고 배를 두드리며 이른바 〈격양가(擊壤歌)〉를 부르기를, "해가 뜨면 나가서 일하고 해가 지면 들어가서 쉬도다. 우물 파서 물을 마시고 밭 갈아서 밥을 먹거니, 임금의 힘이 나에게 무슨 상관 있으랴.〔日出而作, 日入而息. 鑿井而飮, 耕田而食, 帝力何有於我哉.〕"라고 했다 한다. 《論衡 藝增》

여섯 노래[322]

六歌

머나먼 변방에서 해를 보내면서 집과 도성에 대한 그리움을 이기지 못하던 와중에, 아우가 고시(古詩) 50운을 보내왔는데 감정을 흔드는 시구가 많았다. 그리하여 두보(杜甫)의 〈칠가(七歌)〉[323]를 본떠 6장에

322 여섯 노래 : 이 작품 또한 앞의 작품들과 마찬가지로 이계가 경흥 부사(慶興府使)로 있으면서 지은 것이다. 변방에서 해를 보냈다는 말로 볼 때, 경흥 부사로 부임한 이듬해인 1778년(정조2)에 지은 것으로 보인다. 이계가 시서(詩序)에서 밝혔듯이 이 작품은 두보의 〈건원중우거동곡현작가칠수(乾元中寓居同谷縣作歌七首)〉를 본떠 창작한 것이다. 첫째 수에서는 모친에 대한 그리움을, 둘째 수에서는 임금을 향한 그리움을, 셋째 수에서는 동생에 대한 그리움을, 넷째 수에서는 손자에 대한 그리움을, 다섯째 수에서는 자질(子姪)들에 대한 당부를, 여섯째 수에서는 우이동(牛耳洞) 우거(寓居)에 대한 그리움을 말하였다. 첫째 수는 평성 '미(微)'운, 둘째 수는 입성 '월(月)'운, 셋째 수는 평성 '양(陽)'운, 넷째 수는 평성 '청(青)'운, 다섯째 수는 평성 '한(寒)'운, 여섯째 수는 평성 '산(刪)'운을 사용한 고시이다. 다른 다섯 수는 모두 평성 운을 사용하면서 임금에 대한 그리움을 나타낸 둘째 수에만 입성을 사용한 점이 눈에 띈다.

323 두보(杜甫)의 칠가(七歌) : 두보가 48세 되던 759년(건원2) 11월부터 12월에 촉(蜀)으로 들어갈 때까지 1개월간 동곡(同谷)에 우거(寓居)하면서 지은 〈건원중우거동곡현작가칠수(乾元中寓居同谷縣作歌七首)〉를 말한다. 첫째 수는 객중(客中)의 빈곤함을, 둘째 수는 굶주리는 상황을, 셋째 수는 아우에 대한 그리움을, 넷째 수는 누이에 대한 그리움을, 다섯째 수는 고향에 대한 그리움을, 여섯째 수는 만장담(萬丈潭)의 용(龍)을 소재로 만년의 불우함을 노래하였다. 《杜少陵詩集 卷8》 두보의 이 작품은 이백(李白)의 〈촉도난(蜀道難)〉과 함께 풍소(風騷)의 극치(極致)로 꼽힌다. 동곡현(同谷縣)은 감숙성(甘肅省) 진주(秦州) 서남쪽에 있는 지명인데, 당(唐)나라 때는 성주(成州)의 속현(屬縣)이었다.

각 장마다 8구의 시를 지어 화답하였다.

내 그리움 모친 향해 있나니 我所思兮在萱闈
학처럼 흰 머리털 드리우고 석양 마주하셨으리[324] 鶴髮垂垂對斜暉
멀리 떨어져 있느라 혼정신성(昏定晨省) 못해 드리는데
晨昏起居遠離違
아득한 변방 지역엔 집안 서신 띄엄띄엄 關山杳杳音信稀
당 위에 오랫동안 노래자(老萊子) 옷[325] 던져두니 堂上久抛老萊衣
고생스레 마을 문에 기대[326] 굶고 다니지는 않는지 염려하시리
應勞倚閭念渴饑
첫 번째 노래 부를 제 솟구쳐 날아가고 싶은데 歌一唱兮欲奮飛
머리 들어 남쪽 구름[327] 보노라니 어느 때나 돌아갈꼬
矯首南雲曷月歸

324 석양 마주하셨으리 : 이 말 안에는 모친이 자식을 애타게 기다리고 있을 것이라는 뜻이 함축되어 있다. 전국시대 제(齊)나라 왕손가(王孫賈)의 모친이, 아들이 아침에 나갔다가 늦게 돌아올 때면 문에 기대어 기다리고, 저녁에 나가 돌아오지 않으면 동구 밖에까지 나가서 마을 입구의 문인 여문(閭門)에 기대어 기다렸다는 고사가 있다. 《戰國策 齊策6》

325 노래자(老萊子) 옷 : 춘추시대 초(楚)나라의 노래자(老萊子)가 효성으로 어버이를 섬겨 70세의 나이에도 항상 색동옷을 입고 어리광을 부려 부모를 기쁘게 하였다고 한다. 《小學 稽古》

326 마을 문에 기대 : 위 주324 참조.

327 남쪽 구름 : 부모를 그리워하는 마음을 뜻한다. 진(晉)나라 육기(陸機)의 〈사친부(思親賦)〉에 "남쪽 구름 가리켜 정을 부치고, 돌아가는 바람 보며 정성을 바친다.〔指南雲以寄款, 望歸風而效誠.〕"라고 하였다.

내 그리움 임금님 향해 있나니　　我所思兮在北闕
중천에 밝게 빛나는 일월 우러러보노라　　赫赫中天仰日月
용광은 본디 만물에 두루 하거니와[328]　　容光本自普萬物
큰 덕화(德化)는 유독 말라빠진 뼈 윤택하게 하는 데 깊었네[329]
大化偏深潤枯骨
해 넘겨 변방 나와 있으며 녹봉만 축내면서　　經年出塞徒廩啜
한밤중에 북두성 바라보다 동틀 때 맞았네　　中夜望斗至明發
두 번째 노래 바뀔 제 꿈속에 훌쩍 날아보지만　　歌再轉兮夢超忽
만 겹의 구름 낀 산 아득해 넘기 어려워라　　雲山萬重渺難越

우리 동생 우리 동생 한양에 있으니　　有弟有弟在漢陽
내 머리털 성성하고 네 귀밑머린 희끗희끗　　我髮星星爾鬢蒼
서로 몸이 떨어져 홀연 이별하게 되고　　形分影離忽乖張

328 용광(容光)은……하거니와 : 용광은 빛이 들어갈 수 있는 아주 작은 장소를 뜻한다. 이 구절은 일월의 빛은 빛이 들어갈 만한 곳이면 아무리 작고 치우친 곳이라도 다 비춘다는 말로, 임금의 교화가 만물에 다 미침을 비유한 것이다. 《맹자》〈진심 상(盡心上)〉에 "해와 달은 밝은 빛을 지니고 있어, 빛을 받아들일 만한 곳은 반드시 모두 비춰준다.〔日月有明, 容光必照焉.〕"라고 하였다.

329 큰……깊었네 : 이제 자신은 죄를 받아 마땅하지만 변방의 관직으로 보내 살길을 열어준 임금의 큰 은혜를 비유한 말이다. 또한 하찮은 존재에게까지 미치는 임금의 큰 덕화를 말한 것이기도 하다. 주(周)나라 문왕(文王)이 사람을 시켜 땅을 파다가 해골이 나오자 옷을 입히고 관(棺)을 갖추어 묻어주도록 하였는데, 천하에서 이 말을 듣고는 "문왕은 어진 분이다. 은택이 해골에까지 미쳤으니, 살아 있는 사람이야 더 말할 것이 있겠는가.〔文王賢矣. 澤及枯骨, 又況於人乎.〕"라고 찬양한 고사가 있다. 《呂氏春秋 異用》

남북으로 아득히 멀리 삼상[330]처럼 떨어졌네　天南地北隔參商
설산과 푸른 바다에 기러기 길게 우는데　雪山青海雁聲長
명월 아래 외로운 술상 누구와 함께하리오　明月孤樽誰共床
세 번째 노래 뒤칠 제 가슴 깊이 사무치니　歌三翻兮結中腸
내가 구름 바라볼 제 너는 언덕 오르리[331]　我看雲時爾陟岡

우리 손자 우리 손자 이제 겨우 다섯 살　有孫有孫纔五齡
외로이 품 안에서 어찌나 쓸쓸한 처지인지[332]　煢煢在抱何零丁
이별할 때 마마가 온 얼굴 덮었더니　別時痘瘡滿面生
요즘엔 마당에서 논다는 소식 문득 들리네　近日稍聞戲軒庭
종이 찾아 나에게 이리저리 써서 부치니　索紙寄我書縱橫
점획이 때때로 과두[333] 형상 이루네　點畫時成蝌蚪形

330 삼상(參商) : 멀리 떨어져 있음을 뜻하는 말이다. 삼성(參星)은 동쪽 하늘에 있고 상성(商星)은 서쪽 하늘에 있어서, 각각 뜨고 지는 시각이 다른 관계로 영원히 서로 만날 수가 없는 데에서 유래된 것이다. 《春秋左氏傳 昭公元年》

331 내가……오르리 : 구름을 바라보는 것은 형이 아우를 그리워하는 것이고, 언덕에 오르는 것은 아우가 형을 그리워하는 것이다. 두보가 성도(成都)에 있을 때 지은 〈한별(恨別)〉 시에 "집 생각에 달 아래 거닐다가 밤에 서 있기도 하고, 아우 생각에 구름 보다가 한낮에 졸기도 한다.〔思家步月淸宵立, 憶弟看雲白日眠.〕"라고 하였다. 또한 《시경》 〈위풍(魏風) 척호(陟岵)〉에 "저 산등성이에 올라가서 형님 계신 곳을 바라보네.〔陟彼岡兮, 瞻望兄兮.〕"라고 하였다.

332 외로이……처지인지 : 이때의 손자는 바로 이계의 장손인 홍경모(洪敬謨, 1774~1851)이다. 이계가 경흥 부사(慶興府使)로 오기 한 해 전인 1776년(영조52) 5월에 이계의 장남이자 홍경모의 부친인 홍낙원(洪樂源)이 세상을 떴으므로 이와 같이 말한 것이다.

333 과두(蝌蚪) : 올챙이 모양의 글자로, 보통은 황제(黃帝) 때 창힐(倉頡)이 지었다

네 번째 노래 마칠 제 차마 들을 수 없으니　　歌四闋兮不堪聽
눈에는 어렴풋이 영형[334]이 보이네　　眼中依依見寧馨

우리 아들 우리 조카 모두 약관의 나이　　有子有侄俱弱冠
뜰에는 옥수 나고 섬돌엔 난초 피었네[335]　　庭擢玉樹階生蘭
외모는 준수하고 걸음걸이 단정하며　　眉目娟秀步趍端
문장과 서체가 파란을 일으키네　　文詞筆翰動波瀾
배불리 먹고 편안히 거처할 것 구하지 않아야 하니[336]
食無求飽居無安
젊어서 노력하지 않으면 늙어서 슬피 탄식한다네　　少不努力老悲嘆
다섯 번째 노래 박자 맞출 제 근심스러워 기쁠 일 없다만
歌五拍兮悄無歡

고 하는 고대 문자인 과두문자를 가리키지만, 여기서는 어린아이의 엉성한 글씨체를 형용한 것이다.

334 영형(寧馨) : 훌륭한 아이를 가리킨다. 영형은 진(晉)나라 때의 속어로 '이런〔如此〕'이라는 말과 같다. 진나라 때 태보(太保)를 지낸 왕연(王衍)이 젊은 시절에 산도(山濤)를 방문하자, 산도가 그를 보고 말하기를 "어떤 아낙이 이런 아이를 낳았단 말인가.〔何物老媼生寧馨兒〕"라고 한 데서 온 말이다. 《晉書 卷43 王衍列傳》

335 뜰에는……피었네 : 훌륭한 자제들을 가리킨 말이다. 진(晉)나라 때 사안(謝安)이 여러 자질(子姪)들에게 "어찌하여 사람들은 자기 자제가 출중하기를 바라는가?"라고 묻자, 그의 조카인 사현(謝玄)이 "비유하건대, 지란옥수가 자기 집 섬돌과 뜰에서 자라기를 바라는 것과 같습니다.〔譬如芝蘭玉樹, 欲使其生於階庭耳.〕"라고 대답한 일이 있다. 《晉書 卷79 謝玄列傳》

336 배불리……하니 : 《논어》 〈학이(學而)〉에 나오는 말로, 군자가 학문하는 도리를 말한 것이다. 이계가 자제들에게 학문에 열심히 매진할 것을 당부한 말이다.

너희들 편지 올 적마다 마음이 풀리노라　汝曹書來每自寬

나의 고요한 거처가 관산[337]에 있으니　我有幽居在冠山
바위 병풍 아홉 굽이요 집 세 칸이라네[338]　巖屛九曲屋三間
높은 층층 봉우리 아래 천 개의 산 늘어섰고　層峰高下列千鬟
맑은 시내 하얀 돌은 어쩌면 그리 반반한지　淸流白石何斑斑
구름 낀 숲 한 번 떠나온 뒤 달 몇 번 바뀌었나　一別雲林月幾彎
솔 계수 가득한 산 뉘 있어 오르려누　滿山松桂有誰攀
여섯 번째 노래 완성할 제 맑고도 아름다우니　歌六成兮淸且閑
옷 떨치고 돌아갈 제 춘풍이 나를 전송하리[339]　春風送我拂衣還

337 관산(冠山) : 이계의 유거(幽居)가 있었던 서울 우이동(牛耳洞)의 천관봉(天冠峰)을 가리킨다.

338 바위……칸이라네 : 우이동 구곡(九曲)과 자신의 별서(別墅)를 형용하였다. 이에 대해서는 본집 권13의 〈우이동장기(牛耳洞庄記)〉, 〈겸산루기(兼山樓記)〉, 〈소귀당기(小歸堂記)〉, 〈우이동구곡기(牛耳洞九曲記)〉 등에 자세하다.

339 옷……전송하리 : 봄이 되면 우이동에 있는 자신의 거처로 돌아가고픈 심정을 드러낸 것이다. 옷을 떨친다는 표현에는 속세의 번다한 일을 떨치고 자연 속에 은거하겠다는 뜻이 들어 있다. 일례로 이백(李白)의 시에 "공을 이루면 옷 떨치고 떠나가서, 창주 물가 찾아 소요하리라.〔功成拂衣去, 搖曳滄洲旁.〕"라고 하였으며, 두보(杜甫)의 시에 "벼슬에 얽매인 몸 창주는 요원한 꿈이라, 옷 떨치지 못하는 걸 그저 슬퍼할 따름일세.〔吏情更覺滄洲遠, 老大徒傷未拂衣.〕"라고 하였다. 《李太白集 卷8 玉眞公主別館苦雨》《杜少陵詩集 卷6 曲江對酒》

포항도에서 사냥하는 것을 구경하며[340] 경흥부 북쪽 10리 지점 두만강 가운데 있다

浦項島 觀獵行 在府北十里豆滿江中

두만강 위 두꺼운 얼음은 미끌미끌　豆滿江上玄氷滑
포항도 안 하얀 풀[341]은 드넓게 펼쳐 있네　浦項島中白草闊
공주(孔州)[342] 도호부를 이른 새벽에 나서니　孔城都護淸晨出
호종하는 수많은 기병 송골매처럼 굳세어라　從騎百隊健如鶻
장검은 허리에 차고 화살은 화살집에 꽂으니　長劍橫腰矢揷房
기상도 씩씩할사 거센 바람 이누나　意氣颯爽勁風發
둘러 있는 산과 들은 겹겹 포위에 알맞고　籠山絡野合重圍
숲 사르고 덤불 베어 짐승 소굴 결딴낸다　焚林剔藪傾巢窟
함성 소리 땅 울리고 불기운 맹렬하니　呼聲動地火氣烈

340 포항도에서……구경하며 : 이 작품은 이계가 경흥 부사로 있으면서 경흥부 인근의 포항도에서 사냥하면서 본 광경과 느낌을 묘사한 것이다. 전반부에서는 사냥 출행과 사슴 포획의 광경을 장쾌하게 묘사했지만, 후반부에서는 강약(强弱)의 차이에 따라 행불행이 갈리는 불공평함을 슬퍼하고 이어서 무위(武威)를 떨치며 북방을 개척하고 싶지만 그렇게 하지 못하는 서글픔을 서술하였다. 서로 통운(通韻)이 되는 입성 '월(月)', '갈(曷)', '물(物)', '힐(黠)'을 사용한 고체시(古體詩)이다. 사슴에게 말하는 방식의 '鹿兮鹿兮' 이하 9구는 다른 구절들이 두 구씩 짝을 이루는 것과 달리 세 구씩 짝을 이루도록 변화를 주었다.

341 하얀 풀 : 변새(邊塞)에서 자라는 목초(牧草)로, 다 자라면 색깔이 희게 변한다고 한다. 흔히 변방의 풍경을 가리키는 말로 쓰인다.

342 공주(孔州) : 경흥(慶興)의 옛 이름이다.

놀라고 궁지 몰린 짐승들 다투어 달아나네　駭禽困獸爭奔突

어떤 짐승은 풀숲 밑에 잠복해 숨고　竄伏或向草底逸

어떤 짐승은 나뭇가지를 날래게 뛰어넘네　趫捷或從樹杪越

가련타 살지고 윤택한 두 마리 흰 사슴　可憐濯濯雙白鹿

뿔과 발굽 올가미에 얽혀 벗어나지를 못하네　角罥蹄絓不自拔

긴 줄로 목을 묶어 두 사람이 끼고서　長繩繫頸兩人挾

대장기 아래로 생포되어 버둥거리네　生致麾下來蹩躠

북 울리고 깃발 걸어 마치 수급(首級) 바치듯 하니　鳴鼓揭旗若獻馘

장사들 환호하며 어지러이 날뛰누나　將士讙啞紛挑達

사슴아 사슴아 어찌 깊은 산중으로 발걸음 멀리 숨기지 않고

鹿兮鹿兮何不遠跡深山裏

강가와 수풀에서 먹이를 찾다가　求食江干與林樾

그물에 몸이 걸려 사람에게 잡힌 신세 되었느냐　身掛網羅爲人掇

문왕의 《주역》에선 사슴 사냥 말하였고　文王繫易言卽鹿

〈월령〉의 봄 사냥에선 중살을 귀히 여겼나니[343]　月令春蒐貴中殺

어진 이가 사냥할 적엔 모조리 잡지 않는 법이라　仁人之獵不盡物

343 문왕의……여겼나니 : 《주역》 〈둔괘(屯卦)〉 육삼(六三)에 "사슴을 사냥하되 우인(虞人)이 없어 오직 숲속으로 빠져 들어갈 뿐이니, 군자가 그만두는 것만 못하니, 가면 부끄러우리라.〔卽鹿無虞, 惟入于林中, 君子幾不如舍, 往吝.〕"라고 하여, 계속 욕심을 부려 사냥하지 말라는 비유로 경계를 하였다. 중살(中殺)은 합당한 때에 사냥하는 것을 뜻하는 말로, 《예기(禮記)》 〈월령〉에 "3월에는 사냥과 각종 그물들과 짐승에게 먹이는 독약을 9문 밖으로 나가지 못하게 한다.〔季春田獵罝罘維網畢翳餧獸之藥, 毋出九門.〕"라고 한 것이 그 예이다. 봄은 사물이 막 생장하는 때이므로 마구잡이 사냥을 금한 것이다.

네 마음대로 동서로 내달리며 살아가게 두었거늘	任渠東西走且活
그중에 또한 행불행이 있으니	其中亦有幸不幸
약한 놈은 걸려들고 강한 놈은 빠져나가네	弱者罹之强者脫
만사가 불공평함 한 번 웃을 만하거니와	萬事不齊堪一笑
나는 유독 이 일 보고 탄식 일으키노라	我獨見此興嘆咄
오호라 검 있으나 이오 북쪽에서 울지 못하고	嗚呼有劍不鳴伊吾北
활 있으나 달 비치는 천산에 걸지 못하네[344]	有弓不掛天山月
어찌하면 내달리며 들판의 짐승 쫓아	胡爲趚踕逐原獸
나부끼는 삭방 눈발 속에 성긴 머리 날릴까[345]	朔雪飄飄映短髮

344 검……못하네 : 오랑캐를 정벌하여 강토를 개척하지 못하는 비분을 표현한 것이다. 이오는 지금의 신강성(新疆省) 합밀현(哈密縣)의 지명으로 한(漢)나라 때 흉노와 자주 전쟁이 벌어지던 변방 지역이다. 《후한서(後漢書)》 권48 〈장궁전(臧宮傳)〉에 "장궁과 마무의 무리들은 우는 검을 어루만지며 손바닥을 쳤고, 뜻은 이오의 북쪽을 향해 내달렸다.〔臧宮馬武之徒撫鳴劍而抵掌, 志馳於伊吾之北矣.〕"라는 말이 있다. 천산은 기련산(祁連山)이라고도 하며 당(唐)나라 때 이주(伊州)와 서주(西州) 이북의 변경 지역이다. 《구당서(舊唐書)》 권83 〈설인귀열전(薛仁貴列傳)〉에 당나라 때의 장수 설인귀가 천산에서 돌궐(突厥)을 공격할 때, 세 발의 화살을 발사하여 적장 세 사람을 연달아 거꾸러뜨림으로써 무난히 평정을 하게 되었다는 '궁괘천산(弓掛天山)'의 고사가 전한다.

345 어찌하면……날릴까 : 들판의 짐승은 우리의 옛 강역을 차지하고 있는 청(淸)나라 여진을 가리킨 것으로, 무위(武威)를 떨치며 강토를 개척하고픈 포부를 밝힌 구절이다.

흰 구름 흰지고[346]

白雲白

흰 구름 흰지고 흰 눈 흰지고　白雲白白雪白
내 머리는 어찌하여 구름 눈 빛깔인고　我髮何如雲雪色
구름은 하늘에 떴고 눈은 산에 내렸으며　雲在天兮雪在山
백발은 빽빽이 이내 머리에 가득하네　白髮崢嶸滿我額
흰 눈은 봄바람 한 번이면 흩어지고　白雪一遇春風散
흰 구름 잠깐 새 푸른 하늘 된다만　白雲須臾變蒼碧
한번 하얘진 이내 머리 어느 때나 검어질꼬　我髮一白何時黑
머리 희다고 아프거나 일에 해될 것 없다만　髮白無有疾痛與害事
두 다리 전부 휘청이고 이빨 빠지는 건 어이하누　其奈兩脚俱軟牙齒落
다리 휘청이면 명산에 오를 수 없고　脚軟不能登名山
이빨 빠지면 질긴 고기 씹을 수 없어라　齒落不能嚼硬肉
산 오를 때는 그래도 가마를 타면 되고　登山尙有輿擔負

346 흰 구름 흰지고 : 이 작품은 이계가 하얀 구름의 이미지에서 사람의 머리털이 점점 쇠어 백발이 되어감을 이끌어낸 것이다. 이계는 작품 속에서 노쇠해져가는 인생의 서글픔을 토로하였는데, 여기에서 그치지 않고 비록 사람이 늙어가는 것은 막을 수 없지만 그 마음과 뜻은 꺾을 수 없다는 점을 역설하여 학문에 매진하고 북방을 개척하고자 하는 이계 자신의 장대한 기상을 읊었다. 서로 통운(通韻)이 되는 입성 '맥(陌)'·'석(錫)'·직(職)'과 입성 '옥(屋)'·'각(覺)'·'약(藥)'을 환운(換韻)해가며 쓴 고체시(古體詩)이다.

질긴 고기는 그래도 푹 익기 기다리면 그만　硬肉猶待烹爛熟
가장 고역은 눈에 무엇이 낀 듯 어른어른　最是雙瞳忽生花
연기인 듯 안개인 듯 앞을 가리는 것이로세　如煙似霧來遮隔
낮에 흐리면 작은 글자 쓰지 못하고　晝陰不得作小字
밤에 촛불 켜도 미세한 필획 보지 못하네　夜燭不得看細畫
백가서 교정은 그만둬야겠고　百家點刪將罷遣
육경의 세주도 점차 읽기 어려워라　六經箋註漸難讀
평소 좋아하던 일들 못내 내던져버리니　平生嗜好忍捨擲
이내 마음 어찌 적막하지 않을쏘냐　此心安得不落莫
바람에 절로 눈물 나고 해 앞에 부끄러워　當風自淚向日羞
눈 감고 있을 적엔 면벽한 중 같아라　閉睫時如僧面壁
오십을 갓 넘기는 때에 이 모양이니　五十始過便如此
육십 칠십 어떨지 알고도 남고말고　六十七十斷可識
시간은 날 기다리지 않고 늙음 더욱 재촉하니　歲不我與老更促
백 년 인생이라 한들 틈 지나는 것[347] 같구나　縱使百年如過隙
예전에 듣자니 촌로(村老) 항상 말하길　昔聞野老有恒言
죽는 게 슬픈 것 아니라 늙는 게 애달프다네　死不足悲老可慼
젊은 날엔 듣는 둥 마는 둥 흘려들었다만　少日過耳若不聞
이내 몸 늙어지니 이제야 알겠구나　身親當之今乃覺

347 틈 지나는 것 : 인생이 너무나도 빨리 지나가버림을 비유한 말이다. 《장자(莊子)》 〈지북유(知北游)〉에 "사람이 천지간에 살다 가는 것은 마치 하얀 망아지가 담장의 틈 사이를 지나가는 것처럼 순식간일 따름이다.〔人生天地之間, 若白駒之過隙, 忽然而已.〕"라고 하였다.

늙는 것 애달프다만 어이할 수 있으리	老可慼可奈何
해와 달은 차고 기울며 시간은 흘러가니	日月亦有盈與昃
인생만 어찌 쇠나 돌 같이 오래가랴	人生何獨如金石
지난날 성현들 육체 이미 티끌 되었으나	從古聖賢骨已灰
지금까지도 그 정신은 밝고 밝게 남아 있네	至今精神留赫赫
내 눈 비록 침침해도 마음 막히지 않았으니	我目雖昏心不障
교태와 귀담[348]을 오히려 발라낼 수 있도다	蛟胎鬼膽猶抉剔
내 몸 비록 늙었어도 기운 꺾이지 않았으니	我身雖老氣不摧
용문과 갈석도 개척할 수 있도다[349]	龍門碣石可劈跖
어찌 움츠러들어 멍에 메인 망아지 본받으랴	焉能局促效轅駒
때때로 발분하여 침식도 잊는다네	有時發憤忘寢食
수해처럼 날마다 걷고 싶나니[350]	欲學豎亥逐日步

348 교태(蛟胎)와 귀담(鬼膽) : 교태의 사전적 의미는 악어가죽으로 만든 칼집을 뜻하나, 이 구절에서는 그렇게 풀이해서는 뜻이 통하지 않는다. 귀담은 담이 작은 것을 가리키는데, 전체 문맥 및 귀담의 뜻과 연계해 볼 때 교태 역시 미숙하고 움츠러든 마음을 형용하는 것으로 보아야 할 것이다.

349 용문(龍門)과……있도다 : 이계가 가진 기상이 북방을 호령하며 개척할 정도로 크다는 뜻이다. 이계의 북방 개척에 대한 의지를 여기서도 엿볼 수 있다. 용문은 산서성(山西省) 하진현(河津縣) 서북쪽과 섬서성(陝西省) 한성시(韓城市) 동남쪽에 위치한 우문구(禹門口)로 황하(黃河)의 상류이며, 갈석은 중국 하북성(河北省) 창려현(昌黎縣) 북쪽에 있는 산 이름으로 동쪽 바다에 접해 있다.

350 수해(豎亥)처럼……싶나니 : 드넓은 천하를 호쾌하게 유람하고 싶은 마음을 표현한 것이다. 수해는 우(禹) 임금의 신하로, 우 임금이 수해를 시켜 땅의 북쪽 끝에서 남쪽 끝까지 걸어서 거리를 재도록 했더니 그 거리가 2억 3,570리였다고 한다. 《山海經 海外東經》

원컨대 하늘 드리운 대붕의 날개[351]를 빌리고저　　願借大鵬垂天翼

위로는 무예 아래로는 무저[352]에 가 닿고　　上攀無倪下無底

동으로는 부상 서로는 약목[353] 이르러야지　　東略扶桑西若木

백세 전과 천겁 후에도　　百世在前千劫後

남아의 사업은 끝이 없어라　　男兒事業無窮極

죽음에 이르러서야 끝날 따름이니　　直到蓋棺乃得已

눈앞에 흐르는 촌각의 시간 참으로 아깝도다　　眼前寸晷眞可惜

어찌하여 중도에 방황하며 노력하지 않는가　胡爲乎徊徨半途不努力

위나라 무공이 95세에 외려 〈억〉 읊은 일[354] 유독 듣지 못했는가

351 하늘……날개 : 하늘을 드리웠다는 것은 하늘의 구름과 같다는 말이다. 《장자(莊子)》 〈소요유(逍遙遊)〉에 "붕새의 등 넓이는 몇천 리나 되는지 알 수가 없는데, 힘차게 날아가면 그 날개가 마치 하늘에 가득 드리운 구름과 같다.〔鵬之背, 不知其幾千里也, 怒而飛, 其翼若垂天之雲.〕"라고 하였다.

352 위로는……무저(無底) : 무예는 가없는 천상 세계를 가리키고, 무저는 바닥이 어딘지도 모를 지하 세계를 가리킨다. 이백(李白)의 〈고풍(古風)〉에 "표표히 가없는 천상 세계로 들어가, 머리 조아리고 옥황상제께 고하네.〔飄飄入無倪, 稽首祈上皇.〕"라고 하였다. 또한 《열자(列子)》 〈탕문(湯問)〉에 "발해 동쪽으로 몇억만 리나 되는지 알 수 없는 곳에 큰 골짜기가 있는데 실로 바닥이 없는 계곡이다. 그 아래로 바닥이 없는데 귀허라고 부른다.〔渤海之東, 不知幾億萬里, 有大壑焉, 實惟無底之谷. 其下無底, 名曰歸墟.〕"라고 하였다.

353 동으로는……약목(若木) : 부상(扶桑)은 해가 뜨는 동쪽에 있다는 신목(神木)의 이름으로 동쪽 끝을 가리키고, 약목은 해가 지는 서쪽에 있는 나무 이름으로 서쪽 끝을 가리킨다. 《山海經 海外東經·大荒北經》

354 위나라(衛)……일 : 〈억(抑)〉은 《시경》 〈대아(大雅) 억〉을 가리킨다. 춘추시대 위나라 무공이 95세가 되었을 때, 신하들에게 "내가 늙었다고 하여 버리지 말고 반드시 조정에서 공손히 하면서 아침저녁으로 서로들 나를 경계하라." 하고는, 이 시를 지어 여왕(厲王)의 학정을 풍자하고 자신 스스로도 경계하였다고 한다. 《國語 楚語上》

獨不聞衛武公九十五歲猶賦抑

머리가 구름과 눈처럼 희다고 탄식하지 말지니　　莫嗟髮白如雲雪

우선 다시 소리 높이 노래하며 큰 술잔 당겨 잡노라

且復高歌引大白

사룡대[355]

射龍臺

경흥부(慶興府) 남쪽 10리 지점 적지(赤池)[356] 가에 있으니, 바로 도조(度祖)가 용을 쏘아 맞힌 곳이다.

적지가 어드메뇨 함지[357]의 동쪽이니	赤池何在咸池東
자패궐에 구슬 궁전이로다[358]	紫貝之闕珠爲宮
물결은 가까이 두만강과 이어져 드넓고[359]	波浪近接豆江闊

355 사룡대 : 이 작품은 이계가 경흥에 있는 적지(赤池) 유적에 사룡대를 건축하고 지은 것이다. 본집 권13 〈사룡대기(射龍臺記)〉를 보면, 1777년(정조1) 겨울에 이계가 경흥 부사로 부임한 후 적지에 갔다가 용을 쏘아 맞혔다는 유적이 수풀로 뒤덮여 알아볼 수 없음을 가슴 아프게 여기고서 사룡대 건축을 시작하여 이듬해 가을 적지 가에 완성하였다고 되어 있다. 이계는 이 작품에서 적지의 이적(異蹟)을 기반으로 서사를 덧붙여 생동감 있게 당시의 기사(奇事)를 재구성하였다. 서로 통운(通韻)이 되는 평성 '동(東)' 운과 '동(冬)'운의 고체시(古體詩)이다.

356 적지(赤池) : 273쪽 주71 참조.

357 함지(咸池) : 해가 목욕한다는 전설상의 연못을 가리킨다. 《회남자(淮南子)》 〈천문훈(天文訓)〉에 "해는 양곡에서 떠올라 함지에서 목욕한다.〔日出於暘谷, 浴於咸池.〕"라고 하였다.

358 자패궐(紫貝闕)에 구슬 궁전이로다 : 적지에 사는 용의 궁궐을 상상으로 형용한 말이다. 자패궐은 자색 조개껍질로 장식한 궁궐로 하백(河伯)이 산다고 전해진다. 《초사(楚辭)》 〈구가(九歌) 하백(河伯)〉에 "고기비늘로 인 지붕에 용무늬 그린 마루이며, 자개로 지은 궐에 붉은 궁이라네.〔魚鱗屋兮龍堂, 紫貝闕兮朱宮.〕"라고 하였다.

359 물결은……드넓고 : 본집 권13 〈사룡대기(射龍臺記)〉에, 적지는 동북쪽으로 두

웅덩이는 아래로 슬해[360]와 통하니 孔穴下與瑟海通
이에 신물인 백룡이 그 속에 터 잡았네 爰有神物宅其中
하백과 해약[361]이 기강 세우지 못하니 河伯海若失綱紀
다른 용이 날뛰며 와서 자웅(雌雄)을 다투누나 異族跋扈來爭雄
검은 비늘은 검은 갑옷과 같고 黑鱗兮玄甲
꾸짖는 소리 번개와 우레[362] 몰아치는 듯 叱咤列缺驅豐隆
객은 강하고 주인 약하여 형세가 대등하지 못하니 客强主弱勢不敵
구름 타고 올라가 푸른 하늘에 호소하였네 乘雲上訴蒼蒼穹
상제가 북해의 신 우강[363]에게 명하니 帝命北海神禺强
우강이 꾸짖어보았으나 오랫동안 소용없었네 禺强喝呵久無功
하늘이 이에 진노하여 건부[364]를 주며 天乃震怒授乾符
동왕공[365]의 힘 빌리라 말해주었네 曰汝假手東王公

만강과 연이어졌다고 하였다.

360 슬해(瑟海) : 273쪽 주69 참조.

361 하백(河伯)과 해약(海若) : 하백은 강의 신이고, 해약은 바다의 신이다.

362 번개와 우레 : 원문의 '열결(列缺)'은 높은 하늘의 찢어진 틈새를 가리키는 말로 그 사이로 번개가 일어난다고 한다. 《초사(楚辭)》 〈원유(遠遊)〉에 "위로 열결에 이르러 아래로 큰 골짜기를 바라본다.〔上至列缺兮, 降望大壑.〕"라고 하였다. '풍륭(豐隆)'은 구름과 우레를 주관하는 신의 이름으로, 《초사》 〈이소(離騷)〉에 "내 풍륭으로 하여금 구름을 타고 가서, 복비가 있는 곳을 찾게 하리라.〔吾令豐隆乘雲兮, 求宓妃之所在.〕"라고 하였다.

363 우강(禺强) : 북해의 신 이름이다. 《고미서(古微書)》 권34에 "동해의 신 이름은 아명(阿明)이고, 남해의 신 이름은 축융(祝融)이고, 서해의 신 이름은 신승(臣乘)이고, 북해의 신 이름은 우강이다."라고 하였다.

364 건부(乾符) : 보통은 제왕이 하늘로부터 받은 상서로운 징조를 가리킬 때 쓰는데, 여기서는 상제가 적지의 용에게 내린 부절(符節)이라는 문자 그대로의 의미로 쓰였다.

명 받들고 훌쩍 날아 기성(箕星) 자리[366]로 내려와 翩然銜命下箕躔
한밤중에 백의옹으로 변화하였네 半夜幻成白衣翁
황홀하게 성인의 꿈속으로 현몽하니 恍惚來入聖人夢
머리 조아리고 도움 구하는 예모 공손하였네 稽首乞靈禮貌恭
근심 풀어주고 포악함 막으려 높은 의기 떨치며 排患禁暴奮高義
이른 아침 화살 차고 남쪽 봉우리 오르셨네 詰朝帶矢登南峰
엉킨 모양은 정나라 성문에서 한창 격전 벌이는 듯[367] 矯如鄭門方酣戰
꿈틀댐은 하늘 한가운데 두 개의 무지개 교차한 듯 蜿若中天交雙虹
객과 주인 분간 못 하니 어찌 가벼이 쏘랴 不辨客主那輕發
반나절 멍하니 바라보다 도로 활을 넣었네 悵望半日還弢弓
이날 밤 신옹이 다시 와서 고하기를 是夜神翁更來告
흑룡이 도적놈이고 백룡이 자신이라 黑者是寇白者儂
공이 은덕 완수하면 내 필히 보답하리니 公能終惠我必報
후세의 복록이 응당 무궁하리라 하네 後世福慶應無窮

365 동왕공(東王公) : 전설 속 신선의 이름으로 동황공(東皇公)이라고도 하며, 남성 신선의 명부를 관장한다고 한다.《神異經 東荒經》 여기서는 이성계의 조부인 도조(度祖) 이춘(李椿)을 비유한 것이다.

366 기성(箕星) 자리 : 조선을 가리킨다. 기성은 28수(宿) 중 하나로, 이 별의 분야(分野)는 바로 조선에 해당한다.《명사(明史)》 25권에 "요동 도지휘사(遼東都指揮司)는 미기(尾箕)의 분야이고, 조선은 기(箕)의 분야이다."라고 하였다.

367 정(鄭)나라……듯 :《춘추좌씨전(春秋左氏傳)》 장공(莊公) 14년 기록에 "정나라 도성의 남문(南門) 밑에서 문안의 뱀이 문밖의 뱀과 싸우다가 문안의 뱀이 죽은 일이 있었다."라고 하였다.

귀한 걸음 다시 가서 겹눈동자[368]로 돌아보니 玉趾再擧回重瞳
검은 구름 산과 같이 하늘을 까맣게 덮었어라 黑雲如山天晦蒙
금복고[369] 날려 척린[370]을 깨부숴버리니 金僕姑飛碎尺鱗
검고 누른 피 흘러 못이 붉게 변하였네 玄黃血化池面紅
성난 수염 우뚝 솟고 꼬리로 물을 치며 怒鬣崢嶸尾擊水
크나큰 우렛소리 콰르릉 입에서 바람 나오네 驚雷訇磕口生風
얼마 후 구름 흩어지고 파도 잠잠해지니 俄頃雲散浪花定
그 뿔 온순해지고 뻐끔거리며 달아났네[371] 其角戢戢走喁喁
거북과 물고기 춤추며 뛰어오르고 백룡이 못으로 돌아오니 龜魚舞躍龍返淵
하늘 걷히고 태양 밝아 요사스런 기운 사라졌네 天開日晶氛翳空
대택에서 뱀을 벤 영험한 조짐과 부합하고 大澤斬蛇靈讖叶

368 겹눈동자 : 눈 하나에 눈동자가 둘이 있는 것을 이르는데, 순(舜) 임금이 그러하였다고 한다. 《孔叢子 居衛》 전하여 제왕을 가리킨다.

369 금복고(金僕姑) : 좋은 화살의 명칭이다. 《춘추좌씨전(春秋左氏傳)》 장공(莊公) 11년 조에, 장공이 승구(乘丘)에서 송(宋)나라와 싸울 때 금복고라는 화살로 송나라 대부 남궁장만(南宮長萬)을 쏘아 맞힌 기록이 있다.

370 척린(尺鱗) : 지름이 1척가량 되는 용의 비늘로 용의 급소이다. 《한비자(韓非子)》 〈세난(說難)〉에 "용의 목 밑에 1척가량 되는 역린(逆鱗)이 있는데, 사람이 만약 이를 건드리면 반드시 그 사람을 죽이고 만다."라고 하였다.

371 그……달아났네 : 뿔이 온순해졌다는 표현은, 《시경》 〈소아(小雅) 무양(無羊)〉에 "그대의 양이 오니, 그 뿔이 온순하도다.〔爾羊來思, 其角濈濈.〕"라고 한 데서 가져온 것으로, 여기서는 흑룡의 기세가 꺾인 모습을 표현한 것이다. 원문의 '옹옹(喁喁)'은 물고기가 입을 수면 위에 내고 뻐끔거리는 모양을 가리키는데 역시 흑룡의 기세가 꺾인 모습을 형용한 것이다. 기록에 따라서는 흑룡이 죽었다고 한 곳도 있고 달아났다고 한 곳도 있는데, 본집 권13 〈사룡대기(射龍臺記)〉에는 달아난 것으로 되어 있다.

심양에서 교룡 쏜 신령한 무공과 똑같아라[372] 潯陽射蛟神武同
지금 적지의 물은 쪽빛처럼 푸르고 于今赤池之水青如藍
사룡대 위로는 기운 푸르르구나 射龍臺上氣蘢蔥
석목의 정기 드리워져 신손이 탄강하고 析木精垂降神孫
창해의 구름 자욱하여 참된 용을 보냈네[373] 滄海雲蒸送眞龍
그대 보지 못했나 굴신포에 君不見屈伸浦
모래 날고 돌 파헤쳐진 유적 남아 있음을[374] 飛沙抉石留遺蹤

372 대택(大澤)에서……똑같아라 : 뱀을 벤 것은 한(漢)나라를 세운 고조(高祖) 유방(劉邦)의 고사이고, 교룡을 쏜 것은 한나라 무제(武帝)의 고사이다. 한고조 유방이 천자가 되기 전에, 밤에 늪지대를 지나가다가 큰 뱀이 앞을 가로막고 있기에 검을 뽑아서 그 뱀을 베어 죽였는데, 뒤를 따르던 사람이 뱀이 있는 곳에 이르니 한 노파가 밤에 곡하면서 "우리 아들은 백제(白帝)의 아들로 뱀이 되어 길에 있었는데, 이제 적제(赤帝)의 아들이 베어 죽였다." 하고는 문득 사라졌다 한다. 백제는 금운(金運)을 탄 진(秦)을 상징하고 적제는 화운(火運)을 탄 한(漢)을 상징하므로, 이는 한나라가 진나라를 멸망시킬 조짐이라는 것이다. 《史記 卷8 高帝本紀》 또한 한나라 무제는 남쪽으로 순수하던 도중 심양에서 장강(長江)에 배를 띄우고 가던 중 친히 화살을 쏘아 강 속의 교룡을 맞혀 잡았다고 한다. 《漢書 卷6 武帝紀》

373 석목(析木)의……보냈네 : 석목은 12성차(星次) 중 하나로, 별자리로는 미성(尾星)과 기성(箕星)에 해당되는데, 바로 조선의 분야를 가리킨다. 389쪽 주366 참조. 신손과 참된 용은 모두 태조 이성계를 가리킨 것이다.

374 그대……있음을 : 본집 권13 〈사룡대기(射龍臺記)〉에 "흑룡이 꼬리를 끌면서 연못 기슭을 파헤치며 달아났는데, 연못 아래로 아직도 깊은 구덩이가 있으며 종횡으로 70리를 굽어지고 꺾이면서 강으로 들어간다. 지방 사람들이 그 연못을 적지라 하고, 그 강 포구를 굴신포라 한다.〔黑龍曳尾抉岸而走, 池下尙有深溝, 縱橫屈折七八里, 入于江, 土人謂其池曰赤池, 謂其浦曰屈伸浦.〕"라고 하였다.

삭풍행[375]

朔風行

어제도 바람 오늘도 바람 昨日風今日風
아침저녁마다 성내며 울부짖는 소리 어찌 그리 웅장한지
朝朝暮暮號怒聲何雄
한 달에 스무아흐렛날 바람이 불고 一月二十九日風
하루 불지 않는 날엔 하늘이 희끄무레 一日不風天濛濛
모래 날리고 돌 구르며 서로 부딪혀대고 揚沙走石相撞擊
지붕 기와 까뒤집혀 공중에 날아다니네 屋瓦翻飛飄半空
수목들 꺾이고 다쳐 왜소하고 구부정하니 樹木摧殘矮短仍拳曲
강변 일대 산 모두 벌거숭이 되었네 江邊一帶山皆童
이 땅엔 능수버들 느릅나무만 자라니 厥土惟有赤柳黃楡生
관곽과 서까래에 쓸 측백과 소나무 어찌 구할까
棺槨棟椽安得柏與松
이곳 풍속은 실화를 크게 경계하니 厥俗大戒在失火
집집마다 굴뚝 구부리고 나무 파서[376] 연통 세웠네
家家曲突刳木立煙筒

375 삭풍행 : 이 작품은 이계가 경원 부사로 있으면서 변경에 거세게 부는 바람의 모습을 묘사하고 뒤이어 그러한 혹독한 환경 속에 놓인 채 늙어가는 자신의 처지를 한탄한 것이다. 서로 통운(通韻)이 되는 평성 '동(東)'운과 '동(冬)'운의 고체시(古體詩)이다.

376 굴뚝 구부리고 나무 파서 : 굴뚝을 구부리는 것은 화재를 미연에 방지한다는 뜻도

길 가는 사람들 머리에 갓 쓰고 있지 못할 지경이니
行人道上不能頂戴笠
먼지가 눈을 때려 동서 구분키 어렵다 　塵埃撲目迷西東
유빙(流氷)이 강에 가득한데 눈이 위세 보태고 　流澌滿江雪助威
산 뒤흔들고 골짝 때려치며 거세게 불어오네 　掀山碾壑來隆隆
아득하고 무성하게 어느 곳에서 일어났나 　窈篠蓬勃起何處
누가 그리 시켰는지 쉬지 않고 울어대네 　孰使之然鳴不窮
대지가 토낭 주둥이 벌린 것 아니면 　得非大塊決裂土囊口
혹시 태음이 기백 궁전 뒤흔든 것인가[377] 　或是太陰震撼箕伯宮
늙은이 몸 앙상하여 바람이 가장 겁나니 　老夫骨瘦最怯風
종일토록 발 내리고 창문을 막아놓네 　終日下簾塞窓櫳
귓가엔 항상 콰르릉 우레 치는 듯해 　耳邊常如雷咆吼
왕왕 지척에서도 말이 통하지 않네 　往往咫尺語不通

들어 있다. 전국시대 제(齊)나라 순우곤(淳于髡)이 자기 이웃집의 굴뚝이 곧게 나 있고 땔나무가 바로 그 곁에 쌓여 있는 것을 보고는 그 주인에게 화재 날 위험이 있으니 굴뚝을 굽게 고쳐 만들고 땔나무를 멀리 옮겨놓아야 한다고 권하였으나, 주인이 그 말을 듣지 않았다가 끝내 화재가 난 고사가 있다. 《淮南子 說山訓註》 나무를 판다는 것은 옛날에 굴뚝을 만들 때 지방에 따라서 돌과 벽돌로 쌓기도 하고 나무의 속을 파내어 뚫어서 사용하기도 한 것을 가리킨다.

377 대지가……것인가 : 토낭은 바람이 나오는 대지의 구멍을 가리킨다. 옛날 초(楚)나라 양왕(襄王)이 "바람은 어디서 생기는가?" 하고 묻자, 송옥(宋玉)이 대답하기를 "바람은 토낭의 주둥이에서 울부짖고 태산의 비탈을 따라 송백의 아래서 춤을 춥니다. 〔盛怒於土囊之口, 緣太山之阿, 舞於松柏之下.〕"라고 하였다. 《文選 宋玉 風賦》 기백은 바람을 주관하는 신인 풍사(風師)의 다른 이름이다. 장형(張衡)이 읊기를 "기백에게 바람을 품고 있는 일을 맡겼다. 〔屬箕伯以函風兮〕"라고 하였다. 《文選 張衡 思玄賦》

근래 눈 아른거리던 것 북쪽 와서 심해져　年來眼花北來添
사물 봐도 또렷치 않고 흐릿흐릿한 게 대부분　視物不快多矇朧
지금은 듣는 것도 점점 시원찮아져　如今聽官漸失守
이제부터 귀마저 완전히 멀까 두려워라　更恐自此成全聾
눈 귀 죄다 멀어버리고 거죽만 쓸데없이 걸친 채　聰明盡廢空皮殼
머리 센 변방 늙은이 아주 되어버리겠네　白首長作塞上翁
석 달 봄 이미 저무는데 푸른 풀빛 뵈지 않고　三春已暮不見青草色
차가운 산에 바알간 사냥불만 뵈누나　惟見寒山獵火紅
멀리서 그리노니 내 머물던 서울 동산　遙憶故園洛陽裏
옛 떨기에 온갖 꽃 만발해 있겠지　百花應滿舊時叢

서수라 일출가[378]

西水羅日出歌

경흥부(慶興府) 동쪽 60리 지점에 있다. 산기슭이 바다 가운데로 거의 30리를 꺾여 쑥 들어갔다. 성을 쌓고 만호(萬戶)를 두었다. 산이 양쪽으로 날개처럼 펼쳐져 있는데 그 가운데는 호수를 이루고 있어 배를 정박해둔다. 우측 날개를 해망대(海望臺)라 하며 그곳에서 일출을 감상한다. 그 끝부분의 입석(立石)은 화살을 꽂아놓은 듯이 빽빽한데 이름을 시암(矢巖)이라 한다. 좌측 날개는 오갈암(烏碣巖)이라 하는데 물속에 우뚝 솟아 있다. 그 바깥은 바로 두만강으로 슬해(瑟海)와 서로 연결되어 있다. 봄여름으로 큰 고래가 떼를 이루고서 비가 오듯 물결을 뿜어낸다. 그 남쪽으로는 난도(卵島)가 있는데 바닷새들이 와서 둥지를 튼다. 바닷새의 알은 크기가 주먹만 하며, 어떤 것은 청색이고 어떤 것은 황색으로 여러 빛깔이 아름답게 섞여서 무늬가 있는데, 그 껍질은 술잔으로 쓸 만하다. 적도(赤島)[379]가 그 서쪽에 있으니 바로 익조(翼祖)가 도적을 피한 땅이다. 흙과 돌이 모두 붉으며 자지초(紫芝草)가 난다.

378 서수라 일출가 : 이 작품은 이계가 경흥 부사로 있으면서 경흥의 서수라에 나가 일출을 바라보며 그 풍광을 읊은 것이다. 서수라에 대해서는 275쪽 주76 참조. 서로 통운(通韻)이 되는 평성 '가(歌)'운과 '마(麻)'운의 고체시(古體詩)이다.

379 적도(赤島) : 369쪽 주314 참조.

백두산 줄기 내달려와 서수라에서 물 마시고　白頭走飮西水羅
기미성 내려와 슬해 물결에 흔들리네[380]　箕尾下掉瑟海波
부상 한 가지 북쪽으로 날아올라　扶桑一枝向北揚
대지에 가로 꽂혀 곁가지 드러내네[381]　橫揷坤紐露杈枒
푸른 자라 정강이 잘라 견고하지 않은 땅 바로 세우니　蒼鰲脛斷立不牢
베고 쪼아 틈 기운 것 여와씨(女媧氏) 노고로다[382]　斸琢縫罅勞風媧
금빛 수레바퀴 차츰차츰 황도에 올라오고　金輪冉冉上黃道
거대한 파도 출렁출렁 운거에 뒤친다[383]　巨浪澎渤翻雲車
희화의 채찍 짧아 미처 들어 올리지 못했더니　羲和鞭短不及擎
양 날갯죽지에 삼족오(三足烏) 끼고 비상하누나[384]　兩翮夾飛三足鵶

380 백두산……흔들리네 : 백두산 줄기가 물을 마신다는 것은 백두산 줄기 산기슭이 바다로 꺾여 들어가는 모습을 형용한 것이다. 기미성(箕尾星)은 기성(箕星)과 미성(尾星)으로, 동쪽인 조선의 분야(分野)에 해당하는 별이다. 이에 대해서는 389쪽 주366 참조. 슬해는 경흥 앞바다의 명칭이므로 이는 기성과 미성이 경흥 앞바다에 비치고 있음을 형용한 것이다.

381 부상(扶桑)……드러내네 : 부상은 동쪽의 해가 뜨는 곳에 있다는 전설상의 신목(神木) 이름이다. 이곳에 열 개의 태양이 있는데 아홉 개의 태양은 부상의 아래 가지에 있고 한 개의 태양은 윗가지에 있다고 한다.《山海經 海外東經》서수라의 일출을 부상과 그 가지에 비유한 것이다.

382 푸른……노고로다 : 287쪽 주99 참조.

383 운거(雲車)에 뒤친다 : 운거는 신선이 탄다는 구름 수레를 가리키는 것으로, 여기서는 파도가 거대하게 출렁거려 마치 하늘에 있는 구름에까지 닿을 듯한 모습을 형용한 것이다.

384 희화(羲和)의……비상하누나 : 일출을 형용한 말이다. 희화는 전설상의 태양을 관장하는 신의 이름으로, 여섯 마리의 붉은 용이 끄는 수레에 태양을 싣고서 허공을

온갖 신령 꿈틀꿈틀 다투어 부여잡고 막으니 百靈蜿蜿爭攀擁
붉은 교룡과 검은 거북과 홍색 두꺼비로다[385] 赤螭玄龜紅蝦蟆
허공 떨치며 한 번에 구만리 창천 내달리니 排空一踔九萬里
남은 광채 흩어져 천 조각 노을 되는구나 餘暉散作千片霞
이예는 눈 어지러워 공연히 활 버리고 夷羿目眩虛抛弓
과부는 목이 말라 공연히 황하 들이켰네[386] 夸夫喉渴空吸河

달린다고 한다.《山海經 卷10 大荒南經》《淮南子 卷3 天文訓》 삼족오는 태양 속에 산다는 전설상의 동물로, 세 개의 발이 달렸으므로 삼족오라고 불린다.《論衡 說日》

385 온갖……두꺼비로다 : 바다에서 해가 떠오를 때 그 잔상이 바다와 이어져 늘어지는 모습을 보고, 바다의 온갖 신령이 해가 떠오르지 못하게 잡고 있다고 표현한 것이다. 원문의 표현은 한유(韓愈)의 〈남해신묘비(南海神廟碑)〉에 "바다의 온갖 신령과 귀신들이 황홀하게 모두 나와 꿈틀꿈틀대며 모두 음식을 흠향하는 듯하였다.〔海之百靈秘怪, 恍惚畢出, 蜿蜿蜒蜒, 來享飮食.〕"라고 한 문장을 원용한 것이다.《韓昌黎文集 卷331》 홍색 두꺼비는 문맥상 바다에 사는 영물을 지칭한 것이겠으나, 붉은 교룡이나 검은 거북과는 달리 바다의 영물을 지칭할 때 홍색 두꺼비라는 표현을 사용한 전례가 없어 정확히 어떤 동물을 형상화하거나 상상한 것인지 미상이다. 다만 청(淸)나라 때 벨기에 태생 예수회 수사로 청나라에 와서 포교 활동을 펼치며 남회인(南懷仁)이라는 이름으로 불렸던 페르디난트 페르비스트(Ferdinand Verbiest)의《곤여도설(坤輿圖說)》 권하(卷下)에 "해하마(海蝦蟆)는 지중해(地中海)에서 나는데 돌과 같은 색깔이다. 배가 고프면 돌 틈에 몸을 숨기고 코에서 지렁이처럼 생긴 한 줄기 붉은 가닥〔紅線〕을 토해내어 작은 물고기들을 미끼질한다."라고 한 기록이 있다. 그런데 본집 권13 〈요동일출기(遼東日出記)〉에 "근세 서양 사람이 비로소 곤여도를 만들었는데, 거기서 분명하게 바다가 지중에 있다고 말하였다. 그는 일찍이 배를 타고 바다를 다 돌아다녀본 사람이니 그 말이 진실로 근거가 있는 것이다.〔近世泰西之人始作坤輿之圖, 明言海在地中, 彼嘗乘舟而窮海者也, 其言誠有據矣.〕"라고 하여, 페르비스트의《곤여도설》을 본 사실과 함께 지중해를 언급하고 있다. 따라서 이 구절에서 홍색 두꺼비라는 표현은 이계가《곤여도설》을 보고 착안했을 가능성도 없지 않다.

386 이예(夷羿)는……들이켰네 : 이예는 요(堯) 임금의 신하로, 요 임금 때 하늘에

하늘의 둘레는 삼백육십하고도 오도이니　　周天三百六十有五度
하루 한 번 돌기를 맷돌이 돌 듯하네[387]　　一日一遍旋如磨
사람들 말하길 해가 땅보다 크다는데　　人言日轂大於地
사방 둘레가 어찌 땅을 벗어나지 못하며　　四圍胡不包地過
사람들 말하길 햇빛은 변화 없이 항상 밝은 것이라는데
　　人言日光無明晦
매일 밤 어떤 물건이 가운데서 가리는 것인가　　每夜何物中掩遮
한 번 중천에 떠오르면 팔방이 밝아지니　　一到中天八表明
작은 횃불 빛 거두고[388] 요망한 것들 도망치네　　爝火收光奔妖魔

10개의 해가 동시에 출현하여 초목이 말라 죽는 등 백성들이 괴로워하자 요 임금이 활을 잘 쏘는 이예를 시켜 9개의 해를 떨어뜨리게 했다고 한다.《淮南子 本經訓》 이 구절에서 이예가 눈이 어지러워 활을 버렸다는 말은, 현재 하늘에 해가 하나 남아 있는 것은 이예가 눈이 어지러워 활을 버리고 남겨두게 된 것이라는 의미로 이계가 사용한 듯하다. 과부(夸夫)는 과보(夸父)로, 자신의 역량을 헤아리지 않고 태양을 좇아가던 중 목이 마르자 황하와 위수(渭水)의 물을 마시고, 그것도 부족하여 북쪽으로 대택(大澤)에 가서 물을 마시려다 도착하기도 전에 목이 말라 죽었다는 전설 속 인물이다. 《列子 湯問》

387 하늘의……듯하네 : 《서경》 〈우서(虞書) 요전(堯典)〉의 기삼백(朞三百)에 대한 채침(蔡沈)의 주석에 "천체는 지극히 둥그니, 주위가 365도와 4분의 1도이다. 천체는 땅을 왼쪽으로 한 바퀴 돌되 항상 하루에 한 바퀴를 돌고 1도를 더 나아간다. 해는 하늘에 걸려 있는데 이보다 다소 늦다. 그러므로 해의 운행은 하루에 또한 땅을 한 바퀴 돌되 하늘에 있어서는 1도를 못 미치게 되는 것이다.〔天體至圓, 周圍三百六十五度四分度之一. 繞地左旋, 常一日一周而過一度. 日麗天而少遲, 故日行一日亦繞地一周, 而在天爲不及一度.〕"라고 하였다. 이는 전통 시대의 천체관을 반영한 것이다.

388 작은……거두고 : 태양의 큰 빛이 하늘에 떠올라 그 외의 나머지 작은 불빛들은 필요가 없게 되었다는 말이다. 《장자》 〈소요유(逍遙遊)〉에 요(堯) 임금이 천하를 허유(許由)에게 사양하며 말하기를 "해와 달이 나왔는데 작은 횃불이 꺼지지 않는다면 빛이

동방의 성인께서 해와 함께 출현하시니　東方聖人竝日出
청구 땅 만물들 광채가 생겨났네　靑丘萬物生光華
매서운 바람 불지 않고 거대한 고래[389] 몸 감추니　烈風不作鯨鯢伏
북쪽으로 여진 꺾고 남쪽으로 왜적 복종시켰네　北拓靺鞨南服倭
홍기포와 등등기[390]는　紅旗浦登登磯
형체 숨기고 숨죽인 모양새가 움츠린 달팽이 같아라
藏形屛息同縮蝸
봉래 선녀와 십주 신선[391]이　蓬萊素女十洲仙

나기 어렵지 않겠습니까.〔日月出矣而爝火不息, 其於光也, 不亦難乎.〕"라고 하였다.

389 거대한 고래 : 원문의 '경예(鯨鯢)'는 거대한 고래의 수컷과 암컷을 일컫는 말로, 고래가 작은 물고기를 다 잡아먹으므로 보통 흉악한 무리의 우두머리를 가리킬 때 쓰인다. 《춘추좌씨전(春秋左氏傳)》 선공(宣公) 12년 조에 "옛날의 현명한 왕들은 불경한 나라를 정벌해, 그 괴수를 죽이고 무덤을 높이 쌓아 큰 치욕을 받게 하였다.〔古者明王伐不敬, 取其鯨鯢而封之, 以爲大戮.〕"라고 하였다.

390 홍기포(紅旗浦)와 등등기(登登磯) : 모두 경흥(慶興) 이북 여진 쪽 경계의 바다 가운데 있는 섬 이름이다. 성해응(成海應)의 《연경재전집(硏經齋全集)》 권50 〈홍도정탐기(紅島偵探記)〉에 다음의 기록이 보인다. "후춘 바다 가운데 홍기포가 있는데 일명 홍도라고 한다. 그 북쪽에는 또 등등기가 있는데 역시 바다의 섬이다. 영고탑 등지의 군민들과 한족 유민들이 인삼을 캐고 담비를 잡으러 섬으로 도망해 들어갔으며, 우리 북방 백성들 역시 흘러들어간 자들이 있다. 여러 해가 지나면서 이들의 숫자가 불어났는데 험고한 지형을 믿고 세금을 바치지 않았다.〔後春海中有紅旗浦, 一名紅島. 其北又有登登磯, 亦海島也. 寧古塔等地軍民及流寓漢人, 挖蔘捕貂鼠, 竄入島中, 我北境民亦有流入者, 累歲滋蔓, 恃險不輸征稅.〕"

391 봉래(蓬萊)……신선 : 봉래는 방장(方丈), 영주(瀛州)와 함께 신선이 살고 있다는 바다 가운데 삼신산(三神山)의 하나이며, 십주는 역시 신선이 살고 있다는 10개의 섬으로 조주(祖洲), 영주(瀛洲), 현주(玄洲), 염주(炎洲), 장주(長洲), 원주(元洲), 유주(流洲), 생주(生洲), 봉린주(鳳麟洲), 취굴주(聚窟洲)를 가리킨다. 《史記 卷6 秦

손으로 옥나무 꺾어 옥꽃 바치는도다　手折瓊樹獻琪花
황곡의 알은 표주박처럼 크고　黃鵠之卵大如瓠
자지의 줄기는 삼 줄기처럼 뻗쳤네[392]　紫芝之莖抽如麻
맑고 얕은 물에 마고의 손톱 길쭉한데[393]　麻姑爪長水淸淺
오갈암 한 기둥 높다랗게 우뚝 섰구나　烏曷一柱高嵯峨

始皇本紀》《海內十洲記》

392 황곡(黃鵠)의……뻗쳤네 : 난도(卵島)와 적도(赤島)의 풍광을 선경(仙境)에 빗대어 말한 것이다. 황곡은 신선이 타고 다닌다는 황색 빛깔의 큰 새의 이름이고, 자지는 신선 세계에 난다는 영초(靈草)이다.

393 맑고……길쭉한데 : 역시 바다로 길게 뻗어 나와 있는 서수라의 풍광을 말한 것으로, 이는 다음의 고사에서 표현들을 가져온 것이다. 후한(後漢) 환제(桓帝) 때 채경(蔡經)의 집에 온 신선 왕방평(王方平)이 선녀(仙女) 마고(麻姑)를 불렀는데, 마고가 그 집에 내려와서 왕방평에게 이르기를 "저번에 우리가 만난 이래로 동해가 세 번이나 뽕밭으로 변한 것을 이미 보았는데, 저번에 봉래에 가보니까 물이 또 과거에 보았을 때에 비해서 약 반절로 얕아져 있었으니, 어쩌면 다시 땅으로 변하려 하는 것인지도 모르겠다."라고 말하였다. 그런데 마고의 손톱이 마치 새 발톱처럼 길쭉하게 생겼으므로, 채경이 마음속으로 '저 손톱으로 가려운 등을 긁으면 매우 좋겠다.'고 생각하였더니, 채경의 이 생각을 알아차린 왕방평이 "마고는 선녀인데 네가 감히 그런 생각을 갖느냐."라고 꾸짖었다 한다. 《神仙傳 麻姑》

하설가[394]

夏雪歌

맹하[395]의 달에 달 처음 이지러질 때　孟夏之月月初缺
두만강 위로 하늘에 눈이 내린다　豆滿江上天雨雪
허공 가득한 눈꽃 크기가 공만 하니　雪花漫空大如毬
골짝 다 채우고 강 언덕도 묻힌다　坑谷盡平江岸沒
그늘진 산 초목들 홀연 하얗게 변하니　陰山草木忽化白
나는 새 얼어 떨어지고 뱀도 땅속으로 들어가네　飛鳥凍墮蛇入穴
늙은이는 등에 두꺼운 솜옷 껴입고서　老夫背上襲厚纊
따뜻한 방에서도 추위가 뼈에 파고들까 겁을 내누나
　煖室猶怕寒颱骨
이달은 괘에 있어 순건이 되니　是月於卦爲純乾
주명의 화덕이 바야흐로 다가오는데[396]　朱明火德方按節

394 하설가 : 이 작품은 이계가 경흥 부사로 있으면서, 여름에도 눈이 내리는 혹독한 북방 환경을 읊은 것이다. 이계는 이러한 자연환경을 크게 걱정하였으나, 작품 속 지방민의 말을 통해 그러한 걱정이 기우(杞憂)였음을 확인하고 자신의 좁은 국량을 탄식하였다. 서로 통운(通韻)이 되는 입성 '설(屑)', '월(月)', '맥(陌)', '힐(黠)', '갈(曷)', '질(質)'의 고체시(古體詩)이다.

395 맹하(孟夏) : 음력 4월 초여름을 가리킨다.

396 이달은……다가오는데 : 《주역(周易)》에서 건괘(乾卦)는 순양(純陽)의 괘로서 음력 4월에 해당하므로 여름에 들어선 것을 순건이 된다고 한 것이다. 주명은 여름의 별칭이기도 한데, 이는 불의 붉은 기운을 말한 것이다. 《이아(爾雅)》 〈석천(釋天)〉에 "여름을 주명이라고 한다.〔夏爲朱明〕"라고 하였다. 또한 원문의 '안절(按節)'은 깃발을

어쩌다가 등륙[397]이 되레 좌지우지했는지　如何滕六反用事
괴이하게도 기후가 크게 어그러졌네　怪底氣候太乖剌
정월에 많은 서리 내림을 옛날 시인이 탄식했거늘[398]
正月繁霜昔有詩人歎
하물며 눈 쌓이고 바람 차가움에랴　況復積雪風栗烈
온갖 초목 시드는 건[399] 그래도 괜찮다만　百卉具腓猶尙可
막 싹 트는 보리며 밀 다 죽어나가는 건 어쩐단 말인가
其奈兩麥方稚將盡殺
이곳 사람 와서 말하길 "관에서 걱정할 것 없으니　土人來告官莫憂
이곳 기후 본디 유별나　此地風氣本殊別
백두산 빛깔 사시로 하얗고　白頭山色四時白
백성들 유월에도 겨울옷 입지요　居民六月猶裘褐
북쪽 사람 짠 베를 남쪽 사람 입으니[400]　北人織布南人服

들고 행차한다는 뜻으로 여름의 기운이 도래함을 말한 것이다.

397 등륙(滕六) : 설신(雪神)의 이름이다. 《고금사문유취(古今事文類聚)》 전집(前集) 권4 〈등륙강설(滕六降雪)〉 조에서 《유괴록(幽怪錄)》의 글을 인용하여 설신의 이름을 등륙이라 하였다.

398 정월에……탄식했거늘 : 《시경》 〈소아(小雅) 정월(正月)〉에 "정월에 서리가 많이 내리는지라, 내 마음 근심하고 서글프도다.〔正月繁霜, 我心憂傷.〕"라고 하였다. 이때의 정월은 바로 하(夏)나라의 4월에 해당하므로, 이 시는 서리가 초여름에 내려 절기를 잃음을 탄식한 것이다.

399 온갖……건 : 원문의 '백훼구비(百卉具腓)'는 《시경》 〈소아(小雅) 사월(四月)〉에 "가을날 쌀쌀하여 온갖 초목이 병들었네.〔秋日凄凄, 百卉具腓.〕"라고 한 데서 가져온 표현이다.

400 북쪽……입으니 : 본집 권12 〈공주풍토기(孔州風土記)〉에 "땅이 삼을 재배하기

더운 계절에도 가벼운 갈옷 입는 일 드물답니다 當暑罕有衣輕葛
이때에 눈 내리는 일 왕왕 있으나 此時下雪往往有
오곡이 해 입지 않고 가을에 알곡 차지요 五穀不害秋有實
금년엔 봄 다 지나도록 비 내리지 않아 今年春盡尙無雨
사방 들판 말라붙어 쟁기로 갈지 못했으나 四野槁剛犁不墢
이 눈이 또한 토양을 기름지게 할 수 있으니 是雪亦能潤土脈
감로에 비겨보면 삼분의 일만큼 공이 있습지요 功比甘霈三之一
귀리도 뿌리 내리고 보리도 싹이 트며 耳牟着根麥抽芽
낮은 곳은 기장 파종 높은 곳은 차조 경작합니다 低可播稷高耕秫
숱한 과실 맺히지 않는다 한들 무엇을 걱정하겠습니까
百果不成何足患
이곳엔 복숭아 오얏 매실 은행 감 대추 밤이 없는 것을요"라 하네
地無桃李梅杏柿棗栗
이 말 듣고 그런대로 백성에 대한 근심 덜고서 聞此聊以寬民憂
나도 모르는 새 멍하니 정신을 놓았네 不覺茫然而自失
천지는 지극히 크고 조화는 기이하니 天地至大造化奇
천변만화를 다 알아내기란 어려워라 千變萬殊難究詰
여름벌레는 얼음을 말할 수 없고 夏蟲不可語氷
촉 지방의 개는 혹 해를 보고 짖기도 하네 蜀犬或有吠日

에 적합하여 가는 삼베를 짜며 솜과 모시가 없고 누에도 치지 않는다. 개가죽 옷을 입고 소가죽 버선을 신는다.〔地宜麻, 織細布, 無緜枲, 不蠶桑, 衣袴用狗皮. 襪用牛革.〕" 라고 하였으며, 본권 앞의 〈마천령(磨天嶺)〉에서도 "남쪽 솜옷과 북쪽 베옷을 시전에서 교환하네.〔南緜北布交市廛〕"라고 하였다.

나양의 백성들은 추위를 알지 못하고 裸壤之民不知寒
화산의 쥐는 더위를 알지 못하네[401] 火山之鼠不識熱
사물의 이치 뒤집히고 어그러짐은 늘상 있는 일 物理顚詭無不有
부분적 견해와 좁은 견문으로 어찌 다 알겠는가 曲見褊聞那能悉
오호라 역상수시를 오랫동안 징험해보지 않았으니 嗚呼曆象授時久不驗
희화는 이미 먼 옛날 사람이라 내 누구에게 질정할꼬[402] 羲和已遠吾誰質

401 여름벌레는……못하네 : 자신이 경험한 좁은 견문의 범위에서만 세상일을 이해할 수밖에 없는 한계를 말한 것이다. 《장자》 〈추수(秋水)〉에 "우물 안 개구리가 바다를 말할 수 없는 것은 우물 안에 매여 있기 때문이고, 여름벌레가 얼음을 말할 수 없는 것은 여름에만 신경을 쏟기 때문이며, 고루한 선비가 도를 말할 수 없는 것은 가르침에 속박되어 있기 때문이다.〔井蛙不可以語於海者, 拘於虛也. 夏蟲不可以語於冰者, 篤於時也. 曲士不可以語於道者, 束於教也.〕"라고 하였다. 또한 유종원(柳宗元)의 〈답위중립서(答韋中立書)〉에 "용·촉의 남쪽 지방은 항상 비가 오고 해 뜨는 때가 적어서 해가 뜨면 개가 짖는다.〔僕往聞庸蜀之南, 恒雨少日, 日出則犬吠.〕"라고 하였다. 나양은 고대 남방에 있던 전설상의 나라인 나국(裸國)이다. 《회남자(淮南子)》 〈원도훈(原道訓)〉에 "우 임금이 나국에 가서 옷을 벗고 들어갔다가 의관을 차리고 나왔으니, 그곳의 사정을 따른 것이다.〔禹之裸國, 解衣而入, 衣帶而出, 因之也.〕"라고 하였다. 또한 《신이경(神異經)》에 의하면, 남황(南荒) 밖에는 화산(火山)이 있어 폭풍 맹우(暴風猛雨)에도 불이 꺼지지 않는데, 그 불 속에는 무게가 10근, 털의 길이가 2척이나 되는 큰 쥐가 살고 있다고 한다.

402 역상수시(曆象授時)를……질정할꼬 : 역상수시는 하늘의 운행을 살펴 절기를 따져서 백성들에게 농사철의 시기를 알려준다는 말이다. 《서경》 〈우서(虞書) 요전(堯典)〉에 "이에 희씨와 화씨에게 명하여, 하늘을 공경히 따라서 해와 달과 별들의 운행을 관찰하여 백성들에게 삼가 때를 알려주게 하였다.〔乃命羲和, 欽若昊天, 曆象日月星辰, 敬授人時.〕"라고 하였다. 희씨와 화씨는 요(堯) 임금의 신하들이다.

변경의 노래[403]

塞上吟

아침에 두만강 물 마시고	朝飮豆江水
저녁에 적지[404]의 물고기 먹노라	暮食赤池魚
물길은 백두산 정상에서 내려오고	水從白頭山頂來
물고기는 파신[405]의 족속이로다	魚是渤海波臣餘
낮에는 칼집 속 검을 퉁기고	晝彈匣中劍
밤에는 책상 위 책을 읽노라	夜讀丌上書
검에는 바다 건너 큰 고래 베는 기상[406] 있고	劍有跨海斬鯨氣
책에선 획 긋기 이전 선천[407]을 엿보네	書窺先天未畫初

403 변경의 노래 : 이 작품은 이계가 경흥 부사로 있으면서 지은 것이다. 중앙 조정에서 밀려나 북변의 경흥으로 와 있는 처지이지만 자신의 신세를 한탄하기보다 당당하고 장쾌한 기상을 노래하였다. 평성 '어(魚)'운의 고체시(古體詩)이다.

404 적지(赤池) : 273쪽 주71 참조.

405 파신(波臣) : 파도의 신하라는 뜻으로, 《장자(莊子)》 〈외물(外物)〉에 나오는 표현이다. 수레바퀴에 고인 얕은 물에서 허우적대던 붕어가 장자에게 살려줄 것을 청하면서 자신을 지칭한 말이다.

406 바다……기상 : 고래는 보통 흉악한 적괴(賊魁)를 가리킬 때 사용하는 말이다. 399쪽 주389 참조. 당(唐)나라 이백(李白)의 〈임강왕절사가(臨江王節士歌)〉에 "장사는 분노하는데 큰 바람이 일어난다. 어이하면 의천검을 얻어서 바다 건너 큰 고래를 벨거나.〔壯士憤, 雄風生. 安得倚天劍, 跨海斬長鯨.〕"라고 하였다. 《全唐詩 李白 臨江王節士歌》

407 획을……선천 : 오묘한 이치를 탐구한다는 말이다. 주희(朱熹)의 《회암집(晦菴集)》 권38 〈답원기중(答袁機仲)〉에 "처음에 괘획(卦劃)이 있지 않았을 때로부터 6획이

허리엔 호부 비끄러매고서 늠미 먹으니[408] 腰綰虎符食廩米
발 드리운 누각 깊숙한 저곳이 바로 관사(官舍)로다
簾閣沈沈是官居
공무 보지 않고 관아 닫고서 아무 일이 없으니 閉印廢衙一事無
멍청히 앉아 움직이지 않는 모양 꼽추 같아라 癡坐不動如籧篨
관문 나설 땐 자못 반정원[409] 같고 出關頗似班定遠
거닐며 읊조림은 애초에 굴삼려 아니어라[410] 行吟初非屈三閭
변방의 달 차고 기욺을 이미 몇 번이나 보았던고 已見塞月幾圓缺
언덕의 구름 저대로 모였다 흩어짐을 길이 대하는도다
長對隴雲自卷舒

가득 찬 부분까지 설명한 것은 소옹(邵雍) 선생의 이른바 선천의 학이요, 괘가 이루어진 뒤에 각각 한 가지 뜻을 말미암아서 미루어 말한 것은 소옹 선생의 이른바 후천의 학이다.〔自初未有劃時, 說到六劃滿處者, 邵子所謂先天之學也, 卦成之後, 各因一義推說, 邵子所謂後天之學也.〕"라고 하였다. 이 말은 《주역전의(周易傳義)》 〈역본의도(易本義圖) 문왕팔괘방위지도(文王八卦方位之圖)〉에도 실려 있다.

408 허리엔……먹으니 : 호부는 구리를 가지고 범의 형상으로 만든 병부(兵符)로 지방관이 차던 것이다. 늠미는 녹봉으로 받는 쌀을 가리킨다.

409 반정원(班定遠) : 후한(後漢)의 장군 반초(班超)이다. 서역(西域)의 50여 나라를 평정하여 큰 공훈을 세워 서역 도호(西域都護)가 되고 정원후(定遠侯)에 봉해졌다. 《後漢書 卷47 班超列傳》

410 거닐며……아니어라 : 굴삼려는 초(楚)나라 회왕(懷王) 때 삼려대부(三閭大夫) 벼슬을 지내다가 소인의 참소로 쫓겨난 뒤 멱라수(汨羅水)에 투신자살한 굴원(屈原)을 가리킨다. 굴원의 〈어부사(漁父辭)〉에 "굴원이 쫓겨나 강가에서 노닐고 못가를 거닐면서 시를 읊조릴 제 안색이 초췌하고 형용에 생기가 없었다.〔屈原既放, 游於江潭, 行吟澤畔, 顏色樵悴, 形容枯槁.〕"라고 하였다. 《楚辭 卷5 漁父》 굴삼려가 아니라는 것은, 이계도 굴원과 마찬가지로 조정에서 밀려나 변방으로 나와 있지만 조정에서 임금의

문장이 일신(一新)됨은 신이 도운 것이거니와　文章變態神應助
기걸한 기상 위풍당당함은 늙어도 쇠하지 않도다　奇氣昂藏老不除
센머리 영락한 몸 근심 알지 못하니　白首飄零不知愁
뱃속에 넣어둔 다섯 수레 의지할 일 무에 있으랴[411]　何賴腹中藏五車
길게 짧게 풍월 읊으며 괜스레 혼자 수고로우니　長歌短詠謾自勞
걸림 없이 도도함은 끝내 누구와 같은고　落拓嶔崎竟誰如
조주 자사 아닐런가　得非潮州刺史乎
영주 사마 아닐런가[412]　無乃永州司馬歟
그대들 옷 어찌 그리 화려하며 소리 어찌 그리 청량한가
爾衣何華聲何淸
완연히 구름 비단 치마요 주옥같은 말이로다[413]　宛如雲錦之裳佩瓊琚

총애를 잃고 쫓겨난 굴원과는 처지나 기상이 다르다는 말이다.

411 센머리……있으랴 : 늙어 영락한 몸이지만 기상이 아직 당당하여 근심을 모르므로 서책에 의지해 근심을 풀 필요가 없다는 뜻이다. 다섯 수레는 다섯 수레 분량만큼의 많은 서책을 가리킨다. 《장자》 〈천하(天下)〉에 "혜시의 학설은 다방면이어서 그 저서가 다섯 수레에 실을 정도이다.〔惠施多方, 其書五車.〕"라고 한 데서 온 말이다.

412 조주(潮州)……아닐런가 : 조주 자사는, 당(唐)나라 헌종(憲宗)이 부처의 사리를 궁으로 들여와 경배하자, 〈불골표(佛骨表)〉를 올리며 강력하게 배척하여 헌종의 진노를 받고 조주 자사로 쫓겨난 한유(韓愈)를 가리킨다. 영주 사마는, 역시 당나라 헌종 때 왕숙문(王叔文)의 신정(新政)에 참여했다가 왕숙문이 실각하면서 같이 연좌되어 영주 사마로 좌천된 유종원(柳宗元)을 가리킨다. 자신들의 뜻을 굽히지 않고 당당하게 펴다가 변방으로 밀려난 한유와 유종원에 이계 자신을 빗댄 것이다.

413 그대들……말이로다 : 옷과 구름 비단 치마는 한유를, 소리와 주옥은 유종원을 말한 것으로, 역시 한유와 유종원에 자신을 비긴 것이다. 소식(蘇軾)이 지은 〈한문공묘비(韓文公廟碑)〉에 "공이 옛날 용을 타고 백운향에 노닐면서, 손으로 은하수 긁어 하늘 문장 잘라내니, 직녀가 공을 위해 구름 비단 치마를 짰도다.〔公昔騎龍白雲鄕, 手抉雲漢

옛사람은 이미 멀어 따라잡을 수 없고　　古人已遠不可攀
요즘 사람은 거침없이 방일한 나를 비웃으리라　　今人應笑我狂疏
일신은 도모하지 않고 도리어 옛것 좋아하니　　身之不謀反好古
오호라 너는 진정 미친 것이로구나　　嗚呼爾眞狂也且
그대 듣지 못했나 하늘을 지붕 삼고 땅을 자리 삼으니
君不聞天爲宇兮地爲席
천지의 그 어디가 나의 집 아니런가　　海內孰非吾之廬
또 보지 못했는가 새는 봄에 지저귀고 벌레는 가을에 울어대니
又不見鳥鳴春兮蟲吟秋
천기가 어찌 유독 나에게 없겠는가　　天機何獨不在予

分天章, 天孫爲織雲錦裳.〕"라고 하였다. 또한 한유가 지은 〈제유자후문(祭柳子厚文)〉에 "주옥같은 그 문장, 몹시도 아름다운 말 쏟아내었네.〔玉佩瓊琚, 大放厥辭.〕"라고 하였다.

새옹의 노래[414]

塞翁歌

옛날 북쪽 새옹 있어　昔有北塞翁
말 잃고서 이에 몸을 보전하였지　失馬乃全身
지금 북쪽 새옹 있어　今有北塞翁
죄짓고서 되레 은총 불러들였네　負罪還媒恩
얻고 잃음은 저나 나나 다르지 않거니와　得失由來無異塗
옛날과 지금의 처지가 같지 않도다　古今却有不同倫
천지는 무심히 만물 낳음을 덕으로 삼으니[415]　天地無心以生物爲德
만물을 고무시킴이 어찌 그리 신령한가　鼓舞萬類何其神
각기 형태 따라 겸허하면 흐르게 하고 가득 차면 변화시키니[416]
流謙變盈各隨形

414 새옹의 노래 : 이 작품은 '새옹지마(塞翁之馬)' 고사의 '새옹'이라는 단어와 북방 변경인 경흥 부사가 된 자신 역시 '새옹'이 된 것의 유사성에 착안하여 지은 것이다. 이계는 길흉화복과 이해득실의 변화라는 관점에서 자신의 처지를 설명하면서 도리의 관점에서 자신의 분수를 편안히 받아들이는 자세를 역설하였다. 서로 통운(通韻)이 되는 평성 '진(眞)'운과 '문(文)'운을 주로 해서 평성 '원(元)'운과 환운(換韻)해가면서 지은 고체시(古體詩)이다.

415 천지는……삼으니 : 《근사록집해(近思錄集解)》 권1 〈도체(道體)〉에 "마음이 생도(生道)라는 것은 천지가 만물을 낳는 것을 마음으로 삼는데, 사람이 이것을 얻어서 마음으로 삼음을 말한 것이다.〔心, 生道也, 謂天地以生物爲心, 而人得之以爲心者.〕"라고 한 주희(朱熹)의 말이 있다.

416 각기……변화시키니 : 천지의 도가 사물의 형태에 따라 알맞게 베풀어진다는 말

봄에 비 내리고 가을에 서리 내림이 인 아님 없어라 春雨秋霜莫非仁
미천한 신하의 죄는 종남산만큼 크고 賤臣罪與終南齊
성명한 주상 명철하심은 뜨는 해처럼 새롭네 聖主明如出日新
죄 묻지 않으시고 재주 조금 시험하사 罪之不問才薄試
너는 가서 변방을 진무하라 하셨네 曰汝往哉鎭邊垣
수레는 멀리멀리 인끈은 주렁주렁 車遙遙印纍纍
거센 눈발 날리는 모래 속 귀문[417]을 통과했네 急雪飛沙穿鬼門
북쪽으로 어패류의 장관이 되니 北爲鱗介長
과거에 호랑이 이리와 이웃했던 곳이네[418] 前與虎狼隣
땅은 불모지라 가죽옷 해 입고 地是不毛衣則皮
백성들은 사슴처럼 먹고 성성이처럼 말하네[419] 民如鹿食猩猩言

이다. 《주역》 〈겸괘(謙卦) 단사(彖辭)〉에 "하늘의 도는 가득 차면 허물어뜨리고 겸허하면 더해주며, 땅의 도는 가득 차면 변화시키고 겸허하면 계속 흘러가게 하며, 귀신은 가득 차면 재앙을 내리고 겸허하면 복을 주며, 사람의 도는 가득 차면 싫어하고 겸허하면 좋아한다.〔天道虧盈而益謙, 地道變盈而流謙, 鬼神害盈而福謙, 人道惡盈而好謙.〕"라고 하였다.

417 귀문(鬼門) : 경흥으로 가는 길에 있는 귀문관(鬼門關)을 가리킨다. 본권 앞의 〈귀문관〉 참조.

418 북쪽으로……곳이네 : 북쪽 바닷가 변방 지역인 경흥(慶興)의 부사(府使)가 되었다는 말이다. 물고기와 어패류는 미개한 오랑캐나 소인을 지칭할 때도 사용되는 말인데, 여기서는 오랑캐와 섞여 살며 미개한 풍습을 유지하고 있는 북방 사람들을 가리킨다. 호랑이와 이리 역시 오랑캐를 지칭할 때 자주 사용하는 말이다.

419 백성들은……말하네 : 척박한 지역이라 사슴처럼 들에서 나는 거친 곡식을 먹고, 방언의 차이가 심해 성성이가 말하는 것처럼 들린다는 뜻이다.

임금의 덕 선양하느라 편히 쉴 겨를 없으니　宣揚德意不遑處
풍속 비루하고 정사 졸렬해 정말로 길들이기 어렵네
俗陋政拙苦難馴
관아 주방엔 고기 없고 밥은 모래알 같으며　官廚無肉飯如沙
삭풍은 뼈에 사무치고 피부엔 각질 일어나네　朔風透骨肌生鱗
나를 아는 사람은 나를 불쌍히 여기고　知我者憫我
나를 모르는 사람은 되레 나를 책망하네　不知我者猶我嗔
날 불쌍히 여기는 자나 책망하는 자나　憫我者與嗔我者
이치 모르는 점에서는 똑같은 것이로다　其於不知理則均
사탕수수 달고 귤 신 것은 모두 본래 성질이요　蔗甘橘酸皆有性
뱀이 겨울잠 자고 개구리 뛰는 것 어찌 사람 때문이랴
蛇蟄蛙跳詎由人
《주역》의 손괘와 익괘 그대 보지 못했나　君不見大易損益卦
《장자》의 〈제물론〉 또 듣지 못했는가　又不聞莊叟齊物論
영달했다고 반드시 기뻐할 일 아니요　榮兮不必喜
곤궁하다고 근심할 것 없다네　困兮不足嚬
더군다나 조물주가 나의 몸 수고롭게 하는 것을　況復造物勞我形
나는 나의 참된 본성 온전히 하는 것으로 여김에랴
我則一視全吾眞
우스워라 옛날 새옹은 도를 보지 못하고서　却笑古之塞翁未見道
되레 득실 가지고서 이래저래 따졌구나　猶將得喪較紛紜
다만 임금 은혜 갚지도 못하고 늙음이 장차 닥침이 두려우니
但恐主恩未報耄將及
일신의 평탄함과 험함은 말할 것 있으랴　一身夷險安足云

오호라 제비가 물어온 진흙으로 어떻게 고대광실 사치스레 꾸미며

嗚呼燕子銜泥何由侈廣廈

인어가 흘린 눈물이 어찌 바닷물에 보탬이 되랴[420]

鮫人滴淚何以補滄津

420 오호라……되랴 : 능력이 부족한 자신의 미미한 힘으로는 조정에 아무런 보탬이 될 수 없을 것이라는 겸사이다. 인어의 눈물에 대해서는, 《박물지(博物志)》 권2에 "남해 밖에 교인(인어)이 있는데 물고기처럼 물에 산다. 길쌈을 그치지 않으며 진주 눈물을 흘린다.〔南海外有鮫人, 水居如魚, 不廢織績, 其眼能泣珠.〕"라고 하였다.

단오[421]

端午篇

작년 단오 때는 성상 곁에서 가까이 모시며	昔年端午厠近侍
용지에서 종이 내리시어 단오첩 바쳤네[422]	龍池授簡獻帖子
길고 짧은 시 안에 축규[423]를 부치니	長句短聯寓祝規
금빛 편액 채색 문미(門楣)가 화기를 맞이하네	金牓畫楣迎和氣
채승과 애인과 백첩선[424]을	綵勝艾人白貼扇

421 단오 : 이 작품은 이계가 경흥 부사로 나가 있으면서 5월 단오절을 맞이하여 전해에 승하한 영조(英祖)를 추모하고 정조(正祖)를 그리워하면서 사모의 정을 술회한 것이다. 상성 '지(紙)'운과 서로 통운(通韻)이 되는 거성 '치(寘)'운과 '미(未)'운을 환운(換韻)해가면서 지은 고체시(古體詩)이다.

422 용지(龍池)에서……바쳤네 : 용지는 궁궐 안의 연못을 가리킨다. 원문의 '수간(授簡)'은 임금이 신하에게 대쪽이나 종이를 주어 글을 지어 바치게 한다는 뜻이다. 사혜련(謝惠連)의 〈설부(雪賦)〉에 "왕이 사마대부(司馬大夫)에게 서간을 주며〔授簡〕 '과인을 위하여 부(賦)를 짓도록 하라' 하였다."라고 한 고사에서 온 표현이다.《文選 卷30 雪賦》 단오첩은 임금을 가까이에서 모시는 신하들이 단옷날 임금에게 축하의 시문을 적어 궁전의 기둥에 써 붙이던 첩자(帖子)를 가리킨다.

423 축규(祝規) : 축사(祝詞) 안에 권면(勸勉)하는 내용의 말을 가리킨다.

424 채승(綵勝)과 애인(艾人)과 백첩선(白貼扇) : 채승은 오색 종이나 비단을 잘라 자그마한 깃발이나 제비, 나비, 금전(金錢) 등의 형상을 만든 뒤에 그것을 머리에 꽂는 꾸미개의 일종으로 입춘(立春) 등의 절일(節日)에 사용하였다. 애인은 쑥을 뜯어서 사람의 형상으로 만든 인형으로 애옹(艾翁)이라고도 하는데, 단오절에 사기(邪氣)를 물리치는 뜻에서 집집마다 문호(門戶) 위에 걸었던 것이다. 백첩선은 흰 종이를 발라 만든 쥘부채를 말하는데, 역시 단오절에 사기를 떨쳐내라는 뜻에서 내리던 것이다.

액례(掖隷)가 두 손으로 받들고 와서 내려주네 紫衣雙擎來宣賜
해마다 응제하여 몇 번이나 은혜 입었던가 年年應製幾霑恩
지금까지도 천향이 낡은 상자에 남아 있네 至今天香留弊笥
정호에서 홀연 먼 하늘로 용이 날아올랐건만 鼎湖飛龍忽九霄
자거겸호는 아직도 죽지 않고 살아 있구나[425] 子車鍼虎遲一死
금년 단오에는 북쪽 변경에 발이 묶여 今年端午滯北塞
임금 계신 대궐과 삼천 리나 떨어져 있네 君門遠隔三千里
말갈의 산 오래도록 눈에 마주 들어오고 眼中長對靺鞨山
두만강 물소리만 귓가에 들리누나 耳邊惟聞豆江水
반하 이미 돋아나고 사슴뿔 떨어지는데 半夏已生鹿角解
날리는 눈 허공에 치솟고 기러기는 오지 않네[426] 飛雪騰空雁不至

425 정호(鼎湖)에서……있구나 : 임금이 승하하였음에도 총애를 받던 신하로서 따라 죽지 못한 자신을 한탄한 것이다. 이때의 임금은 이계가 경흥 부사로 오기 한 해 전인 1776년(영조52)에 승하한 영조를 가리킨다. 《사기(史記)》 권28 〈봉선서(封禪書)〉에 "황제(黃帝)가 수산(首山)에 있는 구리를 채취하여 형산(荊山) 밑에서 솥을 만들었는데, 솥이 완성되자 용 한 마리가 수염을 길게 늘어뜨리고 땅으로 내려와 황제를 맞이하였다. 황제가 용에 올라타자, 신하들과 후궁 70여 명이 따라 올라탔다. 용이 하늘로 올라가자, 나머지 신하들이 용에 타지 못하고 모두 용의 수염을 붙잡으니, 용의 수염과 황제가 지니고 있던 활이 지상으로 떨어졌다. 백성들은 황제가 이미 하늘로 올라간 것을 바라보면서 그 활과 수염을 안고 통곡하였다. 이 때문에 후세 사람들이 그곳을 정호(鼎湖)라고 이름하고, 그 활을 오호(烏號)라고 이름하였다."라는 기록이 보인다. 자거겸호는 진(秦)나라 목공(穆公)의 신하로 목공이 죽자 유명(遺命)에 따라 함께 순장(殉葬)된 자거씨의 세 아들 가운데 한 사람이다. 이들의 죽음을 슬퍼하며 지은 시가 《시경》 〈진풍(秦風) 황조(黃鳥)〉이다.

426 반하(半夏)……않네 : 5월 단오는 돌아왔으나 단오를 축하하는 서신을 도성에 있는 임금에게 부칠 길이 없다는 말이다. 반하가 돋고 사슴뿔이 떨어지는 것은 모두

천중가절[427]은 하늘 끝 변방에도 찾아왔는데　天中佳節徂天涯
임금님 소식을 뉘 있어 부쳐줄까　日邊消息有誰寄
연화문 밖에서 대루[428]하던 그 시절　延和門外待漏時
지난 일 아련하게 꿈으로 꾸누나　往事依依發宵寐
작약 핀 난간머리에선 누가 붓을 뜰거나　紅藥欄頭誰載筆
꽃무늬 벽돌 그림자 속에선 완연히 신을 끄네　花甎影裏宛曳履
꿈속에서 무수한 세월 보내니 배나 슬프고 한스러워　魂夢一刦倍愴恨
은하수 아래 삼경에 일어나 배회하누나　河漢三更起徙倚
밝은 해 멀리 있다고 누가 말했나　孰謂白日遠
아침마다 솟아올라 주렴과 안석에 비치네　朝朝出旭當簾几
북두성 높이 있다고 누가 말했나　孰謂北斗高
밤마다 별빛 드리워 지척에 있는 것 같다네[429]　夜夜垂光如尺咫

중하(仲夏)인 음력 5월을 가리키는 말이다.《예기(禮記)》〈월령(月令)〉에서 중하의 달을 말하면서 "사슴뿔이 떨어지고 매미가 비로소 울며 반하가 돋는다.〔鹿角解, 蟬始鳴, 半夏生.〕"라고 하였다. 기러기는 서신을 전달하는 매개체로 보통 서신을 가리키는데, 한(漢)나라의 충신 소무(蘇武)가 흉노 땅의 사막 요새지에 19년 동안이나 붙잡혀 있다가, 천자가 상림원(上林苑)에서 기러기 다리에 매여 있는 편지를 보고 소무의 근황을 알게 되었다는 고사가 전한다.《漢書 卷54 蘇武傳》

427 천중가절(天中佳節) : 단오의 별칭이 천중절(天中節)이다.

428 대루(待漏) : 물시계 시간을 기다린다는 뜻으로 입조 시간을 말한다. 조선시대 관원들은 입조하기 전에 대궐 문이 열리기를 기다리며 잠시 대루청(待漏廳)이라는 곳에서 대기하였다.

429 밝은……같다네 : 해와 북두성은 모두 임금을 가리키는 말이다. 변방에서 멀리 떨어져 있으나 임금의 덕화가 어디에도 미치지 않는 곳이 없어 항상 그 속에서 임금의

오직 서방의 미인은 바라보아도 보이지 않으니 惟是西方美人望不見
아득히 먼 옥루 어드메러뇨[430] 玉樓迢遞何處是
한 번 이별하고 해를 넘겨 또 봄을 보내니 一別經歲又經春
끝없이 동쪽으로 흐르는 강에서 그리움에 눈물짓네 東流不盡相思淚

덕을 느끼고 있다는 말이다.

430 오직……어드메러뇨 : 임금과 멀리 떨어져 있음을 한탄한 말이다. 서방의 미인은 임금을 가리킨다. 《시경》 〈패풍(邶風) 간혜(簡兮)〉에 “산에는 개암 있고 습지에는 감초 있도다. 누구를 그리워하는가, 서방의 미인이로다.〔山有榛, 隰有苓. 云誰之思, 西方美人.〕”라고 하였는데, 이는 서주(西周)의 현왕(賢王)을 사모한 시이다. 옥루(玉樓)는 천상에 있다는 백옥루(白玉樓)로 임금이 있는 궁궐을 가리킨다.

호산 푸르고[431]

胡山靑

호산 푸르고　胡山靑
호월 밝아라　胡月明
산 푸른데 시름겨운 구름만 쌓여 있고　山靑惟有愁雲積
달 밝은데 때때로 슬픈 호가 소리 들려온다　月明時聞悲笳聲
강변에 말 달리며 물수리 쏘는 아이[432]　江邊走馬射鵰兒
나는 화살촉 항상 삭풍과 함께 우네　飛鏑常與朔風鳴
나는 화살촉 울고 사냥 불 일어나니　飛鏑鳴獵火起
사슴 멧돼지 뛰며 달아나고 호랑이 범 놀라네　鹿豕奔跳虎豹驚
하늘이 교자[433]를 변방 북쪽에 내시니　天生驕子大荒北

431 호산 푸르고 : 이 작품은 이계가 북변의 경흥 부사로 있으면서, 변방의 오랑캐 지역의 산과 달을 바라보며 아이가 물수리를 잡으려는 것에서 흥을 일으켜 지은 것이다. 이계는 작품 속에서 여진족의 청(淸)나라가 흥기한 내력을 서술하고 마지막에서 외부에 대한 방비를 철저히 해야 함을 역설하였다. 서로 통운(通韻)이 되는 평성 '경(庚)'운과 '청(靑)'운의 고체시(古體詩)이다.

432 물수리 쏘는 아이 : 변방의 호인(胡人)을 가리킨다. 물수리를 쏜다는 것은 오랑캐의 뛰어난 활솜씨를 가리키는 말이다. 한(漢)나라 때 장군 이광(李廣)이 흉노족과 싸울 적에 이광을 따라갔던 중귀인(中貴人)이 흉노족의 화살을 맞고 큰 상처를 입고서 돌아왔는데, 이광이 "이들은 반드시 물수리를 쏘아 떨어뜨릴 만한 활솜씨가 있는 자들이다."라고 하였다. 《史記 卷109 李將軍列傳》

433 교자(驕子) : 오랑캐를 가리키는 말로, 여기서는 북방의 여진족을 지칭한 것이다. 한 무제(漢武帝) 때 흉노의 선우(單于)가 글을 보내면서 "우리 호인은 하늘이 아끼

세계(世系)에 모두 삼한의 이름 가져다 쓰네 族出皆冒三韓名

《건륭옥산집(乾隆玉山集)》[434]에 이르기를, "성조(聖祖)께서는 삼한(三韓)에서 자취를 일으키셨다."라고 하였다.

속말 지역과 흑수부 粟末地方黑水部

속말과 흑수는 모두 말갈 종족의 이름이다.

종족과 부락 하나가 아니니 숙과 생이라네[435] 種落非一熟與生

옛날 들으니 영가와 오아속은 昔聞盈歌烏雅束

영가와 오아속은 바로 금나라 사람의 조상이다.

왕씨의 궁정에 머리 조아리고 조공 바쳤다지[436] 稽首執壤王氏庭

근세의 홀라와 올량합[437]은 近世忽剌兀良哈

는 자식이다.〔胡者, 天之驕子也.〕"라고 자칭했다는 데에서 유래하였다.《漢書 卷94 匈奴傳》

434 건륭옥산집(乾隆玉山集) : 어떤 책을 가리키는지 미상이다. 이와는 별도로 청(淸)나라 건륭제(乾隆帝)의 문집인 《낙선당전집(樂善堂全集)》 권12 〈만수일경운견묘강부(萬壽日經雲見苗疆賦)〉에 "청나라는 삼한에서 시작하여 황업을 정하고, 성경에서 공고히 하여 기틀을 세웠다.〔皇淸肇三韓而定業, 鞏盛京以立基.〕"라는 구절이 보인다.

435 속말(粟末)……생(生)이라네 : 속말 말갈과 흑수 말갈을 가리킨다. 속말은 혼동강(混同江)의 다른 이름이다. 흑수(黑水)에 거주하는 흑수 말갈을 생여진(生女眞)이라고 하고, 속말 말갈을 숙여진(熟女眞)이라고 한다.《星湖僿說 第3卷 天地門》

436 옛날……바쳤다지 : 334쪽 주228 참조.

437 홀라와 올량합 : 홀라는 홀라온, 홀온(忽溫), 홀부(忽部) 등으로도 표기되며 통칭 우디커(Udike)족으로 부른다. 여진의 한 종족으로 지금의 러시아 하바롭스크(Khabarovsk) 일대를 중심으로 한 흑룡강(黑龍江) 일대에 거주하였다. 올량합은 올량개(兀良介), 오량해(烏梁海) 등으로도 표기되며 통칭 드랑카이(Drangkhai)족으로 부른다. 만주족과 여진족의 혼혈족으로 만주 송화강(松花江) 중상류에 거주하였다. 이들은 《조선왕조실록》에 빈번하게 등장한다.

홀라온(忽剌溫)과 올량합은 모두 여진족의 명칭이다.

우리 변경에 거주하면서 정성스레 복종했지　　處我藩疆投款誠
석림 천 리에 동주가 크니　　石林千里大東珠

석림은, 백두산 밖 덕림석(德林石)이라는 것인데 크기가 거의 백 리나 된다. 매년 여름 새 떼가 깃털을 갈며 돌 위에서 더위를 피한다. 《초사(楚辭)》〈천문(天問)〉에 이르기를, "어디에 석림이 있는가? 어떤 짐승이 말을 할 수 있는가?〔焉有石林 何獸能言〕"라고 한 것이 대개 이곳을 지칭한 것이다. 동주는, 동북 해변의 대택(大澤)에서 생산되는 명주(明珠)로 천하에서 으뜸이다. 그러므로 금인(金人)들이 말하기를, "백두산 아래에 돌로는 덕림, 보물로는 동주, 사람으로는 우리 태조가 있으니 모두 땅의 신령스러운 기운이 모여서 나온 것이다."라고 한다.

백두산 원기의 정수가 쌓인 것이로다　　元氣白山儲精英
추는 이리 낳고 이리는 큰 곰 낳으니[438]　　貙生狼兮狼生羆
그 무리 만을 채워 곧장 횡행하였네　　其衆滿萬卽橫行

송인(宋人)들이 말하기를, "여진족이 만 명을 채우면 천하를 횡행할 것이다."라고 하였다.[439]

438 추(貙)는……낳으니 : 여진족에서 강포(强暴)한 지도자들이 연이어 나와 여진족이 강성해짐을 말한 것이다. 당(唐)나라 때 시인 이상은(李商隱)의 〈한비(韓碑)〉 시에 "회서에 도적이 생긴 지 오십 년, 큰 이리가 추를 낳고 추는 큰 곰 낳았네.〔淮西有賊五十載, 封狼生貙貙生羆.〕"라고 하였는데, 이는 회서의 여러 장수들이 서로 이어가면서 조정의 명령을 어기고 반란을 일으킨 것을 비유한 것이다. 《李義山詩集 卷1》 '추'는 맹수의 이름으로 크기는 개만 하고 무늬는 삵과 같다고 하며, 일설에는 범과 비슷하고 다섯 개의 발톱이 있다고 한다.

439 송인(宋人)들이……하였다 : 홍경모(洪敬謨)의 《관암전서(冠巖全書)》에서도 이 말을 인용하면서 《송사(宋史)》의 말이라고 하였으나, 《송사》에 이런 기록은 보이지 않는다. 다만 《송사기사본말(宋史紀事本末)》에 "요나라 사람이 일찍이 말하기를, '여진의 병력이 만 명을 채우면 대적할 수 없을 것이다.'라고 하였다.〔遼人嘗言女眞兵滿萬

중국 전역을 한 번에 석권하니　禹貢全幅一席卷
천하의 남아들이 갓끈을 풀렀어라[440]　天下男兒解冠纓
황극전은 아홉 층계 계단 높고　皇極殿高九級陛
산해관은 억 길 높이 성에 임하였네[441]　山海關臨億丈城
백 년의 웅거도 끝내 여관방과 같은지라　雄據百年終逆旅
옛 터전 돌아보며 그리워하며 힘들여 경영하네　回戀舊穴勞經營
금과 비단이며 쌀과 소금이 밤낮으로 수송되고　金帛米鹽日夜輸
낙타와 소달구지 흥경[442]에 연이어지네　槖駝牛車連興京

바로 옛날의 건주(建州)[443]이다.

則不可敵〕"라고 한 기록이 보인다.

440 중국……풀렀어라 : 여진족이 중국을 차지하고 청(淸)나라가 들어서서 한족(漢族)의 복식이 여진족의 변발(辮髮) 복식으로 바뀜을 말한 것이다.

441 황극전은……임하였네 : 황극전(皇極殿)은 자금성(紫禁城) 안의 궁전 이름으로 황제가 조회를 보던 곳이다. 청나라 때 태화전(太和殿)으로 개명되었다. 억 길 높이 성은 산해관에 이어진 만리장성을 가리킨다. 가의(賈誼)의 〈과진론(過秦論)〉에 "화산을 밟아 성으로 만들고 하수를 따라 못을 만들어 억 길이나 되는 높은 성을 점거하고 헤아릴 수 없이 깊은 못에 임하여 이로써 견고함을 삼았다.〔踐華爲城, 因河爲池, 據億丈之城, 臨不測之淵, 以爲固.〕"라고 하였다.

442 흥경(興京) : 건주여진(建州女眞)의 족장으로 청나라의 시조가 된 누르하치가 발흥한 곳으로 지금의 랴오닝성〔遼寧省〕 싱징〔新賓〕 지역이다.

443 건주(建州) : 명(明)나라 영락(永樂) 원년(1403)에 두만강과 압록강 유역 남만주 일대의 여진(女眞)을 초무(招撫)하기 위해 지방 군사행정기구인 건주위(建州衛)를 설치하고, 이를 다시 삼위(三衛)인 건주본위(建州本衛)·건주좌위(建州左衛)·건주우위(建州右衛)로 구분하였다. 건주위의 지휘사(指揮使)는 대대로 여진족의 족장이 맡았으며, 청나라의 시조인 누르하치 역시 건주여진의 족장으로 흥기하였다.

그대 보지 못했나 까치 둥지에 비둘기가 사는 것을[444]

君不見鵲之巢鳩之居

또 듣지 못했나 〈거협〉에서 자물쇠 단단히 잠그지 못함을 두려워함을[445]

又不聞胠篋惟恐不固扃

나를 위해 이 말 전해줄지니 강변의 아이는 물수리 쏘지 말거라

爲我語江邊兒莫射鵰

탄환 끼고서 뒤이어 잠자리 잡을 자 없을 줄 어찌 알리오[446]

安知無挾彈者隨捕蜻蜓

444 까치……것을 : 남의 소유를 차지하는 것을 말한다. 《시경》 〈소남(召南) 작소(鵲巢)〉에 "까치가 둥지를 짓자, 비둘기가 차지해 살도다.〔維鵲有巢, 維鳩居之.〕"라고 하였다.

445 거협(胠篋)에서……두려워함을 : 남에게 물건을 빼앗기지 않으려면 방비를 단단히 해야 한다는 말이다. 《장자(莊子)》 〈거협〉에 "작은 상자를 열고 주머니를 뒤지고 궤짝을 뜯는 도둑을 염려하여 지키고 방비하기 위해서는 반드시 끈이나 줄을 당겨 단단히 묶고 빗장과 자물쇠를 단단하게 채워야 한다.〔將爲胠篋探囊發匱之盜而爲守備, 則必攝緘縢固扃鐍.〕"라고 하였다.

446 이……알리오 : 다른 것에 정신이 팔려서 정작 자신을 해치려는 자에 대한 경계를 소홀히 해서는 안 된다는 말로, 비록 청나라가 천하를 차지했지만 방비를 소홀히 해서는 안 된다는 뜻이다. 이는 《한시외전(韓詩外傳)》 권10에 "사마귀가 매미를 잡아먹으려고 노려보느라 뒤에서 참새가 머리를 들고 자신을 쪼려는 줄을 모르고, 참새는 사마귀를 쪼아 먹을 욕심에 나무 아래서 꼬마 아이가 탄환을 끼고 자신에게 겨누는 줄을 모른다.〔螳螂方欲食蟬而不知黃雀在後, 擧其頸欲啄而食之也, 黃雀方欲食螳螂, 不知童挾彈丸在下.〕"라고 한 말을 염두에 둔 것이다. 이와 유사한 우화는 《장자(莊子)》 〈산목(山木)〉에도 보인다.

해당화가[447]

海棠花歌

서수라(西水羅)에서 두만강 강변까지 모래톱에 모두 해당화가 돋았는데, 매년 5월이면 꽃을 피워 비단 장막처럼 흐드러진다. 꽃잎은 모란에 비하면 작은데 진홍색 꽃잎이 다섯 개가 돋아나 몹시 향기로우니, 대개 남쪽 땅에서 나는 것과는 전연 딴판이다.

447 해당화가 : 이 작품은 이계가 경흥 부사로 있으면서 두만강 강변에 나가 해당화가 난만하게 핀 광경을 보고 해당화의 곱고 아름다운 자태를 묘사한 후, 이어 마지막에는 번화한 도성이 아닌 변방의 외로운 강변에 핀 해당화와 자신의 처지를 연결시켜 심회를 토로한 것이다. 서로 통운(通韻)이 되는 평성 '가(歌)'운과 '마(麻)'운의 고체시(古體詩)이다.

그림 18 진홍빛 다섯 꽃잎과 노란 꽃술의 해당화

북방 봄 다하도록 꽃 보이지 않더니　北方春盡不見花
해당화가 강가 백사장에 막 피었네　海棠初開江上之白沙
늙은이 병든 몸 일으켜 억지로 문을 나서　老夫病起强出門
작은 수레 타고 굽이굽이 고운 잔디 지르밟네　小輿逶迤踏晴莎
처음에는 땅 위에 붉은 비단 펼쳐진 듯하더니　初如地上鋪紅錦
이내 수면에 채색 노을 엉긴 듯해라　更似水面凝彩霞
푸른 잎 뾰족한 가지 여기저기 아리땁고　綠葉剡枝紛婀娜
진홍 입술 금빛 수염 하늘 꽃이 핀 것이라　絳唇金鬚坼天葩
향은 어쩌면 그리 진한지 폐가 절로 맑아지고　香何酷烈肺自淸
색은 어쩌면 그리 눈부신지 얼굴에 취기 오르려 하네　色何炫爛顔欲酡
양귀비 잠에서 깬 듯 자태 참으로 농염하니　楊妃睡罷態正濃
곱게 화장하고서[448] 반나마 비껴 있네　鉛朱黛綠半欹斜
요황은 동생이요 위자는 형이니[449]　姚黃是弟魏紫兄
장미와 동백꽃을 어찌 안중에 두랴　肯數薔薇與山茶
뜻하지 않게 절해 궁벽한 모래톱에 기이한 꽃 나니　不意絶海窮磧産奇卉
부상과 석목[450]의 정화 머무른 것 아닌가　無乃扶桑析木留精華

448 곱게 화장하고서 : 원문의 '연주대록(鉛朱黛綠)'은 연지와 분을 바르고 눈썹을 검게 칠한다는 뜻이다.

449 요황(姚黃)은……형이니 : 요황과 위자는 모두 모란을 가리킨 말이다. 이 둘은 모두 낙양(洛陽)의 모란 가운데 명품종의 일종으로, 낙양의 요씨(姚氏) 민가에서는 천엽 황화(千葉黃花)의 모란꽃이 나오고, 재상 위인보(魏仁溥)의 집에서는 천엽 홍화(千葉紅花)의 모란꽃이 나왔다고 한다.《洛陽牧丹記 花釋名》

손으로 한 가지 꺾어 갓에 꽂으려다 手折一枝欲揷冠
흐드러진 붉은 꽃이 하얗게 센 내 양 귀밑머리 비웃음에 되레 부끄럽구나 却媿繁紅笑我兩鬢皤
꽃이여 내 귀밑머리 세었다고 비웃지 말라 花兮莫笑我鬢皤
젊은 날 의기는 사그라들지 않았느니 少年意氣未消磨
아직도 말 달려 광활한 사막 횡단하며 尙堪馳馬絶大漠
때때로 다시 대취하여 장가 지을 수 있나니라 時復痛飮作長歌
너는 어찌 맑은 낙수(洛水) 북쪽 곡강 어귀[451]에서 爾何不向淸洛之陽曲江頭
안개 속 은은한 달빛 봄바람에 너울거리지 않고서 煙月春風共婆娑
나와 함께 이 하늘 끝에 유락했나뇨 同我流落天一涯
참으로 어린 복사꽃 무성한 오얏꽃과 아름다움을 다투지 않으니 苟不與夭桃穠李爭姸而競媚
꽃이여 꽃이여 너를 어이할거나 花兮花兮奈爾何

450 부상(扶桑)과 석목(析木) : 모두 동방을 가리킨 것이다. 부상은 동쪽 바다 끝의 해가 뜨는 곳에 있다는 신목(神木)이며, 석목은 기(箕)·두(斗) 두 별 사이를 가리키는 별자리로, 정동쪽 인방(寅方)에 해당하며 우리나라와 요동 지역의 분야(分野)이다.
451 맑은 낙수(落水) 북쪽 곡강 어귀 : 화려한 도성을 가리킨 것이다. 낙수 북쪽은 곧 낙양(洛陽)을 가리키며, 곡강은 장안에 있었던 곡강지(曲江池)를 가리킨다.

사미인곡[452]
思美人曲

장안에 계신 미인을 그리워하노니	思美人在長安
복사꽃 오얏꽃 봄바람 불어 온 성 향기 가득하고	春風桃李滿城香
금 술동이 좋은 비파 맑고도 한아하리라	金樽寶瑟淸且閑
지난해 임금님을 이별했으니	去歲別君兮
백옥루[453] 앞 마노(瑪瑙) 난간에서였지	白玉樓前文石欄
올해는 임금님 생각하며	今年憶君
푸른 바다 어귀 흑수 물굽이에 있네	處靑海之頭黑水灣
소식 전할 기러기[454] 고개 넘지 못하고	候雁不過嶺
흰 구름 공연히 산에 걸렸네	白雲空在山
사월에 눈발 날려 꽃은 피지 않고	四月飛雪不見花
삭풍은 화살 같아 여윈 뼈가 시리다	朔風如箭瘦骨酸
임금님 생각에 밤마다 혼이 날아가건만	憶君夜夜魂飛揚

452 사미인곡 : 이 작품은 이계가 경흥 부사로 가 있으면서 임금을 그리워하는 마음을 전통적인 사미인곡(思美人曲)의 양식을 빌려 서술한 것이다. 지난해에 임금을 이별하였다는 말과 함께 4월에 눈발이 날린다는 말을 고려할 때, 1778년(정조2) 4월 무렵에 지은 것이다. 서로 통운(通韻)이 되는 평성 '한(寒)'운과 '산(刪)'운의 고체시(古體詩)이다.

453 백옥루(白玉樓) : 천상 세계에 있다는 누각 이름으로 여기서는 도성의 궁궐을 가리킨다.

454 소식 전할 기러기 : 414쪽 주426 참조.

밤 짧아 귀문관[455] 지나기 어려워라　夜短難度鬼門關
작년에 내가 올 때 나뭇잎 누레　昔我來時木葉黃
꽃 피면 봄과 함께 돌아오리라 말했었지　謂言花發與春還
유유히 흐르는 세월 날 기다리지 않거니　流光冉冉不相待
삼춘은 하마 가고 여름도 무르익어가네　三春已徂夏將闌
허리띠는 날로 헐렁해져가고　腰帶日減圍
귀밑머린 날로 세어간다　鬢毛日生斑
허리 살 빠지는 것이야 밥 더 먹으면 되지만　腰減尙可待加餐
귀밑머리 센 것은 어찌 다시 젊어지나　鬢斑那得更朱顔
내 마음 돌처럼 단단해 바꿀 수 없고　我心如石不可轉
대궐 문은 하늘처럼 높아 오를 수 없구나　君門如天不可攀
산에는 맹수가 득실거리고 시내엔 다리 없으니　山多猛獸兮川無梁
따라가고 싶어도 날개가 없어라　欲往從之無羽翰
한 달 서른 날 하루 열두 시를　一月三十日一日十二時
임금 향한 그리움 이어지고 이어지니　思君如連環
천 번 만 번 돌고 돌아도 정말이지 끝이 없네　千回萬周苦無端

455 귀문관(鬼門關) : 본권 앞의 〈귀문관〉에 자세하다.

성경가 심양으로 가는 서단규를 전송하며[456]

서단규는 서명선이다

盛京歌 送徐端揆 命善 赴瀋陽

심양성은	瀋陽城
성경이라 불리네	號盛京

456 성경가……전송하며 : 이 작품은 이계가 경흥 부사로 있으면서 심양문안사(瀋陽問安使)로 떠나게 된 서명선(徐命善, 1728~1791)을 전송할 목적으로 지은 것이다. 심양문안사는 청(淸)나라 황제가 심양에 행차하게 되었을 때 조선에서 황제의 문안을 묻기 위해 심양으로 보내던 사신이다. 당시 청나라 황제는 건륭제(乾隆帝)로, 1778년(정조2) 심양에 행차하였다. 따라서 이 작품은 이계가 경흥 부사로 부임한 이듬해인 1778년에 쓴 것임을 알 수 있다. 한편 《정조실록(正祖實錄)》 4월 15일 기사에 서명선을 심양문안사의 정사로 임명한 내용이 있는데, 6월 11일 기사에서는 서명선의 사임 요청을 받아들여 이은(李溵)을 서명선 대신 심양문안사 정사로 임명한 내용이 있다. 따라서 이 작품은 1778년 4~6월 사이에 지어진 것으로 추측할 수 있다.

서명선은 본관은 달성(達城), 자는 계중(繼仲), 호는 귀천(歸泉)·동원(桐源), 처음 시호는 충헌(忠憲), 개시(改諡)는 충문(忠文)이다. 이조 판서, 우의정, 영의정, 영중추부사 등을 역임하였다. 정조가 세손 시절, 세손의 대리청정을 반대하는 홍인한(洪麟漢) 일파를 탄핵하여 세손의 대리청정을 관철시키는 데 공이 있어, 정조 등극 후 크게 중용되었다. 정조를 보위하고 등극에 일조한 점에서 이계와 뜻을 같이한 점이 있다 하겠다.

이계는 작품 속에서 명(明)나라가 망하고 청(淸)나라가 천하를 제패하는 과정을 서술하고, 또한 건륭제가 자신의 근본을 튼튼히 하는 장구한 계책을 잘 쓰고 있음을 말하였다. 이어서 서명선이 이국에 가서 사신의 직분을 잘 수행하여 나라를 빛내줄 것을 당부하는 동시에, 과거에는 우리의 영토였던 만주를 되찾고자 하는 의기를 드러내 보였다. 서로 통운(通韻)이 되는 평성 '경(庚)'운과 '청(靑)'운의 고체시(古體詩)이다.

옛날 건주가 북방의 강자 되어	伊昔建州雄朔方
요동(遼東)을 잠식하며 마음껏 병탄했지[457]	蠶食遼左恣呑幷
흑수의 부족들 전부 복종시키고	黑水諸部盡僕妾
완안의 옛 강토에 나라 크게 세웠네[458]	完顔舊疆大門庭
장할사 원 순무여	壯哉袁巡撫
한 자 칼로 황령을 지켰구나[459]	尺劍仗皇靈
섬 장수 머리 먼저 쪼개지니	島帥頭先斫
여진족 놈들 간담 벌써 서늘했네[460]	滿兒膽已靑

457 옛날……했지 : 420쪽 주443 참조.

458 흑수(黑水)의……세웠네 : 흑수와 관련해서는 본권 앞의 〈호산 푸르고〉 내용 참조. 완안은 청(淸)나라 이전 만주 지역에 금(金)나라를 세웠던 완안부(完顔部)를 가리킨다. 여진족 완안부의 추장이었던 아구다〔阿骨打〕가 세력을 규합하고 여진족을 통합하여 1115년 요(遼)나라의 지배에서 벗어나 금나라를 세웠다.

459 장할사……지켰구나 : 원 순무는 계주 순무사(薊州巡撫使)를 지낸 명(明)나라 장군 원숭환(袁崇煥, 1584~1630)을 가리킨다. 원숭환은 누르하치의 후금(後金)이 일어선 이래로, 요동의 방어를 자청하여 나가 영원성(寧遠城) 전투 등에서 후금의 군대를 대패시키는 등 여진족과의 전투에서 수많은 전공을 올렸다. 누르하치는 영원성 전투에서 크게 부상을 입은 이후 그 여파로 사망하기까지 하였다. 그러나 명나라 조정 안의 권력 다툼과 청(淸)나라의 반간계(反間計)에 휘말려 모반죄로 잡혀 투옥되어 처형당하였다. 황령은 황제의 위령(威靈)이라는 뜻으로 황제나 국가를 가리키는 말이다.

460 섬……서늘했네 : 섬 장수는 명나라 장수였던 모문룡(毛文龍, 1576~1629)을 가리킨다. 1621년(광해군13) 후금(後金)이 요양(遼陽)을 공격하자 요동 도사(遼東都司) 모문룡이 이들에게 쫓겨 국경을 넘어와 조선의 철산(鐵山)과 선천(宣川) 사이에 주둔하게 되었는데, 입장이 곤란해진 조선 조정에서는 이듬해 모문룡에게 해도(海島)로 옮길 것을 종용하여 마침내 철산 남쪽 70리 지점에 있는 가도(椵島)로 옮기게 되었다. 이후 다시 진을 선천의 신미도(身彌島)로 옮기고 운종도(雲從島)라 하면서 계속 주둔하였다. 그러나 모문룡은 거짓으로 승전을 보고하는가 하면 조선에 자주 군량을 요청하

성 위에서 진천뢰 소리 한 번 나니 城頭一聲震天雷
백만의 붉은 깃발 피비린내로 놀랐네[461] 百萬紅旗驚血腥
염파가 참소 입자 대사는 물 건너갔고 廉頗被讒大事去
중항이 항복하자 기이한 계책 이루어졌네[462] 中行投款奇計成
심하의 물 붉어짐은 장사들 죽음 때문이요 深河水赤壯士死
산해관 문 열림은 모반한 장수가 맞이함이라[463] 山海門開叛將迎

여 따르지 않으면 갖은 약탈을 자행하는 등 횡포를 일삼았다. 그 뒤 원숭환(袁崇煥)에 의해 여순(旅順)의 쌍도(雙島)로 유인되어 1629년(인조7) 살해되었다.

461 성……놀랐네 : 진천뢰는 옛날 전쟁 때 쓰던 대포나 포탄을 가리키는 말이다. 붉은 깃발은 군대를 가리킨다. 옛날에 군기(軍旗)를 만들 때는 붉은색으로 만들었다. 원숭환이 영원성(寧遠城)을 방어하고 있을 당시 누르하치의 대군이 영원성을 공격하였으나 원숭환의 홍이포(紅夷砲)의 위력에 큰 손실을 입고 누르하치 자신도 큰 부상을 입는 대패를 하였다.

462 염파(廉頗)가……이루어졌네 : 여진족의 후금(後金)을 제압하던 명장 원숭환이 참소를 당해 억울하게 죽고, 이후 그의 가족을 비롯하여 그를 따르던 장수들까지 후금에 투항해버리자 명나라가 망국의 길로 접어들게 된 사실을 말한 것이다.

전국시대 조(趙)나라의 명장 염파(廉頗)는 혜문왕(惠文王)과 효성왕(孝成王) 때에 걸쳐 진(秦)나라의 공격으로부터 변방을 굳게 지켰는데, 진나라에서 조괄(趙括)이 장수가 되는 것을 가장 두려워한다고 이간책을 썼다. 이에 효성왕은 염파 대신 조괄을 장수로 임명하였고, 염파는 위(魏)나라로 달아났다. 결국 조괄은 전사하였고 조나라 군사 40만 명도 모두 몰살당하고 말았다. 《史記 卷81 趙奢列傳》

중항은 한(漢)나라 때 환관 중항열(中行說)을 가리킨다. 한나라 문제(文帝) 때 흉노족 선우(單于)가 형제의 의리를 맺자던 약속을 어기고 배반하자, 종실의 딸을 옹주(翁主)로 삼아 중항열에게 데리고 가서 선우의 황후 격인 선우알지(單于閼氏)로 삼도록 하였다. 중항열은 원하지 않는 사행길을 떠나게 되자 흉노족의 선우에게 항복해버렸고, 선우의 총애를 받으며 한나라에 대항하는 계책을 제시함으로써 한나라에 큰 부담을 안겨주었다. 《史記 卷110 匈奴列傳》

463 심하(深河)의……맞이함이라 : 심하에서 장사가 죽었다는 것은, 심하 전투를 말

자천이 한번 트여 적현이 잠기니[464] 紫泉一決赤縣沈
만 리 내달려 흐름이 물병을 거꾸로 쏟아부은 듯해라
奔流萬里同建瓴
신룡은 제 거처 잃고서 어부에게 잡히고 神龍失所漁人得
일월은 빛 사라지고 하늘 받치는 기둥 기울었네 日月無光天柱傾
지금의 천자는 장구한 계책 세워 今之天子計慮長
자기 뿌리에 뜻을 쏟아 단단히 빗장 걸었네[465] 專意本根牢鐍扃
북으로 오라에서 동으로 영고까지[466] 北自烏喇東寧古
십 리 백 리마다 보루(堡壘)가 연이었네 十里百里連障亭
강한 쇠뇌 날카로운 창이 들쑥날쑥 늘어섰고 强弩利戟列杈枒

한 것이다. 1619년(광해군11) 조선과 명의 연합군이 만주의 심하 부차(富車)에서 후금(後金)의 군대와 싸우다가 대패하였다. 이를 부차 전투(富車戰鬪)라고도 한다. 산해관 문을 연 장수는 산해관의 진장(鎭將)으로 있으면서 후금의 군대를 막고 있던 오삼계(吳三桂)를 가리킨다. 그가 산해관에서 후금과 대치하고 있을 때 명나라에서는 이자성(李自成)이 난을 일으켜 북경을 점령하고 오삼계에게 항복을 권유하였는데, 오삼계는 도리어 후금에 투항하여 산해관의 문을 열고 그들을 맞이하였다.

464 자천(紫泉)이……잠기니 : 적현은 적현신주(赤縣神州)의 준말로 중국을 가리킨다. 만주족이 중국을 차지한 것을 말한 구절로 보이나, 자천에 대해서는 미상이다.

465 자기……걸었네 : 청(淸)나라가 자신들의 발원지인 만주 지역의 경영과 방비에 힘을 기울이고 있다는 뜻이다.

466 북으로……영고(寧古)까지 : 오라는 백두산 북쪽 지역으로 현재 길림성(吉林省) 북쪽 송화강(松花江) 동쪽이다. 청나라 때 이곳에 총관(摠管)을 두었다. 영고는 영고탑(寧古塔)으로 지금의 흑룡강성(黑龍江省) 목단강시(牧丹江市) 일대이다. 청나라의 발상지이며 순치제(順治帝) 때 수도를 심양에서 북경으로 옮긴 이후에도 변란에 대비해 그곳에 많은 물자를 비축해두었다고 한다. 청나라 때 이곳에 부도통(副都統)을 두어 관리하였다.

쌓아둔 소금과 쇠는 산더미처럼 높구나　積鹽堆金高崢嶸
사십 년 사이에 세 차례를 순행하니[467]　四十年間三巡幸
징과 북 치는 소리 해동에 진동했네　摐金疊皷震東瀛
약소국으로 예로부터 제후의 법도 잘 지켜　弱國由來謹侯度
국경에서 옥백과 희생을 바쳤네　境上玉帛與犧牲
유공과 조공 지난날 사신의 명 받고 가서　兪公趙公昔銜命
예모가 자못 남달라 아직도 이름 알려졌네[468]　禮貌頗異尙知名
바야흐로 성명하신 임금께서 새로 등극하신 때　方當聖明新御宇
반드시 나라의 준수한 인재에게 사신 임무 맡겨야 하네　使乎必屬邦之英
공은 조정에 있으면서 무겁고 가벼운 임무 맡아보았더니　公在朝廷佩重輕
이제 또 왕사 위해 수고로운 사행 가게 되었네　且爲王事煩一行
한 손으로 기울어가는 큰 집을 떠받쳤으니[469]　隻手曾扶大廈傾

467 사십……순행하니 : 1736년(영조12) 청나라의 건륭제(乾隆帝)가 즉위한 이래로 1743년(영조19), 1754년(영조30), 1778년(정조2)에 걸쳐 40여 년간 세 차례에 걸쳐 심양으로 동순(東巡)한 사실을 가리킨다.

468 유공(兪公)과……알려졌네 : 유공은 1754년 건륭제의 심양 순행 시에 심양문안사(瀋陽問安使)로 갔던 유척기(兪拓基)를 가리키고, 조공은 1743년 건륭제의 심양 순행 시에 심양문안사였던 조현명(趙顯命)을 가리킨다.《英祖實錄 19年 閏4月 2日 · 30年 5月 14日》 이들 각각의 일화는 미상이나 1778년 심양문안사의 정사로 갔던 이은(李溵)의 치계(馳啓)에, 고(故) 상신(相臣) 유척기가 심양에 봉사(奉使)하였을 때 황제가 질문할 때마다 자리에서 일어나 대답했다는 말을 들었으므로 자신 역시 똑같이 행동했고, 이에 황제의 시신(侍臣)이 그 연유를 묻자 황제가 조선의 예법이 으레 이와 같은 것이라고 말했다는 내용이 보인다.《正祖實錄 2年 8月 26日》

한마디 말로 청나라 사람들 놀라게 함을 보겠네 片言應看殊俗驚
나는 지금 멀리 슬해 가에 발걸음 매인 채 我今遠滯瑟海濱
날개 없어 사신 행차 전송도 하지 못하네 身無羽翮攀行旌
여기에서 요심[470]까지 오천 리 거리 此去遼瀋五千里
사신 행차 가는 노정(路程) 가만히 헤아려보노라 默數星槎去時程
개원현[471]은 바로 옛날의 부여이고 開原縣是古扶餘
진한 땅은 지금의 개평[472]이네 辰韓地爲今蓋平
공연히 잘라 줘버린 뒤 오래도록 돌아오지 않으니 公然割與久不歸
노나라 사람 밭에 제나라 사람이 밭 가는 격이로다 魯人之田齊人耕
요즘 사람들은 옛날부터 원래 그랬던 것이라 으레 여기니 今人眼慣視故常
뉘 있어 대담하게 문서 들고 따질까 有誰大膽執券爭
그대 듣지 못했나 선춘령 밖 정계비[473]가 君不聞先春嶺外定界碑
전쟁통에 불타고 부서져 들풀에 얽혀 있음을 獵火燒斷野草縈
백발의 케케묵은 선비 공연히 감개 일으키며 白首腐儒空感慨
바람결에 긴 노래로 깊은 회포 부친다네 向風長歌寄遠情

469 한……떠받쳤으니 : 서명선이 정조를 세손 시절부터 보필하여 무사히 등극하게 한 공로를 가리킨다.

470 요심(遼瀋) : 요양(遼陽)과 심양(瀋陽)을 중심으로 하는 요동 지역을 가리킨다.

471 개원현(開原縣) : 현재 랴오닝성〔遼寧省〕 선양〔瀋陽〕 북동쪽에 있는 현이다.

472 개평(蓋平) : 현재 랴오닝성 하이청〔海城〕 남서부에 있다.

473 선춘령 밖 정계비 : 336쪽 주234 참조.

한 가닥 노랫소리 비장하게 퍼지니	歌一聲聲悲壯
두만강 강물은 섬돌 둘러 소리 내며 흐르네[474]	豆滿江水繞階鳴

474 두만강……흐르네 : 이 구절은 굳이 주석이 필요 없으나 번역자의 의견이 있어 췌언(贅言)을 단다. 이 구절의 문장 표현은 한유(韓愈)의 〈남전현승청벽기(藍田縣丞廳壁記)〉 마지막 부분의 "물은 졸졸 뜰을 따라 소리 내며 흐른다.〔水汩瀧循除鳴〕"라는 구절을 염두에 두고 쓴 것이 분명하다고 생각한다. 〈남전현승청벽기〉는 실권 없는 현승의 직임을 맡아 포부를 펴보지 못하고 그저 풍월이나 읊으며 시간을 보내는 최사립(崔斯立)의 심경을 잘 묘사한 작품이다. 만약 이 글을 보는 사람이 〈남전현승청벽기〉의 구절과 이계의 이 구절을 연동해 본다면, 멀리 변방으로 좌천되어 가 있는 이계의 적적한 심사를 읽어낼 수 있으리라 생각한다. 〈남전현승청벽기〉는 《고문진보(古文眞寶)》에도 실려 있는데, 미상의 편집자가 단 두주(頭註)에 "심상하게 이 글을 인용하는 경우가 매우 많으니, 익숙히 읽지 않으면 안 된다.〔尋常引用者甚多, 不可不熟也.〕"라 하였으니, 바로 이러한 경우를 이른 것일 터이다.

알동가[475]

斡東歌

여진어 음으로는 '오동(梧東)'이라 한다. 경흥부(慶興府) 동쪽 30리 지점에 있다. 목조(穆祖)가 전주(全州)에서 처음 삼척(三陟)으로 이주하였다가 함관령(咸關嶺)을 넘어 덕원에 이르렀는데, 다시 이주하여 이곳에 거주하였다. 지금은 두만강 밖의 땅으로 묶여 있다. 목조는 후에 적인(狄人)을 피하여 적도(赤島)로 들어갔다.

남봉에 올라	登南峰
알동을 바라보노라	望斡東
알동 땅은 바로 성인의 유적이니	斡東地是聖人墟
때때로 빛나는 기운 무지개로 피어오르네	時有光氣騰彩虹
옛날 목조께서 원수 피해 전주에서 나오시어[476]	粤昔穆祖避仇自全州
함관령을 넘어서 이곳에 오시었네	踰關越嶺來此中
성인이 서로 계승하여 위덕이 성대하니	聖聖相繼威德盛
여러 부족 천호들이 모두 따르며 복종했네[477]	諸部千戶皆率從

475 알동가 : 이 작품은 이계가 경흥 부사로 있으면서, 조선 왕조의 왕업 기반을 닦았던 알동에 대해 읊은 것이다. 이계는 목조(穆祖) 이안사(李安社)와 익조(翼祖) 이행리(李行里)가 알동에서 세력을 키운 내력을 서술하고, 이어 현재는 그 땅이 청(淸)나라 영토에 귀속되어 있음을 한탄하면서 다시 고토(古土)를 회복하기를 염원하였다. 서로 통운(通韻)이 되는 평성 '동(東)'운과 '동(冬)'운의 고체시(古體詩)이다.

476 옛날……나오시어 : 313쪽 주170 참조.

해관성 아래에다 밤에 병사 감추거늘 奚關城下夜藏甲

들 노파가 주발 받듦은 하늘이 충심 가지게 한 것이로다[478] 野嫗奉椀天誘衷

백마가 나는 듯이 적도의 물 건너니 白馬飛渡赤島水

창룡이 풍이의 궁으로 호송한 것이로다[479] 蒼龍護送馮夷宮

진주연 가의 풀은 비단과 같고 眞珠淵上草似錦

477 성인이……복종했네 : 이는 익조(翼祖) 이행리(李行里)의 사적을 말한 것이다. 274쪽 주73 참조.

478 해관성(奚關城)……곳이로다 : 병사를 감추었다는 것은, 여진족 천호(千戶)들이 익조 이행리의 세력이 불어나는 것을 시기하여 그를 해치기 위해 병사를 감추었다는 말이다. 당시 이행리를 시기하여 그를 제거하려고 했던 여진족 천호들이 자신들의 병사를 더 증원하려고 떠나면서 이행리에게는 사냥하러 간다고 속이고 20일 후에 돌아오겠다고 하였다. 그러나 기일이 지나도 이들이 오지 않자 이행리가 해관성에 갔더니 웬 노파가 주발을 들고 있었고, 목이 말랐던 이행리는 노파에게 물을 청하였다. 이때 노파가 물을 주면서 이행리에게 여진족 천호들의 속셈을 알려주자 이행리가 황급히 가족들과 함께 적도(赤島)로 피신하였다. 《燃藜室記述 卷1 太祖朝故事本末》 하늘이 충심을 가지게 했다는 것은, 이행리를 도와주려고 하늘이 노파로 하여금 이행리에게 진실을 고하게 했다는 말이다. 《춘추좌씨전(春秋左氏傳)》 희공(僖公) 28년에, 위(衛)나라 영무자(寗武子)가 이제 국가의 운명이 호전될 전망이 보인다면서 "하늘이 사람들에게 충심을 갖도록 유도하여 모두 겸손하게 마음을 낮추고 서로 의좋게 지내도록 하였다.〔天誘其衷, 使皆降心以相從也.〕"라고 말한 대목이 나온다.

479 백마가……것이로다 : 여진족 천호들의 병사를 피해 익조 이행리가 손 부인(孫夫人)과 함께 말을 달려 적도의 북쪽 언덕에 이르렀는데, 물이 너무 깊어 건널 수가 없었다. 그런데 갑자기 물이 빠져 사람이 건널 정도로 얕아졌고, 이에 이행리가 부인과 함께 백마를 타고 건넜다. 이들이 건넌 뒤에는 다시 물이 깊어져 적병들이 건널 수 없었다고 한다. 《燃藜室記述 卷1 太祖朝故事本末》 풍이(馮夷)는 하신(河神)의 이름으로, 창룡이 풍이의 궁으로 호송했다는 것은 조수(潮水)가 이행리를 위해 저절로 움직여 적도로 건너갈 수 있게 해준 사실을 비유한 것이다.

흑각봉 정상 달은 활과 같아라[480] 黑角峰頭月如弓
신령하고 기이한 풍광 어린 백 길의 산 유람하노라니
遊山百丈獻靈奇
깃 일산 금장식 허공에 나부낀다 羽蓋金支飄半空
오호라 만세의 기틀을 연 땅이 嗚呼萬世肇基地
백 년도 못 된 지금 오랑캐 땅 되었구나 不待百年今爲戎
오라 총관이 경계 정할 때 烏喇摠管定界時
어이하여 우리의 일천 리 국경 쪼그라뜨렸던고[481] 奈何蹙我千里封
누런 사막은 아득히 발해에 연이었고 黃沙漠漠連渤海
흰 갈대 수풀 사이로 호랑이 범 날뛰네 虎豹跳梁白葦叢
길게 휘파람 한 번 불며 멀리 바라보노라니 長嘯一聲騁遠眺
푸른 연기 몇 가닥 어드메 봉화인고 靑煙數點何處烽
팔지의 연꽃[482]은 괜스레 활짝 피었고 八池蓮花空灼爍
이릉[483]의 수목은 외려 무성하구나 二陵樹色猶丰茸
어이하면 장사의 구름 가르는 비검 얻어 安得壯士抉雲之飛劍

480 진주연(眞珠淵)……같아라 : 진주연은 진주지(眞珠池)를 가리킨다. 경흥부 직무이보(直撫夷堡) 동쪽에 있는 큰 못으로, 용이 진주를 생산한다는 전설이 전해지는 곳이다. 《新增東國輿地勝覽 卷50 咸鏡道 慶興都護府》 흑각봉은 알동에 있는 산 이름이다. 《本集 卷20 北塞記略 北關古蹟記》

481 오라(烏喇)……쪼그라뜨렸던고 : 281쪽 주90 참조.

482 팔지(八池)의 연꽃 : 370쪽 주318 참조.

483 이릉(二陵) : 이성계의 고조모인 효공왕후(孝恭王后) 이씨(李氏)의 안릉(安陵)과 고조부인 목조(穆祖) 이안사(李安社)의 덕릉(德陵)을 가리킨다. 이 두 능은 원래 두만강 북쪽의 알동(斡東)에 있었는데 태종 때 함흥으로 이장하였다.

백두산 북쪽으로 좌로 흑룡강 우로 혼동강까지 떼어와

割取白頭之北右黑龍左混同

기풍[484]과 나란한 우리 왕업 흥기했던 옛 강토를 회복할꼬

還我興王故疆竝岐豐

484 기풍(岐豐) : 기와 풍은 주(周)나라 무왕(武王)이 은(殷)을 정벌하고 천하를 차지하기 이전에 주나라가 왕업의 기반을 닦았던 도읍지들이다. 문왕(文王) 때까지는 기에 도읍하였고 문왕 말년에 풍으로 옮겼다.

수졸의 원망[485]

戍卒怨

변방 성 온갖 일이 좋은 자리 아니다만　　邊城百事非樂土
강변에서 수자리 서는 고충만 한 것이 있으랴　　孰如江邊把守苦
매년 구월 얼음이 이미 얼고 나서는　　每歲九月氷已合
양식 싸 들고 강변의 영채(營寨)에 늘어서네　　裹粮列寨江之滸
장작 베고 물 길어 손수 불을 때지만　　刈薪汲水手自炊
미음이며 죽 따위로 어찌 배를 채우랴　　糜粥那能充腸肚
밤낮으로 높은 곳에서 감시하며 쉴 틈 없으니　　晝夜瞭望不得休
매서운 눈발 차가운 비를 감히 피하랴　　敢避虐雪與冷雨
가죽옷은 바람 맞아 얼어 터지려 하고　　皮衣風撲凍欲裂
발 얼어 트고 입 얼어 부르터도 누구에게 하소연하랴
足皸口箝向誰訴
수색 기병이 회오리바람처럼 나는 듯이 와　　獵騎飛來如飄風
곧장 화급 다투는 일 관부에 보고하네　　登時火急報官府
순찰하는 장교가 불시에 오니　　巡點將校不時來
지척 거리 잠깐 벗어났다가 치도곤을 당하누나　　跬步暫離逢瞋怒

485 수졸의 원망 : 이 작품은 이계가 경흥 부사로 있으면서, 두만강에서 수자리 서는 병사의 고충을 읊은 것이다. 작품 전편에서 강변 수자리의 어려움을 토로하고, 마지막에 강토를 널리 개척하고자 하는 뜻을 덧붙였다. 상성 '우(麌)'운과 거성 '우(遇)'운을 환운(換韻)해가면서 쓴 고체시(古體詩)이다.

강 건너엔 왕왕 사나운 호랑이 웅크린 채　隔水往往猛虎蹲
매섭게 노려보며 우레같이 포효하니 아이고 무서워라
電視雷吼吁可怖
날이면 날마다 얼음 풀릴 때 학수고대하건만　日日苦待氷解時
석 달 봄날도 벌써 저무는데 추위 여전히 기세등등 三春已暮寒猶冱
닷새라도 천경[486] 허가해달라 말하지 말라　莫云五日許踐更
한 번만 수자리 서도 시름시름 앓나니　一番經過病已痼
오호라 어찌하면 슬해 전 지역 개척하여　嗚呼安得拓地盡瑟海
두만강 일대에 수자리를 없앨꼬　豆江一帶罷防戍

486 천경(踐更) : 병졸로 징발된 사람이 금전(金錢)으로 사람을 사서 대신 보내는 것을 가리킨다.

황산 산유가[487]

黃山遊歌

두만강 건너 10여 리 지점에 뾰족하고 둥근 산이 들판 가운데 있는데, 산색이 항상 황색이라 그 지역 사람들이 황산이라 부른다. 그 아래에 세 개의 큰 못이 있어 진주(眞珠)가 나는데, 바로 팔지(八池)[488]에 속하는 세 못이다. 산 북쪽 들판을 금당(金塘)이라 하고 봉우리를 흑각(黑角)이라 하니, 바로 목조(穆祖)의 옛 터전이다. 매년 겨울과 봄 사이 청명한 때에 황산이 홀연 솟아올라 허공 위로 떠오르는데 산봉우리와 수목이 완연히 누대와 인물, 기치(旗幟)와 거마(車馬)의 형상을 이루어 기괴한 형상들이 수천 수백 가지로 변환하다가 오랜 시간이 흐른 뒤 사라져버린다. 속칭 '산유(山遊)'라는 것으로 대개 신기루의 일종인데 신기루보다 더욱 기이한 형상이다. 혹 명주(明珠)의 기운이 변화한 것일지도 모르겠다. 세상에서는 왕업(王業)이 일어난 곳이라 신령스러운 기운이 융합한 결과라고들 전한다. 살펴보건대 중국의 산동성(山東省) 내주부(萊州府) 유현(濰縣)에 고산(孤山)이 있는데, 그 위에 이제묘(夷齊廟)가 있다. 봄에서 여름으로 넘어가는

487 황산 산유가 : 이 작품은 이계가 경흥 부사로 있으면서, 두만강 건너 알동(斡東) 지역의 황산에서 일어나는 신기루 현상을 읊은 것이다. 신기루의 천변만화(千變萬化)하는 온갖 형태를 생동감 있게 서술하였으며, 마지막 구절에서 지금은 조선의 영토가 아니라 그저 바라보면서 전해 들을 수밖에 없는 현실을 토로하였다. 평성 '우(尤)'운의 고체시(古體詩)이다.

488 팔지(八池) : 370쪽 주318 참조.

환절기에 서남풍이 건듯 불면 고산의 산 그림자가 이동하는데, 성 위에서 바라보면 산봉우리며 수목과 신사(神祠)와 인물의 군상(群像)이 나타나지 않음이 없다가 몇 시진이 지나면 서서히 멀어지면서 점차 보이지 않게 된다. 이것을 산시(山市)라고 하는데 대개 이러한 종류이다.

황산의 산유 黃山遊
천 개 봉우리 하늘하늘 푸른 허공에 떴어라 千峰裊裊碧空浮
푸른 허공에 뜸이여 碧空浮
슬해[489]가 꼬리 되고 두만강이 머리 되누나 瑟海爲尾兮豆江頭
위풍당당함은 마치 큰 붕새가 날개 드리우고 솟구쳐 오름 같고
軒然若大鵬垂翼而扶搖
꿈틀꿈틀함은 마치 푸른 용이 구름 타고서 휘돌아 오름 같아라
蜿然若蒼龍乘雲而摎流
우뚝우뚝 천 명의 관원 둘러서서 규장[490] 받들고 있고
峨峨兮千官環立奉圭璋
기세등등 만 명의 병사 빽빽이 늘어서 창 잡고 있구나
騰騰兮萬兵森列橫戈矛
찬연히 뭇별들 난새 타고 지개[491] 옹위하는 듯 粲如群星驂鸞擁芝蓋

489 슬해(瑟海) : 273쪽 주69 참조.

490 규장(圭璋) : 고대에 제후가 왕을 조회하면서 잡던 홀(笏) 모양의 옥기(玉器)이다.

491 지개(芝蓋) : 영지(靈芝) 모양의 수레 덮개라는 뜻으로, 신선이 타고 있는 수레를 형용한 말이다.

엄숙히 상제가 조정 임해 면류관 옥구슬 드리운 듯
儼如上帝臨朝垂玉旒

무지개 치마 보배 상투 차림의 삼천 여인에 霓裳寶髻三千女
옥난간 옥창문으로 된 십이루로다[492] 璇檻瑤窓十二樓
어지러이 중첩되면서 숨었다가 다시 나타나고 紛合沓兮隱復見
혹은 연이어져 구불대며 가버리다 다시 머무르네 或連蜷兮去還留
황산의 산유 黃山遊
현포가 아니면 영주일레라[493] 不是玄圃是瀛洲
날개옷 입은 신선 훨훨 날아 어데서 오나 羽衣飄颻何處來
왕교와 부구[494]가 아닐런가 無乃王喬與浮丘
또 큰 고래가 하얀 포말을 내뿜는 듯도 하고 又如長鯨噴白雪
큰 파도에 오르락내리락 일엽편주 요동치는 듯도 하네
洪濤出沒蕩輕舟
그러더니 홀연 방초가 평원에 가득하여 忽然芳草滿平蕪

492 무지개……십이루(十二樓)로다 : 선경(仙境)의 모습을 띤 신기루를 묘사한 말이다. 십이루는 천상 세계인 백옥경(白玉京)에 있다는 누각이다.

493 현포(玄圃)가 아니면 영주(瀛洲)일레라 : 현포와 영주 모두 선경(仙境)을 가리키는 말이다. 현포는 곤륜산(崑崙山) 정상에 있다는 신선의 거처이며, 영주는 동해 가운데 있다는 삼신산(三神山)의 하나이다.

494 왕교(王喬)와 부구(浮丘) : 왕교는 왕자교(王子喬)이고 부구는 부구공(浮丘公)으로 모두 신선을 가리킨다. 왕자교로 더 많이 알려진 주 영왕(周靈王)의 태자 진(晉)이 피리 불기를 좋아하여 곧잘 봉황의 울음소리를 내곤 하였는데, 신선인 부구공을 따라 숭산(嵩山)에 올라가서 신선술을 닦은 뒤, 30년이 지난 칠월 칠석에 구지산(緱氏山) 정상에 백학(白鶴)을 타고 내려와서 산 아래 가족들에게 손을 흔들어 인사하고는 며칠 뒤에 떠나갔다는 전설이 있다. 《列仙傳 卷上 王子喬》

말 달리며 격구하는 모습 방불하여라 髣髴走馬而擊毬
삽시간에 변화하는 모양 형용할 길 없고 翕欻變化形莫狀
기궤하고 급작스러워 딱 맞게 그려내기도 어렵네 奇詭章皇畫難侔
갑작스레 해 솟아오르고 바람에 실려 사라지고 俄日昇兮風捲
재빠르게 연무가 걷혀버리네 倏霧罷而煙收
황산의 산유 黃山遊
아래에 팔지 있어 기름처럼 푸르네 下有八池綠如油
오색의 연꽃이 비단처럼 펴져 있고 五色芙蓉鋪錦繡
만 알의 명주가 옥구슬처럼 이어졌네 萬顆明珠綴琳球
금당의 들판은 성인의 거처이니 金塘之野聖人居
천지가 빚어내어 그윽한 명당 열었도다 天造地設開奧區
신령한 기운 배어들어 삼한이 개창되니 靈氣薰蒸啓三韓
성명한 빛깔[495]이 천추토록 비치도다 聲明物采暎千秋
지금은 무이보(撫夷堡) 강가에서 바라보노니[496] 至今撫夷江上望
기이한 일 흘러 전하여 시골 노래에 실렸네 異事流傳入村謳

495 성명한 빛깔 : 조선이 개국되어 예악과 문물이 찬란하고 교화와 문명이 펼쳐짐을 가리킨 말이다. 성(聲)은 석(錫)·난(鸞)·화(和)·영(鈴) 등의 방울 소리를 가리키고, 명(明)은 일월성신(日月星辰) 등을 깃발에 그려 하늘의 밝은 것을 상징한 것으로, 거식(車飾)·의장(儀仗) 등의 제도를 뜻한다. 성교(聲敎)와 문명(文明)과 전장제도(典章制度)를 일컫는 말이다. 《春秋左氏傳 桓公2年》

496 지금은……바라보노니 : 황산 지역이 이계 당시에는 청(淸)나라 지역이므로, 직접 가보지 못하고 두만강 가의 무이보에서 바라본다는 말이다.

칠월 서리[497]

七月霜

칠월 이십칠일 밤	七月二十七日夜
고을 사람 달려와 된서리 내린다 알리네	邑人奔告嚴霜下
늙은이 놀라 일어나 창 밀치고 내다보니	老夫驚起推窓視
자국눈처럼 하얀 서리 지붕 기와에 가득하다	皜如薄雪滿屋瓦
초목들 모두 다 색이 변하였으니	草木盡變色
저 밭의 곡식은 말해 뭣하랴	況彼田中稼
기장은 이제 겨우 이삭을 드리웠고	黍稷纔垂穎
콩은 아직 낟알이 여물지 않았거늘	荏菽未成顆
갑자기 끓는 물에 담가버리는 듯	忽如沸湯經浸淹
완연히 만 마리 말이 와서 짓밟는 듯하는구나	宛似萬馬來躪藉
동쪽 두렁 남쪽 두렁에 백 명씩 무리 지어	東阡南陌百成群
가슴 치며 울부짖으니 그 소리 들판 진동하네	摽擗叫號聲震野
금년엔 장맛비로 보리와 밀 병들어	今年積雨病兩麥
환곡(還穀) 갚기도 충분치 않아 외려 꾸어야 할 판	官糴不充猶乞假
밭 나물은 물에 잠겨 뿌리 삭아버렸고	水沈根消畦中菜

497 칠월 서리 : 이 작품은 이계가 경흥 부사로 있으면서 곡식이 다 여물기도 전인 7월에 서리가 내려 흉작을 맞게 된 상황을 탄식하고, 이어서 나라에서 적극적으로 구휼하여 백성들을 편안히 살게 할 것이라고 돈유(敦諭)한 것이다. 서로 통운(通韻)이 되는 상성 '가(斝)'와 '마(馬)', 그리고 거성 '개(箇)'와 '마(禡)'를 환운(換韻)해가면서 지은 고체시(古體詩)이다.

울타리 오이는 벌레가 떼 먹어 꼭지 떨어져버렸네 蟲咬蔕落籬上苽
손가락 꼽으며 입 벌리고 추수를 기다렸건만 屈指張口待秋成
가을에 거둘 것 없어질 판이니 이 일을 어이하누 秋之無成其將奈
북관의 열 고을 대체로 같은 형편인데 北關十州大抵同
산골엔 눈 이미 내렸다는 소식까지 들리네 又聞山郡雪已墮
노인과 어린아이 부축하고 이끌고 나가 먹을 것 구하려 해도
扶携老稚欲就食
어디 간들 도랑에서 굶어 죽는 꼴 되지 않으랴 安往不作溝中餓
게다가 이 지역은 삼면이 여진과 인접했으니 況復此土三面隣靺鞨
어디에서 음식과 재화를 통할 수 있으랴 有無何處通食貨
산에 올라 도토리 줍고 물에 들어가 마름 캐도 登山拾橡入水採菱
만 손가락이 다투어 움켜쥐니 넉넉히 얻지도 못한다네
萬指爭攫不盈把
병신년[498] 기근도 아직 벗어나질 못했거늘 丙歲飢腸尙未潤
하늘이여 어찌 계속 재앙을 내리는가 天乎何忍薦降禍
북쪽 지방 비록 일찍 추워진다지만 北地雖早寒
지난달이 바로 한여름이었네 前月是盛夏
이러한 때 된서리는 예전에 없던 일 此時繁霜古未有
당황스럽고 두려워 마음이 쓰라리네 爣慌怵惕心欲破
이 수령이야 실로 좋지 않다지만 백성이 무슨 죄인가
牧實非良民何辜

498 병신년 : 원문의 '병세(丙歲)'는 이계가 경흥 부사로 오기 바로 전해가 병신년(1776, 영조52)이므로 이에 근거하여 병신년으로 추정하였다.

백성을 구렁에 구르게 하는 자가 어떻게 백성 다스리랴

使民轉壑何以主民社

아 나의 백성들아 삼가 두려워 말지니 嗟我群生愼勿怕

성주께서 백성 사랑하기를 갓난아이 돌보듯 하사 聖主愛民同赤子

너희들 구원하기를 물불에서 건져내듯 하시리라 救汝當如拯水火

삼남의 쌀과 영동의 좁쌀이 三南之米嶺東粟

거대한 배에 실려 바다로 운송되리니 滄海浮來萬斛舸

구식과 농량으로 넉넉할 터이고 口食有餘農糧足

왼쪽에서 밥 먹고 오른쪽에서 죽 먹기도 안 될 것 없으리[499]

左飧右粥無不可

아 나의 백성들아 삼가 두려워 말지니 嗟我群生愼勿怕

너희 처자를 보전하여 농가에서 편히 지내리라 保爾婦子安田舍

499 구식(口食)과……없으리 : 구식은 생명 유지를 위해 꼭 필요한 음식을 뜻하고, 농량은 농사 짓는 동안 먹고 지낼 곡식을 뜻한다. 왼쪽에서 밥 먹고 오른쪽에서 죽 먹는다는 것은 양식이 넉넉하여 평화롭게 지낸다는 뜻으로, 한유(韓愈)의 〈평회서비(平淮西碑)〉에 "처음에는 채주 사람들이 전쟁터에 싸우러 나갔다가 죽어서 돌아왔는데, 이제는 집에서 느지막이 일어나 왼쪽에서 밥을 먹고 오른쪽에서 죽을 먹게 되었다.〔始時蔡人進戰退戮, 今旰而起, 左餐右粥.〕"라고 한 데서 가져온 표현이다.

적도가[500]

赤島歌

경흥부(慶興府) 남쪽 40리 지점에 있다. 노구산창(蘆口山倉)[501] 남쪽 수로(水路)로 10리쯤 가서 7, 8리를 둘러 돌아가면 암석의 색깔이 모두 붉고 엎드린 거북의 형상과 같은데, 그 안에 익조(翼祖)가 도혈(陶穴)[502]했던 유지(遺址)가 있다.

삼한의 동쪽에 한 조각 외로운 섬	一片孤島三韓東
자색 옥처럼 밝게 빛나고 구리처럼 매끈해라	瑩如紫玉滑如銅
섬의 뿌리 푸른 발해에 깊이 꽂혔고	山根深揷渤海靑
암석의 표면 붉게 떠오르는 해의 광채라	石面光耀出日紅
백마와 신인이 나는 듯이 건너오니	白馬神人飛渡來
거대한 파도 중간이 갈라져 걸어서 물 건넜네	巨浪中坼徒涉通
쫓아오던 천 무리 기병 모두 다 물러서니	追騎千群盡却立

500 적도가 : 이 작품은 이계가 경흥 부사로 있으면서 경흥에 있는 익조(翼祖) 이행리(李行里)의 유적지인 적도를 찾아가 그 사적과 경관을 읊은 것이다. 평성 '동(東)'운의 고체시(古體詩)이다. 적도 및 익조(翼祖)와 관련해서는 308쪽 주156 참조.

501 노구산창(蘆口山倉) : 《대동지지(大東地志)》에 '노구산(蘆邱山)'과 '노구창(蘆邱倉)'으로 표기된 곳을 가리키는 것으로 보인다. 《대동지지》에 따르면, 노구산은 경흥부 남쪽 50리 지점에 있는 산이며, 노구창은 남쪽 65리 지점 해변에 있는 읍창(邑倉)이다.

502 도혈(陶穴) : 309쪽 주159 참조.

순식간에 성난 파도 몰아침을 문득 보도다 頃刻欻看怒濤洪
호타의 얼음 언 것 신령이 보호하심이요 滹沱氷合神應護
단계에서 말 뛰어오른 것 똑 닮은 일이로다[503] 檀溪馬躍事頗同
적인(狄人)을 피해 물가를 따라 함께 와서 집터 보니 避狄率水來胥宇
이는 또 주나라 선군인 태공의 일과 흡사하네[504] 又似周先君太公
산에는 밝게 빛나는 지초가 있고 山有芝兮燁燁
암석에선 콸콸 샘이 솟아나오네[505] 石出泉兮溶溶

503 호타(滹沱)의……일이로다 : 바다가 갈라져 익조(翼祖) 이행리(李行里)가 적도로 들어갔던 사적을 중국의 고사에 비긴 것이다. 후한(後漢)을 중흥한 광무제(光武帝) 유수(劉秀)가 대사마(大司馬)로 있을 때 계주(薊州)에 가게 되었는데, 마침 반란이 일어나 고을에 들어가지 못하고 왕랑(王郞)의 군대에 쫓겨 도망하여 호타하(滹沱河)에 이르니 강물이 불어 배가 없이는 물을 건널 수 없었다. 이에 왕패(王霸)를 시켜 살펴보게 하였는데, 왕패는 사실대로 말하면 군중이 동요할까 두렵고 이곳에서 배수진을 치려는 의도로 거짓으로 아뢰기를, "얼음이 단단하게 얼어서 건널 수 있다."라고 하였다. 마침내 전진하여 호타하에 이르니 잠깐 사이에 얼음이 얼어 광무제가 도강할 수 있었고, 광무제가 건넌 뒤에는 얼음이 풀렸다.《史略 卷3 東漢》 촉한(蜀漢)을 연 유비(劉備)가 유표(劉表)의 연회에 초청을 받고 갔다가 유표가 자신을 해치려고 한다는 것을 미리 알고서 적로마(的盧馬)를 타고 몰래 도망하다가 양양성(襄陽城) 서쪽의 단계(檀溪)에 빠졌는데, 유비가 다급하여 "적로야! 위급하다. 힘을 내라." 하니 적로마가 단번에 세 길을 솟구쳐 올라 무사히 건넜다고 한다.《三國志 卷33 蜀書 先主傳》

504 적인(狄人)을……흡사하네 : 태공은 주나라의 선조인 태왕(太王) 고공단보(古公亶父)를 가리킨다. 309쪽 주157 참조.

505 산에는……솟아나오네 : 본집 권13 〈적도기(赤島記)〉에 "섬에 풀이 늘어서 나는데 자줏빛 줄기에 푸른 잎으로 자지라고 한다. 맵싸한 향기가 나며 채취할 만하다. 또 감천이 있는데 암석 사이에서 솟아나 그치지 않는다.〔島中有草羅生, 紫莖而翠葉, 名曰紫芝, 香辛可采. 又有甘泉, 出石間不竭.〕"라고 하였다.

하늘이 신령스런 명당 만들어놓고 성인을 기다리니 天作靈區待聖人
경영하고 베풂이 한결같이 어찌 그리 주도면밀한지 經營施設一何工
도혈하신 옛 터전이 아직도 완연하니 陶穴舊基尙宛然
지금까지도 원기가 출렁이는 바다에 떠 있도다 至今元氣浮冲瀜
유민들[506] 감히 들어가서 나무나 풀 베지 못하니 遺民不敢犯樵蘇
그리하면 백주대낮에 왕왕 우레 치고 바람 부네 白日往往起雷風
청명한 가을 일엽편주로 신령스런 유적 찾아가 淸秋小棹訪靈跡
긴 젓대 한 가락 불며 궁륭[507]에 기대어보네 一聲長笛倚穹窿
아아 단구의 적성이 이곳이 아닐런가 噫丹丘赤城無乃是
황홀히 깃수레가 이 가운데 노닐도다[508] 恍惚羽蓋遊此中

506 유민들 : 선왕(先王)이 살던 지역의 후대 백성들이라는 의미로 쓰였다.

507 궁륭(穹窿) : 보통 한가운데가 높이 솟아 있고 사방은 아래로 드리워진 형상을 형용하는 말로 하늘을 가리킨다. 여기서는 바다 한가운데 불쑥 솟아 있는 적도의 유적을 가리킨 말이다.

508 단구의……노닐도다 : 붉은빛의 적도를 선경에 비긴 것이다. 단구(丹丘)는 신선 세계를 가리키며, 적성은 신선 세계에 있다는 적성산동(赤城山洞)을 가리킨다. 깃수레는 물총새의 깃으로 수레 덮개를 장식해 신선이 타고 다닌다는 수레를 가리킨다.

황제총사[509] 행영 서쪽 20리 지점 회령 땅에 있다

皇帝塚詞 在行營西二十里會寧地

종산[510] 서북쪽 작은 구릉 鍾山西北小丘隴
대송 황제 무덤이라 하네 云是大宋皇帝塚
황제가 어쩌다 이곳에 묻혔는지 皇帝胡爲葬此中
송백을 의관마냥 두른 무덤 누가 받들어 모시나 松栢衣冠誰人奉

509 황제총사 : 이 작품은 이계가 경흥 부사로 있으면서 북송(北宋)의 황제인 휘종(徽宗)과 흠종(欽宗)이 포로 생활을 했던 오국성(五國城)과 두 황제의 능에 대해 읊은 것이다. 두 황제는 금나라 사람에게 붙잡혀 오국성에 구금되었다가 죽었다고 하는데, 이곳의 위치에 대해서는 예로부터 논란이 있다. 다만 본집 권14 〈송전기(宋錢記)〉에서 이계는 "오국성은 송나라 두 황제가 포로 생활한 곳으로 고려의 삭방도이며, 옛날에는 여진 땅이었다. 지금 회령부 보라진에 옛 산성이 있는데 토착민들은 오국성이라고들 전한다. 내가 정유년에 북방 변경의 관직을 맡아 도중에 회령을 지나다가 이른바 오국성이라는 곳을 물어 서쪽으로 20리를 바라보니, 두만강 쪽으로 높다란 산기슭이 접해 있는데 속칭 유단이라고 하며, 그 아래로 수십 리에 구릉과 같은 큰 무덤이 있어 황제총이라고 부른다. 그 곁으로는 작은 무덤 100여 기가 있어 시신총이라고 부른다.〔五國城, 宋二帝所拘也. 高麗朔方道, 舊爲女眞地, 今會寧府之甫羅鎭, 有古山城, 土人相傳爲五國城. 余於丁酉, 官北塞, 路過會寧, 問所謂五國城, 西望二十里, 有麓屹然薄豆滿之江, 俗名曰游端. 其下數十里, 有大墳如丘陵, 謂之皇帝塚, 傍有小塚百餘, 謂之侍臣塚.〕"라고 하여, 전해지는 말들에 근거하여 회령 보라진을 오국성으로, 그 근처에 있는 고분군(古墳群)을 황제총과 시신총으로 인식하였음을 알 수 있다. 서로 통운(通韻)이 되는 거성 '송(送)'운과 '송(宋)'운, 그리고 상성 '동(董)'운과 '종(腫)'운을 환운(換韻)해가면서 지은 고체시(古體詩)이다.

510 종산(鍾山) : 회령의 동쪽으로 경계를 맞대고 있는 함경도 종성(鍾城)을 가리킨다.

옛날 선화 때에 천지가 장기판 되어　伊昔宣和天地作戲局
조물주가 애오라지 한 번 가지고 놀았네[511]　化翁聊爾一簸弄
천자는 기예 많았으나 하나도 제대로 하지 못하고　天子多藝一不能
천하가 일이 없으니 인재를 쓰지 않았네[512]　天下無事才不用
뇌공이 부질없이 간당비 때려 부수니　雷公漫擊奸黨碑
어린아이는 정기의 중함을 알지 못하는구나[513]　癡兒不識鼎器重
변수의 푸른 물결 버들 드리운 둑에　汴水清波楊柳堤
배와 수레 연이어져 꽃과 돌을 바쳤네[514]　舟車絡繹花石貢

511 옛날……놀았네 : 선화는 송나라 휘종의 연호로 1119~1125년까지 쓰였다. 이때 천하는 중원의 송나라와 여진족의 금(金)나라, 거란족의 요(遼)나라가 서로 물고 물리면서 각축하였는데 이러한 상황을 묘사한 구절이다.

512 천자는……않았네 : 휘종은 시서화(詩書畵)에 재능이 많아 수금체(瘦金體)라는 자기만의 필체를 개발하기도 하였으며 수준급의 그림도 많이 남겼다. 또한 도교에 심취하여 국정을 돌보지 않고 자신을 도군황제(道君皇帝)라고 칭하기도 하였다. 이 구절은 휘종이 예술과 도교에 빠져 국정을 파탄 내고서 정치에 있어서는 하나도 제대로 해낸 것 없이 천하에 아무런 일이 없는 태평성대라고 생각하면서 인재를 등용하지 않은 사실을 비판한 것이다.

513 뇌공(雷公)이……못하는구나 : 휘종의 실정(失政)을 비판한 것이다. 뇌공은 우레를 관장하는 신으로 우레 자체를 가리킨다. 어린아이는 18세의 젊은 나이로 황제의 자리에 오른 휘종을 가리킨다. 정기는 임금의 자리 또는 국가를 가리키는 말이다. 휘종이 즉위한 후 간신 채경(蔡京)을 재상으로 임명하였는데, 채경은 사마광(司馬光)·문언박(文彦博)·소식(蘇軾)·정이(程頤) 등 120인을 간당(奸黨)으로 지목하여 궁궐 문 앞에 이른바 원우간당비(元祐奸黨碑)를 세우고, 다시 사마광 이하 309인을 기록하여 원우당적비(元祐黨籍碑)를 세운 뒤 천하에 반포하였다. 그런데 어느 날 하늘에서 우레가 떨어져 간당비를 부수어버렸다고 한다. 《宋史 卷472 姦臣列傳2 蔡京》《步裡客談 卷上》《古今事文類聚 前集 卷4》

514 변수(汴水)의……바쳤네 : 휘종은 진귀한 완호품(玩好品)을 좋아하여 기화(奇

완안 교자[515]의 철검이 예리하였으니　完顏驕子鐵劍利
북방 오랑캐가 침략할 마음 먹자 남쪽 사람들 두려워했네　北人生心南人恐
오랑캐 누린내와 티끌이 하룻저녁에 사방 교외에 넘쳐나니　腥塵一夕張四郊
중원의 산하 어지러움 끝이 없었네　赤縣山河迷澒洞
의지가지없는 두 개의 수레 북쪽 사막으로 나가니　孑孑雙蓋北出漠
만백성들 수레 부여잡고 통곡하며 전송했네　萬姓攀轅哭相送
이번 길 한번 떠나면 언제나 돌아오려나　此行一去何日歸
연산과 계수를 꿈처럼 지났어라[516]　燕山薊水過如夢
장강 물결 끊어지니 용은 못을 잃고　長江水斷龍失淵
흘간산 높으니 새는 조롱에 갇혔구나[517]　紇干山高鳥鎖籠

花)와 괴석(怪石)에 취미를 붙였는데, 재상 채경이 이러한 휘종의 비위를 맞추려고 절중(浙中)의 진귀한 화석들을 가져다 바쳤다. 이것이 해마다 그 양이 증가하여 화석을 수송하는 배가 회수(淮水)와 변수(汴水)에 서로 연이어졌고 이를 화석강(花石綱)이라 불렀다. 《宋史 卷470 朱勔傳》

515 완안(完顏) 교자(驕子) : 완안은 금(金)나라 황제들의 성씨이다. 금나라의 시조는 여진족 완안부(完顏部)의 아구다〔阿骨打〕였다. 교자는 북방 오랑캐를 가리키는 말이다. 한(漢)나라 무제(武帝) 때 흉노(匈奴)의 선우(單于)가 글을 보내면서 "우리 호인은 하늘이 아끼는 아들이다.〔胡者, 天之驕子也.〕"라고 자칭한 데서 유래하였다. 《漢書 卷94 匈奴傳》

516 연산(燕山)과……지났어라 : 변경(汴京)을 떠나 연계(燕薊) 지방을 거쳐 금나라 오랑캐 땅으로 붙잡혀 들어감을 말한 것이다. 연계는 연경(燕京)과 계주(薊州)로 오늘날의 북경 일대이며, 북송(北宋) 당시에는 연산부(燕山府)로 금나라와의 접경 지역이었다.

517 장강(長江)……갇혔구나 : 장강과 흘간산은 모두 머나먼 중원을 가리키고, 용과

그림자 하나와 서로 마주한 외로운 죄수 신세거니　隻影相對作孤囚
중원의 억만 사람들 아무 도움이 못 되네　何賴中原億萬衆
상황의 아드님이자 지금 황상의 아우[518]께서　上皇之子今皇弟
필마로 장강을 건너 신민들이 옹위한다네　匹馬渡江臣民擁
강남의 장수들은 다투어 손에 침 바르며 결의 다지고
江南諸將爭唾手
하북의 유민들은 모두 발끝을 들고서 기대했네　河北遺民皆跂踵
북으로 간 황제 수레 남으로 오지 못하여 사람이 사람 꼴 아니나[519]
北轍不南人不人
머지않아서 천하를 다시 일통하리로다　指日區宇還一統
거리 아이들 다투어 오마 동요 부르고[520]　街兒競唱五馬謠
문신들은 중흥송 올리기를 기다리네　詞臣佇獻中興頌

새는 북방 금나라로 잡혀간 황제를 비유한다. 흘간산은 중국 산서성(山西省) 대동시(大同示) 동쪽에 있는 산으로, 흘건산(紇乾山) 또는 흘진산(紇眞山) 등으로 불린다.

518 상황(上皇)의……아우 : 남송(南宋)을 개국한 고종(高宗)을 가리킨다. 고종은 휘종의 아홉 번째 아들이자 흠종의 아우이다. 북송 시기에 강왕(康王)으로 있다가 휘종과 흠종이 금나라로 끌려간 후 장강을 건너 남경(南京) 응천부(應天府)에서 즉위하였다.

519 사람이……아니나 : 황제가 잡혀가고 국도(國都)를 탈취당하는 등 천지의 바른 도리가 어그러져 나라는 나라 꼴이 아니고 사람은 사람 꼴이 아니라는 뜻이다.

520 거리……부르고 : 고종이 강남 지방에 남송(南宋)을 개국한 것을 가리킨 말이다. 이는 서진(西晉) 말기에 "다섯 말이 강을 건너와 한 마리 말이 용이 된다네.〔五馬浮渡江, 一馬爲化龍.〕"라는 동요(童謠)가 유행했는데, 서진이 망하자 낭야왕(琅邪王), 서양왕(西陽王), 여남왕(汝南王), 남돈왕(南頓王), 팽성왕(彭城王) 등 다섯 왕이 장강(長江)을 건너와 결국 낭야왕 사마예(司馬睿)가 동진(東晉)의 원제(元帝)가 되었던 일을 차용한 것이다. 《晉書 卷6 元帝紀》

어이하나 진두가 해를 눌러 해가 빛을 잃으니[521] 奈何秦頭壓日日無光

화전 두 글자가 취송을 이루었네[522] 和戰二字成聚訟

이강이 이미 배척되고 악비가 도륙당하니[523] 李綱旣斥岳飛戮

천하의 남아들 용맹 낼 여력 없어졌네 天下男兒無餘勇

521 진두(秦頭)가……잃으니 : 남송 고종 때 금(金)나라와의 화친을 주장하며 주전론자인 악비(岳飛)를 죽인 진회(秦檜)가 조정을 장악하고 임금의 총명을 가리고 있음을 가리킨 말이다. 이는 다음과 같은 야담에 바탕한 것이다. 남송 당시 강남 항주(杭州)에 파자술(破字術)로 유명한 사석(謝石)이라는 인물이 있었는데, 고종이 하루는 그에게 '춘(春)' 자를 내어 보이면서 파자를 명하였다. 그런데 글자의 윗부분 먹이 무겁게 눌러 써져 있었다. 이에 사석이 파자하기를 "진두(秦頭)가 너무 무거워 해〔日〕를 누르고 있으니 해가 빛이 없습니다."라고 하였다. 이때 '진(秦)'은 '춘(春)'의 윗부분을 파자한 것이고, '해〔日〕'는 '춘'의 아랫부분을 파자한 것으로, 진회가 임금을 가리고 있다는 뜻이었다. 이 사실을 들은 진회가 노하여 사석을 변방으로 유배 보냈다고 한다. 《玉芝堂談薈 卷8》

522 화전(和戰)……이루었네 : 남송 조정이 금나라와의 주화론(主和論)과 주전론(主戰論)으로 나뉘어 끊임없는 내분에 휩싸였다는 말이다. 취송은 여러 설을 가지고 어지럽게 서로 다투어 정론(定論)이 정해지지 않는 것을 가리킨다.

523 이강(李綱)이……도륙당하니 : 이강은 자는 백기(伯紀), 호는 양계(梁溪)로 휘종에서 고종 때까지의 송나라 관료이다. 금나라가 처음 변경을 침략하였을 때 흠종을 설득하여 방어전을 펼쳐 금나라 군대를 퇴각시켰으나, 이내 주화론자들의 압력과 흠종의 변심으로 배척받아 관직에서 물러났다. 이후 변경이 함락되고 고종이 강남에서 남송을 개국했을 때 재상에 임명되었으나 이내 주화론자들의 배척을 받아 관직에서 물러났고, 1139년에 금나라와의 화의가 결정되자 울분으로 병을 얻어 이듬해 타계하였다. 악비는 자가 붕거(鵬擧)로 남송 초기의 장군이다. 남송 초기에 금나라 군대의 침공을 막아내고 북벌을 주장하였으나 주화론자인 진회의 모략으로 무고한 누명을 쓰고 투옥된 뒤 39세의 나이로 살해되었다.

아아 남송(南宋)의 임금과 신하들은 嗟爾南朝君與臣
부차의 와신(臥薪) 고통[524]을 차마 잊었더뇨 忍忘夫差臥薪痛
북쪽 땅은 몹시 추워 바람이 피부를 찢건만 北地苦寒風裂肌
남쪽 조정에선 따뜻하고 보드라운 고운 털요 덮고 지내고 南朝細氈溫且氄
북쪽 땅은 불모지라 양락[525]을 먹고 지내건만 北地不毛飮羊酪
남쪽 조정에선 맑기가 샘물 같은 법온[526]을 마시누나 南朝法醞淸如涌
오나라 비단과 월나라 모시가 육궁에 가득한데 吳紈越紵滿六宮
오국성 베적삼은 되놈 여인이 꿰매고 五國布衫胡女縫
서호에 비단 닻줄 내리고 풍악 소리 들끓는데 西湖錦纜歌管沸
오국성 신하들은 눈이 퉁퉁 부었어라 五國群臣目皆腫
하루 세 번 문안 올리는 일[527] 누구에게 맡기며 三朝寢膳屬何人

524 부차(夫差)의 와신(臥薪) 고통 : 오왕(吳王) 부차가 월왕(越王) 구천(句踐)에게 복수를 당한 고통을 가리킨다. 춘추시대 월나라의 제2대 왕 구천이 오나라 왕 부차와 싸우다가 크게 패하여 회계산(會稽山)에서 굴욕적인 화의(和議)를 체결하고 귀국한 뒤에, 20년 동안 섶나무 위에 누워 자면서 치욕을 잊지 않고 자강(自强)한 결과 부차를 죽이고 오나라를 멸망시켜 치욕을 씻은 고사가 있다. 《史記 卷41 越王句踐世家》

525 양락(羊酪) : 양젖의 지방질을 굳혀서 만든 음식을 가리킨다.

526 법온(法醞) : 임금이 신하에게 내려주는 왕실의 술로 선온(宣醞) 또는 내온(內醞)이라고도 한다.

527 하루……일 : 아침과 낮과 저녁 하루 세 차례 왕에게 문안하는 것으로, 《예기(禮記)》〈문왕세자(文王世子)〉에, 문왕이 세자로 있을 때 아버지 왕계(王季)에게 하루에 세 차례 문안을 하였는데〔朝於王季日三〕 아침과 점심과 저녁으로 침문(寢門) 밖에서 편안한지 여부를 묻고, 진지를 올릴 때에는 차고 따뜻한지 절도를 살폈으며, 다 드신

사계절의 진헌을 누구와 함께할꼬　　四時進獻與誰共
만 리 떨어진 고국으로 머리 돌리노라니　　回首故國隔萬里
수목은 어찌 저리 더부룩하며 산은 어찌 저리 우뚝한고
樹何蒙茸兮山何巃嵷
봄이 와도 남쪽 기러기 날아드는 것 보이지 않고　　春來不見南雁至
날 저물 제 슬피 울리는 젓대 소리만 들리누나　　日暮但聞悲笳動
두 사신 부질없이 고려에 왔다 돌아가니[528]　　二使空到高麗返
사막의 해와 달은 어쩌면 저리 궁박한고　　窮磧日月何倥傯
가련타 당당하던 만승천자의 뼈가　　可憐堂堂萬乘骨
모래 황무지 흑수의 무성한 풀밭에 던져졌구나
擲在黃沙黑水草菶菶
봉분 앞에 보리밥 뉘 있어 뿌리며[529]　　墳前麥飯有誰灑

후에는 어떤 음식을 들었는지 물었다고 한다.〔問所膳〕

528 두……돌아가니 : 두 사신은 남송의 형부상서(刑部尙書) 양응성(楊應誠)과 제주 방어사(齊州防御使) 한연(韓衍)을 가리킨다. 고려 인종(仁宗) 6년(1128)에 남송에서 이 두 사람을 사신으로 보내 고려의 길을 빌려 금나라로 사신을 보내어 두 황제를 맞이해 오도록 주선해달라고 요청하였으나, 고려에서는 정중하게 이를 거절하였다. 두 사신이 개별적으로 차자(箚子)까지 올리면서 여러 차례 고려 조정에 간곡하게 요청하였으나 고려는 사변(事變)을 염려하여 역시 거절하였고, 결국 두 사신은 잔치며 예물 등도 모두 받지 않은 채 남송으로 돌아갔다.《高麗史節要 券9 仁宗恭孝大王1》

529 봉분……뿌리며 : 한식(寒食)날 무덤 앞에 보리밥을 뿌리며 제사 올리는 것을 가리킨다. 후한(後漢)의 고조(高祖) 유지원(劉知遠)이 후당(後唐) 명종(明宗)의 아들 이종익(李從益)을 살해하자, 그의 모친인 왕숙비(王淑妃)가 "어찌 우리 아이를 살려두어서 매년 한식날 명종의 능에 한 그릇의 보리밥을 뿌리게 하지 않는단 말인가."라고 한 고사가 있다.《古今事文類聚 前集 卷50 寒食出祭》

광중(壙中)에 한 자의 비단 뉘 있어 부조하려나[530] 隧中尺帛有誰賵
따르던 신하들은 벌레 되고 시녀는 꽃으로 변하니
從臣爲蟲兮侍女化花
무덤들은 동이마냥 흩어져 있구나 蓬科散落如盆甕
두견새 피 토하며 울고[531] 산 귀신 울부짖는데 子規啼血山鬼號
초동이 불을 놓으니 들쥐가 손 모으네[532] 樵兒放火野鼠拱
농부는 매번 원풍 때의 동전[533] 얻고 耕夫每得元豐錢
시골구석에서도 혹 모란 종자를 전하네[534] 村塢或傳牧丹種

530 광중(壙中)에……부조하려나 : 장례 절차 가운데 망자에게 올리는 마지막 예물로 검은빛과 붉은빛의 폐백(幣帛)을 광중에 함께 묻는 것이 있다. 《禮記 檀弓下》

531 두견새……울고 : 원문의 '자규(子規)'는 두견새의 별칭이다. 옛날 촉(蜀)나라 두우(杜宇)가 전국시대 말년에 망제(望帝)라 칭하고 신하인 별령(鱉靈)의 아내를 간음하다가 왕위에서 쫓겨나 서산(西山)에 은거하였는데, 그 뒤에 죽어 두견새로 변하였다고 한다. 이 새는 항상 한밤중에 피를 토하면서 불여귀거(不如歸去)라는 소리 비슷하게 울었고 그 피가 묻어 진달래꽃이 붉게 물들었다고 한다. 《華陽國志 卷3 蜀志》

532 들쥐가 손 모으네 : 여기서 말하는 들쥐는 황서(黃鼠)로, 족제비류이다. 황서는 사람을 보면 앞발을 모으고 공수(拱手)하는 자세를 취하므로 예서(禮鼠) 또는 공서(拱鼠)라는 별칭을 얻었다. 《埤雅 釋蟲》 여기서는 황제의 무덤이 있는 곳에 사는 쥐가 취하는 예경(禮敬)의 모습을 특기한 것이다.

533 원풍(元豐) 때의 동전 : 원풍은 북송(北宋) 신종(神宗)의 연호이다. 본집 권14 〈송전기(宋錢記)〉에 "농부들이 땅을 갈다가 왕왕 송나라 때의 동전을 얻는다고 한다. 내가 고을 사람에게 부탁하여 그 동전을 구하여 4매를 얻었는데, 하나는 황송통보, 하나는 경덕원보, 하나는 원풍통보, 하나는 원우통보라고 되어 있었다.〔田夫墢土, 往往得宋時錢云. 余托邑人求之, 得錢四枚, 一曰皇宋通寶, 一曰景德元寶, 一曰元豐通寶, 一曰元祐通寶.〕"라고 하였다.

534 시골구석에서도……전하네 : 본집 권14 〈청해부목단기(靑海府牧丹記)〉에 "내가 어렸을 때 들으니 북방에 기이한 품종의 모란이 있는데 오국성에서 나온 것으로 간악에

천 년 뒤 과객도 오히려 눈물을 훔치는데 千載過客尙攬涕
당시 충신과 의사의 애통함이야 말해 무엇하리 況復當時忠臣義士慟
오호라 예로부터 어느 나라인들 망하지 않았으랴만 嗚呼自古有國誰不亡
망국의 화란이 송나라 같은 적이 있었던가 亡國之禍孰如宋
하늘이 실로 그렇게 한 것이지 사람 때문 아니라 말하지 말라 莫云天實爲之不由人
지난날 장돈(章惇) 채경(蔡京)[535] 등이 아니면 누가 작용[536]했단 말인가 向非章蔡諸人誰作俑
아아 똑같이 망한 것이라 해도 噫嘻等是亡耳
임금은 마땅히 사직 위해 죽는 법 國君當死社

서 전해진 종자라고 한다.〔余少也, 聞北路有奇品牧丹, 出自五國城, 謂是艮岳遺種.〕"라고 하고, 자신이 경흥 부사로 갔다가 돌아오면서 북관에서 보게 된 모란의 특징과 그 유래에 대한 변증을 하였다. 간악(艮岳)은 북송 휘종이 변량(汴梁) 동북쪽에 각종 진귀한 화초와 수석을 쌓아서 인공으로 만든 산으로 만세산(萬歲山), 수산(壽山) 등으로도 불렸다.

535 장돈(章惇) 채경(蔡京) : 두 사람 모두 왕안석(王安石)의 신법(新法)을 복구하고 옥사(獄事)를 조작하여 철종(哲宗) 때의 유현(儒賢)인 사마광(司馬光), 유지(劉摯), 양도(梁燾), 여대방(呂大防) 등을 축출하고 권력을 전횡하였던 인물이다. 《宋史 卷200 刑法2》

536 작용(作俑) : 좋지 못한 일의 시초가 되었다는 뜻이다. '용'은 나무로 깎은 허수아비로, 이것을 부장(副葬)에 사용하여 결국 후세의 사람들이 직접 산 사람을 순장(殉葬)시키는 폐습의 시초가 되었다. 《맹자》 〈양혜왕 상(梁惠王上)〉에 "공자께서 말씀하시기를 '처음으로 용을 만든 자는 그 후손이 없을 것이다.'라고 하셨으니, 이는 사람을 형상하여 장례에 사용하였기 때문이다.〔仲尼曰: "始作俑者, 其無後乎. 爲其象人而用之也."〕"라는 말이 보인다.

숭정 천자[537] 명성이 만세에 드높은 것에 홀로 부끄럽지 않은가

獨不愧崇禎天子風聲萬世聳

537 숭정(崇禎) 천자(天子) : 이자성(李自成)이 이끄는 농민 반란군이 북경을 점령하자 처첩과 딸을 죽이고 자신도 자금성(紫禁城)의 만세산(萬歲山)에서 목을 매 자살한 명(明)나라의 마지막 황제 숭정제(崇禎帝) 주유검(朱由檢)을 가리킨다.

2월에 해직 소식을 듣고[538] 기해년(1779, 정조3)

二月聞解官報 己亥

죄가 종남산처럼 컸으니	罪與終南大
몸이 북방에 던져짐[539] 마땅하도다	身投有北宜
외로운 신하 지금껏 죽지 않았으니	孤臣今不死
3년 만의 사면을 감히 늦었다 말하랴	三載敢言遲
변방[540]에서 살아서 돌아가는 날이요	玉塞生還日
금계로 사면하는 때로다[541]	金鷄放赦時
일편단심 충정 아직 바뀌지 않았나니	寸丹猶未改
귀밑머리 더욱 희끗해진 것 물을 것 없노라	莫問鬢添絲

538 2월에……듣고 : 이 작품은 이계가 1779년(정조3) 2월에 경흥 부사에서 해직되고 나서 지은 시이다. 이계는 이때 해직된 이후 다음 해인 1780년(정조4) 홍국영(洪國榮)이 완전히 실각할 때까지 가거(家居)하다가 1780년 9월 동의금부사에 제수된다. 평성 '지(支)'운의 평기식 수구불용운체 오언율시이다.

539 몸이 북방에 던져짐 : 원문의 표현은 북방의 불모지에 던져진다는 '투비유북(投畀有北)'을 차용한 것이다. 《시경》 〈소아(小雅) 항백(巷伯)〉에 "호랑이나 승냥이도 먹지 않거든, 북방의 모진 땅에 던져주리.〔豺虎不食, 投畀有北.〕"라고 하였다.

540 변방 : 원문의 '옥새(玉塞)'는 한(漢)나라 때 돈황(敦煌)에 있던 옥문관(玉門關)을 가리키는 것으로, 변방을 뜻한다.

541 금계(金鷄)로 사면하는 때로다 : 죄를 사면한다는 말이다. 금계는 죄수를 사면할 때 걸었던 물건으로, 7장쯤 되는 대나무에 4척의 닭을 만들어 매달았다. 머리를 황금으로 꾸미기 때문에 금계라 하였다. 《신당서(新唐書)》 권48 〈백관지(百官志) 3〉에 "죄수를 사면하는 날 금계를 의장(儀仗) 남쪽에 설치해놓는다."라고 하였는데, 이것은 하늘의 금계성(金鷄星)이 움직이면 죄수들을 사면한다는 전설에서 비롯된 것이다.

귀문관을 지나며[542]

過鬼門關

온갖 모진 고생 겪고 돌아가는 북방 변방 늙은이 萬死歸來北塞翁
쓸쓸히 백발의 몸으로 봄바람 짝하였네 蕭然白髮伴春風
지난날 천 길 눈은 보이지 않고 不見去時千丈雪
온갖 꽃이 바다 산에 다투어 붉게 피었구나 百花爭映海山紅

542 귀문관을 지나며 : 이 작품은 이계가 경흥 부사에서 해직되고 다시 서울로 돌아가는 길에 귀문관을 지나며 지은 시이다. 귀문관에 대해서는 본권 앞의 〈귀문관〉 시 참조. 이계는 이 시에서 경흥 부사로 부임해오던 겨울 풍경과는 다르게 봄을 맞아 풍광이 바뀐 귀문관을 읊고 있다. 평성 '동(東)'운의 칠언절구이다.

밤에 조일헌에 투숙하며[543] 조일헌은 성진의 객사이다

夜宿朝日軒 城津客舍

바닷가 외로운 한 줄기 봉우리 가로놓였고　　海上孤峰一髮橫

543 밤에 조일헌에 투숙하며 : 이 작품은 작품 편차 순서를 고려할 때 앞의 시와 마찬가지로 이계가 경흥 부사에서 해직되어 서울로 돌아가면서 성진에 들러 투숙하며 지은 시이다. 조일헌은 제목 원주에서 설명한 것처럼 성진의 객사로, 경성도호부(鏡城都護府) 길성현(吉城縣) 성진진(城津鎭)에 있었다. 1615년(광해군7) 함경도 순찰사 최관(崔瓘)이 여진족의 침입을 막기 위해 북병사(北兵使) 이영상(李英相)과 함께 본디 있던 토성 외곽에 석성(石城)을 둘러쌓고 바다에 닿은 양쪽의 성곽 끝자락에 초문(譙門)을 설치하였다. 아울러 영해루(嶺海樓), 망해정(望海亭), 조일헌(朝日軒), 참경대(斬鯨臺) 등 시설물을 설치하였다.《愚伏集 卷15 城津山城嶺海樓記》 평성 '경(庚)'운의 측기식 수구용운체 칠언율시이다.

그림 19 국립중앙박물관 소장 김수항(金壽恒)의
《한시각필북관수창록(韓時覺筆北關酬唱綠)》에 실린 〈조일헌도(朝日軒圖)〉

돈대와 참호가 수군영 둘러 있네　臺隍包絡水軍營
만 리 푸른 파도 이는 곳 누대가 해 맞이하고　滄波萬里樓迎日
천 년 원기 어린 곳 돌로 성곽 쌓아 보호하네　元氣千年石護城
선박의 그림자는 주렴 밖에 스쳐 지나가고　舟楫影交簾外過
어룡의 소리는 베개 가에 들어와 울린다　魚龍聲入枕邊鳴
명옹의 여덟 수 시[544] 어느 누가 창화하나　溟翁八詠何人續
길게 읊조리며 난간에 기대 아득한 정회 일으키네　長嘯憑欄起遠情

544 명옹(溟翁)의……시 : 명옹은 동명(東溟) 정두경(鄭斗卿)을 가리킨다. 여덟 수 시란 《동명집》 권7에 실려 있는 〈성진(城津) 8수〉를 가리킨다. 〈성진 8수〉 가운데 '조일(朝日)'을 언급한 둘째 수도 이계의 이 시와 마찬가지로 평성 '경(庚)'운이다.

마천령[545]

磨天嶺

우뚝이 서고 웅장히 서린 모습 누가 짝할 수 있으랴 卓立雄蟠誰與徒
초연히 구름 위 높은 고개에서 한 번 길게 탄식하네
倏然雲外一長吁
산은 북두성에 맞닿아 높낮이를 다투고 山當北斗爭高下
바다는 푸른 하늘과 나란해 분간하기 어렵네 水竝靑天混有無
고갯길 열리고 뚫린 천 년 세월 귀신 도끼질 수고로웠고[546]
開鑿千年勞鬼斧
회오리바람 타고 오른 여섯 달 붕새의 도모로 변하였네[547]
扶搖六月化鵬圖

545 마천령 : 이 작품은 이계가 경흥 부사에서 해직되고 도성으로 돌아가면서 다시 마천령을 지나며 마천령의 험준한 산세와 장쾌한 풍광을 읊은 것이다. 이 작품에 앞서 이계가 경흥 부사로 부임하러 가는 길에 마천령을 지나며 지은 동일한 작품의 고체시가 본권 앞부분에 있다. 마천령에 대한 자세한 정보는 338쪽 앞 시 참조. 이 작품은 평성 '우(虞)'운의 측기식 수구용운체 칠언율시이다.

546 고갯길……수고로웠고 : 마천령의 길이 열린 것은 도저히 사람의 솜씨라고 할 수 없고 귀신의 솜씨라고 해야 할 정도로 마천령이 험준하기 이를 데 없다는 말이다. 본권의 앞에 있는 같은 제목의 고체시(古體詩)에서도 "태곳적 길 열고 뚫은 것 사람 힘 아님을 비로소 알겠나니, 거령의 손과 뇌공의 채찍 누가 빌려주었나.〔始知厥初開鑿非人力, 誰借巨靈之掌雷公鞭.〕"라고 하였다. 거령은 전설상의 하신(河神)이고, 뇌공은 뇌신(雷神)이다.

547 회오리바람……변하였네 : 이는 마천령에서 바라본 북쪽 바다의 광대한 모습을

고개 올라 보매 곧 봉래[548]가 가까움을 알겠나니　　登臨便覺蓬萊近
내일 관하[549]를 또 내달리겠구나　　來日關河又載驅

말할 것이다. 붕새의 도모로 변하였다는 것은 북쪽 바다의 곤(鯤)이라는 고기가 붕새로 변하여 남쪽 바다로 가기를 도모한다는 말이다. 《장자(莊子)》 〈소요유(逍遙遊)〉에 "북쪽 바다에는 곤이라는 물고기가 있어 그 크기가 몇천 리나 되는지 알 수가 없고, 이 고기가 변화하여 붕이라는 새가 된다. …… 붕새가 남쪽 바다로 옮겨갈 때에는 물결을 치는 것이 3천 리요, 회오리바람을 타고 9만 리를 올라가 여섯 달을 가서야 쉰다.〔北冥有魚, 其名爲鯤, 鯤之大不知其幾千里也. 化而爲鳥, 其名爲鵬. …… 鵬之徙於南冥也, 水擊三千里, 搏扶搖而上者九萬里, 去以六月息者也.〕"라고 하였다.

548 봉래(蓬萊) : 금강산의 이칭이다.

549 관하(關河) : 함곡관(函谷關)과 황하(黃河)의 병칭으로, 고향이나 도성에서 멀리 떨어진 변방을 가리킨다. 여기서는 험준한 산천을 지나가야 함을 말한 것이다.

마운령[550]

磨雲嶺

삼 년 세월 변방 지키던 나그네 돌아가며	三載邊門戍客廻
마운령 정상에서 또 술잔을 기울이네	摩雲絶頂且啣盃
구려[551]의 땅은 푸른 바다에 다다라 다하였고	句麗地薄滄溟盡
말갈[552]의 바람은 큰 사막에서 불어오네	靺鞨風從大漠來
태백의 험준함이 장백의 험준함만 못하니[553]	太白不如長白險
한 사람이 만 사람 공격 막아낼 수 있도다	一夫應敵萬夫開
푸른 봄날 듬성듬성한 머리에 높은 흥취 보태니	青春短髮添高興
석양 질 무렵에는 학사대[554] 오르겠네	斜日還登學士臺

550 마운령 : 이 작품은 이계가 경흥 부사에서 해직되어 도성으로 돌아가면서 마운령을 지나며 지은 시이다. 마운령은 함경남도 이원(利原)과 단천(端川) 사이에 있는 고개로 해발 416미터이며, 함경산맥 지맥의 분수령을 통과하고 있다. 예로부터 관북 북동부 해안지방과 중부 해안지방을 연결하는 주요 통로였다. 평성 '회(灰)'운의 측기식 수구용운체 칠언율시이다.

551 구려(句麗) : 고구려(高句麗)의 약칭으로, 여기서는 조선을 가리킨다.

552 말갈(靺鞨) : 여진족을 달리 부르는 말이다.

553 태백(太白)의……못하니 : 함경도에 있는 마운령을 언급하면서 태백산과 백두산을 비교한 것에 대해서는 미상이다.

554 학사대(學士臺) : 함경남도 이원(利原)의 바닷가에 있는 암석을 가리킨다. 북쪽에서 남쪽으로 내려가는 이계의 경로상 마운령을 지나면 바로 이원으로 접어들게 되어 있다. 현재 학사대는 북한의 천연기념물 제290호로 지정되어 있으며, 어떤 사람이 아버지의 유언을 따라 바닷가의 범바위 위에서 섭을 뜯어 먹으며 열심히 글공부를 하여 마침내 학사가 된 뒤 그 바위에 '학사대'라는 글자를 새겨놓았다는 전설이 전한다.

함관령[555]

咸關嶺

지난해 눈발 속에 북관을 나섰더니 去歲雪中出北關
올해 꽃 피는 시절에야 남쪽으로 돌아왔네 今年花發始南還
늘어선 스무 고을 모두 바닷가 땅이요 列州二十皆濱海
역마(驛馬) 다니는 삼천 리 길 절반은 산을 뚫었어라
官路三千半鑿山
잔도를 아슬아슬 밟고 왔더니 이내 물살 급하고 危棧踏來仍急水
마운령 지나왔더니 또 안색 초췌하네 摩雲過了又凋顏
이제는 대로가 숫돌처럼 평평하니 卽今周道平如砥
나그네들아 촉도난[556] 부르지 마소 行旅休歌蜀道難

555 함관령 : 이 작품은 이계가 경흥 부사에서 해직되고 나서 도성으로 귀환하는 길에 지은 것이다. 함관령은 함경남도 함주군과 홍원군 사이에 있는 고개로, 고개 정상 부근은 계곡이 깊고 경사가 급하며 많은 굴곡이 있다. 작품 안에서 잔도를 지났더니 물살이 급하다는 것은 모두 이러한 지형을 말한 것이다. 함관령을 지나면 함흥평야 지대로 접어들면서 지세가 완만해진다. 서로 통운(通韻)이 되는 평성 '한(寒)'운과 '산(刪)'운을 통운한 측기식 수구용운체 칠언율시이다.

556 촉도난(蜀道難) : 당(唐)나라 때 시인 이백(李白)이 사천성(四川省) 촉중(蜀中)의 매우 험준한 잔도(棧道)인 촉도(蜀道)의 험준함을 읊은 시이다.

낙민루[557]

樂民樓

높은 백 척 누각이 강가에 우뚝 솟았는데	高樓百尺壓江湄
멀리서 온 손 누각 올라 생각에 잠기네	遠客登臨有所思
천지 남북으로 창문 열렸고	天地北南開戶牖
산하 안팎으로 성지 크도다	山河表裏大城池
영웅은 간데없이 풍류 다하고	英雄過去風流盡
이리저리 떠도나니 세월 더뎌라	行路間關歲月遲
한 곡조 이별 노래로 전송 끝내니	一曲離歌相送罷
물가 꽃은 수놓은 듯 버들은 실 가닥인 듯	汀花如繡柳如絲

557 낙민루 : 이 작품은 이계가 경흥 부사에서 해직되고 나서 도성으로 귀환하는 길에 함흥의 낙민루에 들러 지은 것이다. 낙민루에 대해서는 266쪽 주46 참조. 평성 '지(支)' 운의 평기식 수구용운체 칠언율시이다.

철령[558]

鐵嶺

남북을 오가는 사이 세월은 흐르고 北去南來歲月移
층층 봉우리와 절벽은 더욱 구불구불하네 層巒絶壑轉逶迤
인간 세상에서 험난한 구절양장(九折羊腸)[559] 비로소 보게 되니 人間始見羊腸險
검각(劍閣) 밖 조도[560]의 위태로움 누가 말하였던가 劍外誰言鳥道危
성상의 교화가 지금 북쪽 변방에까지 이어지니 聲教卽今連朔漠
산하에 다시 중화와 오랑캐 구분 없어라 山河無復限華夷
삼천 리 떨어진 슬해[561] 돌이켜 보노라니 回看瑟海三千里
다시는 겹겹 관령(關嶺) 나는 듯이 넘지 못하겠지 飛度重關是不期

558 철령 : 이 작품은 이계가 경흥 부사에서 해직되고 나서 도성으로 귀환하는 길에 함경도와 강원도 경계의 철령을 지나면서 지은 시이다. 앞서 이계가 경흥 부사로 부임하는 길에 지은 〈철령 높은지고〔鐵嶺高〕〉 역시 본권 앞부분에 실려 있다. 평성 '지(支)'운의 측기식 수구용운체 칠언율시이다.

559 구절양장(九折羊腸) : 양의 창자처럼 험한 길이 아홉 구비로 구불구불하다는 뜻으로, 몹시 험난한 길을 가리키는 말이다.

560 검각(劍閣) 밖 조도(鳥道) : 검각은 중국의 촉(蜀) 지방으로 들어가는 길에 있는 대검(大劍)과 소검(小劍), 두 산의 요해처로, 검각 밖이란 곧 촉 지방을 가리킨다. 조도는 새나 날아서 넘을 수 있을 만큼의 좁고 험한 산길을 가리킨다.

561 슬해(瑟海) : 273쪽 주69 참조.

철령을 넘어 회양으로 가며[562]

踰鐵嶺 向淮陽

남북으로 가로누운 큰 고개 길기도 하니　　南北橫蟠大嶺長
귀향하는 사람 이곳에 이르러 고향 돌아온 듯하여라[563]　　歸人到此似還鄉
앞으로 한성까지 며칠 남지 않았으니　　前去漢城無幾日
곧장 흐르는 계곡물 따라 회양으로 내려가네　　直隨流水下淮陽

562 철령을……가며 : 이 작품은 이계가 경흥 부사에서 해직되고 나서 도성으로 귀환하는 길에 철령을 지나면서 지은 시이다. 평성 '양(陽)'운의 칠언절구이다.

563 귀향하는……듯하여라 : 철령의 풍광이 이계가 도성에서 우거하던 우이동(牛耳洞)의 풍광과 비슷하다는 뜻으로 말한 것이다.

이계에 당도하여[564]

到耳溪

한번 이계의 전장(田莊) 이별하고 두 번 겨울 보내니
一別溪莊再閱冬
바람에 흩날리는 쑥대처럼 하늘 끝에 떨어져 있었네
天涯流落似飄蓬
이 몸은 변방[565] 삼천 리 먼 곳에 가 있었지만 身居紫塞三千里
이내 혼은 화산 제일봉[566] 맴돌았어라 夢繞華山第一峰
나와 함께 돌아온 것이라곤 하얗게 센 머리털뿐이요
同我歸來惟白髮
반가운 얼굴로 서로 마주하나니 푸른 소나무로다 好顏相對有青松
계곡물 소리 새 지저귐 다투어 귀에 가득하니 澗聲鳥語爭盈耳
다시는 섬돌 가에 슬해 파도 부딪힐 일 없겠네 無復階邊瑟海舂

564 이계에 당도하여 : 이 작품은 이계가 경흥 부사에서 해직되고 나서 도성으로 귀환한 뒤 자신의 전장(田莊)이 있는 우이동(牛耳洞)에 당도하여 지은 것이다. 1779년(정조3) 2월에 해직된 이계는 이후 1780년(정조4)에 홍국영(洪國榮)이 실각하고 9월에 동의금부사에 제수될 때까지 한거(閑居)의 시간을 보내게 된다. 평성 '동(冬)'운의 측기식 수구용운체 칠언율시이다.

565 변방 : 원문의 '자새(紫塞)'는 북방 변경을 가리킨다. 중국의 만리장성을 쌓을 때 그곳의 흙 색깔이 자줏빛이었던 데서 유래하였다.

566 화산(華山) 제일봉(第一峰) : 삼각산(三角山)의 이칭(異稱)이다. 삼각산의 제일봉은 바로 인수봉(仁壽峯)으로, 이계의 전장이 있는 우이동이 인수봉 아래에 있다.

사군록 四郡錄[567]

충주에서 협곡으로 들어가며[568]

自忠州入峽

팔월이라 가을 물결 거세니　八月秋濤壯
푸른 강물 땅 흔들며 흘러오누나　滄江動地來
불어난 모래는 절벽 메우고　漲沙埋斷壁
아슬아슬 잔도는 층층 돈대에 걸렸네　危棧掛層臺
협곡 기운은 갠 날씨에도 어둑하고　峽氣晴猶暗

567 사군은 단양(丹陽), 영춘(永春), 청풍(淸風), 제천(堤川)으로 산수가 좋은 곳으로 이름나 예로부터 사군계산(四郡溪山) 또는 사군산수(四郡山水)라고 불렸다. 이계가 1779년(정조3) 2월 경흥부사에서 해직되어 도성으로 돌아온 뒤, 1780년(정조4) 9월 동의금부사에 제수될 때까지 한거(閑居)의 시간을 보내던 중에 이곳을 유람하고 지은 것으로 추정된다. 한편 본집 권6 〈자충주입청풍(自忠州入淸風)〉 시에서 "사군을 6년여 만에 다시 오니〔四郡重來六載餘〕"라는 말에 근거할 때 이계가 이 시를 지은 것은 1779년 가을이 된다. 이계는 충주에서 배를 타고 옥순봉(玉筍峯)과 구담봉(龜潭峰)이 있는 협곡을 통해 단양팔경의 풍광을 감상한 것으로 보인다.

568 충주에서 협곡으로 들어가며 : 사군록의 첫 번째 작품으로 충주에서 배를 타고 단양으로 가는 협곡을 지나며 지은 것이다. 평성 '회(灰)'운의 측기식 수구불용운체 오언율시이다.

여울 소리는 갔다가 다시 메아리친다 灘聲往復回
이 길이 바로 단구[569] 가는 길이니 丹丘從此路
앞으로 나아감에 흥취 유장하여라 行邁興悠哉

569 단구(丹丘) : 단양(丹陽)의 이칭(異稱)이다.

구담[570]

龜潭

단양 협곡 어귀에 큰 강 가로지르니 丹陽峽口大江橫
세차게 솟구치는 급류 온 골짝 울린다 急水奔騰萬壑鳴
땅을 가는 바람 여울 날마다 넘실넘실 碾地風湍日蕩漾
하늘 받친 암석 뼈대 가을날 우뚝우뚝 撑天石骨秋崢嶸
일엽편주 출렁출렁 일천 봉우리 높다랗고 輕舟上下千峰聳
단풍잎은 온 산 가득 양 기슭 빛나라 紅葉高低兩岸明
구당의 염예[571]와 우열 가리기 어려우니 灩澦瞿塘應伯仲
귓가에 잔나비 울음 들리는 듯해[572] 耳邊彷彿聞猿聲

570 구담 : 이 작품은 이계가 단양의 구담봉(龜潭峰) 협곡을 지나면서 지은 시이다. 구담봉은 충북 단양군 단성면 장회리에 있는 봉우리로, 절벽 위의 바위가 거북이를 닮았다 하여 붙여진 이름이다. 단양팔경 가운데 제5경에 해당한다. 현재는 충주댐 건설로 충주호(忠州湖)가 생기면서 물결이 완만해졌으나 굴곡과 경사도가 심해 예전에는 급류지대였음을 짐작할 수 있다. 평성 '경(庚)'운의 평기식 수구용운체 칠언율시이다.

571 구당(瞿塘)의 염예(灩澦) : 중국 사천성(四川省) 봉절현(奉節縣) 서남쪽으로 양자강(揚子江) 구당협(瞿塘峽) 어귀에 큰 암석이 우뚝 서 있는 곳을 염예퇴(灩澦堆)라 한다. 이 부근은 격류가 극심하여 배가 다니기 매우 어려운 곳으로 유명하다.

572 귓가에……듯해 : 당(唐)나라 때 시인 이백(李白)의 〈조발백제성(早發白帝城)〉 시에 "아침에 백제성 채색 구름 사이에서 출발하여, 천 리나 먼 길 강릉을 하루에 돌아왔네. 강 양쪽 언덕 잔나비는 끝없이 울어대는데, 경쾌한 배로 이미 만 겹 산을 지났네.〔朝發白帝彩雲間, 千里江陵一日還. 兩岸猿聲啼不住, 輕舟已過萬重山.〕"라고 하였다. 《李太白集 卷21》 백제성은 구당협 어귀에 있는 성 이름이다.

장호로 가며[573]

向長湖

장호의 가을빛 아득히 끝없는데 長湖秋色渺無垠
신령스러운 기운 동남쪽 멀리 기세 나뉘네 靈氣東南遠勢分
땅이 용문[574] 만들어내니 깊은 강물 밀쳐내고 地坼龍門排積水
하늘이 무협[575] 빚어내니 흐르는 구름 머문다 天開巫峽逗行雲
층층 비단 바위는 배 맞이하는 듯 다가오고 層層錦石迎船出
솔솔 부는 솔바람 강기슭 건너로 들린다 淅淅風松隔岸聞
뱃노래 한 소리 노 저어가는 배 너머로 퍼지니 漁唱一聲柔櫓外
물가 가득 흰 갈매기 해오라기 북적북적하여라 滿汀鷗鷺白紛紛

573 장호로 가며 : 평성 '문(文)'운의 평기식 수구불용운체 칠언율시이다.

574 용문(龍門) : 중국 황하(黃河) 상류인 산서성(山西省) 하남현(河南縣) 서북쪽과 섬서성(陝西省) 한성시(韓城市) 동북쪽에 위치한 협곡 지역으로, 황하가 여기에 이르러 양안(兩岸)이 마치 대문처럼 깎아지른 듯 가파른 지형이 된다. 이계가 지나고 있는 협곡을 중국의 용문에 비긴 것이다.

575 무협(巫峽) : 구당협(瞿塘峽), 서릉협(西陵峽)과 함께 중국 양자강 상류에 있는 세 개의 좁은 협곡인 삼협(三峽) 가운데 하나이다. 강 양쪽으로 깎아지른 듯한 벼랑이 늘어서 있으며, 강 너비가 매우 좁아 물살이 세고 물길이 구불구불하며 험한 여울이 많기로 유명하다. 이 역시 이계가 지나고 있는 협곡을 중국의 무협에 비긴 것이다.

사인암[576] 2수

舍人巖 二首

576 사인암 : 이 작품은 이계가 단양팔경 가운데 하나인 사인암을 완상하고 지은 시이다. 사인암은 충북 단양군 대강면 사인암리에 있는 암벽으로, 약 50미터 높이에 암석 아래로는 남조천(南造川)이 흐르고 있는 절경이다. 시의 자주(自註)에서 설명한 바와 같이, 고려 때 사인 벼슬을 지냈던 우탁(禹倬)이 이곳에 머무르며 자주 노닐었던 관계로 사인암이라는 이름이 붙었다. 제1수는 평성 '진(眞)'운의 평기식 수구용운체, 제2수는 평성 '청(靑)'운의 측기식 수구불용운체 오언율시이다.

그림 20 단양 사인암 전경

어느 해에 우 사인이 何年禹舍人

우 사인[577]은 이름이 탁(倬)으로 전조(前朝)인 고려 때 사람인데, 이 바위에 노닌 적이 있으므로 이런 이름이 붙었다고 한다.

이 계곡 물가에 머물러 쉬었던고 棲息此溪濱
궤안 앞의 봉우리는 천 길 높이로 서 있고 几案峰千仞
거문고 타며 술 마시던 자리 꽃은 몇 번의 봄을 지냈나 琴樽花幾春
강물은 흘러가고 산은 그대로요 水流山自在
사람은 떠나가고 학은 짝을 잃었네 人去鶴無隣
한나절 배회한 이곳 半日徘徊處
우 사인이 지팡이 끌던 때인가 하노라[578] 猶疑曳杖辰

괴이해라 풍와[579]의 도끼로 怪底風媧斧
찍어내어 운모병[580] 만든 듯 斸成雲母屛

577 우 사인(禹舍人) : 우탁(禹倬, 1262~1342)이다. 고려 말엽 때 사람으로 본관은 단양(丹陽), 자는 천장(天章) 또는 탁보(卓甫·卓夫), 호는 백운(白雲)·단암(丹巖), 시호는 문희(文僖)이다. 영해 사록(寧海司錄), 감찰규정(監察糾正), 성균 좨주(成均祭酒) 등을 역임하였다. 역학(易學)에 조예가 깊어 당시에 역동선생(易東先生)이라 일컬어졌다.

578 한나절……하노라 : 이계가 한나절 배회한 사인암의 이 풍광이 바로 우 사인이 지팡이를 끌며 노닐던 그때의 풍광과 같지 않은가 생각한다는 말이다.

579 풍와(風媧) : 여와(女媧)를 가리킨다. 옛날에 사극(四極)이 폐해지고 구주(九州)가 갈라져서 하늘이 덮어주지 못하고 땅이 실어주지 못하였는데, 이때 여와가 오색(五色)의 돌을 정련해서 하늘을 깁고 자라의 발을 잘라서 사극을 세웠다고 한다. 《淮南子 覽冥訓》

580 운모병(雲母屛) : 운모(雲母)로 만든 병풍이다. 운모는 판상(板狀) 또는 편상(片狀)의 규산(硅酸) 광물로 화강암(花崗巖) 중에 많이 들어 있으며, 박리(剝離)되는 성

돌무늬에는 비단이 생겨나고	石紋生錦繡
수면에는 단청이 쏟아지네	水面倒丹青
땅에서 솟아난 모습에서 천불을 보고	拔地看千佛
산길이 열린 데서 오정[581]을 생각하네	開山想五丁
이러한 선경을 맡아볼 이 없으니	仙區無管領
물가에는 빈 정자 남아 있어라	臨水有虛亭

질이 있다.

581 오정(五丁) : 산을 옮기고 만 균(萬鈞)을 들 수 있었다는 촉왕(蜀王)의 역사(力士) 다섯 명을 가리킨다. 《수경주(水經注)》 권27 〈면수(沔水)〉에 "진 혜왕(秦惠王)이 촉(蜀)을 정벌하려고 했으나 길을 알지 못하자, 다섯 마리의 석우(石牛)를 만들어 꼬리 밑에 황금 덩어리를 놔두고 황금 똥을 누는 소라고 하였다. 촉왕이 다섯 명의 역사에게 끌고 오게 하여 길이 만들어지자, 진나라가 장의와 사마조로 하여금 길을 찾아 촉을 멸망시켰다."라고 하였다.

운암[582]

雲巖

옛날에 서애 노인이	伊昔西崖老
호피(虎皮) 한 장을 작은 언덕과 바꾸었네	皐比易小丘
연기와 안개는 천 길 절벽 감싸고	煙霞千丈壁
솔과 계수는 몇 칸 누각 둘렀도다	松桂數間樓
백간에 산이 응당 웃었을 것이요[583]	白簡山應笑
세찬 바람에 물은 절로 흘러가도다	高風水自流

582 운암 : 이 작품은 이계가 단양의 운선구곡(雲仙九曲) 가운데 제3곡인 수운정(水雲亭)을 찾아가 그 풍광과 유래를 읊은 것이다. 현재는 수운정으로 불리고 있으나 당시의 지명은 운암이었다. 《서애집(西厓集)》 권1 〈제운암석상(題雲巖石上)〉의 병서(幷序)에 따르면, 수운정은 본래 조신(曺伸)이라는 사람이 지은 것이나 임진왜란 후에 버려두고 간수하지 않으므로 유성룡이 호피 한 장을 주고 구입한 것이라고 한다. 현재 정자는 남아 있지 않다. 평성 '우(尤)'운의 측기식 수구불용운체 오언율시이다.

583 백간(白簡)에……것이요 : 백간은 관원을 탄핵하는 상소를 가리킨다. 《진서(晉書)》 권47 〈부현열전(傅玄列傳)〉에 "부현은 천성이 엄하고 급하여 용서하는 바가 없었다. 매번 탄핵을 아뢸 일이 있으면 혹 날이 저물었더라도 백간을 받들고 의관을 정제한 채 초조해하며 잠을 자지 않고 앉아서 날이 밝기를 기다렸다."라고 한 데서 유래한 말이다. 즉 이 구절은 허무맹랑한 탄핵을 산조차도 비웃을 것이라는 뜻이다. 이는 유성룡이 운암에 마련한 정자를 두고 유성룡을 공격하는 자들이 온 나라에 유성룡의 전원(田園)이 두루 있다면서 탄핵한 사실을 가리킨다. 이에 대해 유성룡은 다른 사람에게 보낸 글에서 "단애취벽(丹崖翠壁)조차도 모두 탄핵하는 글 속에 들어갔다."라고 한탄하였다. 《西厓集 西厓先生年譜 卷2》

명승지를 끝내 소유하지 않으시고 名區終不有
후인이 노닐도록 남겨주셨네 留與後人遊

수일암[584] 암자 앞에 바위 봉우리가 있는데 학귀주라고 한다
守一庵 庵前有石峯 名曰鶴歸柱

높디높이 자리한 암자 삼청에 가깝고[585]	岧嶢蘭若近三淸
울창한 수목 소슬한 중에 풍경 소리 울리네	萬木蕭疏一磬鳴
바위 위에서 시를 쓰니 단풍이 일찍 들었고[586]	石上題詩紅葉早
누각 앞에서 술잔 잡으니 백운이 피어난다	樓前把酒白雲生
학이 날아 떠나지 못함은 산색 사랑해서요	鶴飛不去憐山色
중이 늙어 잠 없음은 물소리 속에 누워서라	僧老無眠臥水聲

584 수일암 : 이 작품은 이계가 단양팔경 가운데 하나인 상선암(上仙巖) 근처에 있는 암자인 수일암을 찾아가 그 풍광을 읊은 시이다. 윤봉구(尹鳳九)의 《병계집(屛溪集)》 권1 〈수일암에서 수암 선생의 시운에 차운하다〔守一菴次遂菴先生韻〕〉에 따르면, 수일암은 상선암 동쪽에 있는데 을축년(1685, 숙종11)에 수암(遂菴) 권상하(權尙夏)가 하선암(下仙巖)에서 계곡의 근원을 찾아 현재의 상선암 위치에 와서 그곳을 상선암이라 이름 지은 다음, 승려들을 모아 작은 암자를 세우고서 자신이 유숙할 장소로 삼은 것이라 한다. 현재 옛 암자는 남아 있지 않고 상선암(上禪庵)이라는 태고종 암자가 들어서 있다. 평성 '경(庚)'운의 평기식 수구용운체 칠언율시이다.

585 높디높이……가깝고 : 원문의 '난야(蘭若)'는 '아란야(阿蘭若)'의 준말로 본래 숲이라는 뜻인데, 옛날 인도에서 승려들이 숲속에 거처하였기 때문에 사원(寺院)을 뜻하게 되었다. 삼청은 도교에서 신선이 살고 있다는 선경(仙境)인 옥청(玉淸)·태청(太淸)·상청(上淸)을 가리킨다.

586 바위……들었고 : 수일암 주변에 단풍이 든 것을 보고 시상을 떠올린다는 말이다. 이는 단풍잎에 시를 적는다는 '홍엽제시(紅葉題詩)'의 고사에서 기인한 표현이다. 당(唐)나라 때 궁인(宮人)이나 시인들이 단풍에 시를 쓴 고사가 여러 가지인데, 대체적으로 자신의 심회를 단풍에 적어 강물에 띄워 보내는 운치를 보여주는 것들이다.

말에 올라 산문 나서며 되레 서글피 바라보니　騎馬出門還悵望
상선암 암벽 반나마 석양이 눈부시다　仙巖半壁夕陽明

계곡을 나서며[587]

出洞

가도 가도 정회는 다함이 없고	行行意不盡
굽이굽이 앉아서 돌아갈 줄 모르네	曲曲坐無歸
기암괴석은 사람처럼 많이 섰고	怪石多人立
한가한 구름은 새와 나란히 난다	閑雲竝鳥飛
선경의 향취는 골수에 가득하겠고	仙香應滿髓
산록의 푸름은 옷에 절로 배었네	山翠自生衣
우연히 시냇가 늙은이 만나 대화하니	偶值溪翁語
황정[588]이 가을이라 통통할 것이라네	黃精秋正肥

587 계곡을 나서며 : 이 작품은 이계가 단양의 선암계곡을 나오며 지은 시이다. 평성 '미(微)'운의 평기식 수구불용운체 오언율시이다.

588 황정(黃精) : 옛날 도사(道士), 선인(仙人)들이 복용했다는 약초의 이름으로 비위(脾胃)를 보하고 원기를 증진시키며, 이것으로 밥을 지어 먹으면 장생불사(長生不死)한다고 한다.

상진에서 배를 띄워 도담에 가다[589]

自上津挐舟泛島潭

단양 협곡 서리 맑으니 팔월의 가을이라	丹峽霜淸八月秋
늙은이가 와서 태수[590]와 함께 노닐도다	老夫來同太守遊

589 상진에서……가다 : 이 작품은 이계가 단양의 상진에서 도담으로 배를 타고 가서 그곳의 풍광을 읊은 시이다. 상진은 마진(馬津)으로도 불렸으며, 단양 군치(郡治) 동북쪽으로 13리 지점에 있던 나루이다. 현재의 단양군 단양읍 상진리이다. 도담은 단양군 북쪽 24리 지점에 있는데 세 개의 큰 바위 봉우리가 물 가운데 우뚝 솟아 있어 도담삼봉(島潭三峯)이라 불리는 곳이다. 평성 '우(尤)'운의 고체시이다.

그림 21 도담삼봉 전경

590 태수(太守) : 이계가 단양을 유람했을 1779년(정조3) 8월 당시 단양 군수(丹陽郡守)는 조원진(曺遠振)이었다. 8월 23일에 권성응(權聖應)이 단양 군수에 제수되었으나 곧바로 명이 환수되었으므로 여기에서 말하는 태수는 조원진일 가능성이 높다. 조원진은 이계와 한마을에 살며 교분이 두터웠던 조붕규(趙鵬逵)의 사위이다.《承政院日記 正祖3年 7月 4日, 8月 23日 · 27日》《本集 卷33 義禁府都事趙公墓誌銘》

봉서정[591] 아래에서 처음 말에 올라타고　　鳳棲亭下初騎馬
골소대[592] 앞에서 다시 배를 띄웠네　　鶻巢臺前更挐舟
맑은 강 비 내린 뒤 잔잔한 물결 출렁이고　　淸江雨過微波動
푸른 암벽 단풍 무르익어 짙은 이내 거둔다　　翠壁楓酣積嵐收
십 리 물결 따라가다 강기슭 따라 도니　　行到十里隨岸轉
세 개의 산 수면에 솟구쳐 뜬 모습 홀연 보이네　　忽見三山湧水浮
뾰족뾰족 솟은 봉우리 깎아서 만든 듯하고　　尖峰嵂屼如削成
기이한 암석 휑뎅그렁 기막히게 조각됐네　　奇石谽谺巧雕鎪
예전에 들으니 동해 밖에 신산이 있다더니　　曾聞東海之外有神山
방장과 영주와 봉구가 아닐런가　　莫是方丈瀛洲與蓬丘
작은 배로 거슬러 올라가 이리저리 왔다 갔다　　輕棹遡洄往復旋
소용돌이 굽이쳐서 가다가 다시 멈추네　　盤渦屈折去還留
어부가 노로 물결치니 단풍이 살랑살랑　　漁人擊汰搖紅葉
아리따운 여인 청아한 노랫가락에 흰 갈매기 일어난다
　　姹女淸歌起白鷗
절벽 빈 골짝에 큰 배를 숨겨두니　　斷壁空洞隱大舟

591 봉서정(鳳棲亭) : 단양 관청 객사 앞 남천(南川)변, 이요루(二樂樓) 남쪽에 있던 정자이다. 단양 군수 이준(李埈)이 선조 35년(1602)에 창건하였는데 온돌방이 있어 숙박할 수 있는 곳이다. 퇴락한 것을 군수 조정세(趙靖世)가 1760년대에 새로 지었고, 그 후 1850년대에 중수하였다. 단양 관아의 대표적 누정(樓亭)이었으나 이후 유실되었다가 최근에 다시 복원되었다.

592 골소대(鶻巢臺) : 상진에 있는 서골암(棲鶻巖)을 가리키는 것으로 보인다. 서골암은 천 길 높이의 절벽으로 강나루를 둘러싸고 있다. 《新增東國輿地勝覽 卷14 忠淸道 丹陽郡》

휘도는 물결 거세게 몰아쳐 어룡이 근심한다　　廻瀾噴薄魚龍愁
높다란 석문[593] 반공에 걸려 있으니　　穹然石門掛半空
완연히 무지개다리에 옥 얹은 누각인 듯　　宛如虹橋架玉樓
덩굴 잡아끌며 돌비탈 밟고서 구름다리 오르니　　牽蘿躡磴上雲梯
마치 창합에 기대 두우를 부여잡는 듯해라[594]　　若倚閶闔攀斗牛

593 석문(石門) : 단양팔경 가운데 하나로 도담삼봉에서 약 200미터 지점 강변에 있다.

그림 22 단양 석문 전경

594 마치……듯해라 : 창합은 전설상의 천궁(天宮) 문이다. 《초사(楚辭)》 〈이소(離騷)〉에 "내가 천제의 문지기에게 관문을 열게 하니, 창합에 기대어 나를 바라보았네.〔吾

신선의 돌밭에는 옥화[595]가 자라나고 仙人石田長玉禾
층층이 수놓은 듯한 밭두둑에는 물이 찰랑찰랑 차 있네
層層繡塍水盈疇
날아오르는 여울물 태양까지 닿을 듯함은 흰 명주 뒤집히는 모양새요
飛湍盪日翻素練
텅 빈 감실에서 불어오는 바람 소리는 명구[596]가 진동하는 것 같아라
虛龕生風振鳴球
강 하늘 해 저물려 하니 술기운 감돌고 江天欲暮酒氣醺
떠들썩한 피리며 북소리 중류에 성대하다 笳鼓喧轟殷中流
백발의 노곤한 유람길에 마음 조금 유쾌해지니 白髮倦遊稍愜意
한가로운 구름 흐르는 강물과 함께 유유자적하여라 閑雲逝水共悠悠
천 년 전 이랑[597]은 부를 수 없으니 千載二郎呼不得
석양에 젓대 불며 긴 물가를 내려가네 夕陽橫笛下長洲

令帝閽開關兮, 倚閶闔而望予.〕"라고 하였는데, 왕일(王逸)의 주에 "창합은 천궁의 문이다."라고 하였다. 두우는 북두성과 견우성을 가리킨다.

595 옥화(玉禾) : 신선이 산다고 하는 곤륜산(崑崙山)에 있는 목화(木禾)이다. 옥산화(玉山禾)라고도 한다.

596 명구(鳴球) : 옥경(玉磬)의 일종이다.

597 이랑(二郎) : 누구를 가리키는지 미상이다.

협곡을 나서며[598]

出峽

필마로 삼협을 다 돌아보니 匹馬窮三峽
청아한 유람이 스무 날을 채웠네 淸遊滿二旬
강산은 장쾌하여 대적할 곳 없고 江山壯無敵
바위 계곡은 정심(精深)하여 신의 솜씨인 듯해라 巖壑窅如神
백발의 이 몸 오히려 강건해지고 白髮身猶健
푸른 노을 기운[599] 다시 새로워지네 靑霞氣更新
주머니 속 시가 그림 그린 듯 잘 담아냈으니 囊詩同畫筆
응당 칠푼의 진경(眞境)을 그려냈으리라 應貌七分眞

598 협곡을 나서며 : 이 작품은 이계가 단양의 풍광을 다 유람하고 협곡을 빠져나오며 지은 시이다. 평성 '진(眞)'운의 측기식 수구불용운체 오언율시이다.

599 푸른 노을 기운 : 높고 장대한 기상을 가리킨다. 《문선(文選)》 권16에 실린 강엄(江淹)의 〈한부(恨賦)〉에 "푸른 노을의 기이한 뜻이 무성하였으나 긴 밤의 어두움으로 들어갔네.〔鬱靑霞之奇意, 入脩夜之不暘.〕"라고 하였는데, 이선(李善)이 주석하기를 "푸른 노을의 기이한 뜻은 의지가 높은 것이다.〔靑霞奇意, 志意高也.〕"라고 하였다.

지은이 **홍양호(洪良浩)**

1724(경종4)~1802(순조2). 본관은 풍산(豐山), 초명은 양한(良漢), 자는 한사(漢師), 호는 이계(耳溪), 시호는 문헌(文獻)이다. 홍진보(洪鎭輔)의 장남으로 태어났다. 외숙인 저촌(樗村) 심육(沈錥)에게 수학(受學)하였다. 24세(1747, 영조23)에 생원시에 합격하고 29세(1752, 영조28)에 문과 정시(文科庭試)에 급제하였다. 내외의 관직을 두루 거쳐 70세(1793, 정조17)에 대제학에 올랐으며 이후 여러 차례 대제학을 맡아 문형(文衡)을 주관하였다. 59세(1782, 정조6)에 동지겸사은부사(冬至兼謝恩副使), 71세에 동지정사(冬至正使)로 중국에 다녀왔다.

소론(少論) 가문의 후예로 조실부모하고 준소(峻少)의 수장 격이었던 외가마저 몰락하였으며 18세기 노론이 정국을 주도하는 정치 상황 속에서도 일시적 풍파는 겪었으나 당색에 구애받지 않고 원만한 관계를 유지하며 비교적 순탄한 환로(宦路)를 걸었다. 영조와 정조로부터 '박학(博學)'의 역량을 인정받으면서 《여지도서(輿地圖書)》·《동문휘고(同文彙考)》 등 국가 편찬 사업에 주도적으로 참여하였고, 평소 지니고 있던 이용후생(利用厚生)과 제해흥리(除害興利)의 신념을 자신의 관력(官歷) 속에서 충실히 구현하여 국계(國計)와 민생(民生)을 위한다는 평을 받았다.

문장은 육경(六經)에 근본하고 제자(諸子)를 참작하여 순정하고 웅혼하며 법도가 구비되어 있다는 평을 얻었는데 이는 시속(時俗)에 구애받거나 수식을 일삼는 것 없이 자연스러운 인심의 발현을 주장한 천기론(天機論)으로 발현된다. 또한 청(淸)나라 기윤(紀昀)으로부터 화평하고 온유하여 기교와 수식이 없고 국계와 민생을 항상 잊지 않아 음풍농월(吟風弄月) 하는 기습이 없다는 평을 받기도 하였는데, 이는 국토와 백성의 현실을 진솔하게 드러내고 민요나 설화 등 민족 문학의 성취를 수용한 성과에서 확인할 수 있다. 영·정조 중흥기에 실용적이고 현실주의적 입장을 견지하며 정치와 문학 양방면에서 주목할 만한 성과를 이뤄낸 관인이자 학자이자 문인이라 할 수 있다.

옮긴이 **서한석(徐漢錫)**

성균관대학교 한문학과와 대학원을 졸업하였다. 단국대학교 동양학연구원 연구원, 한국고전번역원 전문위원을 지냈고 현재 성균관대학교 대동문화연구원의 거점번역연구소에 재직중이다. 주요 저술로 《월정(月汀) 윤근수(尹根壽)의 산문(散文)에 관한 연구(硏究)》, 《백사(白沙) 이항복(李恒福)의 산문(散文)에 관한 연구(硏究)》 등이 있고, 역서로 《갑인연행록(甲寅燕行錄)》, 《기사진표리진찬의궤(己巳進表裏進饌儀軌)》, 공역서로 《지정연기(芝汀燕記)》, 《주영편(晝永編)》, 《신편 백호전집》 등이 있다.

옮긴이 **이승현(李承炫)**

1979년 경북 포항에서 태어났다. 성균관대학교 대학원에서 박사과정을 수료하였으며, 한국고전번역원 고전번역교육원 연수과정을 졸업하였다. 한국고전번역원 연구원으로 재직하며 번역 및 편찬에 참여하였고, 현재 성균관대학교 대동문화연구원에서 권역별 거점번역연구소협동번역사업에 참여하고 있다. 번역서로 《창계집》, 《명고전집》, 《승정원일기》, 《동천유고》, 《고산유고》, 《역주 당송팔대가문초 구양수》, 교점서로 《교감표점 승정원일기 인조 41》, 《교감표점 창계집 1》, 편찬서로 《한국문집총간편람》, 《한국문집총간해제 8·9》, 논문으로 〈초의 의순의 시문학 연구〉, 〈기리총화 연구〉, 〈김시습의 장량찬의 이면〉, 〈서형수의 명고전집 시고를 통해 본 원텍스트 훼손〉 등이 있다.

권역별거점연구소협동번역사업 연구진

연구책임자　이영호(성균관대학교 HK 교수)
공동연구원　이희목(성균관대학교 한문학과 교수)
진재교(성균관대학교 한문교육과 교수)
안대회(성균관대학교 한문학과 교수)
책임연구원　김채식
이상아
이성민
이승현
서한석
연구원　임영걸

번역　서한석(제4권)
이승현(제5권)
교열　임정기(전 한국고전번역원 명예교수)
윤문　서혜준(성균관대 동아시아학과 박사과정)

이계집 2

홍양호 지음 | 서한석 · 이승현 옮김
2020년 12월 31일 초판 1쇄 발행
편집 · 발행 성균관대학교 출판부 | 등록 1975. 5. 21. 제1975-9호
주소 (03063) 서울시 종로구 성균관로 25-2
전화 760-1253~4 | 팩스 762-7452 | 홈페이지 press.skku.edu
조판 고연 | 인쇄 및 제본 영신사

값 25,000원
ISBN 979-11-5550-453-6 94810
979-11-5550-451-2 (세트)